우리와
하나님

믿음이란 한 알의 밀알이 땅에 떨어져 죽음으로 많은 열매를 맺음과 같이 진리의 열매를 위하여 스스로 죽는 것을 뜻합니다. 눈으로 볼 수는 없으나 영원히 살아 있는 진리와 목숨을 맞바꾸는 자들을 우리는 믿는 이라고 부릅니다. 「믿음의 글들」은 평생, 혹은 가장 귀한 순간에 진리를 위하여 죽거나 죽기를 결단하는 참 믿는 이들의, 참 믿는 이들을 위한, 참 믿음의 글들입니다.

우리와
하나님

대천덕 지음_예수원 엮음

홍성사.

개정판에
부쳐

 하나님이 어떤 사람에게 살아 역사하신다면, 그의 주변 사람들도 느끼게 될 것입니다. 살아 계신 하나님이 누군가의 마음속에 거처를 두실 때는, 그 사람을 사용하셔서 사람들에게 하나님을 알리고 이 세상에서 하나님의 일을 하라고 지시하시기 때문입니다. 제 남편 대천덕 신부가 바로 그런 사람이었습니다. 예수원을 시작하기 한참 전, 그는 초대 교회 그리스도인들이 함께 지내면서 서로 걱정해 주고 모든 물건을 통용했기 때문에 하나님이 그들 중에서 많은 기적을 행하실 수 있었다면서 그리스도인 공동체에 대한 비전을 늘 말해 왔습니다.

 그는 미국에서 10년간 교회 사역을 하고 서울 성 미가엘 신학원(현 성공회대학교)에서 7년간 가르치고 나서 마침내 구체적인 계획 하에 그리스도인 공동체를 시작했습니다. 신학교에서 그는 그리스도인의 삶에 관한 실천과목 세 가지를 강의했습니다. 첫째는 '그리스도인과 하나님의 관계'로서 기도생활과 성령 받음에 관해서, 둘째는 '동료 그리스도인과의 관계'로서 코이노니아(교제)에 관해서,

셋째는 '세상과의 관계'로서 선교와 사회정의에 관해서입니다. 여기서 한 강좌는 다음 강좌와 연결되는 것으로서 뒤따르는 강좌에 필수적입니다. 그리고 (둘째 강좌인) 생생한 의미의 '코이노니아'의 경험 없이는 (셋째 강좌인) 선교 사역과 사회정의를 위한 행동은 불가능합니다. 남편은 이것을 가르치고 난 뒤 강단에서 떠나, 그가 본 대로 진리를 자유롭게 가르치기 위한 여건과 장소를 찾아 옮겼습니다. 세상에 진리를 전하고 나누기 위해 높은 산 위에 천막을 치고 사는 것은 어찌 보면 잘못된 선택 같았지만 실제로는 일을 도우러 오는 사람, 배우러 오는 사람이 끊이지 않았습니다.

몇 년이 지나자 하나님의 은혜로 천막 대신에 여덟 채의 건물이 들어섰고, 순례자처럼 진리를 찾는 사람들이 매년 만 명 이상 찾아왔습니다. 이제 남편 대천덕 신부는 없지만 예수원 가족은 여전히 모든 것을 하나님께 맡기고, 찾아오는 사람들을 위한 사역을 계속하고 있습니다.

선교사 가정에서 태어나 어린 시절을 중국에서 보낸 남편은 극심한 빈곤을 보면서 자랐습니다. 그는 교회사를 공부하면서, 가난했지만 기적이 많이 일어난 초대 교회가 콘스탄틴 통치하에 부자 교회가 되면서 오히려 힘을 잃게 되었음을 배웠습니다. 이것을 깨달은 그는 가난한 자에게 복음을 전하고 공의를 행하라는 하나님의 명령을 실행할 방법을 모색했습니다.

그는 미국 조지아에서 백인 교회와 흑인 교회를 동시에 섬길 때, 흑인들의 권리를 증진하기 위한 활동을 열심히 했습니다. 매사추세츠 애솔에 있는 교회를 맡았을 때는 실직자들을 위해 자립 기업을 만들기도 했습니다. 서울에 있는 신학교에서는 학생들에게 철거민을 위한 집짓는 일을 돕는 과제를 내 주기도 했습니다. 또 경제학자 헨리 조지의 저작물이 성경에 나타난 땅에 대한 경제 원칙을 잘 반영하고 있음을 발견하고는 이에 대해 가르치는 강좌를 개설했습니다. 감사하게도 한국에서 많은 이들이 이 연구를 하고 있습니다. 이들은 하나님의 공의를 실천하려는 성령 충만한 그리스도인들입니다.

이 책의 각 장은 그가 강의한 것을 예수원 가족들이 녹음하여 옮겨 적은 것입니다. 이 책의 주제는 개인의 하나님을 향한 헌신을 넘어 그리스도인의 생활 2단계와 3단계인 코이노니아와 세상을 향해 나아가는 것까지를 포괄하고 있습니다.

2004년 9월 예수원에서

현재인 Jane Torrey

머리
__말

    이 책은 의도적으로 만들려고 해서 나온 것이 아닙니다. 제 생활은 책을 쓸 만큼 여유 있지 않습니다. 이 책은 제가 평소에 강의한 내용들을 정리해서 엮은 것입니다. 이 책이 나오기까지 도와준 분들이 많습니다. 녹음을 해 준 분, 녹음된 테이프를 글로 풀어 준 분, 그것을 정확하게 고쳐서 정리해 준 분, 그분들께 진심으로 감사드립니다.

    저는 한국에 오래 살았지만, 아직 원하는 만큼 제대로 한국어를 구사하지 못합니다. 그렇기 때문에 어떤 것들은 제가 영어로 쓴 것을 다른 분이 한국어로 번역했습니다. 그러다 보니 어쩔 수 없이 문체만은 번역하는 사람의 문체가 드러납니다.

    이 책에 실린 대부분의 글은 제가 한국말로 강의했던 내용입니다. 그러나 제 한국어가 좀 특별나서 강의한 것을 다시 정리해야만 했습니다. 재정리하는 일은 오랫동안 저와 같이 예수원에 살아서 제가 말하려는 의도를 잘 아는 사람들이 맡았습니다. 저는 그분들이 정확하고도 알기 쉽게 제 강의들을 정리했으리라 믿습니다. 한

편 저 나름대로의 독특한 맛이 이 글 속에 들어 있을 것입니다. 문체보다도 중요한 것은 이 책의 내용입니다.

이 책은 오늘날 한국의 그리스도인들에게 중요하다고 생각되는 많은 문제들을 다루고 있습니다. 해마다 예수원을 찾아오는 수많은 방문객들과 수련생들과의 대화를 통해 나눈 얘기들이 대부분입니다. 제가 한국 교회에 이바지해야 할 일이 한 가지 있다면, 그것은 아마 신학 교과서에서 다루지 않은 것들에 대해 해답을 주는 일일 것입니다.

우리는 가끔 이렇게 자문해 볼 필요가 있습니다. '하나님이 나를 어디에 사용하려고 만드셨을까? 내가 받은 유전적 요인이나 타고난 주변 환경, 또는 내게 일어난 일들이 하나님의 일에 어떻게 사용될 수 있을까?' 하고 말입니다. 그러나 위의 질문에 대해서 아무도 완전한 대답을 줄 수 없습니다. 그에 대한 대답은 우리가 하나님의 보좌 앞에 섰을 때라야 비로소 가능한 것이기 때문입니다. 예수님이 재림하실 때, 4차원적인 육신을 입고 각자의 공로에 따라서 금이나 은이나 동이나 다른 상급들을 받을 때라야만 가능할 것입니다.

고린도전서 3장에서 바울은, 불 속에서 금방 뛰어나온 것과 같은 벌거벗은 몸으로 하나님의 보좌 앞에 도달해서 아무런 상급도 받지 못하는 사람들이 있을 것이라고 말합니다. 그들이 자신의 벌거벗음에 대해 부끄러움을 느낄지, 느끼지 않을지에 대해서는 잘 모르겠습니다. 추측하기는 아직 너무 어리기 때문에 벌거벗고 다녀도 부끄러움을 전혀 모르는 어린아이들과 같지 않을까 생각합니다.

어떤 이들은 교회에 오래 다녔다고 해도 영적으로 지진아와 같습니다. 그런 사람들은 천년왕국에서 하나님이 직접 운영하시는 지진아학교의 초급과정부터 다시 공부해야 할 것입니다. 그러나 하나님이 맡기신 일을 하기 위해 최선을 다하고, 자기 자신을 끊임없이 점검해 본 사람이라 해도 누가복음 17장 10절에 나오는 예수님의 말씀을 잊어서는 안 될 것입니다.

이와 같이 너희도 명령받은 것을 다 행한 후에 이르기를 우리는 무익한 종이라 우리의 하여야 할 일을 한 것뿐이라 할지니라.

하나님이 왜 저를 한국에 부르셨는지 생각해 봅니다. (저는 한국에 오려고 계획하지 않았는데 '오라'는 부탁을 받았습니다.) 제게는 한국에서 나눠야 할 두 가지 과제가 있습니다. 그 하나는 미국의 개척정신입니다. 미국인의 한 사람으로서 저는 미국의 개척정신에 대해 상당히 높이 평가하고 있습니다. 개척자적인 관점에서 성경을 읽다 보면, 하나님이 자기의 백성들이 개척정신을 갖기 원하신다는 사실을 알게 됩니다.

예를 들면, 자주 인용되는 구절로 "새 노래로 여호와께 노래하라"라는 말씀이 있습니다. '새 노래'란 전에는 한 번도 불러 본 적이 없는 창조적이고 개척자적인 노래를 의미합니다. "사람이 하나님의 형상대로 지음 받았다"라는 말씀이 있는데, 창조적이고 개척적인 정신 또한 하나님의 형상 중 한 부분이 아닐까 생각합니다. 하나님은 아직도 개척자로서 장막에서 살고 계십니다(계 21:3).

물론 개척자의 길을 가는 데는 어려움이 따릅니다. 잘 포장된 길이나 마찻길, 혹은 사람이 다닐 수 있는 길이 없어지면 인적미답(人跡未踏)의 사막 길을 가야 하는 것입니다. 이럴 때 수천 갈래의 길 중에서 하나를 택해서 가야 하는데 어떻게 올바른 길을 찾아갈 수 있을까요?

과거의 개척자들은 길을 안내하는 사람을 데리고 다녔습니다. 안내자들은 밤에는 북극성을 사용하고 낮에는 태양을 사용해서 방향감각을 유지했습니다. 또 계곡이 어디에 있는지를 알아서 잘 따라갔습니다.

이와 마찬가지로 성경은 우리에게 빛이 되어 주고 안내자가 되어 줍니다. 그리고 성령은 해석하고 적용하는 법을 가르쳐 줍니다. 요한복음 16장 13절은 우리 개척자들에게 아주 중요한 말씀입니다. 성령이 우리의 안내자가 되어서 우리가 길을 잃어버리지 않도록 한 걸음씩 인도해 주신다는 말씀입니다.

하나님과 함께 개척하는 일에 참여하는 것은 아주 신나는 일입니다. 그러나 옛날 미국의 개척자들이 위험한 맹수나 원주민들과 부딪혔던 것처럼 영적인 개척자들에게도 그런 위험이 있습니다. 그것은 사도 요한이 그의 복음서에서 '세상'이라고 표현했던 '종교적인 제도'입니다. 요한이 세상이라고 말한 것은 이방인의 세계를 나타낸 것이 아닙니다. 그는 모든 창조 질서를 포함한 여러 가지 의미로서 '우주'(cosmos)라는 말을 사용했습니다. 그러나 대부분은 기존의 종교 질서, 즉 스스로를 하나님의 대리자로 칭하고 교회를 지배하고 있는 종교 질서에 대해서 말하고 있습니다. 하나님의 대리자라는 종교 지도자들이 바로 예수님을 미워했고, 그분을 죽이려는 음모를 꾸몄으며, 결국은 이방인의 손에 그분을 넘겨주어 할 수 있는 한 가장 잔인하고 치욕스런 죽음을 당하도록 했습니다.

세례 요한과 같은 개척자는 광야에서 그의 전 생애를 보내도록 부르심을 받았기 때문에 위와 같은 종교 제도로부터 비교적 보호를 받았습니다. 그러나 그도 역시 예수님처럼 교회 가운데서 공의를 행하도록, 권력을 남용하고 있는 부패한 질서에 대항하도록 부르심을 받았습니다. 이런 개척자들은 결국 추방이나 화형을 당해 죽어 갔습니다. (아타나시우스는 일곱 차례나 추방을 당했습니다.) 요한을 요단의 사막으로 보내신 것과 똑같은 이유로 하나님이 우리를 태백의 외나무골로 보내셨다고 생각합니다.

한국에서 나눠야 할 또 한 가지는 동양에 대한 저의 사랑입니다. 저는 중국에서 태어나 대학 1학년 때까지 중국에서 교육받았습니다. 그 다음에 미국으로 건너가서 가능하면 빨리 동양으로 돌아오려는 마음으로 다른 것은 염두에도 두지 않고 동양문화와 철학을 계속 공부했습니다. 22년을 미국에서 살면서 많은 것을 배우는 중에도 항상 동양의 것과 서양의 것을 비교하는 것을 잊지 않았습니다. 이런 배경들이 제가 한국 교회의 질병을 진단(이런 외람된 표현을 쓸 수 있다면 말입니다)할 수 있게 준비토록 한 셈이 되었습니다.

한국 교회 문제의 원인들이 동서양 모두에서 기인하기 때문에 제가 어느 정도는 그 문제점을 해결할 수 있지 않나 생각합니다.

특별히 동양사회에만 적합한 몇 가지 사실들이 성경을 이해하는 데 큰 도움이 된다고 믿습니다. 동양의 교회들이 소중히 간직해야 할 점입니다(마 13:52). 이런 것들은 서양의 선교사들이 너무 몰라서 그 가치를 인정하지 않았기 때문에 지금까지 무시되어 왔습니다. 선교사들은 성경이 동양적이라는 사실을 깨닫지 못했습니다. 그것은 자연계시를 통해 나타나 있고(롬 1:19-20, 2:14-15; 행 14:17, 17:27-28), 창세기 1-10장까지의 역사가 최소한 40개의 한자 속에 간직되어 있으며, 솔로몬의 왕국을 방문했던 중국의 주목왕(중국 주왕조 5대 왕)이 전파한 것으로 생각되는 '조상들의 전통'(공자에 의해서 가르쳐졌음) 속에도 나타나 있습니다. 어떻게 보면 하나님이 동양에 주신 옛 지혜를 연구하는 것은 개척하는 것과는 거리가 먼 것처럼 보일 수도 있습니다. 그러나 교회가 이 부분에 대해서 관심도 없었고 연구도 하지 않았기 때문에 아직은 개척자적인 일입니다.

저의 성장 배경이나 일들에 대해서는 일단 제쳐두고라도, 이런 일들을 어떻게 실행으로 옮길 수 있을까요? 하나님이 제게 주신 두 가지 중요한 일이 있는데 둘 중 어느 것도 무시할 수 없습니다.

저는 무엇보다도 자연과학에 관심을 두었었고 지금도 자연과학에 지대한 관심을 가지고 있습니다. 과학은 실험을 통해서만 배울 수 있습니다. 학생들은 실험을 통해 발견된 사실들을 배웁니다. 과학은 교과서만으로는 배울 수 없습니다. 그리고 실험을 통해 최선의 것을 얻기 위해서는 실험조교와 안내책자가 필요합니다. 이렇게 볼 때, 제 강의는 실험입문서이고 예수원은 실험실, 예수원 생활은 실험입니다. 예수원이 아닌 다른 곳에 살면서 제가 말로만 강의한다면, 제 강의가 옳다는 증거는 아무것도 없습니다. 예수원에 살고 있는 우리가 그리스도인의 기본적인 교과서인 성경을 끊임없이 실행하지 않거나 하나님이 보내신 실험조교의 가르침에서 아무것도 얻으려 하지 않고 그냥 먹고사는 데만 급급하다면 우리의 생활은 아무 목적도 없는 것, 딱딱하고 재미없는 것이 되고 말 것입니다.

저는 저 자신이 예수원의 가장 중요한 실험조교라고 생각지 않습니다. 예수원의 가장 중요한 실험조교는 성령이시고 저의 일은 다만 성령을 따르도록 형제와 자매들에게 가르침을 주는 것입니다. 초대 교회에서도 '베드로가 이렇게 말했다' '바울이 이렇게 말했다' '아볼로가 이렇게 말했다'고 주장하는 자들이 문제를 일으켰습니다. 우리가 가져야 할 참다운 질문은 '성령이 어떻게 말씀하시는가?' 하는 것입니다.

저는 사람들이 자기 스스로를 대천덕의 제자라고 말하는 것을 좋아하지 않습니다. 이렇게 말하는 사람을 보면 저는 무척 당황할 수밖에 없습니다. 저를 전혀 모르는 사람들이 그렇게 표현할 뿐입니다. 대천덕의 제자가 되는 유일한 길은 성경대로 살면서 예수님의 제자가 되는 것입니다. 저의 유일한 길이 성경대로 살면서 예수님의 제자가 되는 것이기 때문입니다. 저는 완전히 닳도록 쓰임 받기만을 바랄 뿐입니다. 저는 스승이 되기를 원치 않습니다. 사람들이 저를 올바로 사용한다면 성령을 따르는 법을 알게 될 것입니다.

이와 관련해서 요한복음 16장 13절의 "진리의 성령이 오시면 그가 너희를 모든 진리 가운데로 인도하시리니······"라는 말씀을 생각해야만 합니다. 우리가 성령을 따르고 있다면, 우리는 성령의 인도를 받는 또 다른 사람들과 같이 코이노니아를 이루어서 사도행전 15장 28절 말씀대로 '성령의 뜻이며 우리의 결정이다'라고 말할 수 있을 것입니다.

'코이노니아'는 신약성경에 나오는 아주 독특한 단어로서 성경에서 가장 중요한 단어 가운데 하나입니다. '은혜'나 '사랑'이라는 말과 똑같이 중요합니다. 그러나 그것은 끊임없이 잘못 번역되어 왔습니다. 사도신경이나 예배 형식에 사용되기는 하지만, 실행하지도 않고 그것에 대해서 강조하지도 않습니다. 예수원에서 참으로 해야 할 일은 코이노니아가 무엇을 의미하는지를 우리의 생활 가운데 발견해서 그것을 실행하는 일입니다. 여러 해 동안 예수원에 살면서 우리는 코이노니아에 대해서 약간이나마 이해하게 되었고, 조금씩 코이노니아를 나누며 살아가게 되었습니다.

앞에서 제가 '외람되다'(주제넘다)는 말을 사용했는데, 사람들은 종종 제 할아버지(R. A. Torrey: D. L. 무디의 동역자로서 성경 교사이자 목사였다.-편집자주)를 '독단가'라고 합니다. 그분의 이론에는 '만약'이나 '그러나'와 같은 것들이 전혀 없기 때문입니다. 그분은 성경에서 배운 것을 그대로 가르쳤습니다. 그것들은 진리인 동시에 마침표였습니다. 오늘날 많은 사람들은 '한편 그러나 또 한편, 많은 학자들이 이러저러하게 얘기하고, 또 어떤 학자들은······'이라고 인용하는 것을 학자 정신의 진수라고 생각합니다. 이런 표현들은 책을 많이 읽었음을 증명해 주기는 하지만 저희가

(우리 가족이나 제가) 생각하는 이상적인 학자 정신은 아닙니다. 우리에게는 단 하나의 권위가 있는데 그것은 바로 성경입니다. 우리의 생활을 통해서 참으로 하나님의 말씀이 진리인 것을 알았습니다. 우리는 실제생활에 말씀을 적용하는 것이 주제넘은 짓이라고 생각지 않습니다.

우리는 또한 신중하게 과학적으로 연구해서 얻은 결과들을 받아들입니다. 그러나 우수한 학자들이 펴낸 이론이라고 해서 아무런 증명도 하지 않고 받아들이는 사람들에게 속임을 당하고 싶지는 않습니다. 우수한 학자라는 정의를 누가 내립니까? 그들이 참으로 진정한 학자입니까? 우수한 학자라고 하는 사람들도 결국은 이해할 수 없는 소리를 흉내 내는 앵무새에 불과한 것을 많이 보아 왔습니다. 예수님은 이런 자들에게 강하게 경고하셨습니다. 그들은 바로 예수님을 반대한 자들이었고, 예수님께 아무런 학문적 배경도 없다고 해서 그분의 가르침을 받아들이기를 거부한 자들이었습니다.

요한복음 7장 17절을 보십시오. 저는 이 말씀을 모든 한국 교회가 단단한 돌에 금으로 새겨서 기억하기를 권하고 싶습니다.

사람이 하나님의 뜻을 행하려 하면 이 교훈이 하나님께로서 왔는지 내가 스스로 말함인지 알리라.

하나님의 뜻대로 살기를 결정한 사람은 누구라도 예수원에서의 제 생활이나 가르침을 받아들일 수 있을 것입니다. 성령께서 옳다고 인정하신 가르침에 그들의 마음이 열려 있기 때문입니다.

야고보서 1장 5-8절 말씀은 요한복은 7장 17절과 마찬가지로 매우 중요합니다. 야고보가 말하고 있는 '믿음'은 '하나님의 뜻을 행하기로 결정하는 충성심'입니다. 그리고 그가 말하는 '의심'은 '하나님의 뜻을 행할까 말까 두 마음을 품는 것'입니다. "이런 사람은 무엇이든지 주께 얻기를 생각하지 말라"라고 하셨습니다.

저는 위의 두 말씀(요 7:17; 약 1:5-8)을 중심으로 일하고 있습니다. 하나님의 뜻을 행하려는 일에 흥미가 없는 사람과 더불어 우리가 무엇을 근거로 대화할 수 있겠습니다? 하지만 하나님의 뜻을 행하려고 하고, 성경을 하나님의 말씀으로 깨닫는 자와는 어떤 내용을 가지고서라도 토론하고 싶습니다. 저는 이들이 베뢰아에 있었던 유대인들처럼 '이것이 그러한가 하여 날마다 성경을 상고하는'(행 17:11) 사람들이라고 생각합니다.

언젠가는 한국 교회가 성경과 성령의 인도함을 받는 사람들로 가득 차게 되리라 믿습니다. 그리고 그들이 이 나라를 정의로운 하나님의 나라로 이끌어 갈 것입니다(마 6:10, 33).

1988년 11월 대천덕

Archer Torrey

1부

기도생활

1
예수님의 기도

영광을 위한 기도

요한복음 17장 말씀을 중심으로 예수님의 기도에 대해서 알아보겠습니다.

예수님은 십자가에 못박히시기 직전에 요한복음 17장의 기도를 하셨는데, 특히 이 기도에는 '영광'이라는 말이 자주 나옵니다. 십자가를 통하여 자신의 영광이 나타나기를 강조하신 것입니다. '영광' 하면 대부분 세상의 영광을 연상하기 쉽습니다. 그러나 세상의 영광은 빛나고 아름다우며 승리를 얻는 것입니다만 예수님의 영광은 실패를 통해 이루어졌습니다. 예수님은 일부러 자기 몸을 실패하도록 바치셨습니다. 인간의 입장에서 보면 완전히 수치뿐이므로 영광과는 전혀 거리가 멀었습니다. 벌거벗긴 몸으로 십자가에 달려 모든 사람 앞에서 조롱거리가 된 것이 무슨 영광입니까? 사실 예수님이 십자가에 달리셨을 때 우리는 그것이 영광인 줄 몰랐습니다. 나중에야 비로소 그것이 영광이었음을 깨달았습니다.

요한복음 17장 5절 말씀("아버지여 창세 전에 내가 아버지와 함께 가졌던 영화로써 지금도 아버지와 함께 나를 영화롭게 하옵소서")을 보면, 예수님은 창세 전부터 하나님과 함께 누리던 그 영광(영화)으로 자신을 아버지 앞에서 영광되게 해 달라고 하십니다. 하나님의 영광이 무엇입니까? '사랑'입니다. 실제적이며 희생적인 사랑입니다. 요한복음 15장 13절에는 사람이 친구를 위하여 자기 목숨을 버리면 이에서 더 큰 사랑이 없다고 했습니다. 하나님의 본성은 사랑이시기 때문에 하나님의 영광 또한 사랑으로 나타납니다. 사랑은 반드시 표현되어야 합니다. 그로써 영광이 나타납니다.

어느 시대에나 마찬가지였지만 많은 현대 교회 역시 하나님의 영광을 세상의 영광과 혼동하여 거대한 조직, 커다란 건물에 잘 꾸며진 교회, 격식을 갖춰 입은 목사·신부·추기경·교황 등과 같이 여러 사람에게 존경의 대상이 되는 것을 영광인 줄 압니다. 그러나 예수님의 기도를 살펴보면 그런 세속의 영광은 하나님의 영광과는 아무 관계가 없었습니다. 마귀는 항상 교회를 속이기 위해 그러한 영광을 이야기하지만 참된 영광은 사랑이 나타나는 것입니다. 세력이 나타나는 것은 영광이 아닙니다. 부(富)가 나타나는 것도 영광이 아닙니다. 금, 은으로 꾸미는 것도 영광이 아닙니다. 그것은 모두 세속의 영광일 뿐입니다.

솔로몬은 하나님께 영광을 돌리기 위해 아름다운 건물을 지어 금은으로 치장하고, 거대한 규모의 찬양대를 만드는 등 이러저러한 모양으로 노력했지만 결국 다 실패했습니다. 애초에 하나님은 성전을 짓도록 명령하지 않으셨습니다. 다만 사람이 스스로 원해서 했을 뿐입니다. 하나님께서 성막을 짓는 것을 허락하셨음에도 불구하고 사람들은 천막에 거하시는 하나님의 영광을 이해하지 못했습니다. 모세가 지었던 성막은 자기 마음대로 만든 것이 아니라 여호와의 지시를 따라 만든 것입니다. 모세가 지은 그 조그만 성막에는 하나님의 영광이 거하셨지만 세상의 만연한 죄악으로 인해 하나님은 더 이상 그곳, 즉 이 땅에 머물 수 없게 되셨습니다. 그래서 하나님이 하늘에 성전을 세우신 것입니다.

요한계시록 21장을 보면, 새 하늘과 새 땅이 생기며 거룩한 성 새 예루살렘이 하늘에서 내려와 하나님께서 사람들과 영구히 계실 것을 언급하고 있는데, 그때야 비로소 아름다운 성전이 완성될 것입니다. 온갖 어려움을 사랑으로 다 통과한, 사랑이 충만한 새 세계에서는 십자가의 고난이 더 이상 필요 없게 됩니다. 예수님을 끝까지 '하나님의 어린 양'으로 묘사(계 21:9, 14, 23, 27)하는 것을 상기해 볼 때 예수님이 희생제물이 되심으로써 하나님의 영광이 나타남을 깨달을 수 있습니다.

요한복음 17장 6절 말씀("세상 중에서 내게 주신 사람들에게 내가 아버지의 이름을 나타내었나이다")은 예수께서 하나님의 능력뿐만 아니라 하나님의 사랑도 제자들에게 보여 주셨음을 가르쳐 줍니다. 예수께서 창조주 하나님으로서 병을 고치고 기적을 행한 것은 하나님의 능력의 한 부분을 보여 주는 행위일 뿐, 완전한 영광은 십자가를 통한 죽음으로써 나타났습니다. 7절에서 12절 말씀을 보십시오.

> [7]지금 저희는 아버지께서 내게 주신 것이 다 아버지께로
> 서 온 것인 줄 알았나이다 [8]나는 아버지께서 내게 주신 말
> 씀들을 저희에게 주었사오며 저희는 이것을 받고 내가 아
> 버지께로부터 나온 줄을 참으로 아오며 아버지께서 나를
> 보내신 줄도 믿었사옵나이다 [9]내가 저희를 위하여 비옵나
> 니 내가 비옵는 것은 세상을 위함이 아니요 내게 주신 자
> 들을 위함이니이다 저희는 아버지의 것이로소이다 [10]내 것
> 은 다 아버지의 것이요 아버지의 것은 내 것이온데 내가
> 저희로 말미암아 영광을 받았나이다 [11]나는 세상에 더 있
> 지 아니하오나 저희는 세상에 있사옵고 나는 아버지께로
> 가옵나니 거룩하신 아버지여 내게 주신 아버지의 이름으
> 로 저희를 보전하사 우리와 같이 저희도 하나가 되게 하
> 옵소서 [12]내가 저희와 함께 있을 때에 내게 주신 아버지의
> 이름으로 저희를 보전하와 지키었나이다 그 중에 하나도
> 멸망치 않고 오직 멸망의 자식뿐이오니 이는 성경을 응하
> 게 함이니이다(7-12절).

12절에서 예수님은 멸망의 자식인 유다를 제외한 모든 제자들을
지켰다고 말씀하십니다. 유다는 3년 동안 예수님과 함께 생활했지
만 끝까지 고집스런 마음을 지닌 채 아무런 변화도 없었습니다. 하
나님의 영광을 자기 나름대로 생각하여 하나님의 뜻을 이루려고

한 것이 분명하지만 예수님을 왜 배반했는지에 대해서는 의견이 구구합니다. 다만 확실한 것 한 가지는 유다가 돈을 좋아했다는 사실입니다. 이것보다 더 깊은 이유도 있을 수 있습니다. 그러나 우리가 알 수 있는 것은 유다는 하나님의 뜻을 마지막까지 이해하지 못하고(혹 이해했었을지도 모르지만) 그분을 따르기를 거부하여 마침내 멸망당했다는 것입니다.

다른 제자들은 예수님의 뜻을 온전히 이해하지는 못했더라도 하나님께서 친히 보내신 분임을 알고 예수님이 하신 말씀, 즉 '레마'를 통하여 하나님의 뜻을 부분적으로 깨달았습니다. 그리고 하나님의 영광이 나타남을 조금이나마 체험했으므로 예수님을 배반하면 안 된다는 사실을 알았습니다. 깊은 이해는 없었지만 예수님을 떠날 수도 없었지요.

내가 아버지의 말씀을 저희에게 주었사오매 세상이 저희를 미워하였사오니 이는 내가 세상에 속하지 아니함같이 저희도 세상에 속하지 아니함을 인함이니이다(14절).

14절 말씀대로, 예수님은 자신의 제자들을 세상과 구별하였고 세상을 위해서는 결코 기도하지 않으셨습니다. 요한복음에 나오는 '세상'은 두 가지 뜻으로 사용되는 것 같습니다. 영어로 'world'는 '현 세계' 또는 '세속'을 뜻하고, 'cosmos'는 질서정연한 조직으로서의 '우주'를 뜻합니다. 작은 코스모스도 있고 큰 코스모스도 있으며, 여기서 파생된 '미용'이라는 뜻의 '코스메틱'(cosmetic)이란 말도 있습니다. 조직·조화가 없는 것은 코스메틱이 아닙니다. 요한복음 1장 9-10절, 3장 16절, 17장 5-6, 9, 11절에 나오는 '세상'은 '코스모스'의 의미로 사용되었습니다. 예수님이 오심으로 코스모스에 빛이 생겼습니다. 온 세계에 하나님의 빛이 예수님을 통하여 나타났습니다. 세상 안에 있는 사람들이 그 빛을 받으며 하나님께 소속될 때 세상이란 말을 그만두게 됩니다. 앞에서 세상을 위해 기도하지 않았다고 할 때의 '세상'은 '하나님 없이 조직된 세계'를 말합니다.

날이 갈수록 하나님께 반응하는 사람들이 조금씩 그 수를 더해 가는 반면, 하나님의 영광을 보아도 싫어하고 세속적인 영광만 원하는 마음 또한 늘어 갑니다. 성경은 그 사람들을 위해서는 기도할 필요가 없다고 합니다. 바로 그 구분이 13절과 21절 사이에 있습니다.

> [13]지금 내가 아버지께로 가오니 내가 세상에서 이 말을 하옵는 것은 저희로 내 기쁨을 저희 안에 충만히 가지게 하려 함이니이다 [14]내가 아버지의 말씀을 저희에게 주었사오매 세상이 저희를 미워하였사오니 이는 내가 세상에 속하지 아니함 같이 저희도 세상에 속하지 아니함을 인함이니이다 [15]내가 비옵는 것은 저희를 세상에서 데려가시기를 위함이 아니요 오직 악에 빠지지 않게 보전하시기를 위함이니이다 [16]내가 세상에 속하지 아니함 같이 저희도 세상에 속하지 아니하였삽나이다 [17]저희를 진리로 거룩하게 하

옵소서 아버지의 말씀은 진리니이다 ¹⁸아버지께서 나를 세
상에 보내신 것같이 나도 저희를 세상에 보내었고 ¹⁹또 저
희를 위하여 내가 나를 거룩하게 하오니 이는 저희도 진
리로 거룩함을 얻게 하려 함이니이다 ²⁰내가 비옵는 것은
이 사람들만 위함이 아니요 또 저희 말을 인하여 나를 믿
는 사람들도 위함이니 ²¹아버지께서 내 안에, 내가 아버지
안에 있는 것같이 저희도 다 하나가 되어 우리 안에 있게
하사 세상으로 아버지께서 나를 보내신 것을 믿게 하옵소
서(13-21절).

거룩함을 위한 기도

불교는 세상을 악하게 보기 때문에 세상을 떠나는 것을 해결 방
편으로 택합니다. 절을 산속에 지은 이유는 세상을 떠나기 위함입
니다. 그렇다면 예수원은 왜 산에 지었을까요? 대자연을 통한 하
나님의 계시와 힘을 공급받고 재무장하여 세상으로 돌아가 싸우기
위해서입니다. 그러므로 불교도들은 한편으로 우리와 비슷하고 다
른 한편으로 우리와 다릅니다. 그들에게는 세상에 대한 소망이 없
지만 우리에게는 있습니다.

세상을 다 고칠 수는 없겠지만 고침 받을 수 있는 자를 찾는 것
이 우리의 할 일입니다. 우리를 세상에 두는 것은 세상에 있는 사
람들을 하나님께로 인도하기 위함이지 세상과 타협하라는 것이 아
닙니다. 그리스도인들은 세상 안에 있지만 결코 세상에 속한 사람
이 아닙니다. 예수님이 세상이 악하다고 하신 것은 세상 자체에 대

한 말씀이 아니라 세상 안에 있는 악에 대한 말씀입니다. 불교에서는 물질적인 것은 모두 악하다고 하지만, 모든 것은 하나님이 창조하셨기 때문에 악하지 않습니다. 다만 처음 계획대로 올바르게 사용하지 않을 때 악하게 되는 것입니다.

여기서 말하는 악은 영적인 악이지 물질적인 악이 아닙니다. 영적으로 비뚤어지고 교만한 사람이 강퍅하게 되어 하나님이 창조하신 아름다운 세계를 오염시킴으로써 공해가 나타납니다. 잘못된 영 때문에 물질적 공해가 생기는 것입니다. 항상 영적인 공해가 물질적 공해를 앞서는데, 악은 바로 죄로 인한 공해입니다. 공해가 심하면 마스크를 하기도 합니다. 해로운 물질을 막기 위해 마스크를 착용하듯이 예수님은 하나님이 세상의 악으로부터 보호해 주시기를 기도하고 있는 것입니다(13-21절).

또 저희를 위하여 내가 나를 거룩하게 하오니 이는 저희
도 진리로 거룩함을 얻게 하려 함이니이다(19절).

예수님의 기도에는 매우 폭넓은 뜻이 담겨 있습니다. 성경에서 '거룩'이란 말은 주로 만지지 못할 물건이나 하나님께 바쳐진 물건, 또는 완전히 드려진 것을 뜻할 때 쓰입니다. 예를 들면, 여리고 성은 하나님께 완전히 바쳐진 것이었기 때문에 거룩했습니다. 아간이 여리고 성에 있는 물건을 훔쳐 자기 천막에 두었을 때 그 거룩한 물건으로 인해 아간도 '거룩하게' 되어 결국 하나님께 바쳐졌습니다(수 7장). 희생제물은 하나님께 바칠 수밖에 없습니다. 그

러한 거룩함은 전염성이 있어서 내가 만지면 나도 거룩하게 되므로 '위험한 거룩함'이라고 할 수 있습니다. 거룩한 물건은 위험합니다. 사람이 만지면 그 자신도 거룩하게 됩니다. 거룩하게 된 사람은 하나님께 희생제물이 되어야 합니다. 즉, 죽어야 합니다. 예수님은 거룩하기 때문에 죽을 수밖에 없었고, 자기 몸을 희생제물로 바칠 수밖에 없으셨습니다.

세속과 격리되어 깨끗함을 지키는 사람을 '나실인'이라고 합니다. 교회는 나실인처럼 구별되어 있습니다. 예수님은 스스로 격리되어 세속의 영향을 받지 않고 자신의 거룩함을 제자들에게 나타내셨습니다. 거룩하지 않은 것은 희생제물이 될 수 없으므로 자신을 거룩하게 하는 것은 하나님께 온전히 바쳐지기 위함입니다. 우리의 생활을 깨끗하게 지키면 그것은 스스로를 거룩하게 하는 것입니다.

어떤 사모님이 있었는데, 아들이 심하게 반항하고 방에서 계속 담배만 피워 대자 창문으로 방에 들어가 아들에게 재떨이를 던졌습니다. 그런 뒤 어느 날, 아들을 위해 기도하는 중에 요한복음 17장 19절 말씀이 생각났습니다. 사모님은 아들을 위해 본인 스스로 거룩해지기로 결정하고 자신을 주께 바쳤습니다. 마침내 어머니의 기도를 들으시고 주께서 응답하사 아들의 삶이 변화되어 지금은 그 아들이 유명한 목사님이자 사회복지 기관의 지도자가 되었습니다. 하나님께서 그 아들을 아주 훌륭하게 쓰고 계십니다. 어머니가 세속적인 태도를 가진 채 계속 화만 내고 자기를 거룩하게 해야 한다는 생각을 하지 못했다면, 아들은 더욱 반항했을 것입니다. 이 이야기에서 볼 수 있듯이, 자기를 거룩하게 하는 것은 남을 위한 것이기도 합니다. 스님들은 자신만을 위해 자기를 깨끗하게 하지만 우리 그리스도인들은 남을 위해 자신을 깨끗케 합니다. 이것이 불교와 기독교의 차이점입니다.

예수원에서 금연을 하는 이유는 옆 사람을 위한 것입니다. 담배를 피우는 것은 자기 마음이지만 금연을 결심한 사람 앞에서 담배 냄새를 풍기고 다니면 그에게 유혹이 되어 시험에 빠뜨릴 염려가 있으므로 옆 사람을 위해 담배를 피우지 말라고 권합니다. 마찬가지로 온전한 사람이 되고자 하는 이유도 옆 사람을 위한 것입니다. 예수님은 제자들을 위하여 자신을 거룩히 지키셨습니다.

하나 됨을 위한 기도

> 내가 비옵는 것은 이 사람들만 위함이 아니요 또 저희 말
> 을 인하여 나를 믿는 사람들도 위함이니(20절).

위의 말씀을 보면, 예수님이 제자들뿐만 아니라 그분을 믿는 사람들을 위해서도 기도하셨음을 알 수 있습니다. 물론 2천 년 후를 살고 있는 우리도 그 기도의 대상입니다. 예수님이 우리를 위해 기도하신 내용이 무엇입니까? "아버지께서 내 안에, 내가 아버지 안에 있는 것같이 저희도 다 하나가 되어 우리 안에 있게 하사 세상으로 아버지께서 나를 보내신 것을 믿게 하옵소서"(21절)라고 기도하셨습니다. 궁극적으로 세상이 알고 믿도록 하기 위해 기도하신

것입니다. 예수님이 세상을 위하여 기도하지 않고 제자들을 위해서만 기도한 것은 제자들이 하나님의 뜻을 이루면 세상으로 믿게 하고 제자들이 쓰러지면 세상도 믿지 못하게 될 것이기 때문입니다. 제자들이 하나가 되면 세상이 믿을 수 있습니다. 그래서 마귀는 다른 무엇보다도 제자들이 하나 되지 못하도록 방해합니다. 마귀를 이겨 낼 수 있는 조건이 22절에 나와 있습니다.

> 내게 주신 영광을 내가 저희에게 주었사오니 이는 우리가
> 하나가 된 것같이 저희도 하나가 되게 하려 함이니이다.

그러면 어떻게 하나가 될 수 있겠습니까? 희생자가 되는 영광을 깨달으면 하나 될 수 있습니다. 교회가 하나 되지 못하면 영광이 무엇인지 모릅니다. 이 사람 저 사람이 모두 세속적인 영광만 원하여 서로 부딪치고 하나 되지 못하면, 하나님의 영광이 무엇인지 알지도 못하고 온전한 그리스도의 몸을 이루지도 못하게 됩니다. 박사가 되고 원장이 되고 교장이 되고 추기경·교황이 되는 것만 영광인 줄 알고 희생제물이 되는 것은 영광인 줄 모른다면 결코 하나가 될 수 없습니다. 이러면 경쟁 정신밖에 생기지 않을 것입니다.

"육체의 일은 현저하니 곧 음행과 더러운 것과 호색과 우상숭배와 술수와 원수를 맺는 것과 분쟁과 시기와 분냄과 당 짓는 것과 분리함과 이단과 투기와 술 취함과 방탕함과 또 그와 같은 것들이라 전에 너희에게 경계한 것같이 경계하노니 이런 일을 하는 자들은 하나님의 나라를 유업으로 받지 못할 것"(갈 5:19-21)이라고 했

습니다. 이와 같은 것들은 세속에 속한 것이고 영(靈)과는 아무런 관계가 없습니다. 영적으로 우리는 하나님의 자녀이며 한 가족입니다. 그렇지만 한 인류 안에서 육체를 가지고 한 사람 한 사람 독립된 개체로서 따로 존재합니다. 우리가 '책'이라고 할 때 그 말은 총체적인 의미에서의 책을 나타내기도 하지만, 종이로 인쇄한 특정한 한 권의 책을 말하기도 합니다. 이렇듯이 물질은 분류되고 개별(個別)되게 합니다. 그러므로 구별되기 위해서는 물질이 들어가야 합니다.

성경에서 육체는 바로 그런 의미를 갖고 있습니다. 물질로 만든 이 몸이 나쁘지는 않지만 몸만을 위하여 살면 개인주의자가 되어 하나 됨이 없어집니다. 성경에서 '육체로 사는 사람'이란 개인주의자로서, 남을 위한 희생정신 없이 다만 자신만을 위하여 사는 사람을 말합니다. 이런 사람은 거룩하게 될 수 없습니다. 술·담배·간음하는 것만 육체의 일이 아니라 자기 의견만 고집하며 자기 맘대로 하겠다는 완고한 태도가 바로 육체의 일인 것입니다.

교회 내에 그러한 일이 얼마나 많은지 모릅니다. 좋은 말로 하나님의 말씀을 전파하기는 하지만 그 밑바닥에는 훌륭한 설교로 인기를 끌어 인정받고자 하는 마음이 있습니다. 그러나 성경은 내가 가지고 있는 모든 것을 가난한 사람들에게 나눠 주고, 내 몸을 불사르게 내어 준다고 해도 사랑이 없으면 내게 아무 유익이 없다고 말합니다(고전 13장). 명성을 위하여 하는 희생은 어찌 되었든 세속에 속한 것으로 육체의 일일 뿐입니다. 내 유익이나 체면과 상관없이 오직 사랑하는 마음으로 하는 일만이 영원히 남게 될 것입니다.

다윗은 죄를 범한 후 왕으로서의 체면을 다 내려놓고 베옷을 입은 채 머리에 재를 쓰고 하나님께 울면서 회개했습니다. 체면을 버리는 것은 육체에 반대되는 일입니다. 세상의 조직은 강자는 더욱 강해지고 약자는 더욱 약해지는 개인주의적인 조직입니다. 지나친 개인주의는 무질서를 낳기 때문에 어느 정도 자신의 뜻을 내려놓고 공동의사를 따라야 할 때도 있습니다. 회사의 모든 직원이 사장의 뜻을 따를 때, 나라의 백성들이 지도자의 뜻을 따를 때, 질서가 생깁니다. 흔히 사회에 나가서는 개인주의를 어쩔 수 없이 부분적으로나마 버리지만 진정으로 버린 것은 아닙니다. 아직 약하고 기회가 없기 때문에 희생자처럼 지내지만 기회만 오면 나도 강한 사람이 되고 영광을 얻겠다는 생각을 합니다. 이것은 세속의 정신입니다.

십자가의 영광을 싫어하고 세상의 영광만 원하면 하나가 될 수 없습니다. 하나님께서 예수님을 이 땅에 보내신 것처럼 예수님이 우리를 세상에 보내셨으므로 우리도 예수님처럼 희생정신으로 생활해야 합니다. 성령께서 주신 지혜로 각자의 역할이 무엇인지 깨닫고, 어떤 방법으로 하나님의 영광을 나타낼 수 있는지 알아야 합니다. 우리 모두가 십자가에 못박히는 것이 하나님의 계획은 아닙니다. 그러므로 하나님의 사랑이 나를 통하여 어떻게 나타날 수 있는지 늘 연구해야 합니다. 에베소서 4장은 요한복음 17장의 기도와 관계 있어 보입니다.

……부르심을 입은 부름에 합당하게 행하여(엡 4:1).

바울이 말한 '부르심'은 희생을 통해 하나님의 영광이 세상에 나타나도록 하기 위한 부르심입니다.

> 모든 겸손과 온유로 하고 오래 참음으로 사랑 가운데서
> 서로 용납하고 평안의 매는 줄로 성령의 하나 되게 하신
> 것을 힘써 지키라(엡 4:2, 3).

이 말씀에는 성령이 나오는데 요한복음 17장의 기도에는 성령에 대한 말이 나오지 않습니다(요한복음 16장에서 예수님은 보혜사 성령을 보내시겠다고 말씀하셨지만 말입니다). 그러나 요한복음 17장 21절 "아버지께서 내 안에, 내가 아버지 안에 있는 것"은 성령의 코이노니아를 말합니다. 요한복음 17장에서 직접 성령을 언급하지는 않았지만 성령의 제일 중요한 역할인 코이노니아를 말씀하신 것입니다. 평안의 매는 줄로 하나 되게 하신 것 또한 성령께서 하신 일입니다.

> 몸이 하나이요 성령이 하나이니 이와 같이 너희가 부르심
> 의 한 소망 안에서 부르심을 입었느니라 주도 하나이요
> 믿음도 하나이요 세례도 하나이요 하나님도 하나이시니
> 곧 만유의 아버지시라 만유 위에 계시고 만유를 통일하시
> 고 만유 가운데 계시도다(엡 4:4-6).

모든 교회는 그리스도의 몸이며 그리스도의 몸은 하나밖에 없습

니다. 다만 교파에 따라 내 교회 네 교회로 구별하는 기계적인 사고방식이 우리를 서로 분리하게 만들 뿐입니다. 교회일치를 주장하는 것도 중요하지만 교회가 이미 하나인 것을 깨닫는 사실 또한 중요합니다.

하나가 되는 것과 하나 된 것을 인정하는 것은 다릅니다. 사실 교회는 하나밖에 없습니다. 그러므로 우리에게는 조직이 아닌, 성령으로 하나 된 것을 힘써 지켜야 할 책임이 있습니다. 세상은 외면적인 것밖에 보지 못합니다. 지금 세계적으로 교회를 하나의 조직으로 만들자는 운동이 일어나고 있는데 그건 위험합니다. 베드로후서에 이런 말씀이 있습니다.

그러나 민간에 또한 거짓 선지자들이 일어났었나니 이와 같이 너희 중에도 거짓 선생들이 있으리라 저희는 멸망케 할 이단을 가만히 끌어들여 자기들을 사신 주를 부인하고 임박한 멸망을 스스로 취하는 자들이라 여럿이 저희 호색하는 것을 좇으리니 이로 인하여 진리의 도가 훼방을 받을 것이요 저희가 탐심을 인하여 지은 말을 가지고 너희로 이(利)를 삼으니 저희 심판은 옛적부터 지체하지 아니하며 저희 멸망은 자지 아니하느니라…… 이 사람들은 본래 잡혀 죽기 위하여 난 이성 없는 짐승 같아서 그 알지 못한 것을 훼방하고 저희 멸망 가운데서 멸망을 당하며(벧후 2:1-3, 12).

이것은 교회에 대한 실제적인 경고의 말씀입니다. 언제든지 어느 곳이든지 세력이나 돈을 목적으로 교회를 이용하려는 거짓된 사람이 있습니다. 또한 성경을 배우기는 했지만 영적인 것을 깨닫지 못하는 사람이 교회에 있을 수 있습니다. 베드로 시대부터 지금까지 항상 '현대화' 문제로 성경을 그대로 믿지 못하는 일이 있었습니다. 예수님이 자주 '기록되었으되'라는 표현을 하며 성경을 인용하는 것은 성경이 하나님께서 주신 초자연적인 기록인 줄 알고 매우 중요시했음을 시사합니다. 그런데 현대학자들은 성경을 세상 서적 중 하나로 간주해서 일반 서적과 같이 비판합니다. 그리하여 성경에서 신화적인 요소는 제거하고 이성으로 납득되는 부분만을 수용하는 자세에까지 이르게 되었습니다.

불의의 값으로 불의를 당하며 낮에 연락을 기쁘게 여기는 자들이니 점과 흠이라 너희와 함께 연회할 때에 저희 간사한 가운데 연락하며 음심이 가득한 눈을 가지고 범죄하기를 쉬지 아니하고 굳세지 못한 영혼들을 유혹하며 탐욕에 연단된 마음을 가진 자들이니 저주의 자식이라(벧후 2:13-14).

지금 세상은 탐욕으로 가득 차서 모든 것이 다 돈 위주로 움직입니다. 대중매체가 탐욕을 추구하는 것을 목표로 움직임에 따라 사람들 가운데 진리에 대한 관심이 더욱 없어졌습니다.

저희가 바른길을 떠나 미혹하여 브올의 아들 발람의 길을 좇는도다 그는 불의의 삯을 사랑하다가 자기의 불법을 인하여 책망을 받되 말 못 하는 나귀가 사람의 소리로 말하여 이 선지자의 미친 것을 금지하였느니라(벧후 2:15-16).

발람은 하나님의 선지자로서 진리의 말씀을 전하면서도 불의의 삯을 사랑하여 삶의 목적을 물질에 두었습니다. 베드로 시대부터 현대 교회에 이르기까지 그런 사람이 많이 있음을 볼 수 있습니다. 유다서에도 그와 비슷한 말이 나옵니다.

화 있을진저 이 사람들이여, 가인의 길에 행하였으며 삯을 위하여 발람의 어그러진 길로 몰려갔으며 고라의 패역을 좇아 멸망을 받았도다 저희는 기탄없이 너희와 함께 먹으니 너희 애찬의 암초요 자기 몸만 기르는 목자요 바람에 불려 가는 물 없는 구름이요 죽고 또 죽어 뿌리까지 뽑힌 열매 없는 가을 나무요…… 이 사람들은 원망하는 자며 불만을 토하는 자며 그 정욕대로 행하는 자라 그 입으로 자랑하는 말을 내며 이를 위하여 아첨하느니라…… 이 사람들은 당을 짓는 자며 육에 속한 자며 성령은 없는 자니라(유 1:11-12, 16, 19).

그들은(애찬에 함께 참여하는) 교회에 속한 사람이었지만 내면은 세속의 정신으로 가득 차 있었습니다. 성령이 없기 때문에 자꾸 당을 짓고 교회를 갈라지게 했습니다. 그렇다면 교회에서 그들을 쫓아내거나 자신이 교회를 떠남으로써 이 문제가 해결되는 것일까요? 유다서 1장 21-22절을 봅시다.

> 하나님의 사랑 안에서 자기를 지키며 영생에 이르도록 우리 주 예수 그리스도의 긍휼을 **기다리라** 어떤 의심하는 자들을 긍휼히 여기라.

성경은 '기다리라'고 하십니다. 계시록의 일곱 교회 중에 여섯 교회가 대부분 간음·이단·술수 등 현대 교회와 같은 복잡한 문제를 안고 있었습니다(계 2-3장). 그러나 끝까지 자신을 깨끗이 지켜 견디는 사람은 구원을 받을 것이라고 했지 교회를 떠나거나 갈라지라는 말이 없습니다. 새 교파를 만든다고 문제가 해결되는 것은 아닙니다. 언젠가 '제2의 종교개혁이 필요하냐?'는 질문을 받았는데, 저는 종교개혁으로 해결할 문제는 아니라고 생각합니다. 개혁한 교회들도 시간이 지나니 이전의 교회만큼 부패하거나 권위주의에 빠지는 똑같은 문제를 낳게 되었습니다. 그러므로 세속의 정신을 갖고 있다고 해서 그런 사람을 쫓아내려고 애쓰지 말고 다만 기도로써 싸워야 할 것입니다.

> 우리의 씨름은 혈과 육에 대한 것이 아니요 정사와 권세와 이 어두움의 세상 주관자들과 하늘에 있는 악의 영들에게 대함이라(엡 6:12).

우리가 싸워야 할 대상은 사람이 아니라 마귀이기 때문에 기도로써만 이 싸움에서 이길 수 있습니다. 하나가 되어야 하는데 하나 되지 못한 것은 영적인 문제이기 때문에 영적인 방법으로 싸워야만 합니다. 그러므로 교회가 하나 되기 위해서는 어느 교파에 소속되었든지 서로 인정하고 신자라면 누구든지 환영하여 교제하면서 서로 세워 가도록 노력하되, 자신과 교회를 위해서 성령 안에서 무시로 기도해야 합니다.

모든 평신도는 교회 지도자를 위해 열심히 기도해야 할 책임이 있습니다. 세상 사람들은 먼저 교회 지도자들을 보고 있으며, 마귀도 끊임없이 그들을 미혹하기 때문입니다. 그렇기 때문에 그것을 해결할 수 있는 방법은 오직 기도뿐입니다. 교회 내에 탐심으로 가득 찬 좋지 못한 신자가 있을 때 장로들은 그들을 다스릴 책임이 있습니다. 그런데 간음하거나 지나치게 술 취하는 것 등 아주 특별한 경우 외에는 대부분의 중요한 문제를 중요하지 않은 문제로 그냥 지나쳐 버리는 습관이 교회 내에 많이 있습니다.

교회사를 살펴보면, 시대마다 교회가 부흥되었다가 부패하고 부패하였다가 부흥하는 일이 있었음을 알게 됩니다. 기도로써 부흥되어 한동안 교회 안에 하나님의 영광이 활발하게 나타나 많은 사람이 회개하고 예수를 영접하여 교회를 확장하는 등의 선한 일을 하지만, 마귀가 침투하여 교회가 부패하고 또다시 기도로써 회복하는 일이 반복됩니다. 그러므로 오늘 우리가 교회를 위해 기도한다면 주께서 친히 역사하시리라 생각합니다. 무엇보다도 교회가 하나 되기를 위해 끊임없이 기도합시다.

2
어떻게 기도할 것인가?

기도와 묵상

기도에 관한 가장 중요한 사실은 기도야말로 그리스도인들이 할 수 있는 최고의 노동이라는 점입니다. 때때로 우리는 '기도 없이도 하나님의 일을 할 수 있다'고 생각하지만 이것은 잘못된 생각입니다. 기도가 곧 하나님의 일이기 때문입니다. 우리가 어떤 일을 행하는데 기도 없이 진행하고 있다면, 그것은 곧 하나님의 일을 하고 있지 않음을 의미합니다.

왜일까요? 기도 없이 우리가 할 수 있는 일은 결국 혈(血)과 육(肉)에 대한 싸움에 지나지 않기 때문입니다. 그것은 우리가 싸워야 할 진짜 대상이 아닙니다. 참된 싸움은 정사와 권세와 이 어둠의 세상 주관자들과 하늘에 있는 악한 영들에 대한 것입니다(엡 6

장). 성경은 보이지 않는 권세와의 씨름에 대해서 많이 언급하고
있습니다.

기도-믿음을 위한 선한 싸움

그리스도인은 사람이나 정부와 더불어 씨름하도록 부름 받은 것
이 아니라 교회나 정부의 부패 뒤에 숨어 역사하는, 보이지 않는
권세들과 싸우도록 부름 받았습니다. 이와 관련하여 아주 재미있
는 헬라어가 사용되고 있습니다. 에베소서 6장 12절에 '팔레'($\pi\alpha$
$\lambda\eta$, 씨름)라는 단어가 나오는데, 이 말은 레슬링 시합에서나 들을
수 있는 용어입니다. 야곱이 천사와 더불어 밤새도록 씨름했을 때
와 에베소서 6장 12절에만 이 단어가 나오는데, 이 구절은 모두 진
정한 의미의 영적인 싸움에 대해 말해 주고 있습니다.

레슬링은 올림픽 게임의 한 종목으로서 권투나 유도 시합과 마
찬가지로 두 선수가 몸으로 직접 부딪치는 경기입니다. 그 외에도
많은 종목들이 있는데, 몸으로 직접 부딪치는 경기가 아니더라도
승리를 위해 온 힘을 다 기울여 겨룬다는 점에서 모두 동일합니다.
올림픽 경기의 기본정신은 우연한 승리는 없다는 것이며, 모든 경
기는 선수의 철저한 주의집중과 극기를 요구합니다.

신약성경에는 올림픽 경기에 사용되는 다른 세 단어가 나옵니
다. 그 중 하나는 '스타디온'($\sigma\tau\alpha\delta\iota o\nu$, 운동장)으로, 이는 달음박질
하는 경주장(track)을 의미합니다. 고린도전서 9장 24절에서 사도
바울은 이 단어를 사용하고 있습니다.

그리고 '아들론'($\ddot{\alpha}\theta\lambda o\nu$)이라는 단어가 있는데, 여기에서 영어의

'athlete'(경기자, 운동가)라는 말이 파생되었습니다. 이 말을 어원으로 해서 신자들의 힘든 싸움을 의미하는 여러 단어들이 파생되었습니다. 디모데후서 2장 5절과 히브리서 10장 32절에서는 주로 핍박을 견디는 것과 관련된 뜻으로 이 단어를 사용했습니다. 이와 유사한 말이 빌립보서 1장 27절에도 나오는데, 여기에서 바울은 신자들이 복음을 위해 일심으로 서서 한뜻으로 싸워 나갈 것을 말하고 있습니다.

그렇지만 가장 흔히 볼 수 있는 단어는 올림픽 스타디움을 의미하는 '아곤'(ἀγών)이란 말입니다. 이 말은 달음박질이나 레슬링을 포함한 경주나 시합의 뜻으로도 사용되는데, 여기서 파생된 동사가 '전심전력을 다해 싸우다'(겨루다)란 말입니다. 빌립보서에서 바울은 "너희에게도 같은 싸움이 있으니 너희가 내 안에서 본 바요 이제도 내 안에서 듣는 바니라"(1:30)라고 권유하고 있습니다. 데살로니가전서 2장 2절에서는 강력한 반대에 부딪힘과 관련하여, 히브리서 12장 4절에서는 핍박과 관련하여 다시 이 단어를 사용하고 있습니다. 요한복음 18장 36절에서는 인간들과 싸우는 뜻으로 나타나는데, 진정한 싸움은 영적인 것이기 때문에 예수님의 제자들에게는 허용되지 않는 싸움이었습니다.

누가복음 13장 24절에서 예수님은 "좁은 문으로 들어가기를 힘쓰라 내가 너희에게 이르노니 들어가기를 구하여도 못 하는 자가 많으리라"라고 말씀하셨는데, 여기서 '힘쓰라'는 단어가 '아곤'입니다. 추석 전날에 기차역 대합실 문으로 사람들이 몰려드는 광경을 상상할 수 있습니다. 많은 사람들이 어떻게든 고향에 가려고 애쓰는 바람에 기차역은 초만원을 이루고, 사람들에게 짓밟혀 죽는 사고마저 생기지 않습니까! 이처럼 마지막 때에 좁은 문을 통해 들어오려고 밀려드는 무리 중에는, 너무 늦게 오거나 한쪽으로 밀려나는 바람에 기차를 놓치게 되는 사람이 많을 것입니다.

후에 누가는 이 단어를 야곱보다 더 격렬하게 기도의 씨름을 하시는 겟세마네 동산의 예수님을 묘사하는 데 사용했습니다. (그때 주님이 얼마나 힘든 영적 싸움을 하셨던지 피땀을 흘리셨다고 했습니다). 진실로 우리는 피땀을 흘리게 되기까지는 기도가 무엇인지 알 수 없는 것입니다. 히브리서 12장 1절에서 저자는 동일한 단어를 사용하여 '인내로써 우리 앞에 당한 경주를 경주하자' 고 우리를 부릅니다.

골로새 교인들에게 편지를 쓰는 바울은, 자신과 함께 감옥에 갇힌 아킵보와 더불어 그들을 위해 큰 싸움을 싸우는 중이라고 말합니다. 감옥 안에서 바울은 죄수의 몸으로 가르치고 전도할 기회는 예전보다 적어졌지만 대신 기도할 시간은 많아졌으니 기도를 통하여 전투가 치러져야 함을 누구보다 잘 깨닫고 있었습니다. 디모데에게 믿음의 싸움을 싸우라고 말할 때나 그 자신이 믿음의 선한 싸움을 싸운다고 했을 때, 바울은 '아곤' 이라는 동일한 단어를 사용하고 있습니다. 유다서 1장 3절의 "믿음의 도를 위하여 힘써 싸우라" 라는 말씀은 성령 안에서 기도하라는 권면(20절)과 밀접한 관계가 있습니다. 바울이 에베소서 6장 18절에서 상기해 주는 바와 같이 성령 안에서 하는 기도는 사탄과 싸우는 가장 강력한 방법입니다.

'성령 안에서 기도한다' 는 것은 무슨 뜻일까요? 고린도전서 14

장 14절에 분명하게 언급되고 있듯이, 그것은 곧 방언으로 기도하는 것과 관련이 있습니다. 이는 곧 성령께서 말할 수 없는 탄식으로 우리를 위하여 친히 중보기도하시는 가운데 우리와 합력하시는 방법입니다(롬 8:26-27). 방언으로 기도하는 내용에 대해 우리 자신은 모를지라도 하나님은 그 뜻을 알고 계십니다(고전 14:1-2). 왜냐하면 우리는 마땅히 빌 바를 알지 못하나 성령께서는 하나님의 뜻대로 간구하고 계시기 때문입니다. 하나님께서 우리에게 주신 특별한 말씀(레마)은 사탄과 싸우기 위한 검(劍)입니다(엡 6:17). 우리가 그 말씀을 이해할 때도 있지만 대적이 이해할 수 없게 하기 위하여 비밀부호(a secret code) 같은 것을 사용할 수도 있는데, 고린도전서 14장 2절에서 보는 바와 같이 하나님의 비밀부호가 곧 '방언'인 것입니다.

묵상-하나님의 음성을 듣는 것

군인이 전투에 나가기 전에 (그리고 어떤 때는 전투 중에) 상급부대로부터 명령을 받지 않으면 안 됩니다. 어떤 군인이라도 자기 기분대로 싸우는 것이 아니라 명령에 따라 싸웁니다. 구두로 직접 하달된 명령이든 통신이나 서신에 의한 간접명령이든 군인들은 그 명령에 귀 기울여야 합니다. 명령에 귀 기울이는 것, 곧 듣는 것을 '묵상'이라고 합니다.

하나님의 음성을 듣는 방법은 매우 다양하지만 그분은 우리의 처지와 개성에 가장 적합한 방법을 가르쳐 주십니다. 어떤 사람에게는 조용히 명상에 잠기는 방법이 좋겠고, 어떤 사람은 하나님께 편지 형식으로 기도문을 쓰고 주님의 응답이라고 여겨지는 말씀들을 받아 적어야 합니다. 어찌되었든 중요한 사실은 들을 시간을 충분히 가져야 한다는 점입니다. 여기에는 하나님의 음성을 듣고자 하는 마음의 준비와 성경을 천천히 정독하는 것도 포함됩니다. 그리고 기도가 끝나자마자 홱 나가 버리는 것이 아니라 하나님께서 우리의 기도에 대한 응답으로 무슨 말씀을 하실지 듣기 위해 조용히 그 자리에 앉아 기다리는 것도 빼놓을 수 없습니다.

기도는 보통의 대화처럼 짧게 말하고 많이 듣는 것이 좋습니다. 중보기도를 할 경우에도 무턱대고 서둘러 기도에 임할 것이 아니라 하나님께서 중보기도 시간에 우리가 어떤 기도를 하기 원하시는지, 얼마만큼이나 길게 기도하기를 원하시는지 분별해야 합니다. 만일 감옥, 그것도 독방에 수감될 만큼 운이 좋다(?)면 우리는 충분한 시간을 가지고 필요한 중보기도를 마음껏 할 수 있겠지만, 우리는 대부분 감당해야 될 책임량이 많기 때문에 중보기도를 위한 적절한 시간을 내기 위해 신중하게 고려하지 않으면 안 됩니다.

그렇지만 이런 의미심장한 말씀이 있다는 사실을 잊지 맙시다.

"분주할수록 더욱더 많은 시간을 드려 기도하도록 하라!"

만일 너무 분주한 나머지 기도조차 하지 못한다면 그것은 곧 당신이 하나님께서 원치 않는 일을 하고 있다는 사실을 증명할 뿐입니다. 하나님께서 명령하시지도 않은 것을 행한다면 그것은 어떠한 것이라도 죄가 됩니다(롬 14:23).

중보기도

하나님의 음성을 듣는 것, 즉 묵상을 했다면 그분께서 인도하시는 대로 중보기도를 시작할 준비가 된 것입니다. 하나님은 여러 사람에게 다양한 형태의 중보기도 사역을 주십니다. 노만 그러브 (Norman Grubb)가 쓴 《중보기도》(Rees Howells, Intercessor)에는 정해진 시간에 대한 사람만을 위해 중보기도 하는 데에 강력히 쓰임 받은 사람의 이야기가 담겨 있습니다. 또 다른 유명한 중보기도자로서 '기도의 사람 하이드'란 분이 있습니다. 존 하이드(John Hyde)는 인도로 파송된 젊은 선교사로서 교회와 선교지의 상황 때문에 마음에 비통함이 가득한 분이었습니다. 그는 일을 해야 할 시간에도 때때로 기도하는 데 몰두해서 심한 비난을 받기도 했습니다. 전심전력을 기울여 중보기도에 헌신한 나머지 감당할 수 없을 정도로 심장에 긴장을 주어서 젊은 나이에 요절하고 말았지만 그분의 기도가 인도의 교회와 선교운동에 끼친 영향은 오늘날까지도 여실히 찾아볼 수 있습니다.

중보기도의 한 방법으로 백성들에게 회개의 문을 열어 주기 위해 금식하는 것을 들 수 있습니다. 다니엘은 자기 백성을 위해 3주간 금식했으며, 에스겔은 여섯 가지 곡물로 떡을 만들어 430일 동안 매일 일정한 양의 떡과 소량의 물만 먹으며 기도하라는 명을 받았습니다. 때로 우리는 "그렇게 해서 무슨 효과가 있을까? 그것이 도대체 어떤 좋은 영향을 줄 수 있단 말인가?" 하고 반문할지도 모릅니다. 우리가 알고 있듯이 에스겔은 자신이 중보기도 한 결과를 그의 생애에 직접 보지 못했습니다. 에스겔과 동시대의 사람들은 여전히 완악하여 회개하지 않았지만 그의 기도는 다음 세대에 깊은 영향을 주었습니다.

최근 유고슬라비아에서는, 지금 이 세계가 대환난의 시대에 직면해 있으며 오직 금식과 기도만이 이것을 면하게 할 수 있다는 예언이 여러 차례 나오고 있습니다. 그래서 메두 고르제 마을의 거의 모든 사람들은 일주일에 한 번은 금식을 하고 있으며 두 번씩 금식하는 분들도 많다고 합니다. 많은 젊은이들 역시 하나님께서 뜻을 돌이키지 않으신다면 그들의 남은 전 생애를 이 일에 헌신하겠다고 했습니다.

개인적인 중보기도 외에도 공동으로 드리는 중보기도가 있습니다. 예수원의 경우, 하나님께서 우리로 하여금 기도하기 원하시는 많은 사람들의 명단을 갖고 있어서 병들거나 환난에 처해 있는 다른 많은 개인들은 물론 나라의 지도자들, 학생들, 지방관리들, 교계지도자 및 목회자 등의 이름을 불러 가며 날마다 기도드립니다. 매일 30분 동안 함께 모여 이들을 주님의 제단에 올려 드리는데, 기도해야 할 대상이 너무 많을 때는 나눠서 기도하기도 합니다. 매일 정오에 드리는 대도(代禱)와 함께 매주 금요일마다 따로 2시간을 구별하여 더욱 집중적인 중보기도를 합니다. 그 시간에는 특별한 기도제목을 달라고 먼저 주님께 구하고 나서 2시간 동안 오직 그 문제만을 위해서 합심하여 기도합니다. 기도 방법은 통성기도, 침묵기도 등 다양하게 할 수 있습니다.

하나님께서 어떤 이들에게는 기도해야 할 대상을 많이 주시지만, 어떤 이들에게는 기도해야 될 대상과 일을 조금만 주시기도 합니다. 대상의 많고 적음은 하나님이 인도하시는 대로 결정될 일이고, 각 사람은 자신의 사역 범위를 잘 분별해야 합니다. 그러나 어떤 사람들처럼 특별히 기도의 사명을 받지 않았다 하더라도 모든 신자들이 기도의 사역을 담당해야 하는 것은 기본 사실입니다.

우리는 다른 신자들에게서 배울 수 있고 그들을 통하여 하나님의 음성을 들을 수도 있지만 상대방을 모방해서는 안 됩니다. 성경은 기도의 사역을 '여호와 앞에서 섬기는 것'(ministering before the Lord) 혹은 '여호와께 수종 드는 것'(ministering unto the Lord)이라고 말하고 있습니다(삼상 2:11, 18, 3:1; 렘 33:22; 겔 40:46; 행 13:2; 고후 13:10).

만일 누군가 "누가 기도해야 합니까?"라고 묻는다면 "모든 그리스도인, 특히 모든 그리스도인 남자들이 기도해야 합니다"라고 대답해야 할 것입니다. 중보기도 할 책임이 남자에게 있다는 사실을 명확히 보여 주는 대목이 성경에 두 군데 나오는데, 만일 그들의 가족 혹은 교회 안에서의 관계가 온전하지 못할 경우 그들의 기도도 막힐 것이라고 말하고 있습니다(딤전 2:1-8; 벧전 3:7).

기도의 시간과 장소

개인기도를 하는 데는 시간과 장소에 아무런 제한이 없습니다. 기도목록을 갖고 다닌다면 지하철을 타고 가면서도 기도할 수 있을 것입니다. 온 사방에서 끊임없이 탐욕을 갖도록 충동하지만 주위에 시선을 빼앗기지 않고 대신 하나님의 거룩한 사업으로 우리의 마음을 채울 수 있습니다. 또 다른 사람이나 인간적인 일만 계속 생각하게 만드는 분주한 도시의 소음을 떠나 창조주 하나님을 생각나게 해 주는 조용한 공원이나 산속으로 들어가 기도할 수도 있습니다.

그렇지만 이사야와 다니엘과 예레미야는 사악한 큰 성읍 한가운데서 중보기도를 드렸습니다. 우리는 인류 최초의 도시가 최초의 살인자의 손으로 건설되었다는 사실(창 4:17)과, 하나님은 다윗이 예루살렘을 취할 때까지 그 어느 도시도 인정하지 않으셨다는 사실을 명심해야 합니다. 그렇지만 그 예루살렘에 대해서조차도 하나님의 본래 계획은 매우 작은 규모에 불과했습니다(겔 48:16; 동서남북 사방으로 각각 4,500규빗이므로 1규빗을 50센티미터로 볼 때 2.25킬로미터이다. 서울의 동대문에서 종각까지의 거리보다 예루살렘 동문에서 서문에 이르는 거리가 더 짧다).

기도원에 가서 나 개인을 위해 기도하는 것도 유익하지만, 자신만을 위한 기도에 집착하기보다 먼저 하나님 나라와 이웃을 위하여 기도해야 하며, 우리 자신의 문제는 하나님의 손에 맡겨야 합니다. 그렇게 함으로써 우리는 하나님의 뜻이 하늘에서와 같이 땅에서도 이루어지도록 하는 일에 동참하게 되며, 이것이 곧 한국에 하나님의 나라가 세워지도록 하는 일이 됩니다.

기도하는 데 특별한 자세는 없습니다. 모세와 선지자들은 서서 기도한 것처럼 보이고, 다니엘은 꿇어앉아 기도 했습니다(단 6:10). 초대 교회의 교부 중 한 사람의 글 가운데 이런 기록이 있습니다.

"예루살렘 교회의 지도자였던 야고보는 얼마나 무릎을 꿇고 기도했던지 그의 무릎은 마치 낙타의 무릎처럼 되어 버렸노라."

기도의 응답

마지막으로 기도의 응답에 대해서 살펴보도록 합시다. 많은 경우 우리는 하나님께서 우리의 기도를 어떻게 사용했는지에 대해—때때로 그렇지 않은 경우도 있기는 하지만—시간이 훨씬 경과한 뒤에야 확인하게 됩니다. 그런데 대부분의 경우 그것은 그리 중요한 문제가 아닙니다. 중요한 것은 다만, 그분이 우리를 기도하도록 부르셨고 우리는 그분께 순종했다는 사실입니다.

그분이 우리의 기도를 어떻게 사용하시는지의 문제는 그분 자신의 일이지 우리가 상관할 바가 아닙니다. 그렇지만 특별한 문제에 대해서는 기도의 응답을 물어보아야 할 때가 있습니다. 그런 경우에는 다음과 같은 세 가지 대답 중 하나를 기대할 수 있습니다. 즉, '예'(yes) '아니요'(no) '기다려라'(wait)입니다.

가장 두려운 일 중의 하나는 우리가 반복해서 구했기 때문에 주님이 허락해 주긴 하셨지만, 결과적으로 볼 때 '차라리 그것을 구하지 말았더라면 좋았을걸' 하고 후회하는 경우입니다. 제가 알고 있는 한 부인은 결혼을 앞두고 하나님이 원하시는 남자에 대해서는 기도하기를 거절하고, 대신 다른 남자를 염두에 두고 기도하기를 고집했습니다. 하나님은 섭섭하셨지만 그 기도를 들어주셔서 그녀가 원하던 남자를 남편으로 허락하셨습니다. 하지만 그는 아주 좋지 못한 남편이었습니다. 그러나 그녀는 남은 생애를 그와 더불어 살 수밖에 없었습니다. 이스라엘 백성이 고기를 구했을 때 하나님은 심히 진노하시면서도 그들이 원하는 바대로 메추라기를 보내셨다는 사실, 그리고 이 때문에 결국 그들에게 큰 재앙이 임했던 사실을 기억해야 합니다(민 11장; 시 78:17-31).

성경은 특별히 대통령과 정부를 위해 기도하라고 명합니다. 그러므로 더욱 많은 신자들이 나라를 위해 계속해서 간절하게 기도한다면, 하나님께서도 국가와 민족을 위해 더 많은 일을 하실 수 있을 것입니다. 실제로 몇 년 전에 많은 신자들이 참으로 간절하게 기도한 덕분으로 하나님께서 심한 가뭄에서 벗어나게 하신 적이 있습니다. 그러나 더 중요한 사실은 영적 지도자들을 위해 기도해야 한다는 것입니다. 바울은 편지를 쓸 때마다 항상 자신을 위해 기도해 줄 것을 사람들에게 간청했습니다. 신자들의 기도 없이 사도 바울이 어떻게 자신의 사역을 감당할 수 있었겠으며, 더군다나 오늘날 교회 지도자들이 어떻게 사역을 감당할 수 있겠습니까?

기도와 순종의 삶

"당신은 어떻게 기도하십니까?"라고 물어 올 때, 저는 "당신은 아내에게 어떻게 얘기하십니까?"라는 질문처럼 그것이 쓸데없는 질문이라고 느낄 때가 종종 있습니다. 신자들이란 예수님의 친구이자 하나님의 친구인데(요 15:15, 16:26-27), 친구와 대화할 줄 모르는 사람이 어디 있겠습니까? 이러한 이유 때문에 복음서 이외의 성경에는 기도에 관한 상세한 가르침이 없는 듯합니다.

예수님은 이 땅에 오셔서 자신의 생명을 주심으로써 우리를 그분의 친구이자 하나님의 친구가 되게 하시고, 우리 사이에 교제가 있게 하셨습니다. 이전에는 복잡한 제사의식이나 까다로운 예식,

혹은 정해진 중재자 없이 하나님께 가까이 나아갈 자유가 일절 허용되지 않았습니다. 그렇지만 지금은 모든 것이 변화되어서 우리는 '친구'를 갖게 되었습니다! 문(門)이신 예수님을 통하여 우리는 아버지의 집에 들어갈 수 있으며, 아버지께서는 우리를 친구로서 사랑하십니다. 요한복음 16장 27절의 "아버지께서 친히 너희를 사랑하심이니라"라고 했을 때의 그 '사랑'은 원수마저 사랑하시는 하나님의 좀더 고차원적이고 일방적인 '아가페' 사랑이 아니라 '친구로서'의 친밀감을 갖고 사랑한다는 '필리아'(φιλία)입니다.

제 경우에는 기도하는 법을 어떻게 배웠을까요? 저는 기도를 아버지와 어머니, 그리고 누님과 대화하는 것같이 여겼습니다. 성령께서 우리 가정에 늘 임재하신 덕분에 우리는 좋은 사귐과 대화의 시간을 가질 수 있었습니다. 서로 자유롭게 대화를 나누었으며, 우리 사이에 비밀이란 별로 없었습니다. 우리 부모님은 자신들의 삶이 성경말씀처럼(엡 1:3, 2:6, 3:10) '하늘에 속한' 삶이라는 사실을 잘 알고 계셨기 때문에 하나님과 날마다 대화를 나누는 데도 자유로우셨습니다. 그래서 우리도 어릴 때부터 이 땅의 아버지를 대하는 것처럼, 그리스도를 통해 하나님 아버지와 자유롭게 대화할 수 있다는 사실을 당연하게 여기며 자랐습니다.

요한복음을 보면, 사도 요한은 '기도'라는 단어를 전혀 사용하지 않았습니다. '구한다'(ask)는 단어를 여섯 번 사용하고 있지만, 그것은 사람에게 무언가를 부탁할 때 사용하는 단어와 동일합니다. 하나님께 말씀드리는 다른 특별한 방법이 있는 것이 아닙니다. '기도'라는 전문 용어는 대부분 공관복음에서 사용되고 있습니다.

서신에서도 기도에 관해서는 매우 간략하게 언급하고 있는데, 그 이유는 이전의 시대와 분위기가 달라졌기 때문입니다. 이제 기도란 하나님과 대화를 나누는 것이 되었던 것입니다.

아주 어릴 때는 저도 기도를 대화 같은 것으로 생각하지 못했습니다. 기도란 어떤 일들이 이루어지도록 간구하거나 여러 사람들을 축복해 주실 것을 구하는 것으로 생각했습니다. 하나님이 응답하시지 않는 경우가 있다거나, 응답하시더라도 "그것은 내 계획과 상관없는 일이므로 줄 수 없노라. 내 계획에 맞는 것을 구하라. 그러면 그것이 네가 생각했던 것보다 훨씬 더 좋은 일임을 알게 되리라"처럼 응답하신다는 사실을 전혀 깨닫지 못했던 것입니다.

제가 성인이 된 후로 저는 하나님께서 친히 말씀해 주시는 음성을 여러 번 들었습니다. 어린 시절에는 하나님께서 내게 응답하시는 음성을 들을 수 있으리라고는 기대조차 못했습니다. 다만 저에게는 부모님이 하나님의 대리인이셨기 때문에 그분들을 통해 하나님의 음성을 들을 수 있으리라고 기대했고 부모님께 순종했습니다. 순종하지 않아서 벌을 받거나 해야 할 일을 지체한 까닭에 책망을 받더라도 그 일의 정당성에 대해서는 조금도 의심을 품지 않았습니다.

저는 집을 떠나 온 이후로 매우 반항적인 사람이 되었는데, 그것은 하나님의 뜻을 잘 알고 하나님의 뜻을 실행한다고 주장하면서도 성경에 나오는 바리새인들과 조금도 다를 바 없는 사람들 때문이었습니다. 제 관심은 항상 세리와 죄인 그리고 예수님께 있었습니다.

고등학교에 다닐 무렵 부모님께서 가족 모두에게 '묵상기도' (Quiet Time) 하는 습관을 갖도록 소개해 주셨는데, 묵상기도 시간은 하나님께 조속한 응답을 요청하는 시간이 아니고 하나님의 음성을 듣는 시간이었습니다. 성경 읽는 시간을 짧게 갖고 나서 (아마 찬송도 불렀을 것입니다) 조용히 침묵 가운데 주님이 우리에게 말씀하시도록 구하였습니다. 그런 다음 각자 하나님께서 말씀하시는 것이라고 생각되는 바를 노트에 기록하곤 했습니다. 가장 나이 어린 꼬마는 어머니께 말씀드리고 어머니께서는 그를 위해 대신 적어 주셨습니다. 그러고 나서 우리는 함께 둘러앉아 주님께서 주신 말씀을 서로 나누었습니다. 하지만 그 말씀이 자기 개인에게만 적용되는 것이라고 판단될 경우에는 말하지 않고 혼자 간직할 수 있는 자유로운 분위기였습니다. 부모님은 이 나눔의 시간을 통하여 우리가 주님이 말씀하시는 것을 참으로 듣고 있는지 분별할 수 있으셨습니다(고전 14:29).

그때까지 어린 우리 형제들은 크리스천 가정에서 계속 살아왔기 때문에 하나님께서 들려주시는 것을 잘 알 수 있었을 뿐 아니라 참으로 이상한 것에 대해서는 전혀 귀를 기울이지 않았던 것 같습니다. 부모님께서 "그렇지 않아. 하나님은 그렇게 말씀하지 않으신다. 그것은 비성경적이란다"라고 말씀하셨던 적이 있는지 확실히 기억해 낼 수는 없지만 혹, 우리가 그릇된 방향으로 나아가기 시작했을 경우에는 그렇게 말씀했을 것입니다. '묵상기도'를 통해서 우리가 하나님께 말할 수 있을 뿐만 아니라 그분으로부터 들을 수 있고, 우리 스스로가 그분의 인도하심을 직접 받을 수 있다는 사실을 배울 수 있었습니다.

제가 반항적이 되어 갈 때, 부모님께는 말씀드린 적이 없는데도 불구하고 출석하고 있는 학교에 대한 저의 반발심을 눈치 채셨습니다. 그래서 제 누님이 학교에서 일어나고 있는 상황에 대해 말씀드렸고, 부모님은 우리 두 사람을(학업 도중이지만) 평양 외국인학교로 전학할 수 있도록 해 주셨습니다. 저는 뛸 듯이 기뻤습니다. 그러나 교장선생님께서 그 소식을 듣고 저를 사무실로 부르신 다음, 평소 그분이 보고 느끼신 저의 위선적이고 형편없는 태도에 대해 모두 말씀해 주셨습니다. 저는 심한 상처를 입은 나머지 쓰라린 눈물을 흘렸습니다. 그러나 이 일을 통해 진실로 주님이 저의 약점과 교만에 대해서 말씀해 주시고 보여 주신 것을 깨달았습니다.

교장선생님의 말씀을 들은 그날, 저는 침대 곁에 무릎을 꿇고 앉아 제게 변화될 수 있는 기회를 주시고, 치욕 대신 신뢰를 하나님께 드릴 수 있게 해 달라고 울부짖었습니다. 시간이 흐르면서 하나님께서 그렇게 행하고 계심을 알 수 있었으며, 평양에서 저의 상처를 치유해 주시는 아름다운 경험을 했습니다. 이 당시의 체험은 다른 지면을 통해 좀더 상세하게 언급한 적이 있는데, 지금 다만 말씀드리려는 요점은 그때까지만 해도 하나님과 대화를 나누는 것에 대해 그저 막연하게 추정할 뿐이었다는 사실입니다.

미국에 있는 대학에 입학했을 때, 저는 하나님의 실존에 대해 참으로 확신하고 있는지 스스로 자문해 보았습니다. 저의 부모님께서 그렇게 믿고 계시는 데에는 의문의 여지가 없었고, 저 또한 부모님의 신앙을 따르며 성장해 왔습니다. 하지만 이제는 제가 기도의 응답이라고 받아들이고 하나님의 인도하심이라고 믿었던 사실들이 과연 전혀 모순이 없는 것인지 철저하게 검증해 볼 필요가 있다고 생각했습니다.

특히 저는 여섯 살 때부터 하나님께서 저를 선교사로 부르셨다고 생각했기 때문에 하나님께서 참으로 실존하시는 분인지 뚜렷한 확신을 가져야만 한다고 생각했습니다. 상상에 불과한 어떤 것을 위하여 온 생애를 허비한다는 것은 나 자신뿐만 아니라 다른 사람까지도 바보로 만드는 실로 부끄러운 일이 될 것이기 때문입니다. 실제로 저에게는 선교 사역을 하고 싶은 마음이 전혀 없었습니다. 저는 자연과학을 사랑했으며 핵물리학을 전공하고 싶었습니다. 과학을 좋아하는 저의 기질 때문에 하나님에 대한 의문을 재점검해 보고자 하는 강한 동기를 갖게 되었던 것입니다.

만일 제가 하나님이 존재하신다는 사실을 확인할 길이 없다면 다른 사람들에게 하나님을 믿으라고 말할 권리도 없는 것입니다. 정말 그렇다면 저는 조금도 양심의 거리낌 없이 물리학을 공부했을 것입니다. 그러나 하나님께서 실존하신다는 명확한 증거가 나타난다면 하나님께서 저에게 무엇을 요구하시든지 순종하는 것 외에 다른 선택의 여지가 없었고, 하나님께서 저에게 선교 사역을 하라고 명하신다면 기꺼이 그렇게 해야 했습니다. 이 문제를 어떻게 풀 수 있을까요? 제가 발견한 오직 한 가지 방법은 모든 책임을 전적으로 하나님께 맡기는 것이었습니다.

그래서 "하나님, 만일 당신이 존재하신다면 당신의 실재(實在)를 스스로 저에게 보여 주시옵소서"라고 요구했습니다. 하지만 그분이 어떻게 말씀하실지는 도무지 추측할 수 없었습니다. 만일 그분이 진실로 하나님이시라면 방법을 아실 테고 저에게 어떤 종류의 증거가 필요한지도 아시리라고 생각했습니다. 다만 저로서는 다음과 같은 가장 단순한 몇 가지 가설을 설정해 볼 수 있었습니다.

"ⓐ 하나님은 존재한다. ⓑ 그분은 성경의 하나님이시고, 나의 부모님의 하나님이시다. 그러므로 ⓒ 나에게 스스로를 나타내실 수 있는 기회를 하나님께 드리기 위해서는 부모님께서 나를 인도해 주신 그 길을 계속 가는 것이 가장 적합한 방법이다."

그리고는 하나님께서 말씀하신다면 아마도 성경말씀을 통하여 말씀하시리라고 생각해서 매일 한 장씩 성경을 읽기로 약속했습니다.

이런 실험을 해보기로 한 첫날에 저는 예레미야를 통독하면서 45장을 읽게 되었습니다. 학생회 지도자가 되려는 야심만만한 대학생에게 마지막 절은 마치 뺨을 세차게 때리는 것 같았습니다.

"네가 너를 위하여 대사를 경영하느냐 그것을 경영하지 말라."

주님은 날마다 성경구절뿐만 아니라 다른 여러 방법을 통하여 말씀해 주셨으며 마침내 저는 의혹의 그림자를 헤치고 그것이 우연의 일치가 아니라 하나님이 진실로 성경에 기록된 그대로 실존하시는 분임을 알게 되었습니다. 그때 이후로 저는 매일 성경읽기, 묵상기도, 공동예배 및 교회 집회 참석과 같은 체계적인 방법뿐 아니라 위기와 기쁨, 아름다움 등의 상황에 자발적으로 반응함으로써 하나님과의 대화를 계속해 오고 있습니다. 그분의 인도하심에 대한 저의 신뢰는 변함이 없으며, 약속하신 바와 같이 주님의 뜻에 복종하며 실행하려는 사람들은 누구든지 친히 인도하신다는 사실을 보아 왔습니다. 내 마음이 내키지 않을 때라도 구하기만 하면 주님은 기꺼이 제가 그분의 뜻을 행하도록 하실 수 있다는 사실 또한 보아 왔습니다.

신학교 다닐 때, 저의 모든 학비를 대신 내 주겠다는 사람이 있었음에도 불구하고, 하나님은 저의 정신건강을 위하여 일자리를 구해서 손수 노동을 하라고 말씀하셨습니다. 이 때문에 저는 대공황의 어려운 시절에 넘쳐 나는 실업자 무리 가운데 한 사람이 된다는 것이 무엇을 의미하는지 경험을 통해 체득할 수 있었습니다. 석 달 동안 두 친구와 함께 쥐와 이만 들끓는 빈 창고에서 살면서 계속 일자리를 구해야 했습니다. 우리는 이런 환경 속에서 굶주림을 면케 해 주시는 주님의 놀라우신 섭리를 맛보았습니다. 마침내 하나님은 기적적인 방법으로 저에게 일자리를 얻게 해 주셨고 힘이 다 빠질 때마다 기적적인 방법을 사용하셔서 실패하지 않도록 보호해 주셨습니다.

적절한 시간에 주님은 다른 종류의 일자리로 저를 인도해 주셨으며 가난하고 멸시받는 사람들과 하나 될 수 있는 값진 교훈들을 많이 가르쳐 주셨습니다. 무사히 학업을 마치게 해 주셨고 교회 사역을 시작하도록 허락하셨습니다. 그리고 교회 안에 있는 바리새인들과 위선자들과 정면으로 충돌하면서도 살아남을 수 있는 은혜를 주셨습니다.

저는 아내를 구하는 기도를 하지 않았습니다. 다만 주님이 제가 결혼하기를 원하신다면 저에게 확실하게 말씀해 주실 줄 믿고 주님의 뜻을 알게 해 달라고 구했을 뿐입니다. 이에 그분은 확실하게 응답하셨고, 저는 저에게 주신 아내가 주님의 소중한 선물임을 결코 의심하지 않았습니다. 그렇지만 결혼한 지 두 주 만에 저는 일자리를 잃고 거의 석 달 동안 다시 실업자 신세가 되었습니다. 그때도 주님은 우리에게 기적적으로 공급해 주시고 결코 결식하지 않도록 해 주셨습니다(시 37:25). 우리의 처지를 알고 도움을 주었던 분들은 대부분 전에 우리가 알고 지내던 가장 가난한 사람들이었습니다.

하나님은 다시 전임으로 교회 사역을 할 수 있도록 하셨지만 여전히 저는 그 일을 싫어했습니다. 같은 교회에서 일한 지 6년이 지나서야 비로소 제가 신실한 마음으로 일할 수 있는 은혜를 주셨는데, 그것은 저의 간절한 기도에 대한 응답이었습니다. 마침내 저는 이렇게 간구했던 것입니다.

"주님, 제가 좋아하는 일을 주님께서 허락지 않으신다면 주님께서 저에게 시키시는 일을 사랑할 수 있는 마음을 주십시오."

보좌에 앉아 계신 주님이 몸을 흔드시며 크게 웃음을 터뜨리시는 모습을 상상 속에서 볼 수 있었습니다.

"신학자가 되기를 원하는 네가 그 기도를 생각해 내는 데 6년이나 걸렸느냐? 얼마만큼 어리석은지 알겠니? 참으로 바보 같구나! 하하하!"

"그렇습니다, 주님! 저는 바보입니다. 6년 동안 제가 하고 있는 일을 의무감으로 하는 대신 즐거운 마음으로 할 수 있었을 텐데……. 제가 어리석은 사람입니다. 그렇지만 이제 저를 변화시켜 주시겠습니까?"

"물론."

주님의 대답은 그것이 전부였습니다. (주님은 저를 위로해 주시기보다는 더 많이 책망하거나 놀리곤 하십니다. 이 일을 통해 그분이 자신의 종들을 겸손하게 만드는 매우 현명한 방법들을 사용하신다는 사실을 발견했습니다.)

사흘이 지나서 저는 갑자기 제가 하는 일을 사랑하게 되었을 뿐만 아니라 저의 남은 생애를 그 일에 계속 헌신할 준비마저 되어 있음을 깨달았습니다. 하지만 그것 또한 주님의 조그만 익살(?)에 지나지 않았습니다. 그 일이 있은 후 1년 뒤, 선교사 혹은 신학 교수가 되게 해 달라고 6년 동안 간구했던 저의 기도에 마침내 주님이 응답해 주신 것입니다. 주님은 저를 한국에 보내셔서 성 미가엘 신학원을 재조직하게 하셨습니다.

제게는 기도에 관한 지식이 별로 없습니다. 그렇지만 제가 아는 것은 성부·성자·성령께서 "내가 듣고 행하겠나이다"라고 고백하는 사람과는 누구와도 자유롭게 대화하신다는 사실입니다. 그리고 그것이야말로 흥미진진한 삶인 것입니다.

3
속사람 치유의 기도

하나님의 형상 회복[*]

하나님은 태초에 "우리의 형상을 따라 사람을 만들자"라고 하시고 그와 같은 형상으로 사람을 만드셨습니다. 이것이 삼위일체를 언급한 첫 성경말씀입니다. '우리의 형상'이라는 복수개념으로 삼위일체를 표현했는데 〔그림 1〕의 굵은 선은 육체(지각하고 느끼고 보는 것, 즉 뼈와 살과 같은 기관을 형성하고 있는 것)를 말하며, 이 육체 안에 있는 다른 영역은 '혼'입니다. 창세기 2장 7절에는 살아 있는 혼(living soul)에 대해서 말하고 있습니다. 우리가 느끼고 지각하고 논리적으로 분석하는 모든 정신적인 영역이 여기에 포함됩니다.

* '하나님의 형상 회복'은 현재인 사모의 강의를 번역한 글입니다.

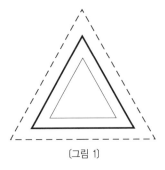

〔그림 1〕

　우리가 흔히 마음이라고 하는 것은 육체에 속한 기관으로 심장을 나타내기도 하지만, 혼에 속하는 중심 부분을 표시하는 용어로도 사용됩니다. 예수님은 큰 구원자로 오셔서 우리의 혼을 구해 주셨습니다.

　점선으로 표시한 부분은 '영'입니다. 성경은 여러 차례 '영'에 대해 말하고 있는데, 잠언 20장 27절에 보면 "사람의 영혼은 여호와의 등불"이라고 했습니다. 우리는 영에 속하는 것을 지각할 수도 없고 만질 수도 없지만 이 영은 하나님을 반영한 것입니다. 우리는 영을 통해서만 하나님을 알 수 있습니다. 하나님이 우리를 창조하신 본래 의도는 이 영이 인간의 존재를 주관하도록 하신 것입니다. 영이 우리를 다스릴 때 비로소 우리는 하나님의 뜻을 실행할 수 있습니다. 이것은 우리의 영이 성령으로 충분히 적셔지는 것을 말합니다. 하나님이 우리의 육과 혼과 영을 창조하셨으므로 이 세 가지 영역은 하나를 이룹니다. 이것은 삼위이신 하나님이 일체이신 것과 마찬가지입니다.

이제 저 자신의 경험을 이야기하겠습니다. 한국으로 나오기 직전에 저는 목회학교라는 모임에 참석한 적이 있습니다. 성령께서 치유하는 집회였습니다. 그 집회에서 어떤 사람이 저에게 손을 얹고 기도했는데 그 순간 제가 앓고 있던 후두염이 즉시 나았습니다. 기도받기 전에는 후두염 때문에 말도 제대로 못 할 정도였습니다. 그런데 기도를 받고 나니 찬송도 할 수 있게 되었습니다. 저의 후두염은 작은 병이었지만 후두염이 나은 것은 큰 기적이었습니다. 그 집회에서 다리가 불구인 사람, 귀먹은 사람, 암을 앓고 있는 사람 등이 치유받는 역사가 일어났습니다.

어떻게 그런 치유가 가능했을까요? 그것이 가능했던 것은 오직 한마음으로 하나님의 역사를 기대했기 때문이라고 생각합니다. 그 한마음 때문에 하나님이 일하실 수 있는 자유로운 여건이 마련되었던 것입니다. 저는 그 경험이 너무나 놀라워서 남편에게 전화를 했습니다. 기적에 관해 읽었던 그 모든 것이 진실이고 예수님이 바로 이 순간 살아 계신다고 전화로 이야기했습니다. 저는 그때 너무 흥분해서 인도자의 말을 제대로 듣지도 못할 정도였습니다.

인도자는 지금부터 하려고 하는 것이 '기억의 치유'라고 말했습니다. 저는 그것에 관해 아는 바가 전혀 없었습니다. 그런데 '기억의 치유'가 우리 몸의 치유보다 더 중요한 것은 사실이었습니다. 인도자는 "예수께서 겟세마네 동산에서 기도하실 때에 인류가 안고 있는 모든 고난과 슬픔, 과거와 현재와 미래에 감당해야 할 모든 것을 그 시간에 보고 계셨다"라고 했습니다. 그 짐이 하나님과 우리 사이를 가로막고 있는 것을 슬퍼하셔서 예수님은 땀을 피 쏟

듯이 하셨다고, 그만큼 고통스러워하셨다고 말했습니다. 그 짐이 너무 무거웠기 때문에 예수님은 "주여! 이 잔을 내게서 옮기시옵소서"라고 부르짖으셨고, 인류가 겪어야 할 고통, 죄악과 증오와 배신과 같은 인간이 감당해야 할 모든 것과 마주쳐야 했다고 했습니다. 그로 인해서 예수님은 엄청난 고통을 당하셨던 것입니다.

예수님은 인간에게 자유를 주기 위해서는 이 모든 짐을 스스로 감당하시고 십자가로 가는 것이 하나님의 뜻이라는 사실을 깨달으셨습니다. 십자가 외에 다른 어떤 것으로도 이 짐을 감당할 수 없음을, 자기 생의 목적이 바로 그것이었음을 아셨습니다. 그래서 예수님은 "나의 원대로 마옵시고 아버지의 원대로 하옵소서"(마 26:39)라고 기도하셨던 것입니다. 이사야 53장 11절에 보면, "그가 자기 영혼의 수고한 것을 보고 만족히 여길 것이라"라는 말씀이 있는데, 이 말씀은 인류가 과거와 현재와 미래에 감당해야 할 모든 짐을 스스로 취하신 이 수고로 인해서 예수님이 만족히 여기셨다는 것입니다.

그 집회 인도자는 "이 자리에 우리가 함께 모인 것은 과거의 삶을 돌이켜서 지금까지 우리에게 상처를 주고 있는 것들을 성령께서 보여 주시도록 기도하기 위해서"라고 했습니다. 바로 우리가 치료받아야 할 부분이었던 것입니다. 그것은 우리가 감당해야 할 짐도 아니고 하나님이 의도하신 것도 아닌데도 불구하고, 우리에게 있는 상처요 짐이었습니다. 예수께서 바로 그 짐을 지고 죽으셨는데, 예수를 믿는 사람들이 지금까지도 그 짐을 스스로 지고 있다는 것은 하나님께서 의도하신 바가 아니었던 것입니다.

제가 저의 과거를 돌아볼 때, 잊었다고 생각했던 많은 것들이 생각나기 시작했습니다. 하나님께서 저의 수치스럽던 부분들을 용서해 주셨음을 믿지만 그 기억들이 그대로 존재하고 있음을 발견했습니다. 그리고 그 수치스러운 기억에 가려서 그 이전의 것은 더 이상 볼 수 없었습니다. 인도자는 "스스로 지기에 너무 무거운 짐이 발견되거든 함께 기도한 후에 자리에서 나오면 도와주겠다"라고 말했습니다. 그때 저는 혼자 감당하기에는 너무 어려워 그의 도움이 필요하다고 생각했습니다.

사실 저는 수치스러웠던 과거에 대해 남에게 말하는 것을 좋아하지 않았습니다. 그러나 하나님의 도우심으로 가까스로 나가서 수치스러웠던 저의 죄를 고백할 수 있었습니다. 인도자는 아주 간단하게 기도해 주었습니다. 그런데 마음이 가벼워지면서 용서받았다는 사실을 금방 알 수 있었습니다. 그리고 자유롭게 되었습니다. 사실 이 일이 있기 전, 저의 자존심은 그런 문제를 풀어헤치는 것을 허용하지 않았습니다. 그 때문에 하나님은 저를 용서하실 수 없었습니다. 그렇다고 해서 우리의 죄를 항상 남에게 말해야 한다는 것은 아닙니다. 그때 제게는 그것을 고백할 필요성이 있었음을 말씀드리는 것입니다.

그 일 이후에 저는 비로소 그 이전의 일로 거슬러 가서 내게 상처를 주었던 일들을 새롭게 점검하게 되었습니다. 그리고 과거 속에 저를 괴롭히는 열등감이 존재하고 있다는 사실을 발견했습니다. 성령께서는 그것이 어디에서 시작되었는지 보여 주셨습니다.

할머니와 같이 살던 초등학교 1학년 때였습니다. 할머니는 제게

목이 긴 양말에 굽이 높은 신발을 신겨서 학교에 보냈는데 그것은 초라한 시골뜨기의 차림새였습니다. 초라한 시골뜨기 모습이 내 감정까지도 그런 초라함으로 몰아넣었습니다. 다른 아이들은 전혀 그런 복장이 아니었기 때문입니다. 그때 느꼈던 심각한 열등감이 놀랍게도 40년 동안이나 저를 주장해 왔다는 사실을 알게 되었습니다. 그 사건이 40년 동안이나 제게 영향을 주도록 허락했던 것이 얼마나 어리석은 일이었는지 모르겠습니다. 그래서 그 문제를 가지고 나가서 기도하고, 치유해 주실 하나님을 믿고 그분께 맡기고 나서 자유를 얻었습니다. 이 모든 것에 앞서 먼저 한 일은 죄를 고백하는 것이었습니다. 그 일이 있은 후 기억을 치유받는 것은 하나님의 용서하심의 한 부분임을 깨닫게 되었습니다.

그런데 과연 이것을 누구의 죄라고 할 수 있을까요? 할머니의 죄가 아닙니다. 그분은 그분으로서 최선을 다하신 것입니다. 그러면 열등감을 허용했던 저의 죄입니까? 장로교의 교리문답에 보면 죄라는 것은 하나님의 법(法)에 어긋나는 것이라고 되어 있습니다. 사실 오랜 세월 동안 열등감을 허용했던 것은 하나님의 법에 순응하는 것이 아니었습니다. 사탄에 의해 주장되었던 것입니다. 사탄은 우리를 혼미케 합니다. 하나님의 법이 존재함에도 불구하고 사탄이 여전히 혼돈을 주고 괴롭게 하면서 같이 존재하고 있습니다.

저는 그 집회를 통해서 기억의 치유를 받고 선입관과 갈등, 두려움과 공포와 악몽으로부터 자유를 맛보았습니다. 그때 저는 참으로 거듭났다는 느낌을 받았습니다. 제가 기억해 내기 원치 않던 일들이 제 마음 깊숙한 곳으로 내려가 쌓여 있었기 때문에 이것이 하나님과의 관계를 가로막는 장벽이 되어 왔습니다. 한 가지 사건을 기억하고, 그것을 올려 드리고, 치유받는 이 과정은 마치 그 장벽의 돌을 한 장씩 걷어 내는 것과 같았습니다. 그것을 통해서 사랑이 새롭게 흘러 들어오기 시작했습니다. 그리고 하나님이 원래 목적하신 피조물로서의 기쁨을 맛보게 되었습니다.

그때 성령께서 또 한 가지 제게 보여 주신 것이 있습니다. 제 어머니께서 저의 출생에 관한 이야기를 해 주신 적이 있는데, 저는 10개월째 출생하지 않고 한 달이나 더 늦게 출생했다고 했습니다. 어머니 뱃속에서 나오려고 애썼겠지만 나올 수가 없어서 한 달 늦게 나온 것입니다. 그 사실이 기억나면서 제가 왜 그렇게 움츠러드는 성격의 소유자인지 깨닫게 되었습니다. 세상의 어떤 것을 직시하기를 두려워하는 제 모습을 이해하게 되었습니다. 생각이 항상 허공에서 떠돌고, 실존하는 사람들과 사건들에 직면하는 것을 피하고 있었습니다. 다시 한 번 이 문제를 가지고 기도하기 시작했을 때, 엄청난 짐이 벗겨지는 것을 느꼈습니다. 제 인생에 드리워졌던 그늘이 사라지는 듯했습니다. 하나님의 영원한 능력 안에서 참된 생명이 반응하는 것을 느꼈습니다. 그 집회에 참석한 많은 사람들이 진정한 행복을 맛보았습니다.

그런데 그 행복감을 넘어 제게 깊은 슬픔이 찾아왔습니다. 사랑이 충만한 크리스천 가정, 즉 세속에서 보호되는 환경에서 자란 제게 그런 사소한 일들이 그런 심각한 영향을 주었다면, 상처받기 쉬운 어린 나이에 부모로부터 심하게 학대받은 어린아이들은 어떠할지를 생각하게 되었기 때문입니다. 부모가 이혼했거나 부모가 계시지 않기 때문에 이 집 저 집 떠돌며 낯선 상황에 처해야 했던 아이들도 있을 것이고, 보호받지 못하고 철저하게 버려진 아이들도 있을 것입니다. 정상적인 부모라면 한 아이의 인격을 형성하기 위해 애쓰는 것이 당연하지만 그렇지 못한 부모 밑에서 소외당한 아이들에게는 좋은 기회가 전혀 주어지지 않았던 것입니다. 또 성적(性的)으로 학대받는 아이들은 어떻게 되겠습니까? 또 전쟁 중에 태어난 아이들은······.

태어나서 세 살까지는 우리 생애의 어떤 때보다도 외부로부터 강하게 영향을 받습니다. 만약 그 어린 나이에 나쁜 영향을 받았다면 그 아이들이 이 세상에서 자라는 것이 얼마나 무거운 짐이 될까 하고 생각했습니다. 그러나 제 조그만 기억의 상처들을 치유해 주신 하나님께서 이 아이들의 무거운 짐도 해결해 주시리라고 굳게 믿었습니다.

〔그림 2〕는 어떤 일이 일어나고 있는 한 사람에 대한 예입니다. 굵은 선의 삼각형은 우리 마음이고 화살표는 정리된 마음의 상태를 말합니다. 안쪽에 있는 가장 조그만 삼각형은 의식을 말하고, 아래 넓은 부분은 잠재의식을 나타냅니다. 대개의 사람들이 이와 같은 상태에 있습니다. 점선으로 표시된 우리의 영이 우리의 존재를 주관하려고 하지만 잠재의식 안에 부정적인 요인들이 있어서 주관하지 못하고 비켜 서 있는 것입니다. 영이 직접 주관하지는 못하지만 여전히 영과 잠재의식이 연결되어 있습니다. 사도 바울이 처음 예수님을 만났을 때 "사울아 사울아 네가 왜 나를 핍박하느냐"(행 22:7)라고 하셨는데, 이것은 예수님이 우리 안에 있는 하나

님을 반역하는 부정적인 요소를 지적하신 것이라고 생각합니다. 우리 마음속에 있는 여러 가지 갈등이 하나님을 대적함으로 인해 스스로 부딪치는 것과 비슷합니다.

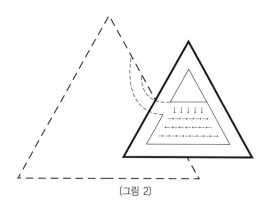

〔그림 2〕

보통의 경우에는 이런 부정적인 요소들이 있음에도 불구하고 자기 마음을 다스릴 수가 있습니다. 〔그림 3〕은 마음이 연약해졌을 때나 위기에 처했을 때, 혹은 문제가 발생했을 때와 같이 자기를 전혀 다스릴 수 없어 정리되었던 마음 상태가 혼란을 일으키게 되었을 때를 표현합니다. 정상적인 상태에 있을 때는 부정적인 요소들이 의식세계로 올라오지 못하도록 주관할 수 있지만, 몸이나 마음이 약해졌을 때 또는 위기의 순간이 닥쳐왔을 때는 마구 뒤엉켜 소용돌이를 일으키고 이로써 자기가 이해할 수 없는 반응들이 나타나기 시작합니다. 물론 영이 연결되어 있지만 다스림을 포기한 상태로 주저앉아 있습니다. 이와 같은 상황에 있을 때 하나님께 도움을 청할 기회가 마련되는 것입니다(히 12:6; 롬 7:15; 사 59:1-2). 아주 비참한 상황에서도 여전히 우리가 소망을 가질 수 있는 것은 영을 통하여 우리를 다스릴 수 있는 가능성이 있기 때문입니다.

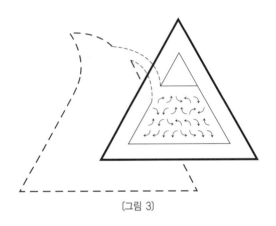

〔그림 3〕

〔그림 4〕에서 볼 수 있듯이 다시 한 번 우리의 영이 일어섰습니다. 우리 안에서 괴롭히던 것들이 십자가로 변했습니다. 우리에게 있는 가시와 같은 문제를 주님께 올려 드리면 치유받을 수 있습니다. 이로써 우리의 깊은 잠재의식에 작은 십자가가 세워지기 시작합니다. 과거의 기억들은 여전히 남아 있지만 그 기억으로 인해 더 이상 상심하거나 상처를 받지 않습니다. 왜냐하면 그 짐을 예수님께 맡겨 드렸기 때문입니다(요 16:24; 사 53:4-5, 11; 시 90:4; 103:12; 벧후 3:8; 히 4:14-16). 우리가 겪은 이 고난을 함께 겪으셨던 대제사장이 계신다는 것을 알 수 있습니다.

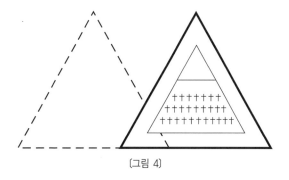

〔그림 4〕

　이제는 영에 속한 사람의 영이 정상적인 위치로 돌아간 그림을 봅시다(〔그림 5〕). 다시 한 번 영이 이 사람을 주관하고 있습니다. 그리고 하나님의 뜻을 지킬 수 있는 상태가 되었습니다. 우리의 모든 부정적인 가시들이 십자가를 통해서 지금은 별처럼 빛나는 상태가 되었습니다. 이것은 비탄과 혼란과 상심과 죄가 사라지고 우리 심령 속에 기쁨이 충만한 상태를 나타내고 있습니다(고후 5:17; 요일 3:2; 엡 4:24).

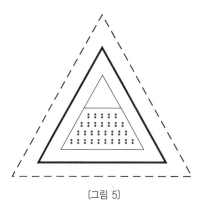

〔그림 5〕

우리는 새사람을 입음으로써 비로소 하나님께서 창조하신 그 모습을 회복하고 하나님과 관계를 맺을 수 있습니다. 예수님이 행하셨던 그 모든 일들은 하나님의 형상을 회복시키고자 하는 데 그 목적이 있습니다. 이것이 우리의 왜곡된 모습을 회복해야 하는 이유입니다. 예수님은 이 땅에 오셔서 우리를 회복시켜 주셨습니다. 대제사장이신 예수님은 우리의 고난을 체휼하신 분으로서 우리의 고통을 다 아십니다. 예수님이 우리를 위해 그 대가를 지불하셨기 때문에 그분은 우리가 더 이상 그 짐을 지고 가기를 원치 않으십니다. 그렇기 때문에 우리는 치유를 위해서 다음과 같이 기도합니다.

"주님! 우리의 과거를 살펴볼 수 있게 하시고 우리가 원하지 않는 것에 의해서 주장되고 있음을 돌아볼 수 있도록 도와주옵소서. 이미 주님이 대가를 지불하셨음을 다시금 깨닫게 도와주십시오. 참된 해방을 얻을 수 있도록 도와주옵소서. 우리의 기억 속에 상처받은 일들을 기억나게 하시고 당신의 십자가로 올려 드릴 수 있도록 도와주옵소서! 그것은 우리에게는 무거운 것이지만 당신에게는 가벼운 것입니다. 이미 당신께서는 이 일로 인해 고난을 받으셨습니다. 우리가 이 기억들로부터 해방되는 것이 당신께 기쁨이 되지 않습니까? 우리가 그와 같은 것에서 벗어날 때 우리가 참으로 자유를 얻을 수 있음을 압니다. 우리의 모든 고통과 죽음을 당신의 십자가로 가져가 주옵소서. 대신 새로운 부활의 생명으로 우리를 충만케 해 주옵소서. 이 무거운 짐을 주께 맡겨 드리고 주께서 행하신 일에 감사를 드립니다. 예수님의 이름으로 기도합니다. 아멘."

싸매시고 고치시는 하나님

이사야 61장 1절, 누가복음 4장 18절, 시편 147편 3절과 34장 18절은 하나님께서 마음이 상한 자를 고치신다는 내용입니다. 곧 '속사람 치유'에 대한 말씀입니다.

> 지으신 것이 하나라도 그 앞에 나타나지 않음이 없고 오직 만물이 우리를 상관하시는 자의 눈앞에 벌거벗은 것같이 드러나느니라(히 4:13).

이것은 우리와 관계있으신 하나님은 모르시는 것이 없고, 우리 마음속에 감추고 잊어버렸고 깊이 묻혀 있는 것이라 할지라도 다 보실 수 있으시다는 말씀입니다. 그래서 무엇을 치료해야 하실지도 아신다는 것입니다.

마태복음 7장 7절, 21장 22절, 누가복음 11장 9절, 요한복음 14장 13, 14절, 15장 7절, 16장 23, 24, 26절에는 구하면 주시겠다고 하신 약속의 말씀이 나와 있습니다. 기도하면 받을 것이라는 말씀입니다. 일반적으로 우리의 속사람이 치유를 받지 못하는 이유는 대체로 구하지 않았기 때문입니다. 야고보서 4장 3절에서는 구하여도 받지 못함은 정욕으로 쓰려고 잘못 구했기 때문이라고 합니다. 우리가 세상과 짝하면 우리는 하나님과 원수가 됩니다. 그렇기 때문에 우리는 구하는 이유를 생각해 보아야 합니다. 속사람 치유를 위해 기도하는 이유가 주의 영광을 위한 것인지, 아니면 더 재미있게 사는 데 필요하기 때문인지 생각해 보아야 한다는 것입니다.

마음의 상처가 너무 심해 견딜 수 없어서 하나님께 치료를 받기 원하다가도, 막상 치료를 받게 되면 나가서 자기 멋대로 살고 하나님은 잊어버리는 것을 볼 수 있습니다. 열 명의 문둥병자가 모두 다 예수님께 치료받았지만 그 중에 감사한 사람은 한 명밖에 없었습니다. 감사하지 않은 아홉 명처럼 어떤 사람은 속사람 치유를 받은 후에도 자기 뜻대로만 삽니다.

마음속에 상처가 많아서 정상인으로 살지 못하고 일반 사회에서 자꾸 실패하며, 친구를 사귀지도 못하고 결혼도 못하는 등 문제가 복잡해져서 자기의 유익을 위해 치료를 원하는 사람이 많습니다. 하지만 이런 이유로 구하는 것은 하나님 보시기에 좋지 않습니다. 그러나 상처가 많아 슬프고 복잡해서 하나님께 영광을 돌릴 수 없고 그분을 위해 일하지도 못하며 그의 뜻대로 살지 못하고 있는데, 그런 자신을 하나님이 치유해 주시면 하나님 뜻대로, 하나님의 영광을 위해 살겠다는 목적으로 기도하면 치료받을 수 있습니다.

예수원에서 중보기도 할 때마다 읽는 시편 66편 18절, 139편 23-24절, 이사야 1장 15절 말씀은 죄가 있으면 하나님께서 듣지 않으실 것이라는, 즉 하나님의 뜻대로 올바르게 구해야 한다는 말씀입니다. 그리고 로마서 8장 26절 말씀은 방언기도에 관한 말씀으로, 어떻게 기도해야 할지 알지 못할 때 방언기도를 하면 성령께서 우리를 위해 대신 간구하심으로 역사가 나타난다는 말씀입니다.

방언기도를 하다 보면, 기도 중에 문제의 원인이 생각나기도 하고, 하나님께서 하시고 싶은 말씀이나 위로의 말씀이 떠오르기도

해서 다음에 우리 언어로 기도하는 데도 효과가 있습니다. 계속 우리의 언어로만 기도하면, 다시 말해 하나님께 일방적으로 말하기만 하면 하나님께서 하시는 말씀을 듣지 못하는 수가 있습니다. 사람들끼리 서로 대화할 때도 마찬가지입니다. 자기 입장에 대해서만 열심히 이야기하다 보면 상대방의 말을 들을 수가 없습니다. 상대방이 이야기할 때조차 그 다음 말을 준비하느라고 그 사람의 말을 귀담아듣지 않습니다. 마찬가지로 우리가 기도할 때 하나님의 음성을 듣지 못하는 것은 자기 입장만 열심히 이야기하기 때문입니다. 아무 말 없이 기다리는 때도 있어야 합니다. 하나님께서 생각나게 하시기까지 기다릴 수 있어야 합니다. 기다리는 동안 방언기도를 하면 하나님의 음성을 들을 준비가 되어 있는 상태에서 성령께서 우리를 통하여 역사하시는 중이기 때문에 음성을 듣기가 더 쉽습니다.

또 중요한 것은 분명하게 기도해야 한다는 것입니다. 애매한 것을 기도하면 애매하게 응답받습니다. 그렇기 때문에 뚜렷한 기도를 해야 합니다. 마태복음 15장 28절, 20장 21절, 마가복음 10장 51절, 요한복음 5장 6절을 보면, 사람들이 예수님 앞에 나왔을 때 예수님은 그들에게 무슨 문제가 있는지, 그들이 무엇을 원하는지 이미 알고 계셨지만 분명하게 물으셨습니다. "무엇을 원하느냐?" 예수님은 그들에게서 분명한 대답을 듣기 원하셨습니다. 그리고 뚜렷한 대답을 들으신 다음에 일하셨습니다. 하나님은 이처럼 우리에게서도 뚜렷한 말을 듣기 원하십니다.

그러나 어떤 때는 불분명한 경우가 있습니다. 왜냐하면 문제를 잊어버렸기 때문입니다. 이럴 때는 어떻게 하겠습니까? 그럴 때는 지식의 말씀(고전 12:8)을 위해서 기도할 수 있습니다. 그리고 방언 기도를 하면서 기다리면 다시 생각나게 하셔서 잊고 있던 문제를 위해 기도할 수 있습니다. 하나님께서 친히 분명한 기도를 하도록 도와주시는 때가 많습니다.

빌립보서 3장 13절에 "뒤에 있는 것은 잊어버리고"라는 말씀이 있는데, 이것은 앞으로 나아가기 위하여 우리 속에 있는 과거의 많은 상처를 잊어버려야 한다는 말씀입니다. 그런데 어떤 사람들은 과거의 문제에 붙잡혀서 앞으로 나아가지 못합니다. 그는 묶인 사람입니다. 하나님은 과거의 것은 잊어버리고 앞으로 나아가기를 원하십니다. 그런데 혹 의심이 생길 수 있습니다. '하나님께서 과거의 상처를 고치실 수 있을까? 과거의 기억이 무슨 도움이 될까?' 하는 의심입니다. 그러나 치유를 위한 기도시간을 갖다 보면 예수님과 함께 과거로 돌아가서 내 속에 계셨던 예수님을 보게 됩니다. 그러면 과거의 일이 완전히 변하게 됩니다. 이전에 느꼈던 것과는 전혀 다르게 보입니다. '어떻게 그럴 수 있습니까? 그것은 짐작이나 상상에 불과한 것이 아닙니까?' 하는 생각이 들지도 모릅니다. 그러나 이 점을 알아야 합니다. 하나님은 제한이 없으시지만, 우리 자신은 과거의 실제 상황으로 돌아갈 수 없고 잘못된 점을 고칠 수도 없다는 사실 말입니다. 우리는 현재에만 살 뿐 과거나 미래로 갈 수 없습니다. 하지만 그분은 친히 과거로도 가시고 미래로도 가실 수 있으며, 과거의 것을 고치실 수도 있습니다. 우리가 과거에 아주 나쁘게 받아들였던 그 일들은 사실 그렇게 나쁜 일이 아니고 어쩌면 하나님께서 친히 그분의 사랑을 보여 주셨던 일일 수도 있습니다.

시편 25편 7절, 79편 8절, 이사야 43장 18, 19, 25절과 54장 4절, 65장 16절, 예레미야 31장 34절, 히브리서 8장 12절, 10장 17절은 하나님께서 더 이상 우리의 죄를 기억하지 않으시겠다는 말씀입니다. 주로 우리의 죄에 대한 말씀이지만 우리의 상처에 해당하는 말씀이기도 합니다. 가장 큰 위로의 말씀은 요한계시록 21장 4절의 '하나님께서 친히 모든 눈물을 닦아 주시겠다'는 말씀입니다. 하나님은 이미 잊어버린 과거, 혹은 생각나는 모든 상처와 불의와 눈물을 친히 치료해 주실 것입니다.

그러면 이와 같은 성경적 바탕을 가지고 실제로 서로를 위해 어떻게 기도해야 합니까? 먼저 상처를 위해 기도해야 합니다. 모든 사람에게 상처가 있지만 어떤 사람에게는 아주 심한 상처가 있을 수 있습니다. 그 중에서 우리가 이해하지 못하는 상처는 모태에서 받은 상처입니다. 구약 시대에는 4대까지 죄가 미친다고 했습니다. 사실인즉 그렇게 되기가 매우 쉽습니다. 부모님이 서로 싸우고 좋지 않은 관계이면 태중의 아이가 영향을 받고 그도 일생 동안 싸우고, 욕하고, 문제를 만듭니다. 결혼해서도 부모님이 했던 대로 자기 아이들에게 상처를 주게 되어, 이런 식으로 4대까지 상처를 받을 수 있습니다. 원래 이것은 죄인들에게 해당되는 법이었지만 회개하면 그마저도 치료하시겠다고 하십니다.

요즘에는 과학적으로 조사해 보면, 아기가 어떻게 모태에서 영향을 받는지 알 수 있습니다. 사람이 화를 낼 때는 아드레날린

(adrenaline, epinephrine)이 분비되고, 무서울 때는 노-아드레날린(nor-adrenaline, nor-epinephrine)이 분비됩니다. 둘 다 부신수질(adrenal medulla)에서 분비되는데, 알기 쉽게 표현하면 아드레날린은 호랑이약이라고 볼 수 있고 노-아드레날린은 토끼약이라고 볼 수 있습니다. 호랑이약이 나오면 싸우려고 하고, 토끼약이 나오면 도망가려고 하는 것입니다.

제 아버님의 대학 교수님이 실제로 겪은 일입니다. 평생 동안 연구해서 보관한 자료들이 연구실의 크고 넓은 고풍스런 책상 서랍에 들어 있었는데, 어느 날 그 빌딩에 화재가 발생했다고 합니다. 그러자 그 노교수님은 일생 동안 연구한 자료들이 불에 탈까 봐 책상을 들고 3층에서 아래층까지 내려왔습니다. 불이 꺼진 뒤에 그 책상을 제자리에 갖다 놓는 데는 다섯 명의 학생이 동원되었습니다. 청년 다섯 명이 겨우 들 수 있는 책상을 노인 한 분이 움직였던 것입니다. 그 힘이 어디서 나왔겠습니까? 몸속에 아드레날린이 갑자기 많이 분비될 때 가능한 것입니다. 또 한 예로 엘리야가 이세벨 여왕에게 쫓겨 도망갈 때 그는 40일 동안 두 끼밖에 먹지 못했습니다. 그의 몸속에 있던 아드레날린이 그렇게 강한 힘을 내게 한 것입니다.

이런 식으로 호르몬을 다 소모해 버리면 문제가 적은데, 여러 가지 호르몬이 몸 안에 그대로 누적되면 몸이 나빠지게 됩니다. 아드레날린은 올바르게 사용하지 못하면 몸에 좋지 않은 영향을 줍니다. 즉, 관절염과 같은 질병이 생기게 합니다. 또 극심하게 눌려 있던 미움이 암(癌)으로 변하기도 합니다. 감정 표현을 제대로 할 수 없을 때는 몸이 아프기도 합니다. 어머니가 태중에 아기를 갖고 있을 때 만일 심하게 무서움을 느끼거나 아주 소란스러운 일이 있었다면 어머니 몸에 있는 아드레날린이 아기에게로 들어가서 아기도 똑같은 감정을 느끼게 됩니다. 그래서 아기의 머릿속에 어머니가 느꼈던 것과 똑같은 감정이 녹아 들어서 출생 후에 그 결과가 나타나게 되는 것입니다. 모든 행동을 자기의 생각만으로 하는 것 같지만 자기 생각만으로 하는 것이 아님을 알 수 있습니다.

만일 아버지가 술을 많이 먹고 와서 어머니에게 화를 내며 쓸모없는 여자라고 큰소리를 치며 위협한 일이 있었다면 모태에 있는 아기도 자기를 쓸모없는 사람으로 생각합니다. 그리고 그런 생각이 잠재의식 속에 남아 있어서 자라서도 무슨 긴급한 일이 생길 때 자기를 쓸모없는 사람이라고 생각합니다. 그래서 아주 심한 열등감을 갖게 됩니다. 그러나 하나님은 그런 사람도 치료하실 수 있습니다. 어떤 경우에는 '너를 죽이겠다'는 말이 잠재의식 속에 녹음되어, 자라서 실제로 살인하는 일도 있고, 반대로 자신을 죽이는 일도 있습니다.

언젠가 신문에 이런 기사가 실렸습니다. 가까이에서 슈퍼마켓을 경영하는 두 남자 사이에 다툼이 생겼는데, 한 남자의 열아홉 살 난 아들이 상대편 슈퍼마켓 주인을 죽여 버리겠다고 결심했습니다. 며칠 후에 그 주인과 부인을 살해하고 할머니와 두 아이들을 혼수상태에 빠뜨렸습니다. 열아홉밖에 안 된 아이가 자기 아버지와 다른 남자가 좀 다투는 것을 보고 그런 일을 저지른 것은 지나친 과민 반응이 아닙니까? 상대방 주인이 아무리 잘못했다고 해도 그것이 죽일 만한 일입니까? 왜 그런 일이 생겼을까요? 제 생각에는 아마도 잠재의식의 영향이 아닌가 싶습니다. 태중에서 받은 영향이 현실로 나타난 것입니다.

사람의 신경에는 굵은 신경과 가는 신경, 이 두 가지가 있는데, 가는 신경은 판단력을 주는 신경입니다. 가장 가는 신경이 가장 세밀한 판단력을 주는데, 만일 커다란 위험이 생긴다면 과열로 휴즈가 나가듯이 판단력을 상실합니다. 굵은 신경은 평소에는 활동을 조절하지만 판단력이 없어진 상태에서는 고삐 풀린 망아지처럼 되어 문제를 해결할 수 없게 됩니다. 과거의 일들까지 점점 쌓여 갈수록 판단력이 없어집니다. 그러나 하나님은 그것들을 하나씩 다 치료하실 수 있습니다.

어떤 경우에는 사람의 행동을 보고 그에게 무슨 문제가 있었는지 짐작할 수 있습니다. 마치 무슨 명령을 받기라도 한 것처럼 행동합니다. 귀신의 명령도 아니고, 자기 자신의 명령도 아닙니다. 모태에서 들었던 아버지나 어머니의 외침소리가 그런 행동을 하도록 명령하는 것입니다. 최면술을 걸면 무슨 명령을 하든지 그대로 복종하는 것과 같은 이치입니다. 판단력이 없어지게 됩니다.

태중의 상처 외에, 태어난 다음에 받는 상처가 있습니다. 가장 예민하게 받는 상처는 버림받은 경험에서 나옵니다. 어머니는 밖에 나가서 일하고 아버지도 안 계셔 아기 혼자 방에 남아 있습니다. 아기는 판단력이 없으므로 어머니와 아버지가 왜 나갔는지 모릅니다. 평소에는 자기가 울면 어머니가 즉시 나타났는데 이번에는 아무리 울어도 어머니가 오지 않습니다. 이때 아기는 버림받았다고 느낍니다. 부모 편에서 볼 때는 밖에 나간 것이 나쁜 이유가 아니지만, 아기는 자기가 버림받았다고 느끼게 됩니다. 그리고 또 버림받을까 봐 두려워합니다.

제 큰딸이 18개월 정도 되었을 때, 아내와 아들과 함께 미국에 간 일이 있습니다. 아내는 다른 모임에 참석할 일이 있어서 시카고에서 우리와 헤어져 다른 비행기를 탔습니다. 그때 우리 딸이 어머니가 없어졌다는 사실을 알았습니다. 그러고는 버림받았다고 생각했습니다. 이미 이 아이는 고아원에서 다른 사람들에게로 전달되는 과정에서 버림받았다는 느낌을 받은 적이 있기 때문에 시카고에서의 그런 경험이 처음은 아니었습니다.

며칠 후, 할머니 할아버지 댁에서 아내를 만났는데 이 아이가 울지도 않고 웃지도 않았습니다. 엿새 동안이나 그런 상태였습니다. 엄마를 만나면 반가워서 얼른 올 줄 알았는데 그렇지 않았습니다. 엄마가 자기를 버렸다는 생각 때문에 아무런 반응도 보이지 않았던 것입니다. 그 당시에는 그런 사정도 모르고 아이가 기분이 나빠서 그런 줄로 알았습니다. 한참 동안 아이를 달래서 기분을 풀어 주고 그 후 1년 동안 미국에서 아무 문제없이 잘 지냈습니다.

그런데 한국으로 돌아오는 중 시카고 비행장을 경유하게 되었는데, 그곳에서 문제가 생겼습니다. 아이가 큰소리로 울기 시작한 것입니다. 아무리 애써도 달랠 길이 없었습니다. 승무원들은 무슨 큰병이 난 줄 알고 비행기에 타지 못하게 했습니다. 겨우 달래서 비행기를 탔는데 비행기 문을 닫자마자 아이가 울음을 그치고 조용해졌습니다. 시카고에서 엄마에게 버림받았던 기억 때문에 아이가 울었던 것입니다. 그것은 의식 속의 기억이 아니라 잠재의식 속의 기억입니다. 그런데 한국에 와서 살면서 아이가 이상하게 화를 내고, 엄마를 죽이겠다고 칼로 위협하기까지 했습니다. 아버지인 제가 붙잡으면 금세 가라앉고 별 문제가 없는데 유독 엄마에게만 그렇게 대했습니다. 왜 그랬을까요? 그것은 엄마에게 버림받은 일이 있었기 때문입니다. 그래서 그 아이를 위한 치유기도를 시작했습니다. 엄마를 용서하고 그 기억들을 치료해 달라고 안수기도를 몇 번 했습니다. 그 후로는 완전히 나아서 문제가 생기지 않았습니다. 지금은 엄마와도 관계가 좋습니다.

버림받은 경험은 많은 이들이 갖고 있는 문제입니다. 부모님이 일이 많아서 빨리 들어오지 못해도 아기는 버림받았다고 느낍니다. 자라면서 형제나 자매로부터 좋지 않은 말을 듣거나 사랑이 없는 집에서 서로 싸우다 보면 가족도 믿지 못하게 되는 상처를 입습니다. 나가서 놀다가 다른 아이들에게 무시를 당할 때도 있고, 학교에 입학해 많은 아이들과 낯선 선생님을 만나면서 두려움과 긴장도 생기고, 혹 선생님께 맞거나 무시를 당하거나 좋지 않은 말을 듣기도 합니다. 이럴 때마다 여러 가지 상처를 입을 수 있습니다. 그런 상처를 가진 사람들은 갈수록 아무도 믿지 않게 됩니다. 하지만 어쩌다가 친한 친구를 사귀게 되면 깊이 믿게 됩니다. 그러나 그 사람이 배반해서 떠나고, 또 다른 사람을 만나지만 그도 배반합니다. 그럴 때 흔히 사람들은 앞으로는 결코 사랑만은 하지 않겠다고 말합니다. 그러나 사람은 사랑 없이는 살지 못합니다. 시간이 흘러서 그 상처가 잊혀질 즈음—사실 완전히 잊혀진 것은 아닙니다—다시 한 번 사람을 믿었다가 또 배신을 당합니다. 그러면 그 상처가 얼마나 심하겠습니까?

한편 현대 사회에서는 불의를 당하는 일도 많습니다. 예수원에 왔던 한 형제는 태어나자마자 고아원에서 자랐고 몸에는 간질병까지 있었습니다. 그러나 고아원의 분위기가 좋아서 안정된 생활을 할 수 있었고 병도 나았습니다. 고아원은 18세까지 살면 무조건 퇴원하게 되어 있기 때문에 그 형제 역시 고아원을 떠날 수밖에 없었습니다. 고아원을 나간 후 기술을 배워 일자리를 구하고 안정된 생활을 하며 살았습니다. 그런데 어느 날 감독이 아주 위험한 일을 시켰습니다. 처음에는 못 하겠다고 했지만 강하게 명령했기 때문에 할 수 없이 그 일을 했습니다. 그러나 일을 하다가 사고가 나서 얼굴에 심한 상처를 입었습니다. 치료받는 데는 몇 개월밖에 걸리지 않았지만 흉한 얼굴의 상처는 평생 남게 되었습니다. 그때부터 두려움과 불신이 생기고 간질병도 재발했습니다.

그 후로 일자리도 구하지 못하게 되어 보험금 받은 것을 저축해 놓고 기도원에서 지냈습니다. 그러던 중 기도원 원장이 그 형제에게 돈이 많이 있는 것을 알고 자기에게 돈을 주면 주의 영광을 위해 쓰겠다고 제안했습니다. 형제는 그 말을 믿고 원장에게 돈을 다 주었습니다. 그러나 원장이 그 돈을 갖고 도망가 버렸습니다. 그때부터 지금까지 그 형제는 안정된 생활을 하지 못하고 있습니다. 자주 화를 내고, 간질병도 악화되었습니다. 불의를 얼마나 많이 당했는지 모릅니다. 특히 하나님의 종이 불의를 행할 경우 그 불의로 인한 상처는 더욱 큽니다. 시편 27편 9-10절을 보면, 부모가 자식을 버려도 하나님은 버리지 않겠다고 위로하십니다.

모든 상처의 치료를 위해 기억나는 것을 먼저 기도하고, 기억나지 않는 것은 지식의 말씀을 주시도록 분명하게 기도하면 효과가 있을 것입니다. 그런데 장기적인 효과를 위해서는 조건이 있습니다. 마태복음 6장 12-15절에는 용서에 대한 구절이 나오는데, 다른 이의 죄를 용서하면 하나님께서 용서하시지만 다른 이의 죄를 용서하지 않으면 하나님 아버지께서도 우리를 용서하지 않겠다고 하십니다. 또 마태복음 18장에 나오는 이야기의 결론은 이렇습니다.

너희가 각각 중심(中心)으로 형제를 용서하지 아니하면 내
천부께서도 너희에게 이와 같이 하시리라(35절).

많은 신자들이 이 점을 잘 깨닫지 못합니다. 예수의 흘리신 피로 우리가 용서를 받았고 십자가를 통하여 죄 사함을 얻었다면, 우리가 용서받은 것처럼 남도 똑같이 용서할 줄 알아야 합니다. 용서하지 아니하면 내가 받은 용서도 무효가 됩니다. 마음의 상처를 받은 사람을 위해 기도할 때 반드시 용서하는 힘을 주시도록 구해야 합니다. 성령의 도우심 없이는 우리 스스로 용서할 수 없기 때문입니다.

한 청년이 귀신이 들려서 예수원에 왔는데, 그가 귀신 들린 이유는 어떤 여자에게 배신을 당한 뒤 마음에 미움이 가득 찼기 때문이었습니다. 그 귀신의 이름이 여자이름과 같아서 분명히 관련이 있

음을 알았습니다. 그를 위해 몇 번 기도했지만 해방을 얻지 못하고 귀신도 떠나지 않았습니다. 우리가 그에게 "그 여자를 용서하지 않으면 귀신은 떠나지 않습니다"라고 권고했지만, 그는 절대로 그 여자를 용서할 수 없다고 했습니다. 그래서 다시 "안 됩니다. 하나님께서 당신을 용서하신 것을 안다면, 당신이 예수의 흘리신 피로 말미암아 십자가에서 당한 고통을 통해 용서받은 것을 안다면, 당신이 받은 용서를 그 여자에게 전달해야 합니다"라고 말해 주었습니다. 그러나 그는 절대로 안 된다며 그 여자를 용서하지 않았습니다. "용서하지 않으면 귀신이 떠나지 않습니다. 귀신에게서 해방을 얻고 싶지 않습니까?"라고 거듭거듭 말했지만 소용이 없었습니다.

우리가 그때 성령 받기를 위해, 또 성령의 도우심을 힘입어 용서할 수 있도록 기도했더라면 결과가 달라졌겠지만, 그때는 그런 기도가 생각나지 않았습니다. 그래서 그의 힘으로만 용서하라고 강요했습니다. 그러나 그것은 자기 힘으로는 할 수 없는 일입니다. 제가 "결정하십시오. 귀신을 붙들겠습니까, 아니면 용서해서 귀신으로부터 해방을 받겠습니까? 둘 중에 하나를 택해야 합니다"라고 강권했지만, 성령의 도우심이 없으므로 귀신에게 매인 채 집으로 돌아갔습니다. 돌아가는 중에 사람을 죽이려고 했기 때문에 그의 손을 묶어야 했습니다. 이런 것을 볼 때 용서하는 것이 얼마나 중요한지 알 수 있습니다(마 6:12-15; 18:35; 막 11:25-26; 눅 6:37; 11:4).

성령의 열매는 사랑입니다. 성령의 열매가 없으면 원수를 사랑할 도리가 없습니다. 성령의 능력으로 받은 은사와 성령의 열매는 다른 것입니다. 어떤 이에게는 은사는 많은데 성령의 열매는 없습니다. 용서는 은사나 능력에 관한 문제가 아니라 열매에 관계된 것입니다. 성령의 열매를 맺는 사람이 되기만 하면 용서할 수 있습니다.

속사람 치유 문제를 취급할 때는 성령의 두 가지 역할이 다 필요합니다. 외적 역사를 통하여 지식의 말씀이나 지혜의 말씀, 병 고치는 능력이 나오고, 내적 역사를 통하여 남을 용서하고 사랑하고, 마침내 원수까지 사랑할 수 있는 초자연적인 힘이 나오는 것입니다. 예수님이 친히 과거로 돌아가서 같이 계신다면 용서하기가 훨씬 쉬워집니다. 하나님이 내게 주신 상상력을 통하여 과거의 사실을 기억할 때, 예수님이 내게 어떻게 하셨는지를 깨달아 상황이 변하고 용서하기가 더 쉽게 되는 것입니다.

어떤 여자는 성인이 되어서도 방에 혼자 있지 못했습니다. 항상 누군가와 같이 있어야 했지만 결혼도 못 했습니다. 사정을 알고 보니, 두세 살 때쯤 집에 도둑이 들어 그 여자의 침대 밑에 숨어 있었던 것입니다. 갑자기 도둑을 보고 얼마나 놀랐는지 모릅니다. 너무 심하게 놀라서 도저히 잊어버릴 수가 없었는데 시간이 흐르면서 점차로 잠재의식 속으로 들어갔습니다. 나중에는 자신도 기억할 수 없었는데 치유기도를 하던 중에 생각이 났습니다. 그래서 대화를 시작했습니다.

"예수님과 함께 그때로 돌아갑시다. 그때 예수님이 같이 계십니까?"

"예."

"예수님이 무슨 말씀을 하십니까?"

"도둑더러 나오라고 하신 다음에 그 사람을 데리고 가 부모님에게 소개해 드렸어요. 그러자 부모님이 식사준비를 한 뒤 도둑과 같이 앉아 재미있게 식사를 하고 있습니다."

하나님께서 상황을 완전히 바꾸셨습니다. 아름다운 효과를 주신 것입니다. 우리가 천국에 가서 과거가 녹화된 필름을 보면 아마 깜짝 놀랄 것입니다. 우리가 전혀 생각하지 않았던 일들이 보일 수도 있고, 우리의 과거지사가 전혀 다른 각도에서 나타날 수도 있을 것입니다. 하나님은 친히 과거로 돌아가셔서 우리에게 생겼던 일을 고쳐 주실 수 있습니다. 미움 대신 사랑을 주고, 두려움 대신 평안을 주고, 큰 위로와 기쁨과 자유를 주실 것입니다. 기회가 있는 대로 서로를 위해 기도하면 효과가 클 것입니다. 누구든지 할 수 있습니다.

잠재의식의 치유

'속사람 치유'란 '잠재의식의 치유'라고도 할 수 있습니다. 하나님이 사람과 만물을 다 창조하셨지만 사람과 다른 피조물 사이에는 근본적으로 다른 점이 있습니다. 창조의 순서를 보면 사람이 맨 나중에 창조되었습니다. 그 이유는 사람이 만물을 다스리도록 하시기 위해서였습니다. 사람은 사랑과 자유의 성품을 가지신 하나님의 형상대로 창조되었습니다. 사람이 짐승이나 기계와 다른 점은 사랑과 자유의 속성을 지녔다는 데 있습니다.

그런데 아담과 하와가 죄를 짓고 난 다음에 문제가 생겼습니다. 첫 사람인 아담과 하와가 죄를 지은 다음에 서로에게 상처가 생긴 것입니다. 아담에게 생긴 상처는 하와가 금단의 열매를 갖다 주었다는 데에 있고, 하와에게 생긴 상처는 아담이 죄의 책임을 자신에게 돌렸다는 데에 있습니다. 상처를 받을 때 우리는 그것을 잊고 싶어 합니다. 그래서 마음속에 감추게 되는데, 그러다 보면 그것이 점점 잠재의식 속으로 깊이 파묻히게 됩니다. 그러나 의식의 질서가 깨지고 마음의 상태를 정상적으로 유지하기 힘들 때는 잠재의식 속에 감춰져 있던 상처가 흘러나와 올바른 생각을 할 수도, 올바른 행동을 할 수도 없게 됩니다. 여러 가지 혼란스러운 생각과 이해할 수 없는 행동이 잠재의식 속에서 물 끓어오르듯 올라오게 되는 것입니다.

사람은 몸과 혼과 영으로 되어 있는데, 죄의 결과로 혼과 영이 단절되어 혼이 상하고 병들게 됩니다. 또 영은 영대로 쓰러져서 약해지고 이상하게 됩니다. 비정상적인 상태가 되는 것입니다. 즉, 하나님과 도무지 교통이 안 되고 영이 죽은 상태가 됩니다. 원래 인간은 하나님의 형상대로 창조되었습니다. 하지만 인간이 하나님의 형상을 버림으로써 복잡한 문제가 많이 생겼습니다. 인간 상호간에도 조화 없이 불안감만 생기고, 결국 일어나는 것은 전쟁뿐입니다. 하나님은 그 문제를 친히 해결하시기 위하여 성육신하셨습니다.

'공'(空)이라는 한자를 살펴보면 재미있는 사실이 발견됩니다. '空'은 '비었다'는 의미입니다. 이것은 근본 하나님의 본체시나 자기를 '비우시고' 사람이 되신 예수님의 성육신을 나타낸다고 볼 수 있습니다. 상형문자인 '穴' 자를 분석해 보면, 먼저 예수님이 사람의 지붕(宀) 밑에 들어와서 친히 육신을 취하시고 사람들과 같이 집에서 살기 시작했습니다.

그 다음에 '팔'(八) 자를 봅시다. 노아의 홍수 때에 구원받은 사람의 수는 여덟 명이었습니다. 그러므로 이 '八' 자는 세례를 의미한다고 볼 수 있습니다. 예수님도 세례를 받으셨습니다. 예수님은 죄가 없으신데도 불구하고 왜 세례를 받으셨을까요? 죄인도 아닌 예수님이 죄인을 씻어 정결케 하기 위한 세례를 친히 받으신 것은 죄인과 하나 되기 위해서입니다. 세례를 받으심으로써 자기의 영광, 즉 아무 죄도 없는 분으로써의 영광을 내버리고 우리 죄인들과 똑같이 되신 것입니다.

또 예수님은 이 땅에 거하실 때 노동자로 사셨습니다. '공'(工) 자는 노동을 의미합니다. 노동자로서 우리 가운데 사셨을 뿐만 아니라 우리 계층 중에 가장 낮은 계층으로 들어오셨습니다. 완전한 사람이, 그것도 가장 낮은 사람이 되신 것입니다. 이렇게 하신 목적이 무엇입니까? 그것은 하나님과 다시 교제를 회복하도록 하시기 위한 것입니다.

원래 사람은 하나님과 매일 아름다운 교제를 할 수 있었습니다. 아담과 하와가 하나님과 서로 사귈 수 있던 때가 있었던 것입니다. 저녁마다 하나님이 동산에 오셔서 "오늘 일이 잘 되었니?"라고 물어보시면 "예, 이렇게 아름답게 잘 되었습니다"라고 서로 평가하는 일도 있었습니다. 그러나 한 번 죄를 지어 하나님의 뜻에 어긋나고 불순종하면서 하나님과의 사귐은 끊어졌습니다. 하나님은 그들에게 물었습니다.

"내가 먹지 말라고 명한 그 실과를 먹었느냐?"

그러자 아담은 "예, 그 여자가 시켰기 때문에 먹었습니다"라고 변명했습니다. 결국 이 일로 아담과 하와의 사이가 나빠졌고 하나님과의 관계 또한 나빠져서 사귐이 끊어졌습니다. 그러자 하나님은 더러워진 세상에 더 이상 거하실 수 없어서 결국 이 땅을 떠나셨습니다. 그때까지는 하나님께서 이 땅에 계셨던 것입니다. 그러나 그 후에는 천국으로 가셨습니다.

천국에서 하나님은 어떤 집에 계셨을까요? 재미있게도 성경은 하나님께서 거하시는 처소가 천막이라는 사실을 암시해 주고 있습니다(모세가 그것을 보고 광야에서 성막을 지었습니다). 하나님은 천당에 계시면서 집을 짓지 않으시고 대신 천막을 지으셨습니다. 천막에 사시는 것은 장차 다시 이 땅으로 돌아오실 것을 시사합니다. 땅에 오셔서 사람과 같이 사시겠다는 의미입니다. 하나님은 사람과의 완전한 사귐이 있기까지 영원히 집을 짓지 않겠다고 하셨습니다. 요한계시록 마지막 두 장을 보면 하나님의 영원한 집에 대해서 나오는데, 그곳에서는 하나님의 천막이 하늘에서 땅으로 내려온다고 했습니다.

사람과 함께 거하시고 온전한 사귐을 갖는 것이 하나님의 목적입니다. 예수님은 이 하나님의 목적을 이루기 위하여 세상에 들어오셨습니다. 그 사귐을 다시 이루기 위하여 예수님이 치르신 대가가 무엇입니까? 배반을 당하고, 버림을 당하고, 미움을 당하셨습니다. 사람들이 안고 있는 세상의 복잡한 문제를 해결하기 위하여 그분이 세상에 들어오셨을 때 우리는 어떻게 대했습니까? "우리와 상관없어. 너를 십자가에 못박겠다"라고 해서 결국 그를 죽였습니다. 우리가 예수님을 죽인 것입니다.

성경 몇 구절을 살펴봅시다.

> 땅 위에 사람 지으셨음을 한탄하사 마음에 근심하시고(창 6:6).

하나님께서 마음에 근심하셨다고 했습니다. 하나님이 자기 형상대로 사람을 지으셨는데 인간들이 하나님을 거스르고 죄에 빠졌으므로 근심하셨던 것입니다. 사람들이 죄에 빠졌을 때 하나님은 사람들을 모두 없애 버리고 새 출발을 하실 수도 있었지만 그렇게 하지 않으셨습니다. 왜 그럴까요? 자기 형상대로 창조하신 인간을 사랑하셨기 때문입니다. 죄에 깊이 빠진 인간이었지만 우리를 사랑하셔서 우리를 없애지 않으셨습니다.

> 너희가 어찌하여 매를 더 맞으려고 더욱 더욱 패역하느냐 온 머리는 병들었고 온 마음은 피곤하였으며 발바닥에서 머리까지 성한 곳이 없이 상한 것과 터진 것과 새로 맞은 흔적뿐이어늘 그것을 짜며 싸매며 기름으로 유하게 함을 받지 못하였도다(사 1:5-6).

이 말씀은 사람들이 죄에 빠진 이후의 상태를 말해 줍니다. 머리부터 발바닥까지 상처밖에 없습니다. 건강한 곳이 하나도 없고, 기름을 부어도 해결할 수 없는데 어떻게 하셨습니까? 히브리서 12장 6절을 보면, "주께서 그 사랑하시는 자를 징계하시고 그의 받으시는 아들마다 채찍질하심이니라"라고 했습니다. 하나님은 우리가 스스로 회개하도록 우리의 자유를 빼앗지 않으셨습니다. 우리에게는 자유의지가 있기 때문에 하나님께서 "내가 너를 고치겠다"라고 하시더라도 우리가 고침을 원치 않는다면 그분은 아무 일도 못 하십니다. 그래서 우리에게 고침 받기를 원하는 마음이 생기도록 징계를 주십니다. 그분이 우리를 아들이라고 생각하기 때문에 징계를 주시는 것입니다. 회개의 길로 이끄시기 위하여 그렇게 하십니다.

> 여호와의 손이 짧아 구원치 못하심도 아니요 귀가 둔하여 듣지 못하심도 아니라 오직 너희 죄악이 너희와 너희 하나님 사이를 내었고 너희 죄가 그 얼굴을 가리워서 너희를 듣지 않으시게 함이니(사 59:1-2).

하나님께서 구원하실 수 없는 문제는 아무것도 없습니다. 다만 우리의 죄 때문에 하나님과 우리 사이가 막히고 하나님으로부터 멀리 떨어진 것입니다. 로마서 7장 15절 말씀을 보면, "나의 행하는 것을 내가 알지 못하노니 곧 원하는 이것은 행하지 아니하고 도리어 미워하는 그것을 함이라"라고 합니다. 영의 양심이 둔해지고 그 잠재의식이 복잡해져서 무엇을 하고 싶어도 못 하게 되는 것입니다. 잠재의식이 이 모양 저 모양으로 눌림을 받아서 하고 싶은 착한 일은 못하고 하기 싫어하는 일만 하게 되는 것이지요.

예수님은 이러한 문제를 해결하시기 위해 자기를 비우시고 세상에 들어오셔서 우리와 같이 인간이 되셨습니다. 성모 마리아의 몸에서 태어나 우리 가운데 사시면서 하나님에 대한 가르침을 주시다가 마침내 인간에 의해서 죽임을 당하셨습니다. 그런데 죽은 지 사흘 만에 부활하시고 승천하사 우리에게 영생(永生)을 선물로 주셨습니다.

우리에게 기쁨을 주시기 위해 예수님이 이 세상에 오셨다고 했습니다(요 16:24). 이것은 기쁨이 충만할 수 있는 가능성이 생겼다는 말입니다. 예수님의 십자가와 죽음과 부활을 통해서만 우리에게 기쁨이 충만해질 수 있습니다. 하나님의 은혜로 말미암아 마음속에 있는 상처도 예수님의 십자가에 못박고 변화될 수 있습니다.

이사야 53장 4-5절을 보면, 예수께서 우리의 질고와 우리의 슬픔을 지시고 우리 대신 징벌을 받으신 사실이 기록되어 있습니다. 자기를 비우신 것 중에 대표적인 비우심이 '십자가의 죽음'이었습니다. 하늘에서 내려오셔서 자기를 비우시고 자기 영광을 내어놓은 후, 제일 수치스러운 죽음으로 우리 대신 징벌을 받으셨습니다. 징벌을 받으심으로써 우리의 질고와 슬픔을 지셨습니다. 십자가에 달리신 예수를 바라볼 때 사람들은 깨닫지 못했습니다. 하나님께서 그를 버리시고 그에게 징벌을 주셨다고, 하나님께서 그에게 매를 주셨다고 했지만, 사실 그것은 우리가 받아야 할 매요 징벌이었습니다.

특히 5절 말씀에는 예수께서 우리 대신 그 모든 고난을 받으신 사실이 나와 있습니다. 자기의 잘못은 없으셨는데 우리 대신 죄 짐을 지고 가신 것입니다. 우리의 허물을 인하여 찔렸다는 것은, 과거에 지은 우리의 모든 허물을 용서하시기 위하여 예수님께서 피를 흘리셨다는 것입니다. 즉, 예수의 피로 내 과거가 깨끗하게 되었다는 말입니다. 우리는 예수님을 영접한 사람으로서 때가 되면 천당에 가서 예수의 심판 보좌 앞에 나아가야 합니다. 그때에 우리의 과거가 다 나타나게 될 것입니다. 우리는 그것을 보면서 놀랄 것입니다. 왜냐하면 허물이 하나도 없을 것이기 때문입니다. 과거가 깨끗하게 보일 것이기 때문입니다. 허물이 다 없어진 것입니다. 그뿐만 아니라 죄악(여기서 죄악이란 잠재의식의 명령으로 인해 여러 가지 나쁜 생각과 악한 마음을 갖게 되는 것을 포함합니다)이 다 해결될 것입니다. 성령을 통하여 거듭나고 새 마음을 얻어 새사람이 될 수 있다는 이야기입니다.

많은 교회에서는 여기까지 가르치고 그 이상은 가르치지 않는데 여기서 끝나는 것이 아닙니다. 그 중에 한 가지가 '평화'에 대한 것입니다. 어떤 사람은 잠재의식이 너무 복잡하여 마음에 평화가 없습니다. 사람은 예수님의 십자가가 마음속에 세워져야만 새 질서가 생겨 평화를 누릴 수 있습니다. 마음에 평화가 생기면 두려움 없이, 욕심 없이 살 수 있으며, 또 나쁜 마음을 품지 않고 살 수 있습니다. 잠재의식까지 평화를 누릴 수 있으면 온몸이 나음을 얻게 될 것입니다.

예수님은 마음이나 몸에 상처가 있는 사람, 건강하지 않은 마음을 가진 많은 사람들을 고치셨습니다. 앉은뱅이든지 눈먼 자든지, 귀먹은 사람이든지, 문둥병자든지, 중풍병자든지 무슨 병을 가졌든지 예수님이 고치지 못한 사람은 없었습니다. 몸의 병을 고치셨을 뿐만 아니라 귀신 들린 사람에게서 귀신도 쫓아내셨습니다. 그래서 마음도 정상으로 돌아오게 되었습니다. 마음이 복잡한 사람은 귀신 들리기 쉽습니다. 마음속이 분노로 가득 찬 사람, 화를 내는 마음이나 자기를 불쌍히 여기는 마음이 지나친 사람, 크게 미워하는 마음이 있는 사람과 매사에 유감이 많은 사람은 귀신 들리기 쉽습니다.

우리의 상처를 치유하시기 위해 예수께서 마련하신 은혜를, 우리가 필요 없다고 거절한다면 예수님이 어떻게 느끼시겠습니까? 우리에게는 예수님의 그 모든 은혜를 받아야 할 이유가 있습니다.

> 가라사대 그가 자기 영혼의 수고한 것을 보고 만족히 여길 것이라 나의 의로운 종이 자기 지식으로 많은 사람을 의롭게 하며 또 그들의 죄악을 친히 담당하리라(사 53:11).

예수님의 십자가는 우리를 위한 수고였습니다. 예수께서 자기 영혼의 수고를 보시고 만족히 여길 것이라고 하신 것을 볼 때, 그분의 수고를 받아들이고 그 혜택을 얻을 마음이 우리에게 있다면 그분께서 "내가 헛수고를 하지 않았구나" 하며 기뻐하실 것입니다. 그러므로 우리는 그 은혜를 받아야 합니다. 받지 않으면 예수님의 수고가 헛수고가 될 것입니다. 주님이 나를 위하여 수고하신 줄 알고 "내가 다 받아들이기를 원합니다. 나에게 은혜를 베풀어 주소서"라고 기도해야 합니다.

> 우리에게 있는 대제사장은 우리 연약함을 체휼하지 아니하는 자가 아니요 모든 일에 우리와 한결같이 시험을 받은 자로되 죄는 없으시니라 그러므로 우리가 긍휼하심을 받고 때를 따라 돕는 은혜를 얻기 위하여 은혜의 보좌 앞에 담대히 나아갈 것이니라(히 4:15-16).

잘 아시다시피 옛날 이스라엘 성전에는 두 개의 방—성소와 지성소—이 있었습니다. 대제사장은 1년에 한 번씩 지성소에 들어가서 특별한 제사를 드렸습니다. 제사를 드리기 위해서 속죄일로 정한 날은 7월 10일입니다. 제사장은 제단 옆에서 소를 죽인 뒤 소의 피를 대야에 받아 태워 버립니다. 그런데 1년에 한 번은 대제사장이 그 피를 가지고 지성소로 들어가게 됩니다. 만약 피 없이 그곳에 들어갈 경우에는 죽임을 당합니다. 왜냐하면 그곳에는 하나님의 임재가 있기 때문입니다. 그러나 하나님의 임재를 눈으로 직접 볼 수는 없었습니다. 성체(법궤) 위의 뚜껑에 '그룹'이라는, 천사의 날개처럼 생긴 것이 있었는데, 그 그룹 사이에 하나님이 앉아 계셨다는 말이 있습니다. 그곳에 사람이 눈으로 볼 수 있는 형상은 없었습니다. 눈에는 아무것도 보이지 않았습니다. 그러나 바로 그곳, 하나님의 보좌 앞에 피를 뿌려야 하는 법이 있었습니다. 그래서 소의 피를 대야에 받아 가지고 들어가서 피를 뿌렸습니다. 실제로 소의 피는 아무 효력도 없습니다. 사람의 죄를 씻지 못합니다. 이것은 다만 피를 흘림으로써 죄가 사해진다는 것을 보여 주는 예표에 불과했습니다. 즉, 예수님의 피에 대한 '보기'일 뿐이었습니다. 예수님은 십자가 위에서 죽으실 때 자기의 피를 가지고, 땅에 있는 성전에 들어가신 것이 아니라 하늘에 있는 성전에 들어가신 것입니다. 그분은 하나님 앞에 가서서 자기의 피를 우리를 위하여 바치셨습니다. 친히 대제사장 역할을 하신 것입니다.

그런데 대제사장은 어떤 사람입니까? 대제사장은 하나님 앞에서 우리를 위해 기도하는 사람입니다. 즉, 우리 대신 하나님 앞에서 기도하는 중보자입니다. 중보자인 그는 우리와 하나님 사이에 들어갑니다. 백성들이 밖에서 기다리는 동안 대제사장은 안에 들어가 우리를 위해 하나님께 대신 기도합니다. 그런데 우리의 대제사장 되신 예수님은 자기의 영광을 다 버리고 자기를 비우셔서 우리와 하나가 되셨기 때문에 우리의 입장을 충분히 체휼하실 수 있으십니다. 그분은 우리의 연약함을 깨닫지 못하시는 분이 아닙니다.

히브리서 4장 15-16절을 보면, '체휼하셨다'는 말씀이 나옵니다. 우리와 똑같은 체험을 하고 똑같은 훈련을 받으셨으며, 우리의 연약함을 경험하셨다는 말씀입니다. 아주 귀한 말씀입니다. 이 말씀을 통해 우리는, 우리가 시험을 받을 때 예수님도 한결같이 시험받으셨음을 알 수 있습니다. 예수님은 맛보지 않은 시험이 없기에 우리의 시험을 다 이해하십니다.

다만 우리는 시험을 당할 때 자꾸 죄에 빠지지만 그분은 죄에 빠지지 않으셨습니다. 그렇다면 죄 없는 그분이 왜 죄인이 감당해야 할 징벌을 받으셔야 했을까요? 그것은 죄인인 우리를 위한 행위였습니다. 예수님이 우리 대신 징벌을 받지 않으셨다면 우리는 죽을 수밖에 없었습니다. 그런데 예수님이 우리 대신 징벌을 받으셨기 때문에 우리는 죽을 필요가 없게 되었습니다. 이로써 죄에 깊이 빠졌던 우리가 구원을 받고, 상처가 치유되며 변화되기 시작했습니다. 아울러 변화를 받음으로 우리의 영 또한 건강하게 되어 갑니다. 우리의 영이 회복되어 온전해지는 데는 시간이 걸리지만, 상한 영의 상태에서 건강한 영으로 바뀌기 시작합니다.

시편 103편 12절 말씀에 "동이 서에서 먼 것같이 우리 죄과를 우리에게서 멀리 옮기셨으며"라고 했습니다. 동과 서보다 먼 것은 없습니다. 그만큼 우리의 죄를 우리로부터 멀리 옮기시겠다는 아주 귀한 말씀입니다.

베드로후서 3장 8절에서는 "사랑하는 자들아 주께는 하루가 천 년 같고 천 년이 하루 같은 이 한 가지를 잊지 말라"라고 합니다. 시간이 문제가 되지 않습니다. 요한복음 17장 24절에서는 "아버지여 내게 주신 자도 나 있는 곳에 나와 함께 있어 아버지께서 창세 전부터 나를 사랑하시므로 내게 주신 나의 영광을 저희로 보게 하시기를 원하옵나이다"라고 했습니다. 세상을 창조하시기 전부터 예수님과 하나님은 같이 계셨고 서로 사랑하는 관계였다는 것입니다. 우리도 그 관계에 들어가야 합니다. 그곳은 예수님을 통해서만 들어갈 수 있습니다.

요한계시록 13장 8절에는 "창세로부터 죽임을 당한 어린 양(羊)"

(표준새번역성경의 관주 참고)이라는 말이 나타나고 있습니다. 예수님이 A.D. 27–30년경까지 사셨다는 말이 있는데, 많은 사람들은 보통 27년까지 사신 것으로 계산합니다. 역사적으로는 A.D. 27년에 예수님이 십자가에서 죽으셨지만, 하나님 보시기에는 세상을 창조하실 때부터 이미 십자가의 죽음을 예비하신 것입니다. 우리가 죄에 빠질 줄 알고 미리 준비하신 것입니다. 그만큼 하나님은 우리를 사랑하시고, 하나님의 놀라우신 사랑으로 준비하신 것입니다.

그러면 '시간을 초월한다'는 것은 우리와 무슨 상관이 있을까요? 그것은 2천 년 전에 죽으신 예수가 지금 이 시간을 살고 있는 우리에게도 똑같은 효과를 준다는 말입니다. 2천 년 전의 일이지만 어제의 일이나 다름없습니다. 그래서 오늘을 사는 우리가 그 혜택을 받을 수 있습니다. 시간은 아무 문제가 되지 않습니다. 이것은 우리에게 놀랍고도 귀한 사실입니다. 한편, 하나님은 죄 사함만 가지고 만족하지 않으십니다. 죄 사함과 더불어 영과 혼이 완전하게 되기를 원하십니다. 우리 인간은 죄 사함을 얻어 잠재의식은 어느 정도 정리되었다고 해도 영과 혼은 완전하게 되지 못하는 경향이 있습니다. 그러나 하나님은 우리의 영과 혼이 죄에 빠지기 전의 상태로 돌아가기를 원하십니다. 마가복음 1장 8절을 봅시다.

나는 너희에게 물로 세례를 주었거니와 그는 성령으로 너희에게 세례를 주시리라.

물세례를 통해서는 죄 사함을 얻고, 성령세례를 통해서는 죄를 이기는 힘뿐만 아니라 앞으로 더 전진할 수 있는 힘까지 얻게 됩니다. 즉, 성령께서 지금까지 끊어져 온 사귐을 연결하시는 것입니다. 성령님이 들어오시면 우리의 영과 혼이 온전하게 되어 그때부터 하나님과의 사귐이 회복됩니다.

"영접하는 자 곧 그 이름을 믿는 자들에게는 하나님의 자녀가 되는 권세를 주셨다"(요 1:12)고 했습니다. 예수님의 이름을 믿을 때부터 죄인이 아닌 하나님의 아들·딸이 됩니다. 다시 말하면, 하나님의 자녀가 되는 것입니다. 고린도후서 5장 17절에서는 "그런즉 누구든지 그리스도 안에 있으면 새로운 피조물이라 이전 것은 지나갔으니 보라 새것이 되었도다"라고 했습니다. '새것이 되었다'는 것은 '새로운 피조물이 되었다'는 말입니다. 우리는 이미 하나님의 지으심을 받은 피조물이었지만 이제 아담과 하와의 상태보다 더 훌륭한 관계에 들어간 새 피조물이 되었습니다. 에베소서 4장 24절 말씀을 보십시오.

하나님을 따라 의와 진리의 거룩함으로 지으심을 받은 새 사람을 입으라.

하나님이 억지로 새사람을 입으라고 강요하는 것이 아닙니다. 우리에게 자유가 있다는 말씀입니다. 우리가 원해야만 새사람을 입을 수 있습니다. 우리에게 자유가 있기 때문에 하나님께서 명령형으로 말씀하셨습니다. '해 보라'고, '새사람을 입으라'고 말입니다.

요한복음 14장 17절에서는 "저는 진리의 영이라 세상은 능히 저를 받지 못하나니 이는 저를 보지도 못하고 알지도 못함이라 그러나 너희는 저를 아나니 저는 너희와 함께 거하심이요 또 너희 속에 계시겠음이라"라고 했습니다. 여기서 '저'란 누구입니까? '진리의 영', 즉 보혜사 성령께서 우리 안에 계시겠다는 말입니다. 성령께서 우리 안에 계시다면 우리가 완전히 고침 받을 수 있다는 의미입니다. 성령이 우리 안에 계실 때 우리 마음을 고쳐 새 마음을 주시고, 새사람이 되게 해 주심으로써 우리가 새 피조물이 되는 것입니다.

그런데 여기서 끝나지 않습니다. 창조력이 많으신 하나님은 우리가 처음 상태로 회복되기를 원하십니다. 로마서 8장 19-23절 말씀을 보십시오.

피조물의 고대하는 바는 하나님의 아들들의 나타나는 것이니 피조물이 허무한 데 굴복하는 것은 자기 뜻이 아니요 오직 굴복케 하시는 이로 말미암음이라 그 바라는 것은 피조물도 썩어짐의 종노릇한 데서 해방되어 하나님의 자녀들의 영광의 자유에 이르는 것이니라 피조물이 다 이제까지 함께 탄식하며 함께 고통 하는 것을 우리가 아나니 이뿐 아니라 또한 우리 곧 성령의 처음 익은 열매를 받은 우리까지도 속으로 탄식하여 양자 될 것 곧 우리 몸의 구속을 기다리느니라.

이제까지 우리 몸은 죄에 빠짐으로써 마귀에게 잡혔었는데 하나님이 우리를 위해 몸값을 내시고 다시 고치셨습니다. 하나님께서 값을 내시고 "이것은 내 것이다. 마귀야 손대지 마라! 내가 샀다"라고 하셨습니다. 때가 되면 온 피조물까지도 이처럼 새롭게 될 것입니다.

사람들 때문에 세상의 환경문제도 심각해졌습니다. 온 세상이 부패해졌습니다. 대자연이 부패하고 타락하게 되었습니다. 그 증거를 몇 가지 살펴볼 수 있습니다. 땅이 나빠져서 곡식이 잘 자라지 못하고, 공기가 나빠져서 많은 피조물이 죽게 되었습니다. 한 번은 제가 미국의 어떤 지방에 갔는데, 그곳에는 살아 있는 나무가 거의 없었습니다. 빨간 흙밖에 보이는 것이 없었습니다. 물이 보이지 않았습니다. 나뭇잎 하나도 없고 풀 한 포기도 없었습니다. 왜 이런 일이 생겼을까요? 그곳에 구리를 만들기 위한 공장이 있었는데 그 공장에서 나오는 독가스 때문에 그렇게 된 것입니다. 세상 어디를 가든지 이런 현상을 흔히 볼 수 있습니다.

예수원과 태백 사이에도 황폐한 땅이 많습니다. 이 지역의 탄광 때문에 그렇게 된 것입니다. 태백의 황지는 낙동강 상류로서, 황지 연못이라는 큰 샘이 있습니다. 그 샘은 예수원의 대예배실보다도 훨씬 큽니다. 그 못에서 물이 나갈 때는 깨끗한데, 몇 킬로미터 못 가서 금세 더러워집니다. 아주 까만색으로 변하고 맙니다. 결국은 사람들 때문에 땅이 더러워진 것입니다.

브라질에 가 보면, 미국의 욕심 많은 대농가들이 브라질 땅에 곡식을 무분별하게 심어서 토지를 황폐하게 만든 곳이 많습니다. 그곳에서 농사를 지어 봐야 기껏 3년이고, 그 다음에는 완전히 황폐한 땅이 되고 맙니다. 원래 그 땅은 약하기 때문에 나무를 많이 심어 땅을 보존해야 문제가 없습니다. 그러나 땅의 나무를 다 베어 버리고 곡식을 심으면 3년 이상 농사를 지을 수 없게 됩니다. 결국 땅만 황폐해지는 것입니다. 그런데 큰돈을 가진 미국업자들이 나무를 다 베어 버리고 땅을 기계로 갈아엎어 농사를 짓다가 황폐해지면 그 땅을 버리고 떠나 버립니다. 많은 사람들이 말하기를, 그런 식으로 몇 년만 더 하면 지구의 기후마저 변하게 된다고 합니다. 지금껏 브라질의 거대한 정글 덕분에 공기가 순환되어 세계의 공기가 새롭게 되어 왔기 때문입니다. 그러므로 브라질의 숲이 없어지면 세계 기상에 기현상이 나타날 것입니다.

지금도 기후가 이상하지 않습니까? 12월 말에 비가 오는 것을 예전에 본 적이 있습니까? 제가 예수원에 온 이래로 처음 있는 일일 것입니다. 추웠다가 갑자기 따뜻해지고 따뜻하다가 갑자기 추워지곤 해서 도무지 감을 잡을 수가 없습니다. 무엇이 잘못된 것입니까? 이것은 곧 사람의 탐욕 때문에 생긴 일입니다. 무질서의 법칙이라고도 하는 열역학 제2법칙이 있는데, 기존의 모든 질서들이 파괴되고 무질서해진다는 것입니다. 결국 이 법칙에 따르면 모든 것이 타락하고 소멸해 갑니다. 계속해서 이런 방향으로 나가면 온 우주에 빛이 없어지고 열도 식어 얼음 덩어리밖에 남지 않을 것입니다.

그러나 하나님은 그런 것까지도 고치겠다고 하십니다. 로마서 8장을 보면, 온 우주가 탄식한다는 말이 있습니다. 우리가 해방을 얻기까지 피조물들이 기다리고 있다고 합니다. "피조물의 고대하는 바는 하나님의 아들들의 나타나는 것"(롬 8:19)이라고 했습니다. 지금은 모든 피조물이 썩어짐의 종노릇하고 있습니다. 그러나 우리가 자유를 얻을 때, 우리가 하나님의 영광을 얻을 때, 피조물도 해방을 얻게 될 것입니다. 그것은 하나님의 놀라우신 계획입니다. 또 "물이 바다를 덮음같이 여호와의 영광을 인정하는 것이 세상에 가득하리라"(합 2:14)고 했습니다. 바다가 물로 가득 찬 것같이 여호와의 영광이 세상에 가득하겠다는 말씀입니다.

> 그러므로 이제 그리스도 예수 안에 있는 자에게는 결코 정죄함이 없나니 이는 그리스도 예수 안에 있는 생명의 성령의 법이 죄와 사망의 법에서 너를 해방하였음이라 율법이 **육신**으로 말미암아 연약하여 할 수 없는 그것을 하나님은 하시나니 곧 죄를 인하여 자기 아들을 죄 있는 육신의 모양으로 보내어 육신에 죄를 정하사 육신을 좇지 않고 그 영을 좇아 행하는 우리에게 율법의 요구를 이루어지게 하려 하심이니라(롬 8:1-4).

'육신'이라는 말은 재미있는 단어입니다. 성경에는 육신(육체)이라는 말이 자주 나오는데, 왜 그 말을 계속해서 강조할까요? 우리나라는 불교의 영향이 강해 이것을 오해하기 쉽습니다. 소승불교는 기본적으로 육체와 물질이 모두 나쁘다고 합니다. 그러나 성경의 가르침은 그렇지 않습니다. 영적인 세상에는 악신(귀신)도 있고 천신도 있습니다. 하나님은 육적인 세상, 즉 물질적인 세상을 창조하시고 "좋았더라"고 하셨습니다. 첫째 날과 둘째 날에 계속해서 물질세계를 창조하셨는데 그때마다 "좋았더라"고 하셨습니다. 그리고 마지막 날에는 모든 것을 보시고 "심히 좋았더라"고 하셨습니다. 이것을 볼 때 우리는 물질세계가 원래부터 나쁜 것이 아님을 알 수 있습니다.

악한 영이 우리를 꾀어 사람을 악하게 만드는 방법 중 가장 일차적인 방법은 '개인주의'입니다. 나는 나 자신을 위해서 살겠다는 것입니다. 개인과 개인을 이렇게 따로따로 구별하는 것이 물질입니다. 즉, 육체를 입은 인간이기 때문에 따로따로 구별할 수 있는 것입니다. 인간들은 다 인류에 속하지만 물질의 속성 때문에 개별화됩니다. 개인별로 따로 있기를 좋아하는 것은 물질에 속한 생각 때문입니다. 육체를 입었기 때문에 개인주의가 나옵니다. '나는 따로 살겠다' '저 사람과 나는 아무 관계가 없다' '나 혼자 하겠다'는 말은 바로 육체에 속한 생각, 이기주의에서 나온 것입니다. 사실 육체 자체는 나쁜 것이 아니지만 육체를 위하여 사는 것은 문제입니다. 하나님이나 타인과는 아무런 관계가 없고 자기 자신과만 관계하며, 자기를 섬기며 살겠다는 것이 문제입니다. 그것은 하나님도 섬기지 않고 형제도 섬기지 않고 자기만 섬기겠다고 하는 것으로서 현대 사회에서 흔히 볼 수 있는 것입니다.

며칠 전에 어느 자매님에게서 이런 이야기를 들었습니다. 학교 다닐 때 선생님이 제일 강조한 말이 '너 자신을 버리지 마라'는 것이었답니다. 그 자매는 이 때문에 '자기 자신을 버릴 수 없다'는 생각이 깊이 박혀 자신이 개인주의자인지 몰랐다고 고백했습니다. 남과 의논하지 않고 일을 처리하고 남에게 복종하지도 않기 때문에 공동생활을 도무지 할 수 없었습니다. 좋은 일을 해도 자꾸 자기 혼자 하려고 합니다. 그로 인해 공동생활도 못 하고, 복종할 줄도 모르고, 부부생활도 제대로 할 수 없게 되었습니다. 가정생활도 실패하고, 예수원에 와서도 실패했습니다.

'너 자신을 버리지 마라'는 말은 마귀의 소리입니다. 그런데 요즘 들어 그런 소리를 흔히 듣게 됩니다. '너 자신을 완성해야 한다' '네 목적을 달성해야 한다' '너! 너! 너!' '나! 나! 나!' 하는 소리가 자꾸 나옵니다. '우리'라는 말은 잘 나오지 않습니다. 그러나 성경을 보면, 예수 믿는 사람들 사이에 '우리'라는 개념이 강했음을 알 수 있습니다. 같이 전도하러 나가고, 같이 죄 사함을 얻고, 주께 영광 돌리기 위해 같이 손잡고 하나 되고, 같이 교제하는 것이 얼마나 중요한지 성경에 잘 나옵니다. 교제할 수 있는 것은 성령의 역사입니다. 하나님 아버지와 아들을 하나 되게 한 것은 성령의 역사입니다. 우리의 영이 올바르게 되면, 몸이 고침을 받고 혼도 고침을 받게 됩니다. 우리의 영이 건강하면 하나님과 교제하는 사람이 될 수 있습니다. 교제만으로 끝나는 것이 아닙니다.

또 내가 새 하늘과 새 땅을 보니 처음 하늘과 처음 땅이 없어졌고 바다도 다시 있지 않더라 또 내가 보매 거룩한 성 새 예루살렘이 하나님께로부터 하늘에서 내려오니 그 예비한 것이 신부가 남편을 위하여 단장한 것 같더라 내

가 들으니 보좌에서 큰 음성이 나서 가로되 보라 하나님
의 장막이 사람들과 함께 있으매 하나님이 저희와 함께
거하시리니 저희는 하나님의 백성이 되고 하나님은 친히
저희와 함께 계셔서 모든 눈물을 그 눈에서 씻기시매 다
시 사망이 없고 애통하는 것이나 곡하는 것이나 아픈 것
이 다시 있지 아니하리니 처음 것들이 다 지나갔음이러라
(계 21:1-4).

우리가 이 땅을 더럽혀서 이 땅을 버릴 수밖에 없지만 하나님이
다시 새 땅을 주신다고 했습니다. 새 피조물로 새 땅을 시작하신다
는 것입니다.

하나님은 물질을 싫어하시지 않습니다. 하나님은 본디 그분 자
신의 뜻을 어그러지게 하시는 분이 아닙니다. 자신의 계획대로 피
조물을 창조하신 하나님이 그것들을 버리신다는 것은 그분의 계획
을 완전히 버리는 것이 됩니다. 그러나 하나님은 그분의 계획을 완
전히 버리지 않기 위하여 새 하늘과 새 땅을 창조하신다고 했습니
다.

새 예루살렘이 무엇입니까? 즉, 교회를 말합니다. 사람들과 교
제하고 하나님과 교제하는 모임인 교회를 말합니다. 교회는 성령
께서 시키신 모든 착한 일을 가지고 아름다운 성을 짓습니다. 우리
는 다 건축가들입니다. 아름다운 성을 건축하는 건축가들입니다.
새 예루살렘이 하늘에서 내려올 때 하나님이 땅으로 내려오실 것
입니다. 우리가 성령 안에서 행한 모든 아름다운 행동이 그 성을

건축하는 자재입니다. 그 성이 내려올 때 신부가 신랑을 위해 단장을 하는 것과 같다고 했는데, 신랑이 누구입니까? 바로 예수님이십니다. 신부인 우리가 신랑인 예수님을 위하여 성령의 도우심으로 자기를 준비하는 것입니다.

성(城)이란 여러 사람이 같이 사는 곳입니다. 개인별로 살지 않고 하나의 공동체를 이루어 삽니다. 그러므로 사람이 함께 어울려 사는 공동체가 탄생하는 것입니다. 현재는 하나님이 피난민이십니다. 피조물인 사람이 죄에 빠짐으로써 이 세상이 더러워지고 하나님과의 관계가 단절되었습니다. 그래서 하나님이 피난민이 되어 하늘에 천막을 짓고 살고 계십니다. 말세에 천막을 땅에 옮기시어 우리와 함께 땅에 거하게 되실 때, 그때 비로소 영원한 집을 갖게 되실 것입니다.

"천당에 가서 영원히 살 것이다"라는 얘기를 흔히 듣는데, 그것은 죄송하지만 잘못된 말입니다. 영원토록 천당에 사는 것은 천사밖에 없습니다. 그러므로 하나님이 우리와 같이 땅에서 사시겠다고 하신 말씀은 매우 중요하고 아름다운 말입니다. 모든 눈물이 씻겨지고, 모든 애통과 아픔이 없어지고, 완전한 아름다움과 완전한 사랑이 생겨 그야말로 완전한 사귐이 이루어질 것을 상상해 보십시오. 아담과 하와가 죄에 빠지지 않고 하나님과 같이 에덴에 살 때도 아름다웠겠지만, 죄에 빠졌다가 새 피조물이 된 우리가 하나님과 같이 다시 교제하며 사는 것은 더더욱 아름다운 일일 것입니다. 거룩한 성 새 예루살렘에서 모든 음악과 미술, 모든 아름다운 문화가 새롭게 발전할 것입니다.

만국이 그 빛 가운데를 다니고 땅의 왕(王)들이 자기 영광
을 가지고 그리로 들어오리라 성문들을 낮에 도무지 닫지
아니하리니 거기는 밤이 없음이라 사람들이 만국의 영광
과 존귀를 가지고 그리로 들어오겠고(계 21:24-26).

이 말씀에는 각 나라의 문화에 대한 이야기가 나옵니다. 한국인
은 한국의 문화와 영광과 존귀를 가지고 갈 것입니다. 우습지만 저
는 이런 생각을 합니다. 하나님이 큰 광고판을 만들어, 각 나라로
하나님 앞에 그 나라의 영광을 가지고 들어오게 하실 것입니다. 한
국이 하나님 앞에 들어가야 할 날이 되면 하나님께서 "오늘은 '한
국의 날'이다. 한국의 영광을 가지고 거룩한 성으로 들어오게 하
라" 하실 것입니다. 말씀에 따라 한국 사람들이 다 하나님 앞에 가
서 "교인 군사같이, 구주 성호로~"라며 노래를 하면, 하나님은
"그만! 그 노래가 어디서 나온 것이냐?"라고 물어보실 것입니다.
이에 대답이 궁색해진 한국 사람들은 "미스터 설리반이라는 영국
인이 지은……"이라고 얼버무릴 것입니다. 그러면 하나님은 "오늘
은 한국의 날이다. 한국의 날이니까 한국의 노래를 가지고 와라.
나는 한국의 영광, 한국의 좋은 것을 원한다"라고 하실 것입니다.
그때 만일 예수원 사람 중 한 명이 한국 전통 가락으로 "찬송하세!
찬송하세! 하나님 은혜를 찬송하세!"라고 노래하면, 하나님은 "아,
좋다! 들어와라!" 하실 것입니다. 우리의 것, 우리의 문화를 버리지
말고 새롭게, 아름답게, 뜻있게 하여 하나님께 드릴 수 있는 '우리
의 영광'으로 만들어야 합니다.

또 저가 수정같이 맑은 생명수의 강을 내게 보이니 하나
님과 및 어린 양의 보좌로부터 나서 길 가운데로 흐르더
라 강 좌우에 생명 나무가 있어 열두 가지 실과를 맺히되
달마다 그 실과를 맺히고 그 나무 잎사귀들은 만국을 소
성하기 위하여 있더라 다시 저주가 없으며 하나님과 그
어린 양의 보좌가 그 가운데 있으리니 그의 종들이 그를
섬기며 그의 얼굴을 볼 터이요 그의 이름도 저희 이마에
있으리라 다시 밤이 없겠고 등불과 햇빛이 쓸데없으니 이
는 주 하나님이 저희에게 비취심이라 저희가 세세토록 왕
노릇 하리로다(계 22:1-5).

이 말씀에는 성전에 대한 기록은 없습니다. 다만 온 집과 온 도
시가 성전이 되어 우리가 그곳에서 자유롭게 하나님과 사귈 수 있
게 된다고 하십니다. 또 시간이 문제되지 않기 때문에 천 년이 하
루 같고, 하루가 천 년 같을 것입니다. 우리는 하나님 앞에 가서 이
렇게 여쭐 수 있습니다.

"하나님! 바쁘십니까?"

"아니, 바쁘지 않다. 그런데 무슨 일인가?"

"저희 집에 오셔서 차 한 잔 드시겠습니까?"

"그럼! 좋지."

우리는 자유롭게 하나님과 사귈 수 있고 시간에 쫓기지도 않게
될 것입니다. 누구든지 하나님 앞에 나와서, 죄 없는 깨끗한 사람
으로서 하나님과 사귈 수 있습니다.

사랑하는 자들아 우리가 지금은 하나님의 자녀라 장래에
어떻게 될 것은 아직 나타나지 아니하였으나 그가 나타내
심이 되면 우리가 그와 같을 줄을 아는 것은 그의 계신 그
대로 볼 것을 인함이니(요일 3:2).

저는 성경 전체에서 이 구절이 제일 놀라운 구절이라고 생각합
니다. 지금은 도무지 이해할 수 없을 정도로 놀라운 말씀입니다.
우리가 지금은 예수의 피로 말미암아 하나님의 자녀가 되었는데,
나중에는 '그와 같게 되겠다'고 했습니다. 자식이 부모와 비슷하게
되는 것이 당연하다지만, 하나님과 우리가 같게 된다니 이 얼마나
엄청난 말씀입니까? 확실히는 알 수 없지만, 아마 우리도 하나님
과 같은 창조력으로 성부 · 성자 · 성령님과 같이 창조 사역을 계속
할 것 같습니다.

바울은 고린도전서 13장 13절에서 "그런즉 믿음, 소망, 사랑, 이
세 가지는 항상 있을 것인데 그 중에 제일은 사랑이라"라고 했습니
다. 믿음은 하나님을 의지하는 상태, 즉 하나님께 충성을 바치는
것을 말합니다. 소망이 있다는 말은 미래에 현재와 다른 어떤 것이
있다는 뜻입니다. 모든 것이 지금과 똑같다면 무슨 소망이 있겠습
니까? 세상은 앞에서 말씀드린 바와 같이 열역학 제2법칙에 따라
모든 것이 타락하고 소멸하는 중입니다. 소망이 없는 상태입니다.
소망은커녕 낙심밖에 없는 상태입니다. 그런데 때가 되면 로마서
말씀과 같이 온 우주가 썩어짐의 종노릇한 데서 해방되어 우리와
하나님이 함께 창조 사역을 하면서 앞으로 나아가게 될 것입니다.

그래서 늘 향상하는 방향으로 나아갈 것입니다.

또 늘 사랑이 있다는 것은 사람 간에 서로 교제하고 하나님과 교제한다는 이야기입니다. 하나님과의 교제, 즉 하나님과 사귈 수 있는 상태는 사랑의 영원성을 나타냅니다. 이것은 하나님의 장기적인 계획, 즉 하나님의 영광에 속한 것입니다. 사람이 하나님과 같게 되어 영광스러운 사람이 되고 창조력 있는 사람이 되는 것은 하나님의 계획입니다.

상처에 대한 이야기를 하다가 하나님의 영원한 계획에까지 이르게 되었습니다. 다시 이야기를 전개해 보겠습니다.

우리가 죄 사함을 얻었다고는 해도 마음속에 있는 상처를 완전히 해결하지 못할 경우가 있습니다. 왜 이 상처가 의식에 있지 않고 잠재의식 속에 남아 해결하기 어렵게 되었을까요? 이유가 있습니다. 만약에 그 상처가 의식에 남아 있다면 늘 기억나서 견딜 수 없게 됩니다. 슬픔이 의식에 가득 차서 죽고 싶은 마음밖에 없고 결국은 미친 사람이 될 수밖에 없는 것이지요. 그래서 하나님은 사람이 상처를 받더라도 미치지 않도록 하기 위해 잠재의식을 만드셨습니다. 옛날에 받은 상처가 잠재의식이나 무의식 속에 들어감으로써 의식은 어느 정도 평화를 유지하며 살 수 있는 것입니다.

그러나 창고(잠재의식)가 꽉 차 터지게 될 때는 문제를 해결해야 합니다. 창고에 있는 상처들이 다 드러나면 우리 마음이 심히 아프게 되지 않겠습니까? 이유 없는 슬픔, 이유 없는 화가 자꾸 나옵니다. 이것은 어머니의 태중에서부터 누적된 아픔입니다. 우리는 앞에서 어머니나 아버지의 감정을 태중의 아기가 어떻게 전달받는지 알아보았습니다. 한 인간의 일생 동안 일어난 모든 일이 우리의 작은 뇌에 다 기록되어 있습니다. 빠진 것이 하나도 없습니다. 우리가 잊어버렸다고 하는 것은 사실 잊어버린 것이 아닙니다. 잠재의식 속에 들어가서 찾지 못하게 된 것뿐입니다.

우리의 머릿속에는 두 종류의 기억장치가 있는데, 하나는 정상기능을 하는 장치이고 또 하나는 긴급하게 사용하는 장치입니다. 긴급한 문제가 생기면 정상적인 기억장치가 자기 역할을 제대로 하지 못하고 정신이 없게 되어 긴급한 상태가 되어 버립니다. 그래서 이상한 소리가 들리고, 이유 없이 걱정되며 겁이 납니다. 또 이유 없이 화를 내는 자신을 보면서 누구에겐가 핑계를 대기도 합니다. 내가 화를 내는 것은 저 사람이 잘못해서 그런 거라고 스스로에게 거짓말을 하기도 합니다. 그러나 사실 그 화는 자신 때문도 아니고, 다른 사람 때문도 아니며, 어머니에게서 받은 상처 때문에 생기는 화입니다.

이런 근본적인 이유를 알 수 없을 때는 화의 이유를 자꾸 상대방에게 전가하고 상대방의 잘못만 지적하게 됩니다. 그러나 실제로 자신이 화내는 것은 상대방과는 무관한 것입니다. 그러므로 우리는 형제나 자매가 화를 낼 때 "주님, 저 사람은 내게 화를 내는 것이 아니라 어머니의 화를 흉내 내는 것뿐입니다. 그 일을 용서해 주시고 나로 상처받지 않게 해 주십시오"라고 기도해야 합니다. 이렇게 기도함으로써 원수도 이해하고 용서할 수 있게 됩니다.

대부분 사람들의 마음속에는 좋지 않은 일들이 너무 많이 기록되어 있습니다. 예수님이 이 모든 것을 아시고 친히 십자가를 통해서 그것을 고치러 오셨습니다. 예수님은 인간과 똑같은 상처를 받으셨지만 죄에 빠지지는 않으셨습니다. 그렇기 때문에 예수님께는 그것을 해결할 수 있는 능력이 있습니다. 그가 징계를 받음으로써 우리는 평화를 얻었습니다. 평화를 주기 위하여 예수님이 친히 십자가를 감당하신 것입니다.

우리가 "주여! 제 잠재의식 속에 상처가 너무 많아서 저는 정상적인 사람으로 살 수 없습니다. 제게 죄 사함을 주신 것처럼 마음의 상처도 치료해 주시옵소서"라고 구하면 예수님이 그 상처를 치료하고 정리해 주셔서 우리는 정상적인 사람이 될 수 있습니다. 스스로 기도할 힘이 부족하다고 생각되면 다른 형제자매의 도움을 받을 수도 있습니다. 서로를 위하여 안수기도를 할 수도 있습니다.

대부분의 교회에서 평신도는 안수기도를 하지 않는 것을 저도 알고 있습니다. 그러나 성경에는 그런 말이 없습니다. 다만 교회의 관습일 뿐입니다. 예수원에서는 형제들 상호 간에 손을 대고 기도합니다. 그것은 나쁜 일이 아닙니다. 다만 머리에 손을 얹고 기도하는 것은 신부만 합니다. 일반 신자들도 할 수 있다고 생각하지만 그것을 옳지 않게 여기는 사람들에게 충격을 주지 않기 위해 조심하고 있습니다.

그러나 미국에서는 일반 신자들이 안수하는 것이 그리 놀라운 일이 아닙니다. 특별히 성령운동을 하는 교회에서는 더욱 그렇습니다. 그런데 어떤 교회는 도무지 안수기도를 하지 않습니다. 어떤 교회는 주교만 안수를 합니다. 그러나 주교가 교회에 오기를 1년씩이나 기다렸다가 모두 안수기도를 받으려고 하면 주교는 지쳐 쓰러질 것입니다. 성경에 서로의 짐을 나눠 지라는 말씀이 있지 않습니까? 서로의 짐을 나눠 지기 위해서 구역예배를 드릴 때마다 안수기도를 할 수 있습니다. 제가 볼 때 구역예배의 원래 목적은 서로 섬기고 서로를 위하여 기도하는 데 있습니다.

예수원에는 '은사예배' 라고 칭했다가 지금은 '몸 섬김의 밤' 이라고 하는 모임이 있습니다. 우리가 서로 지체이기 때문에 이 지체와 저 지체를 섬기기 위하여 갖는 모임입니다. 다만 하나님께 예배를 드리기 위해 모이는 모임도 있습니다. 하나님께 영광을 돌리기 위해 모이는 예배와 지체를 섬기기 위해 모이는 모임은 성격이 다릅니다. 즉, 예배와 섬김과 교육은 다 다릅니다.

미국 교회에서는 예배를 드린다고 할 때 'service' 라는 말을 사용합니다. 즉, 'serve a worship' 이라고 하는데, 저는 이것이 좀 이상한 말이라고 생각합니다. 물론 성경에는 'service' 라는 말도 나오고 'worship' 이란 말도 나오지만 'serve a worship' 이라는 말은 나오지 않습니다. 섬김과 예배는 성격이 다른 것입니다. 예배는 하나님께 영광을 드리기 위해서 바치는 것입니다.

요한계시록 14장에는 마지막 때에 들릴 말씀이 나옵니다. 마지막 때에 하나님이 천사를 보내셔서 만민에게 한 가지 광고를 하십니다. 역사상 가장 중요한 광고이자 마지막 광고입니다.

또 보니 다른 천사가 공중에 날아가는데 땅에 거하는 자
들 곧 여러 나라와 족속과 방언과 백성에게 전할 영원한
복음을 가졌더라 그가 큰 음성으로 가로되 하나님을 두려

워하며 그에게 영광을 돌리라 이는 그의 심판하실 시간이
이르렀음이니 하늘과 땅과 바다와 물들의 근원을 만드신
이를 경배하라 하더라(계 14:6-7).

경배와 예배는 같은 뜻입니다. 성경에는 땅을 창조하신 이, 하늘
을 창조하시고 물들과 샘들을 창조하신 이를 경배하라고 했습니
다. 그분이 하나님으로 계시기 때문에 경배하는 것입니다. "당신
은 훌륭하십니다. 당신이 하나님이신 줄 압니다"라고 그분께 영광
을 돌립니다.

찬송가를 보면, 그런 내용의 찬송이 몇 곡 있습니다. "거룩 거룩
거룩 전능하신 주여"라는 찬송은 기도하는 의미로 부르는 찬송이
아닌 경배 찬양입니다. 감사할 때 부르는 찬송이 따로 있고, 기도
할 때 부르는 찬송이 따로 있습니다. 감사는 하나님께서 누구이신
줄 알고 무엇을 행하셨는지 생각하면서 드리는 것입니다. 하나님
의 성품과 하나님이 하신 일을 생각하면서 드리는 것입니다. 우리
를 위하여 이것도 하시고, 저것도 하시고, 여러 가지를 하신 것을
감사드려야 하는 것입니다.

감사와 예배는 서로 관계가 있지만 똑같지는 않습니다. 교회에
나가서 한 시간 동안 예배를 드린다고 할 때, 진정으로 예배드리는
시간이 얼마나 됩니까? 찬송가 네 곡을 부른다면 그 중 한 곡만 예
배 내용입니다. 예배를 올려 드리는 내용이 별로 없습니다. 또 기
도할 때도 하나님께 영광을 돌리거나 예배를 바치는 기도가 많지
않은 것 같습니다. '이것 해 주세요, 저것 해 주세요'가 내용의 대

부분입니다. 설교 내용도 '구하면 받을 수 있는 것'이 대부분입니다.

원래 예배는 예배와 감사와 교육 등의 순서로 되어 있는데, 한국 신자들은 대개 설교를 듣지 않으면 예배를 드리지 않았다고 생각합니다. 사실 설교는 예배순서 가운데 '교육' 부분일 뿐입니다. 하나님의 뜻을 알기 위한 교육 시간인 것입니다. 그렇기 때문에 설교는 예배를 바치는 시간은 아닙니다. 예배와 교육은 엄연히 다른 것으로, 설교 없이도 예배를 드릴 수 있습니다. 그러나 일반 신자들은 자기 자신을 어린아이라고 생각하여 선생이 가르치지 않으면 교회에 가서 시간만 낭비했다고 생각하고, 마음에 들지 않는 설교를 들으면 그날 예배가 엉망이었다고 합니다. 그러나 그것은 아주 잘못된 생각입니다.

한 시간 동안 하나님을 경배하기만 했다면 그것도 한 시간을 잘 사용한 것입니다. 그런데도 우리 생활이 바쁘다 보니 제한된 한 시간 동안에 예배 · 감사 · 교육이 다 있어야 한다고 생각하고, 그 중에 한 부분인 설교가 없거나 설교가 마음에 들지 않으면 예배를 드리지 않은 것처럼 생각합니다.

예배 외에 사귐에 대해서도 생각해 봅시다. 우리가 성령을 받았으면 하나님과 사귀고 서로와 사귀어야 합니다. 일반 교회에는 사귐의 시간이 너무 부족합니다. 예배실에 앉아 학교에서 강의 듣는 식으로 듣기만 하고 노래만 하다가 옵니다. 헤어질 때 문 앞에서 눈인사나 악수하는 것이 사귐의 전부입니다. 그런 다음 집으로 곧장 가기 때문에 교제 시간이 너무 부족합니다. 사실 매 예배 때마다 교제 시간을 갖게 되면 시간이 너무 길어지므로 교제 시간을 따로 마련하는 것이 좋긴 합니다. 이번 성탄절에 문곡교회에서 모였는데, 경제사정상 예배만 드리고 교제 시간은 생략하기로 했습니다. 그런데 예배가 끝난 다음 그냥 헤어져서는 안 되겠다 싶어 사제관에 모여 다과회를 했습니다. 아주 뜻 깊은 교제의 시간이었습니다. 서로 교제해야 하기 때문에 그 시간이 없으면 안 되겠다고 생각한 것입니다. 서로 교제해야 한다는 생각은 옳은 생각입니다.

사실 구역예배 시간은 교제 시간으로서 서로 섬기는 기회가 될 수 있습니다. 서로 위로하고 힘을 주고 안수기도를 해 주면, 예수님의 능력이 임해서 마음의 상처를 치료할 수 있습니다. 어떤 경우에는 본인의 상처를 알고 있지만 부끄러워서 온 교회 앞에 드러내 놓고 싶지 않을 수도 있습니다. 구역예배는 그런 사람에게 좋은 기회입니다. 새로 온 사람이 없고 서로 잘 알고 믿을 수 있는 사람, 책임감이 강한 사람들만이 모여 있으면 어떤 비밀이나 부끄러운 일이라도 서로 고백하고 안수기도를 할 수 있습니다.

구역예배에서조차 자신의 내면을 말할 수 없을 만큼 부끄러운 성격의 사람일 때는 다른 방법이 있습니다. 친한 친구 두세 명만 택해서 집에 초대하여 기도시간을 마련하는 것입니다. 서로 사랑하고 깊이 신뢰할 수 있는 분위기에서 자기의 상처를 내놓고 기도를 요청할 수 있지요. "제게 상처가 있지만 혼자 아무리 기도해도 효과가 없습니다. 저를 위해 기도해 주세요"하고 안수기도를 받으면 효과가 큽니다. 그리고 여기서 방언기도의 유익함이 드러납니다.

이와 같이 성령도 우리 연약함을 도우시나니 우리가 마땅

히 빌 바를 알지 못하나 오직 성령이 말할 수 없는 탄식으
로 우리를 위하여 친히 간구하시느니라(롬 8:26).

섬김의 모임에서 친구들이 상처 있는 사람을 위해 기도하면 성
령께서 그 친구들을 통하여 역사하시고, 그럼으로써 치료가 가능
합니다. 우리는 마땅히 빌 바를 잘 알지 못합니다. 마음에 상처가
있는 것을 알면서도 어떻게 기도해야 할지 모르는 것입니다. 그러
나 명확한 한국어로 기도한 다음에 성령께서 그 사람을 통하여 말
할 수 없는 탄식으로 기도하면 올바른 기도를 할 수 있습니다. 우
리 스스로는 충분한 기도를 하지 못합니다. 다만 성령께서만 하십
니다.

그러면 성령께서는 어떻게 기도하십니까? 우리를 통하여 기도
하십니다. 제가 그 구절을 여러 해 동안 확인했습니다. 제가 상상
할 수 있는 것은, 성령께서 하나님의 보좌 앞에 꿇어앉아 말할 수
없는 탄식으로 "주여! 주여!" 하며 나를 위해 기도하시는 모습입니
다. 예수님이 승천하실 때 하나님께 성령을 받은 후 어떻게 하셨습
니까? 이 땅에 부어 주셨습니다. 그러므로 성령께서는 땅에 있는
사람들의 마음속에 계십니다.

예수님은 하늘에서 우리의 대제사장으로서 우리를 위해 기도하
십니다. 성령께서도 항상 우리를 위해 기도하십니다. 항상 우리를
위하여 친히 탄식하며 기도하십니다. 특히 성령은 기도하실 때 사
람의 입술을 사용하십니다. 우리가 우리 입술을 성령께 빌려 드리
지 않으면 성령께서는 나를 위하여나 형제를 위하여 기도하지 못

하십니다. 성령께서 우리의 목소리를 사용하시는 것입니다. 소리가 나올 때 우리는 무슨 뜻인지 알지 못합니다. 말할 수 없는 탄식이 나오기 때문입니다.

> 마음을 감찰하시는 이가 성령의 생각을 아시나니 이는 성령이 하나님의 뜻대로 성도를 위하여 간구하심이니라(롬 8:27).

성령이 성도들을 위하여 하나님의 뜻대로 간구하시면, 모든 마음을 감찰하시는 하나님, 즉 모든 마음의 문제를 아시는 하나님이 그것을 들으시고 성령의 마음도 아시고 나의 마음도 아셔서 충분히 이해하십니다. 또 하나님의 뜻대로 기도하면 응답이 있겠습니까, 없겠습니까? 하나님께서 "나의 뜻대로 기도하면 응답하겠다"라고 약속하셨기 때문에 응답하십니다. 응답하실 뿐만 아니라 마음을 고쳐 주십니다. 우리는 실제로 그런 일을 많이 보아 왔습니다.

어떤 자매는 대학에 다닐 때 물 흐르는 소리만 들으면 겁을 냈습니다. 심지어는 수도꼭지에서 나는 물소리만 들어도 겁을 내며 도저히 견딜 수 없어 했습니다. 그래서 물이 없는 집에 들어갈 수밖에 없었습니다. 어디를 가든지 그 문제가 자매를 따라다녔습니다. 마침내 보통 집에서는 살지 못하게 되어 부모님은 자매를 외삼촌 집으로 보냈습니다. 농가인 외삼촌 집에는 수도 시설이 없었습니다. 그런데 그 농장 밑에 개울이 있었습니다. 부모님은 외삼촌에게 자매의 문제를 얘기했습니다. 물소리만 들으면 겁을 내고 미친 사람처럼 된다고 설명해 주었습니다.

외삼촌은 그 자매가 집에 도착하자마자 "얘! 내가 아무에게도 말하지 않았다"라고 했습니다. 그런데 그 말을 듣는 순간 기억이 났습니다. 자매가 다섯 살 때 외삼촌 집에 방문했는데, 그때 어머니가 개울에 가지 말라고 당부했습니다. 그런데 자매는 고집스럽게도 개울에 내려가서 놀다가 물에 빠져 버렸습니다. 돌 틈에 끼여 나가지 못하고 허우적거리고 있는데 마침 그곳을 지나던 외삼촌이 자매를 보고 구사일생으로 구해 주었습니다. 그녀는 개울에 빠져 놀라기도 했지만, 어머니의 말씀을 어겼기 때문에 매를 맞게 되리라는 두려움이 더 컸습니다. 그래서 외삼촌에게 "외삼촌! 절대로 어머니에게 말하지 마세요!"라면서 막 울었습니다. 외삼촌은 아무에게도 말하지 않기로 약속한 뒤 옷이 다 마를 때까지 개울가에서 기다렸다가 집에 돌아갔습니다. 어머니는 아무것도 눈치 채지 못했습니다.

그렇게 해서 그날은 무사히 지나갔는데 그 후로 자매는 물소리만 들으면 계속 외삼촌 댁에서의 일이 생각나고 어머니가 자기를 때릴까 봐 겁이 났습니다. 더 이상 그 일을 기억하기 싫어 잠재의식 속에 묻어 버린 뒤 그 사실을 잊고 무슨 일이 있었는지 알지 못하게 되었으나 성인이 되면서부터 물소리로 인한 두려움이 생기기 시작했습니다. 그러나 어릴 때의 기억은 이미 잠재의식에 묻어 둔 상태였기 때문에 도무지 그 원인을 알 수 없었습니다. 그런데 외삼촌이 "아무에게도 말하지 않았다"라고 하자마자 과거의 기억이 되살아났습니다. 어머니 앞에서 울면서 그 일을 고백하자 어머니도 울면서 용서해 주었습니다. 마음에 맺힌 아픔이 사랑으로 치료받고 해결된 것입니다.

또 한 사람에게는 이런 일이 있었습니다. 늘 술병을 지니고 다니면서 계속 술을 마셔 결국 술 없이는 살 수 없는 알코올 중독자가 되었는데 그 이유를 도무지 알 수 없었습니다. 나중에 알아보니, 아주 어릴 때 홍수가 난 적이 있었다고 했습니다. 어른들이 아이들에게 물건을 하나씩 맡기고 잘 간수하도록 부탁했는데, 그는 제일 어렸기 때문에 큰 물건을 맡지 못하고 작은 물병을 맡게 되었습니다. 물이 다 더러워져 먹을 수 없게 되자 남아 있던 깨끗한 물을 담아 주고는 "애야, 이 병을 잘 지켜라. 이 병은 네 생명을 구하는 것이니까 잃어버리면 안 된다"라고 했습니다. 그래서 그는 물병이 생명과 같은 것인 줄로 알았습니다. 자라서도 병을 지니고 다녀야 했는데 어른이 된 그가 지니고 다닐 수 있는 병이 무엇이겠습니까? 술병 외에는 없었습니다. 그는 물병이 생명인 줄로 알았기 때문에 술병도 생명인 줄 알고 지니고 다녔던 것입니다. 결국 그 기억을 회상하고 원인을 알아 치료받을 수 있게 되었습니다.

우리 잠재의식 속에 있는 상처들을 모두 다 알 수는 없겠지만 성령의 도우심이 있다면 기억할 수 있습니다. 이런 문제가 있는 사람들은 정신병원에 가서 아무리 많은 시간을 치료받아도 해결할 수 없습니다. 하나님의 은혜와 능력이 없기 때문입니다. 자연적인 능력으로는 도무지 치료할 수 없습니다. 예수님의 십자가를 통해서만 문제를 해결할 수 있습니다.

어떤 여자에게 원인 모를 병이 자꾸만 생겼습니다. 백방으로 약을 써 봐도 아무 효험이 없었습니다. 그래서 마침내 정신과 의사에게 갔는데, 그 의사가 여자의 얘기를 듣고 "당신의 죄가 원인입니다. 목사님 앞에 가셔서 죄를 고백하고 용서를 받으신 다음에 제게 오십시오"라고 말했습니다. 그 여자가 목사님에게 다녀와서 "제가 목사님 앞에서 고백했습니다. 하지만 목사님은 우리가 다 죄인이라고 하면서 용서를 해 주시지 않더군요" 하고 말했습니다. 그래서 그 의사가 "꿇어앉으신 뒤 저를 따라 해 보십시오. '성부와 성자와 성령의 이름으로 말하노니 제가 죄를 지었습니다. 제가 제 형제 앞에 고백합니다. 내 탓이요, 내 탓이요, 내 큰 탓이로소이다.' 누구든지 하나님께 죄를 고백하면 용서받는다고 하셨으니 하나님의 말씀에 의지하여 당신이 용서받은 줄 아십시오"라고 말해 주었습니다. 이로써 그 여자는 죄 사함을 받고 모든 문제를 해결하게 되었습니다. 다른 치료가 필요 없었습니다. 한순간에 예수의 피로 말미암아 치료를 받은 것입니다. 우리에게 그 귀한 능력이 있는 것이 얼마나 고마운 일인지 말할 수 없습니다.

2부

교회생활

1
교회란 무엇인가?

    교회는 왜 존재하며 교회의 기초는 어디에 있을까요? 실로 교회의 참모습이 무엇인지 깨닫지 못하면 많은 문제가 생김을 알 수 있습니다. 오늘날 교회를 비판하는 소리가 높고 교회에 문제가 많은 것도 사실입니다. 많은 이들이 올바른 교회를 만들겠다고 나섰지만 이들도 결국은 똑같은 문제에 빠지고 말았습니다. 또 어떤 사람들은 교회의 무용론(無用論)을 주장하기도 합니다.

성경이 말하는 교회

    한국말로 '교회'로 번역된 헬라어 '에클레시아'는 '부름을 받았다'는 뜻입니다. 즉, 지도자가 나팔을 불어 모든 마을 사람들이 한 자리에 모이게 되는 것을 의미합니다. 예수께서 '에클레시아'라는 말을 사용하셨을 때 제자들은 '부르심을 받고 (세상으로부터) 나와서 이루어진 모임'이란 뜻으로 받아들였습니다. 부르심을 받았다는 것도, 모임이란 말도 다 중요합니다.

그런데 한국에서는 '가르칠 교'(敎) 자를 써서 '교회'(敎會)라고 했습니다. 이렇게 하면 '스승이 경전을 읽히고 가르쳐서 노인을 공경할 수 있는 자식으로 키우는 모임'이라는 뜻이 됩니다. 즉, 선생님 앞에 무릎을 꿇고 앉아 있는 모임을 말하는 것이겠지요. 그러나 교회는 그런 곳이 되어서는 안 됩니다. 그렇게 생각하는 것은 교회 안에 유교적인 사고방식이 지나치게 많이 들어온 까닭입니다. 성경적으로 번역한다면 '사귈 교'(交) 자를 써야 합니다. 성경은 교회를 주 안에서 서로 사귀는 곳이라고 하면서 사귐을 매우 강조합니다. '가르친다'는 말은 별로 나오지 않고 '사귐' '교제' '나눔'의 의미가 더 강하게 표현되고 있습니다. 사귐, 교제, 나눔은 곧 '코이노니아'를 의미합니다.

상형문자 '交' 자를 풀어 보면, 사람이 심부름을 가느라고 급히 앞으로 나아가는 모양입니다. 내게 맡겨진 주의 짐을 지고 앞으로 나아가면서 주의 사업을 해야 한다는 뜻입니다. 교회라고 할 때 가르칠 교(敎) 대신 사귈 교(交)를 썼다면 아주 뜻 깊은 말이 되었을 텐데 왜 가르칠 교를 택했는지 모르겠습니다.

성경에는 교회에 대한 참고 구절이 많은데, 먼저 이사야 43장 12절을 보겠습니다.

내가 고하였으며 구원하였으며 보였고 너희 중에 다른 신이 없었나니 그러므로 **너희는 나의 증인**이요 나는 하나님이니라 여호와의 말이니라.

"너희는 나의 증인"이라고 했습니다. 교회는 바로 증인의 역할을 해야 합니다. 사도행전 1장 8절을 보면, "오직 성령이 너희에게 임하시면 너희가 권능을 받고 예루살렘과 온 유대와 사마리아와 땅 끝까지 이르러 내 증인이 되리라"라고 했습니다. 즉, 온 땅에서 예수 그리스도의 증인이 되라는 말씀입니다. 이렇듯 교회란 바로 증인들의 모임입니다. 그리고 누가복음 24장 48절에서는 "너희는 이 모든 일의 증인이라"라고 했습니다. 예수의 제자들이 곧 예수의 증인이란 말입니다.

> 우리는 유대인의 땅과 예루살렘에서 그의 행하신 모든 일에 **증인**이라 그를 저희가 나무에 달아 죽였으나 하나님이 사흘 만에 다시 살리사 나타내시되 모든 백성에게 하신 것이 아니요 오직 미리 택하신 **증인** 곧 죽은 자 가운데서 일어나신 후 모시고 음식을 먹은 우리에게 하신 것이라(행 10:39-41).

위의 말씀에도 증인이란 말이 두 번이나 나옵니다. '증인'이란 무엇을 하는 사람일까요? 확실한 증거를 제시하는 사람입니다. 증인은 논리를 펴는 사람이 아니라, 자신이 직접 경험한 것을 이야기하는 사람입니다. 증인은 재판관 앞에 서서 자기가 직접 본 사실만 이야기해야 합니다. 이런저런 이론을 아는 사람은 많아도 정작 증인이 되는 사람은 별로 없습니다. 그러나 하나님은 '내가 보았다' '내가 체험하였다' '시험해 보니 이렇게 되었다'는 말을 듣고 싶어 하십니다.

사도행전 13장 31절을 보면, "갈릴리로부터 예루살렘에 함께 올라간 사람들에게 여러 날 보이셨으니 저희가 이제 백성 앞에 그의 증인이라"라고 했습니다. 재미있는 것은 '증인'이란 헬라어로 '마르투스'($\mu\acute{\alpha}\rho\tau\upsilon\varsigma$)인데, 나중에 '순교자'라는 의미로 바뀌었다는 것입니다. '내가 안다' '내가 보았다'고 진리를 증거하면 그때나 지금이나 생명을 잃게 되기 십상입니다. 그러다 보니 증인이란 말이 순교자란 뜻이 된 것입니다.

시편 1편 5절을 봅시다.

그러므로 악인이 심판을 견디지 못하며 죄인이 **의인의 회중**에 들지 못하리로다.

이 말씀을 보면, '의인의 회중'이라는 말이 나옵니다. 하나님은 의인이 모이는 것을 원하십니다. 율법에는 1년에 세 번 모이도록 규정되어 있습니다. 출애굽기 12장 3절에서는 '이스라엘 회중'에게 고하라고 했습니다.

옛적부터 얻으시고 구속하사 주의 기업의 지파로 삼으신 주의 회중을 기억하시며 주의 거하신 시온산도 생각하소서(시 74:2).

주가 구속하신 회중은 일반 회중이 아니었습니다. 하나님께서 자신의 고통을 통해 살리신 회중입니다. 우리는 예수의 피로 말미 암아 살리심을 받은 회중입니다.

시편 111편 1절의 "할렐루야, 내가 정직한 자의 회와 공회 중에 서 전심으로 여호와께 감사하리로다"라는 말씀에는 '회'(會)라는 말, 즉 '모인다'는 말이 두 번 나옵니다. 예레미야 30장 20절에서 는 "그 자손은 여전하겠고 그 회중은 내 앞에 굳게 설 것이며 무릇 그를 압박하는 자는 내가 다 벌하리라"라고 말씀하십니다. 즉, 회 중을 지키겠다고, 굳게 세우시겠다고 하십니다.

> 태초부터 있는 생명의 말씀에 관하여는 우리가 들은 바요 눈으로 본 바요 주목하고 우리 손으로 만진 바라 이 생명 이 나타내신 바 된지라 이 영원한 생명을 우리가 보았고 증거하여 너희에게 전하노니 이는 아버지와 함께 계시다 가 우리에게 나타내신 바 된 자니라 우리가 보고 들은 바 를 너희에게도 전함은 너희로 우리와 사귐이 있게 하려 함이니 우리의 사귐은 아버지와 그 아들 예수 그리스도와 함께함이라(요일 1:1-3).

이 구절은 교회 교리의 핵심입니다. 증인들이 모여서 보고 들은 것을 전하는 이유는 서로 사귀기 위해서입니다. 증거하는 것만으 로 끝나지 않습니다. 증거를 서로 받아들인다면 함께 사귀고 연합 하며 한 가족, 한 형제가 되어야 합니다. 그것은 서로 형제 되는 것이 재미있어서가 아니라 하나님이 사람들과 사귀고 싶어 하는 마음을 갖고 계시기 때문입니다. 그렇기에 성령을 통해 우리도 그러한 마음을 갖게 되는 것입니다.

만약 우리가 어떤 마을에 가서 복음을 증거하는데, 그 마을 사람들의 수준이 너무 낮다고 해서 복음만 얼른 전하고 떠나 버리면 그것은 증거가 되지 않습니다. 그러한 곳에는 교회가 서기 어렵습니다. 교회는 사람과 사람이 서로 사랑하며 사귀고, 하나님과도 사귀는 곳입니다. 그러한 사귐을 위해서는 증인이 있어야 합니다. 하나님은 예수님을 통해 사람과 사귀셨습니다. 그분이 우리를 얼마나 사랑하시는지, 우리 죄를 대속하기 위해 독생자를 십자가에서 죽이기까지 하셨습니다. 하지만 주님은 부활하심으로써 자신의 삶이 실패가 아니라 실로 하나님의 뜻을 이룬 것이며, 우리도 성령을 받아 서로 사귈 수 있으며 하나님과도 사귈 수 있다는 복된 소식을 몸소 증거하셨습니다.

하나님을 알지 못하는 이방인들에게 먼저 죄에 대해 언급하는 법은 없습니다. 악한 사람이 착한 사람과 사귀게 되면 자동으로 양심의 가책을 받게 됩니다. 그러다 보면 죄 사함의 문제가 나옵니다.

"저는 당신처럼 착한 사람과는 사귈 자격이 없습니다. 사귀고 싶지만 안 되겠어요. 죄송합니다."

"아닙니다. 걱정하실 필요가 없습니다. 당신도 죄 사함을 받을 수 있습니다."

우리가 서로 사귀는 것은 기쁨을 얻기 위해서입니다. 하나님 안에서 우리가 서로 사귐을 허락할 때 우리는 기쁨으로 충만케 될 것입니다. 하지만 우리가 서로 사귀기를 싫어한다면 기쁨은 존재할 수 없습니다. 하나님은 빛이라고 하셨습니다. 우리 안에 빛이 없다면 하나님과 사귄다고는 하나 어둠뿐일 것이며, 진리로 사는 것이 아닐 것입니다. 그러나 빛 가운데 진리를 행하면서 서로 사귄다면 죄에서 깨끗함을 얻을 것입니다. 죄 문제를 해결하는 것은 나중 일입니다.

대체로 교회에서 죄에 대한 설교를 많이 하는데, 믿음 없는 사람들에게 죄 문제부터 말하기 시작하면 설교를 듣기 싫어합니다. 불신자로서 죄에 대한 올바른 시각이 없는 사람에게 어쩌면 당연한 일일 것입니다. 죄에 대한 설교를 잘 듣는다 해도 자신에게 죄가 없다고 생각하면 자신은 죄인이 아니라고 부인해 버립니다. 또 자신이 죄인임을 알더라도 대부분 정죄하는 것을 듣기 싫어합니다. "그래 난 죄인이다. 그런데 왜 자꾸 그런 얘기만 하느냐? 날 괴롭히기만 하는 이유가 뭐냐? 죄에서 벗어날 수 있는 해결책을 듣기 원한다. 해결책을 말해 달라"라고 요구할 것입니다. 그렇습니다! 우리는 죄보다는 사랑에 관해서 듣고 싶어 합니다. 그러므로 죄의 문제를 말하기 전에 예수께서 우리를 사랑하시기 때문에 그분과 사귈 수 있고, 그 사귐을 통해 죄 사함을 얻을 수 있다고 말해 주어야 합니다.

얼마 전에 한 형제가 예수원을 찾아와 우리와 같이 살고 싶어 했습니다. 하지만 술·담배를 끊어야 했기 때문에 형제는 걱정을 했습니다. 그러나 우리가 그 사람을 사랑하고 아름다운 사귐을 가질 수만 있다면, 그런 문제는 충분히 극복할 수 있다고 생각합니다. 해결하기 힘든 문제라 할지라도 아름다운 교제 안에서 고백하고 형제들에게 기도를 부탁하면 하나님께서 그 문제를 완전히 해결해 주실 것입니다. 그런데 체면 때문에 자기 죄를 고백하지 않으면 죄 사함을 얻을 수도, 죄를 이길 수도 없습니다. 죄가 없다고 하는 사람은 자기 자신을 속이는 것입니다. 요한일서 1장 9절에 "만일 우리가 우리 죄를 자백하면 저는 미쁘시고 의로우사 우리 죄를 사하시며 모든 불의에서 우리를 깨끗케 하실 것이요"라고 하셨습니다. 죄를 자백하면 주님은 그 죄를 다 사해 주십니다. 하지만 죄 사함은 사귐 다음에 나오는 문제임을 염두에 두어야 합니다.

우리가 늘 외우는 사도신경을 보십시오. 어떻게 이어집니까? 성부 하나님으로 시작하여 성자 하나님, 성령 하나님이 나오고 이어서 교회와, 성도의 교통이 나온 다음에 죄 사함이 나옵니다. 사귐(성도의 교통)이 죄 사함보다 먼저 나옵니다. 그렇다면 사귐은 어디서 나옵니까? 성령으로부터 나옵니다. 여기에는 순서가 있습니다. 즉, 성령, 사귐, 죄 사함 순입니다.

성령을 받은 우리는 사귐을 위해 증인이 되어야 할 책임이 있습니다. 교회는 증인 된 사람들이 서로 사귀고, 하나님과도 사귀면서 죄의 문제를 해결할 수 있는 능력을 받은 무리입니다.

예수께서 가이사랴 빌립보 지방에 이르러 제자들에게 물어 가라사대 사람들이 인자를 누구라 하느냐 가로되 더러는 세례 요한, 더러는 엘리야, 어떤 이는 예레미야나 선지자 중의 하나라 하나이다 가라사대 너희는 나를 누구라 하느냐 시몬 베드로가 대답하여 가로되 주는 그리스도시요 살아 계신 하나님의 아들이시니이다 예수께서 대답하여 가라사대 바요나 시몬아 네가 복이 있도다 이를 네게 알게 한 이는 혈육이 아니요 하늘에 계신 내 아버지시니라 또 내가 네게 이르노니 너는 베드로라 내가 이 반석 위에 내 교회를 세우리니 음부의 권세가 이기지 못하리라 내가 천국 열쇠를 네게 주리니 네가 땅에서 무엇이든지 매면 하늘에서도 매일 것이요 네가 땅에서 무엇이든지 풀면 하늘에서도 풀리리라 하시고 이에 제자들을 경계하사 자기가 그리스도인 것을 아무에게도 이르지 말라 하시니라(마 16:13-20).

예수께서 그리스도이며 하나님의 아들이시라는 것은 기본 사실입니다. 이 사실을 증거하는 사람이 교회의 기초가 되는데, 베드로가 이것을 맨 처음 증거했습니다. 예수님이 고난을 받고 죽임당할 것을 예고하자 베드로는 예수님을 붙들고 "그리 마옵소서"라고 간청했습니다. 그러자 예수님은 베드로를 사탄이라고 불렀습니다. 반석인 사람이 사탄의 역할을 할 수도 있는 것입니다. 그래서 우리는 교만하면 안 됩니다. 나는 되었다, 다 이루었다고 하면 그때부터 사탄이 역사합니다.

예수 그리스도께서 베드로를 교회의 반석으로 삼으신 것은 사실입니다. 사도행전 2장을 보면, 베드로를 통하여 먼저 복음이 전해지고 교회 사역이 시작되었습니다. 이방인이 믿기 시작한 것도 베드로 때문입니다. 사마리아인에게 복음을 전할 때 역시 (베드로가 직접 한 것은 아니지만) 베드로가 없었다면 성령을 받지 못했을 것입니다. 하나님께서 베드로를 크게 쓰신 것입니다. 하나님은 바울에게는 이방인 전도 사역을, 베드로에게는 유대인 전도 사역을 맡기셨습니다. 가르치는 데에 모순이 생기면 안 된다고 생각한 바울은 베드로가 어긋난 행동을 한다고 판단되면 회중이 보는 앞에서 베드로의 잘못을 지적하고 책망했습니다. 그러나 베드로는 기분 나빠하지 않고 이것을 받아들임으로써 서로를 인정하고 함께 사역했습니다. 결코 무시하지 않았던 것입니다.

교회의 기초

사도행전 2장 41-47절까지의 말씀을 토대로 사귐에 대해서 좀 더 살펴보겠습니다.

> 그 말을 받는 사람들은 세례를 받으매 이날에 제자의 수가 삼천이나 더하더라 저희가 사도의 가르침을 받아 서로 교제하며 떡을 떼며 기도하기를 전혀 힘쓰니라 사람마다 두려워하는데 사도들로 인하여 기사와 표적이 많이 나타나니 믿는 사람이 다 함께 있어 모든 물건을 서로 통용하고 또 재산과 소유를 팔아 각 사람의 필요를 따라 나눠 주고 날마다 마음을 같이하여 성전에 모이기를 힘쓰고 집에서 떡을 떼며 기쁨과 순전한 마음으로 음식을 먹고 하나

님을 찬미하며 또 온 백성에게 칭송을 받으니 주께서 구
원받는 사람을 날마다 더하게 하시니라.

이 말씀에는 '사귐' 대신에 '교제'라는 말이 나오는데, 이것은
교회의 시작을 보여 줍니다. 여기서 '교제'란 '사귐'의 뜻으로, 요
한일서에 나오는 '사귐'과 같은 단어입니다. 헬라어로는 '코이노
니아'인데, 이는 아주 중요한 단어입니다. 그런데 사람들은 교제
와 사귐이 같은 단어에서 온 것임을 잘 모르는 것 같습니다. '주의
몸에 참여한다'는 의미의 '성체성사'(聖體聖事)나 '서로 나누어 준
다'는 말은 다 같은 뜻입니다. 예수님 시대와는 달리 오늘날에는
성체성사와 애찬, 식사를 각각 구별하지만 그 당시에는 식사가 곧
애찬이었습니다. 그 당시에도 애찬할 때마다 주의 죽으심을 기념
하였지만 지금처럼 완전히 성사화(聖事化)되지는 않았습니다. 그
러나 나중에 국가에서 애찬과 공동식사를 금지시킴으로써 교회는
면병(가톨릭에서 미사 때 성체[聖體]를 이루기 위해 쓰는 밀떡)과 포도
주만 나누게 되었습니다. 그 이유는 여러 사람이 비밀리에 모여 식
사하는 것이 국가 입장에서는 반정부 운동처럼 보였기 때문입니
다. 그러니까 오늘날의 미사처럼 성사가 형식화된 것은 국가법에
저촉되지 않기 위해서였습니다.

이제는 초대 교회처럼 식사와 주의 성찬을 같이하면 좋겠다는
생각도 해 보지만, 교리가 너무 복잡해져 되돌아가기 어렵게 되었
습니다. 그래서 저는 때때로 성찬을 행하지 않고 애찬식을 하기도
합니다. 애찬식의 경우, 애찬에 관한 특별한 규정이 없으므로 자유

롭게, 그리고 초대 교회 때와 같은 의미로 할 수 있습니다. 이로써 떡을 떼는 것과 기도하는 것, 가르침을 받는 것과 사귀는 것을 모두 중요하게 생각할 수 있습니다.

현대 교회는 교육과 기도는 많이 하지만 사귐이 부족합니다. 예수원을 찾는 사람들 중에 대다수가 예수원의 공동생활을 통해 그 사귐을 조금 맛보고는 참된 사귐을 알았다고 합니다. 그렇다고 해서 예수원에 있는 우리가 특별한 사람이라는 뜻은 아닙니다. 다만 우리는 사귐의 기회와 장소를 마련한 것뿐입니다. 일반 교회에서는 그런 기회조차 마련하기 힘들기 때문입니다. 그렇다면 어떻게 하면 현대 교회에서 사귐의 기회를 마련할 수 있을까요? 예배를 잘 활용하면 됩니다. 예배를 통해 사귐의 의미를 깊이 깨닫고, 그 사귐이 성숙함에 따라 교회도 크게 성장하게 됩니다. 그 이유는 그 사귐이 예수님의 사랑에 대한 증거가 되기 때문입니다.

예를 들어, 전도할 때 상대에게 무작정 교회부터 나오라고 강권하기보다는 집에 초대하여 다른 신자들과 함께 모인 자리에서 따뜻이 환영해 주고 사랑을 베풀면 마음을 열 것입니다. 또 자기 문제에 대해 기도까지 받게 되면 감화를 받아 예수를 믿어야겠다는 생각도 할 것입니다. 그러면 자연히 교회에 나오기가 쉽습니다. 각집에서 날마다 모여 떡을 떼지 않더라도 그 사귐에서 아름다운 사랑이 피어나게 될 것입니다.

그런데 어떤 사람이 이 말을 오해하여 사귐만 중시하고 가르침을 거부한다면 그것도 잘못입니다. 저는 '교회'(敎會)를 말할 때 '가르칠 교'(敎) 자를 쓰면서 지나치게 가르침만 중시하고, 설교가 시원찮으면 예배도 아니라고 생각하는 분위기에 대해 항상 비판하고 반대하지만 사실은 둘 다 필요합니다. 한 가지만 고집해서는 안 됩니다. 교회에는 가르침, 성도의 교제, 떡을 떼는 것, 기도, 이 모두가 다 필요합니다.

다시 한 번 사도행전 2장 41-47절까지의 말씀을 살펴봅시다. 사도들이 가르치고, 교제하고, 떡을 떼고, 기도하기를 힘썼다고 합니다. 그 결과 사도들 때문에 기사와 표적이 많이 나타났습니다. 이로써 사람들은 모든 것을 통용하는, 더 강하고 뜻 깊은 사귐을 갖게 되었습니다. 예수원에서 공동으로 집을 쓰고 물건을 통용하고 한 가족으로 살면서 개인 재산을 갖지 않도록 하는 것은 그러한 사귐을 권장하기 때문입니다.

그렇다고 우리 공동체가 공산주의는 아닙니다. 공산주의 국가는 모든 것이 국가 소유입니다. 개인 소유를 허락하지 않습니다. 그러나 그들이 국가의 소유라고 하는 그 모든 것은 다 예수님의 것이고 하나님의 것입니다. 국가 소유가 아닙니다. 마찬가지로 예수 안에 거하는 작은 모임도 국가를 위한 것이 아닙니다. 물건을 같이 나누고, 집집마다 모여 떡을 떼고, 기쁜 마음으로 주를 찬미하면 거기 모인 사람들이 주를 만날 수 있을 것입니다. 그렇게 할 때 예수께서 "이 기초 위에 나의 교회를 세운다"라고 하실 것입니다.

또 저와 함께 한 형제를 보내었으니 이 사람은 복음으로서 모든 교회에서 칭찬을 받는 자요 이뿐 아니라 저는 동일한 주의 영광과 우리의 원을 나타내기 위하여 여러 교

회의 **택함을 입어** 우리의 맡은 은혜의 일로 우리와 동행
하는 자라(고후 8:18-19).

'택함을 입었다'는 말은 '안수를 받았다'는 뜻입니다. 사도는 한
교회의 대표가 아니라, 여러 교회의 대표가 되어 사랑의 헌금을 갖
고 구제사업을 하기 위해 파송되었습니다. 그래서 '교회들'이란
말이 나올 때마다 모임은 따로 있지만 한 그리스도의 몸에 속해 있
음을 알 수 있습니다. 교파가 생겨 서로 사귀기를 거절하는 것은
주의 뜻이 아닙니다. 이에 대해서는 고린도전서 3장 1-3절에 나옵
니다.

> 형제들아 내가 신령한 자들을 대함과 같이 너희에게 말할
> 수 없어서 육신에 속한 자 곧 그리스도 안에서 어린아이
> 들을 대함과 같이 하노라 내가 너희를 젖으로 먹이고 밥
> 으로 아니하였노니 이는 너희가 감당치 못하였음이거니
> 와 지금도 못 하리라 너희가 아직도 육신에 속한 자로다
> 너희 가운데 시기와 분쟁이 있으니 어찌 육신에 속하여
> 사람을 따라 행함이 아니리요.

이 말씀처럼 교회 안에 분쟁이 있다면 그 교회는 육체에 속하고
세상에 속한 단체일 뿐입니다. 건강한 교회가 아닙니다. "육체의
일은 현저하니 곧 음행과 더러운 것과 호색과 우상숭배와 술수와
원수를 맺는 것과 분쟁과 시기와 분냄과 당 짓는 것과 분리함과 이

단"(갈 5:19-20)이라고 했습니다. 특히, '분쟁' '이단' '당 짓는 것'을 육체에 속한 죄로 표현하고 있습니다. 이런 행위는 간음과 술 취하는 것과 같은 것입니다. 진실로 우리는 분쟁과 이단의 문제를 놓고 울면서 회개해야 합니다.

우리 교회에는 그런 일이 없다고 주장하겠지만, 다른 교파와 사귀기를 거부하거나 그들을 받아들이기를 거절하는 태도는 분쟁하는 것과 같습니다. 우리 교회의 교리와 교회법이 다른 교파를 허용하지 않아 사귐을 가질 수 없다는 것은 이유가 되지 못합니다. 어떻게 한 몸인 왼손과 오른손이 법이 다르다고 해서 함께 일할 수 없다는 것입니까? 그러나 오늘날의 교회 현실이 그렇습니다. 어떤 사람은 이 문제를 해결하기 위해 교회를 떠나 다시 이단 집단을 만듭니다. '이단'(異端)이란 '다른 단체'를 의미합니다. 단지 교리만을 염두에 둔 말이 아닙니다. 내가 나가서 다른 단체를 조직하면 자동적으로 이단자가 되는 것입니다. 내가 무슨 교리를 만들든지 상관없이 다른 단체를 만들면 이단입니다.

그런데 이 단체와 저 단체가 서로 사귐을 갖는다면 별 문제가 없습니다. 한 가족처럼 서로 사랑하면 이단이 아닙니다. 그러나 서로 사귀기를 거절하면 그것은 이단입니다. 그래서 개신교는 천주교를 이단이라고 하고, 제칠일안식일교회는 모두를 다 이단이라고 합니다. 서로가 서로를 이단이라고 하는 것은 죄입니다. 우리는 울면서 회개해야 합니다. 나만 이단이 아니고 나만 정통이라고 하는 데서 문제가 생기는 것입니다.

교회의 시작

교회는 오순절에 시작되었다고 합니다. 사도행전 2장 1-4절까지는 교회 설립에 관한 내용입니다.

> 오순절 날이 이미 이르매 저희가 다 같이 한 곳에 모였더니 홀연히 하늘로부터 급하고 강한 바람 같은 소리가 있어 저희 앉은 온 집에 가득하며 불의 혀같이 갈라지는 것이 저희에게 보여 각 사람 위에 임하여 있더니 저희가 다 성령의 충만함을 받고 성령이 말하게 하심을 따라 다른 방언으로 말하기를 시작하니라.

교회는 성령 충만함을 받은 때부터 시작되었습니다. 교회가 성령을 통하여 그리스도의 몸이 된 것입니다. 성령이 없는 곳은 교회가 아닙니다. 또 성령이 없는 사람은 그리스도에 속한 자가 아닙니다. 이에 대해서는 로마서 8장 9절에 나옵니다.

> 만일 너희 속에 하나님의 영이 거하시면 너희가 육신에 있지 아니하고 영에 있나니 누구든지 그리스도의 영이 없으면 그리스도의 사람이 아니라.

말씀에 기록된 대로 그리스도의 영이 없으면 그리스도의 사람이 아닙니다. 그리스도의 사람이라면 그리스도의 몸에 속하고 한 교회의 교인이 되어야 합니다. 그러면 어떻게 교인이 됩니까? 이에 대해 사도행전 2장 38, 41절은 분명히 말합니다.

> 베드로가 가로되 너희가 회개하여 각각 예수 그리스도의
> 이름으로 세례를 받고 죄 사함을 얻으라 그리하면 성령을
> 선물로 받으리니…… 그 말을 받는 사람들은 세례를 받으
> 매 이날에 제자의 수가 삼천이나 더하더라.

이 말씀을 읽고 어떤 사람들은 물세례를 받을 필요가 없다고 주
장하기도 합니다. 그러나 성경은 분명히 세례를 받으라고 명령하
고 있습니다. 세례가 필요 없다는 말은 성경에 없습니다. 그리고
세례를 받은 사람은 성령도 받았습니다. 회개하고, 세례를 받고,
성령을 받게 되면 교회가 되는 것입니다. 사도행전 2장 47절을 보
면, 하나님을 찬미하며 또 온 백성에게 칭송을 받으니 주께서 구원
받는 사람을 날마다 더하셨다고 했습니다. 구원받는 사람이 날마
다 더해지고, 그 사람들이 다 교회에 들어온 것입니다.

사도행전 5장 14절을 보면, "믿고 주께로 나오는 자가 더 많으
니 남녀의 큰 무리더라"라고 증언하고 있습니다. 믿는 사람과 구원
받는 사람이 더욱 많아졌다는 말씀입니다. 앞의 말씀에서 '믿음'으
로 번역된 단어는, 중국말로는 신앙이나 의지, 충성 등으로 표현됩
니다. 그러므로 신앙이 없거나 충성이 없거나 의지하지 못하는 믿
음은 다 죽은 믿음입니다. 오직 주를 의지하고, 주께 충성을 다하
는 사람을 믿는 자라고 할 수 있습니다. 착하고 성령과 믿음이 충
만한 사람 바나바가 복음을 전하자 큰 무리가 주께 더해졌습니다

(행 11:24). 주 앞에 나온 많은 사람들이 신자가 되고 교인이 되었습니다. 교회가 바로 주의 몸이기 때문에 주께로 나오려는 마음만 있다면 교회 안에 들어올 자격이 있습니다.

그렇다면 어떻게 교인들이 '그리스도인'으로 불리게 되었을까요? 사도행전 11장 25-26절에서 그 이유를 찾아볼 수 있습니다.

> 바나바가 사울을 찾으러 다소에 가서 만나매 안디옥에 데리고 와서 둘이 교회에 일 년간 모여 있어 큰 무리를 가르쳤고 제자들이 안디옥에서 비로소 그리스도인이라 일컬음을 받게 되었더라.

예수께서 '메시아' 곧 '그리스도'로 오셨고, 예수께서 기름 부으심을 받아 하나님의 택하심을 받았다고 해서 그리스도라는 말을 자꾸 사용하다 보니 그를 따르는 사람들을 '그리스도인'이라고 부르게 된 것입니다. 이 말은 '그리스도쟁이'라는 뜻입니다. 오늘날로 치면 '예수쟁이' 쯤 되는 말로 상대를 비웃는 말입니다. 또 초대교회에서는 '하나님의 아들, 구원자 되신 예수 그리스도'의 헬라어 첫 글자들을 따서 물고기란 의미의 약어를 만들고, 기독교인만이 아는 비밀 표시로 물고기 그림을 사용하기도 했습니다.

그러면 교인들은 서로를 어떻게 부르는 것이 원칙입니까?

> 아나니아가 떠나 그 집에 들어가서 그에게 안수하여 가로되 **형제 사울**아 주 곧 네가 오는 길에서 나타나시던 예수

께서 나를 보내어 너로 다시 보게 하시고 성령으로 충만
하게 하신다 하니(행 9:17).

이 말씀을 보면, 사울 '선생'이라고도 사울 '박사'라고도 하지
않고 사울 '형제'라고 했습니다.

바울이 문안하고 하나님이 자기의 봉사로 말미암아 이방
가운데서 하신 일을 낱낱이 고하니 저희가 듣고 하나님께
영광을 돌리고 바울더러 이르되 **형제**여 그대도 보는 바에
유대인 중에 믿는 자 수만 명이 있으니 다 율법에 열심 있
는 자라(행 21:19-20).

이 말씀에서도 볼 수 있듯이, 바울이 하나님의 쓰임을 받고 교회
의 큰 스승이 되었으므로 그를 사도로 인정할 수 있음에도 사람들
은 그를 단지 '형제'라고 불렀습니다. 원래 교인들 간에는 그렇게
인사하는 습관이 있었던 것입니다.

그리스도와 교회의 관계

그리스도 앞에 나온다는 것은 교회 안으로 들어온다는 말입니
다. 에베소서 1장 22절 말씀에서 볼 수 있듯이, 하나님은 만물을
예수님의 발 아래 복종하게 하시고 그를 만물 위에 교회의 머리로
주셨습니다. 그리스도는 바로 교회의 머리이십니다. 에베소서 5장
23절을 보면, "이는 남편이 아내의 머리됨이 그리스도께서 교회의

머리 됨과 같음이니 그가 친히 몸의 구주시니라"라고 증거하고 있습니다. 그리스도가 몸의 구주가 되면서 동시에 머리가 된다는 뜻입니다. 골로새서 1장 18절에서는 "그는 몸인 교회의 머리라 그가 근본이요 죽은 자들 가운데서 먼저 나신 자니 이는 친히 만물의 으뜸이 되려 하심이요"라면서 그리스도께서 머리이시고 교회가 몸이라고 했습니다.

골로새서 1장 22-24절에는 "이제는 그의 육체의 죽음으로 말미암아 화목케 하사 너희를 거룩하고 흠 없고 책망할 것이 없는 자로 그 앞에 세우고자 하셨으니 만일 너희가 믿음에 거하고 터 위에 굳게 서서 너희 들은 바 복음의 소망에서 흔들리지 아니하면 그리하리라 이 복음은 천하 만민에게 전파된 바요 나 바울은 이 복음의 일꾼이 되었노라 내가 이제 너희를 위하여 받는 괴로움을 기뻐하고 그리스도의 남은 고난을 그의 몸 된 교회를 위하여 내 육체에 채우노라"라고 했습니다. 그리스도의 몸이 십자가에 달려 죽으셨기 때문에 우리의 몸이 고통 받을 때도 몸 된 교회를 위해 오히려 기뻐해야 한다는 것입니다.

몸은 하나인데 많은 지체가 있고 몸의 지체가 많으나 한 몸임과 같이 그리스도도 그러하니라 우리가 유대인이나 헬라인이나 종이나 자유자나 다 한 성령으로 세례를 받아 한 몸이 되었고 또 다 한 성령을 마시게 하셨느니라 몸은 한 지체뿐 아니요 여럿이니 만일 발이 이르되 나는 손이 아니니 몸에 붙지 아니하였다 할지라도 이로 인하여 몸에 붙지 아니한 것이 아니요 또 귀가 이르되 나는 눈이 아니니 몸에 붙지 아니하였다 할지라도 이로 인하여 몸에 붙지 아니한 것이 아니니 만일 온몸이 눈이면 듣는 곳은 어디며 온몸이 듣는 곳이면 냄새 맡는 곳은 어디뇨 그러나 이제 하나님이 그 원하시는 대로 지체를 각각 몸에 두셨으니 만일 다 한 지체뿐이면 몸은 어디뇨 이제 지체는 많으나 몸은 하나라 눈이 손더러 내가 너를 쓸데없다 하거나 또한 머리가 발더러 내가 너를 쓸데없다 하거나 하지 못하리라 이뿐 아니라 몸의 더 약하게 보이는 지체가 도리어 요긴하고 우리가 몸의 덜 귀히 여기는 그것들을 더욱 귀한 것들로 입혀 주며 우리의 아름답지 못한 지체는 더욱 아름다운 것을 얻고 우리의 아름다운 지체는 요구할 것이 없으니 오직 하나님이 몸을 고르게 하여 부족한 지체에게 존귀를 더하사 몸 가운데서 분쟁이 없고 오직 여러 지체가 서로 같이하여 돌아보게 하셨으니 만일 한 지체가 고통을 받으면 모든 지체도 함께 고통을 받고 한 지체가 영광을 얻으면 모든 지체도 함께 즐거워하나니 너희는 그리스도의 몸이요 지체의 각 부분이라(고전 12:12-27).

예수님의 몸이 몇 개입니까? 하나밖에 없지 않습니까? 이 말씀을 보면, 교회 안에 몇 가지 직임을 세웠다고 한 뒤에 사도와 교사를 비롯한 여러 직임에 대해서 나옵니다. 그런데 바울 시대에 이미 서로의 역할을 인정하지 않고 몸이 하나가 되지 못한 문제가 있었습니다. 사도만, 교사만, 혹은 봉사하는 사람만, 기적 행하는 사람이나 예언자만 중요하다고 여겨 서로 투기하고 분쟁을 일으킨 나머지 한 몸을 이루지 못하는 분위기가 초래되어 바울이 이런 이야기를 한 것입니다. 바울의 말처럼, 같은 모임 안에 있는 사람은 예언자든, 가르치는 자든, 운영하는 자든 모두가 다 중요하며 필요합니다. 한 명이라도 빠지면 그 교회는 건강하지 못한 교회가 됩니다. 그러므로 서로 다른 지체를 귀히 여길 줄 알아야 합니다. 한 지체가 아프면 온몸이 다 아픈 것이 정상입니다.

바울은 편지에서 고린도 교회나 에베소 교회가 서로 무관하다고 하지 않았습니다. 그런데 오늘날 교회들은 서로 다른 교회를 비난하며, 심지어는 다른 교파를 향해 존재해서는 안 될 교회라고까지 합니다. 물론 바울 시대에도 교회 안에 문제가 많았습니다. 바울이 고린도전서를 쓴 이유는 바로 교회 안의 문제를 해결하기 위해서였습니다. 그렇지만 바울 당시의 문제는 한 교회 안에서 생긴 문제였습니다. 서로 다른 교회 간에 일어난 문제가 아니었습니다. 그때만 해도 교회끼리의 교제를 거절하는 법이 없었습니다. 에베소 교회 교인들이 고린도 교회에 가면 인정을 받고, 고린도 교인들이 에베소 교회에 가면 대우를 받았습니다. 서로 간에 좋은 관계를 유지했습니다. 그런데 현대 교회에 와서는 문제가 복잡하고 심각해졌습니다. 같은 도시, 같은 마을에 살아도 서로 교제하지 않고 시기하며 자기만 옳다고 주장합니다. 이런 행동은 주님께 영광 돌리지 못하는 일이며, 복음 전파에도 큰 지장을 줍니다.

한국에서 불신자에게 예수 믿으라고 권하면, 어느 교회에 나가야 할지 모르겠다는 대답을 흔히 들을 수 있습니다. 서로 자기 교회만 참된 교회라고 주장하기 때문에 누구의 말을 믿어야 할지 모르겠다는 것입니다. 그래서 그런 사람에게는 주로 "집에서 제일 가까운 교회에 나가세요"라고 권면합니다. 아무 교회나 다니면 됩니다. 그런데 가까운 교회에 다니다가 은혜를 받지 못하면 더 먼 교회로 나가는 수밖에 없습니다. 장로교는 장로교대로 배울 점이 있고 천주교는 천주교대로 배울 점이 있는데, 교회에서 은혜를 받지 못하는 중요한 이유는 교회가 서로의 좋은 점을 배우고자 하는 마음이 없기 때문입니다.

얼마 전에 어떤 자매가 예수원에 왔기에 "자매님, 예수원에서 3개월 정도 수련하는 것이 어떻겠습니까?"라고 권유했더니 "신부님! 죄송하지만 저는 합동측 교회에서만 신앙생활을 해서 천주교 분위기가 풍기는 이곳에 적응하기가 힘들 것 같아요"라고 대답했습니다. 이 자매는 자기가 접해 본 한도 내에만 있으려고 했지 그 이상은 알려고도 하지 않았던 것입니다.

우리 각 사람은 몸의 지체입니다. 그런데 그 몸에 귀가 없거나 코가 없거나 손이 없다면 어떻겠습니까? 불구의 몸이 아닙니까? 왜 불구의 몸이 됩니까? 서로 도와주기를 거절하고 받아들이지 못하기 때문입니다.

하나님이 천주교에 주신 귀한 깨우침이 많은 것처럼 개신교에도 귀한 가르침이 많습니다. 이단으로 불리는 제칠일안식일교회에도 배울 점이 있습니다. 그렇기 때문에 무조건 이단이라고 적대시해서는 안 됩니다. 그러한 태도는 하나님의 마음을 아프게 합니다. 그러므로 한 몸 안에 있는 지체가 서로를 인정해 주듯이 우리는 모든 교회가 한 지체임을 알고 인정해 주어야겠습니다.

요한복음 17장 20-22절은 예수께서 십자가 위에서 못박혀 죽으시기 직전에 하신 기도입니다.

> 내가 비옵는 것은 이 사람들만 위함이 아니요 또 저희 말을 인하여 나를 믿는 사람들도 위함이니 아버지께서 내 안에, 내가 아버지 안에 있는 것같이 저희도 다 하나가 되어 우리 안에 있게 하사 세상으로 아버지께서 나를 보내신 것을 믿게 하옵소서 내게 주신 영광을 내가 저희에게 주었사오니 이는 우리가 하나가 된 것같이 저희도 하나가 되게 하려 함이니이다.

말씀에서 볼 수 있듯이 예수의 제자인 우리가 하나가 될 때는 모든 사람이 우리를 신뢰하겠지만, 하나 되지 못하면 우리가 하는 말을 믿기 어려울 것입니다. 예수원의 가르침이 좋다고 하면서도 예수원 생활을 견디지 못해 떠나 버리고는 이 교회에도 저 교회에도 나가지 않으면서 딴 데 가서 모임을 꾸립니다. 그것이 바로 이단입니다. 예수원에서는 한 번도 그렇게 가르친 적이 없습니다. 우리의 가르침은 모든 사람들이 서로에게 배워야 한다는 것입니다. 하나님은 서로 그릇된 것을 연구하기 원하시는 것이 아니라 서로서로의 좋은 점을 배우기 원하십니다. 만일 우리 신자들이 서로 섬긴다면 배울 점이 너무나 많을 것입니다. 하나가 되어야 합니다. 우리가 하나가 되면 그리스도께서 영광을 받으시고 온 세상 사람들이 다 믿을 수 있습니다.

> 내가 하나님의 **열심**으로 너희를 위하여 열심 내노니 내가 너희를 정결한 처녀로 한 남편인 그리스도께 드리려고 중매함이로다(고후 11:2).

여기에서 '열심'이란 '질투'라는 말과 비슷하며, 영어로는 'jealousy'라고 합니다. 내 딸이 내가 정해 준 남편감과 사귀지 않고 다른 남자와 사귈 때 마음속으로 질투가 납니다. 자기 아내가 다른 남자를 좋아하면 남편에게 질투심이 생깁니다. 우리는 예수님과만 사귀어야 합니다. 곁눈질해서는 안 됩니다. 그러므로 교회는 그리스도의 신부가 되어 깨끗한 처녀로서 주님을 섬겨야 합니다.

요한계시록 19장 7-8절을 보면, "우리가 즐거워하고 크게 기뻐하여 그에게 영광을 돌리세 어린 양의 혼인 기약이 이르렀고 그 아내가 예비하였으니 그에게 허락하사 빛나고 깨끗한 세마포를 입게 하셨은즉 이 세마포는 성도들의 옳은 행실이로다 하더라"라고 했습니다. 또 21장 2, 9절에는 교회가 어린 양의 아내, 어린 양의 신부가 된 모습이 나옵니다. 만약 우리가 그리스도의 신부라면 충성되게 살아야 하며 다른 관계를 맺어서는 안 된다는 뜻이 담겨 있습니다. 정말 우리가 사랑과 충성으로 그리스도와 진실한 관계를 맺고 있는지 생각해 볼 문제입니다.

성경적인 교회란?

"하나님의 말씀이 너희에게로부터 난 것이냐 또는 너희에게만 임한 것이냐"라는 고린도전서 14장 36절 말씀은, 자기들만이 옳다고 주장하며 다른 교회를 인정하지 않으려는 고린도 교회 교인들에 대하여 바울이 제지하고 나선 것입니다. 아무리 교회 조직이 훌륭하고 교인들의 교제가 아름다울지라도, 또 사도행전 시대나 고린도서에 나와 있는 교회와 똑같다 할지라도, 그 교회가 다른 교회를 인정하기를 거부한다면 그것은 성경적인 교회가 아닐 것입니다.

이런 말을 하는 이유가 있습니다. 요즈음 서울에 한 단체가 생겼는데, 그곳에서는 성경대로 교회를 조직한다고 주장하면서 총회나 교황이나 주교, 성사 등을 성경에 나오지 않는다는 이유로 인정할 수 없다고 주장합니다. '성경적인 교회'라는 말이 얼마나 좋습니까? 그런데 성경대로 한다고 하면서도 천주교, 장로교, 성공회, 감리교를 교회가 아니라고 한다면 그렇게 말하는 그 교회는 이미 성경적인 교회가 아닙니다. 아무리 조직이 성경적이라고 할지라도 그 태도는 이미 성경적이 아닌 것입니다.

"저희는 세상에 속한고로 세상에 속한 말을 하매 세상이 저희 말을 듣느니라 우리는 하나님께 속하였으니 하나님을 아는 자는 우리의 말을 듣고 하나님께 속하지 아니한 자는 우리의 말을 듣지 아니하나니 진리의 영과 미혹의 영을 이로써 아느니라"(요 4:5-6)라고 했습니다. 많은 교회가 성경의 입장을 따라 교회를 조직한다고 하지만, 취하는 태도는 너무나 세상적임을 볼 수 있습니다. 성경에는 교회 조직에 대한 말이 너무 적기 때문에 성경대로 교회를 조직하기가 쉽지 않습니다. 하나님께서는 일부러 우리에게 한 가지 방법만 가르쳐 주지 않으셨습니다. 그러므로 우리는 여러 방법을 쓰게 되는데, 내 방법만 옳다고 주장하면 문제가 생깁니다.

그러나 나누어진 교파라 할지라도 하나가 되려고 노력한다면, 교파나 파당이라는 얘기를 할 수 없을 것입니다. 요즈음 교황이 다른 교파의 지도자들을 초청해서 몇 년째 계속 회의를 열고 있습니다. 여러 교파의 대표들이 교황과 대화를 나누면서 어떻게 해야 그리스도의 몸이 하나가 될 것인지 연구하고 있는 것입니다. 또 온 교회가 하나 되기 위하여 기도하는 운동도 많이 일어나고 있습니다. 교회일치를 위해 생성된 세계교회협의회(WCC)란 단체가 있는데, 이 단체는 기도하고 서로 사랑하는 데에 관심을 갖기보다는 단체를 조직하는 일에만 관심을 갖고 있습니다. 이것은 결국 세속적인 사고방식이라고밖에 볼 수 없습니다. 그런 기구는 교회일치에 도움이 되기보다는 오히려 문제만 복잡하게 할 뿐입니다. 저는 꼭 조직이 있어야 하는 것이 아니라 마음으로 하나가 되어 서로 인정하는 태도가 더 중요하다고 생각합니다. 이번에 개신교 전도사님 한 분이 가톨릭의 왜관수도원을 방문했는데, 그곳의 아빠스(수도원장)께서 전도사님께 영성체를 할 수 있도록 허락해 주셨습니다. 이러한 것이 바로 하나 된 태도입니다.

같이 예배드리며 그리스도 안에서 서로 인정해 줍시다. 새로 조직을 만들거나 어떤 새 방법을 찾지 말고 그냥 사심 없이 서로 사랑하십시다. 모일 때마다 마음을 가라앉히고 서로를 이해하도록 노력합시다. 조직을 만들게 되면 조직의 임원들에게 월급도 주어야 하고, 조직이 확대되다 보면 새로운 교파가 될 위험이 있습니다. 그러니 될 수 있는 대로 조직으로 하지 말고 서로 사귐으로써 다른 교파를 인정해 주어야 할 것입니다.

'서로 돌아보아 사랑과 선행을 격려하라'(히 10:24)는 말씀처럼 서로 권면하고 격려하고 위로하고 지도해야 합니다. 모이기를 거부해서는 안 됩니다. 어떤 사람은 예수만 믿으면 된다고 하지만 예수를 믿고 예수 앞에 나와서 머리 되신 예수님의 몸 안으로 들어가야 합니다. 그 몸을 피해서 예수 앞에 나올 수 없습니다. 예수님은 철학자가 아닙니다. 예수님은 교회의 머리이십니다. 그러므로 예수를 따라가려고 한다면 몸 된 교회 안에 속해야 합니다.

"저가 큰 나팔 소리와 함께 천사들을 보내리니 저희가 그 택하신 자들을 하늘 이 끝에서 저 끝까지 사방에서 **모으리라**"(마 24:31)라고 했고, "또 그때에 저가 천사들을 보내어 자기 택하신 자들을 땅 끝으로부터 하늘 끝까지 사방에서 **모으리라**"(막 13:27)라고 했습니다. 이 두 구절 모두에 '모은다'는 말이 나옵니다. 이처럼 예수님은 '믿는 자들은 다 모이라'고 부르십니다. 말세가 되면 어디에 있든지 다 모이게 될 것입니다. 누가복음 13장 34절에서도 "예루살렘아 예루살렘아 선지자들을 죽이고 네게 파송된 자들을 돌로 치는 자여 암탉이 제 새끼를 날개 아래 **모음**같이 내가 너희의 자녀를 **모으려** 한 일이 몇 번이냐 그러나 너희가 원치 아니하였도다"라고 했습니다. 예수님은 모이기를 원하시며 모이는 것을 중요하게 보십니다. 그래서 "나와 함께 아니하는 자는 나를 반대하는 자요 나와 함께 모으지 아니하는 자는 헤치는 자니라"(눅 11:23)라고 말씀하신 것입니다. '헤치는 자'는 곧 교회를 헤치는 사람을 말합니다. 우리는 모든 사람을 모이도록 하고, 우리도 모이는 것을 거부하지 말아야 합니다. 마태복음 12장 30절 말씀도 이와 비슷한 내용입니다. "나와 함께 아니하는 자는 나를 반대하는 자요 나와 함께 모으지 아니하는 자는 헤치는 자니라."

예수님이 강림하셔서 그분 앞에 모일 때 우리에게 "너는 어느 교파에 속했느냐"라고 물어보실까요? 아닙니다. 예수님이 재림하실 때, 모든 교파 사람들은 다 놀라게 될 것입니다. 교회나 교파에 관계없이 서로 끌어안고 환영하며 "형제님도 여기 오셨군요!"라며 기뻐하며 인사할 수밖에 없을 것이기 때문입니다. 그리고 예수님이 재림하시기 전에 서로 욕하고 비난했던 것을 사과하게 될 것입니다. 그러므로 히브리서에서는 그날이 가까워 오니까 모이는 것을 피하지 말라고 하신 것입니다. 우리는 다 함께 모일 때가 다가왔음을 알고 지금부터라도 그런 분위기를 만들도록 노력해야 합니다.

사도행전 12장 12절에서 볼 수 있듯이, 천사의 도움으로 감옥에서 나온 베드로는 마리아의 집으로 갔습니다. 여러 사람이 모임을 갖고 있으리라 추측하고 가 봤는데, 과연 사람들이 모여 있었습니다. 성경적인 교회는 모이는 교회입니다. 사도행전 14장 27~28절에는 "이르러 교회를 모아 하나님이 함께 행하신 모든 일과 이방인들에게 믿음의 문을 여신 것을 고하고 제자들과 함께 오래 있으니라"라고 했습니다. 이 말씀에서는 교회가 모여 서로 보고했음을 알 수 있습니다. 또 15장 30절에 "저희가 작별하고 안디옥에 내려가 무리를 모은 후에 편지를 전하니"라고 한 것을 보면, 편지를 지도 자에게만 전한 것이 아니라 모든 신자들에게 전했음을 알 수 있습니다.

> 안식 후 첫날에 우리가 떡을 떼려 하여 **모였더니** 바울이 이튿날 떠나고자 하여 저희에게 강론할새 말을 밤중까지 계속하매 우리의 **모인** 윗다락에 등불을 많이 켰는데 유두 고라 하는 청년이 창에 걸터앉았다가 깊이 졸더니 바울이 강론하기를 더 오래 하매 졸음을 이기지 못하여 삼층 누 에서 떨어지거늘 일으켜 보니 죽었는지라(행 20:7-9).

이 말씀에서도 안식일 다음 날 떡을 떼기 위하여 '모였다'고 했습니다. 어떤 사람들은 일요일을 주일로 지키는 것이 성경에 어긋 난다고 주장하지만 신자들이 안식일 다음 날에 모여야 되는 분명 한 이유가 있습니다. 안식일에는 유대인들이 모이기 어려웠으므로 예수께서 부활하신 그날(안식 후 첫날)에 떡을 떼기 위하여 모였습 니다.

고린도전서 5장 8절에는 "우리가 명절을 지키되 묵은 누룩도 말 고 괴악하고 악독한 누룩도 말고 오직 순전함과 진실함의 누룩 없 는 떡으로 하자"라고 했는데, 이 말씀은 우리 신자들이 한 덩어리 가 되어야 한다는 뜻입니다. 조직 없이는 몸이 될 수 없습니다. 조 직이 간단해 보이는 굴이나 조개도 현미경으로 보면 복잡한 조직임을 알 수 있습니다. 어떤 사람은 굴 하나를 먹는 것이 타자기보다 더 복잡한 기계를 먹는 것과 같다고 했습니다. 어떤 몸이든 조직이 있을 수밖에 없습니다. 몸의 조직이 잘못되면 불구자가 되듯이 온전한 교회는 올바른 조직이 있어야 합니다.

교회의 조직

성경에 교회 조직에 대한 말이 많이 나오지는 않지만, 조금이라도 언급하고 있는 몇몇 구절을 살펴봅시다.

> 안디옥 교회에 선지자들과 교사들이 있으니 곧 바나바와 니게르라 하는 시므온과 구레네 사람 루기오와 분봉왕 헤롯의 젖동생 마나엔과 및 사울이라 주를 섬겨 금식할 때에 성령이 가라사대 내가 불러 시키는 일을 위하여 바나바와 사울을 따로 세우라 하시니 이에 금식하며 기도하고 두 사람에게 안수하여 보내니라 두 사람이 성령의 보내심을 받아 실루기아에 내려가 거기서 배 타고 구브로에 가서(행 13:1-4).

이 말씀은 이방인에게 복음을 전하기 위하여 처음으로 선교 사업을 시작하는 이야기입니다. 이전에도 선교 사업이 있기는 했지만 모두 평신도가 하는 것뿐이었습니다. 여기 언급한 사람들은 어디를 가든지 만나는 사람들에게 증인이 되어 교회를 설립하게 되었습니다. 그리고 마침내 선교사로 가라는 명령이 떨어졌습니다.

'성령'의 보내심을 받은 것입니다. '보내심을 받은 사람'을 '사도'라고 합니다. 성령이 교회 안에 있던 교사나 선지자 중에서 두 사람을 택하여 따로 세우라고 교회에 명령했습니다. 그리고 성령의 인도에 따라 그리스도의 몸 된 교회가 그들을 안수해 보냈습니다. 바울이 자기의 계획대로 가겠노라고 한 것이 아닙니다. 보냄을 받은 다음에 '사도'로 칭함을 받은 것입니다. '사도'는 '선교사'라는 말입니다. 보냄을 받은 사람이 선교사인 것입니다. 교회는 하나님의 명령을 받아 그를 보냈습니다. 교회에 의해 안수를 받았다면 직임을 받았다고 볼 수 있습니다.

그 다음 구절에서는 누구의 보내심을 받았다고 했습니까? 성령의 보내심을 받았다고 했습니다. 그래서 교회의 보내심과 성령의 보내심에는 구별이 없는 것입니다. 성령의 보내심을 받은 것을 우리는 '은사'라고 합니다. 그러므로 사도라는 말에는 직임과 은사를 합한 의미가 내포되어 있습니다.

그 다음 14장에는 이 두 사도들이 행한 사역과 더불어 유대교인들이 모인 곳에 가서 그리스도를 전하는 내용이 나옵니다. 유대교인들이 모인 곳에는 이방인도 많았습니다. 그 이방인들은 유대교에는 입교하지 않았지만 유대교와 성경에 호감을 갖고 있었습니다. 그런데 바울과 바나바의 말을 듣지 못하게 하는 유대교인들 때문에 일부 유대인과 이방인들 사이에 혼란이 생겼습니다. 유대교인들에게 쫓겨난 바울과 바나바가 복음을 듣고 싶어 하는 사람의 집에서 모임을 갖고 기도했을 때 이들도 성령을 받았습니다. 세례를 주었다는 말도, 누가 세례를 주었는지도 나오지 않습니다. 다만 그들은 마을마다 찾아다니며 가르치고, 떠나고, 전도여행을 계속했을 뿐입니다.

사도행전 14장 21절을 보면, 돌아오는 길에 각 교회를 방문한 것을 알 수 있습니다. 각 교회를 방문하면서 무엇을 가르쳤습니까? "제자들의 마음을 굳게 하여 이 믿음에 거하라 권하고 또 우리가 하나님 나라에 들어가려면 많은 환난을 겪어야 할 것이라"(22절)고 했습니다. 하나님의 나라에 들어가려면 먼저 환난을 겪어야 한다는 말씀입니다. 축복부터 받으라고 하지 않았습니다. 고난을 통해 믿음을 굳게 하고 온전히 서라고 했습니다. 그 다음에 장로들을 택하여 안수했습니다.

장로는 어떻게 되는 것입니까? 교인들은 누가 장로감인지 분명히 알고 있었습니다. 바울과 바나바가 한 곳에 오래 있을 수 없어서 다른 곳으로 갔다가 돌아와 보니 자연스럽게 지도자가 생겼습니다. 그래서 지도하는 사람에게 안수를 하고 '장로'라고 칭했습니다. 그런 후에 금식기도를 하고 그들을 믿고 하나님께 맡겼습니다. 더 이상 다스리지 않았습니다.

바울과 바나바가 교회를 다스리지 않았다는 사실은 참 흥미로운 일입니다. 그들은 모든 것을 하나님께 맡겼습니다. 물론 나중에 문제가 생겼을 때, 바울이 아주 강한 어조로 권면하는 편지를 보내기는 했습니다. 그러나 자신이 '교황'이라든가 '주교'라고 말한 적은 없습니다. 권면 말씀이 강하기는 했으나 '하나님의 말씀'이라고만 했습니다. 그리고 장로를 보내어 몰래 다른 사람들을 만나도록 하는 등 교회 정치를 한 일도 없습니다. 권면하고 또 권면했을 뿐입니다. 그 당시에는 모든 교회가 서로 인정해 주는 분위기라서 한 교회에 나쁜 풍조가 생기면 "다른 교회에는 그런 예가 없으니 그런 일을 해서는 안 됩니다"라고 권면했습니다. 그것은 '내가 주교인데, 그렇게 해서는 안 된다'는 투가 아니라 '다른 교회에서는 그런 일이 없기 때문에 하지 말라'는 것이었습니다.

우리 예수원에서는 술·담배를 금하고 있습니다만 천주교나 성공회에서는 이 문제에 별로 개의치 않습니다. 그러나 일반 교회에서는 그런 습관을 허용하지 않기 때문에 우리는 술·담배를 하지 않습니다. 강제로 명령하는 것이 아니라 좋은 습관이므로 따라가는 것입니다.

고린도후서 8장 19절에 보면, 안수에 대한 말이 나옵니다.

이뿐 아니라 저는 동일한 주의 영광과 우리의 원을 나타내기 위하여 여러 교회의 **택함을 입어**(안수를 받아) 우리의 맡은 은혜의 일로 우리와 동행하는 자라.

'택함을 입었다'는 것은 집사 안수를 받았다는 말인데, 그 당시의 집사는 여러 교회로부터 안수를 받았습니다. 한 교회에서만 집사로 추천받은 것이 아니라 여러 교회에서 추천받아 안수를 받은 것입니다. 그 당시의 집사는 여러 교회를 포괄해 한 명 있었던 것 같습니다. 집사는 아주 중요한 역할을 맡았는데, 일종의 구제 사역이 주된 임무였습니다. 사실 집사란 말 자체는 '종'이란 뜻입니다. 봉사하는 사람, 섬기는 사람이란 뜻이지 높은 지위를 나타내는 말이 아닙니다.

> 그리스보와 가이오 외에는 너희 중 아무에게도 내가 세례
> 를 주지 아니한 것을 감사하노니 이는 아무도 나의 이름으
> 로 세례를 받았다 말하지 못하게 하려 함이라 내가 또한
> 스데바나 집 사람에게 세례를 주었고 그 외에는 다른 아무
> 에게 세례를 주었는지 알지 못하노라 그리스도께서 나를
> 보내심은 세례를 주게 하려 하심이 아니요 오직 복음을 전
> 케 하려 하심이니 말의 지혜로 하지 아니함은 그리스도의
> 십자가가 헛되지 않게 하려 함이라(고전 1:14-17).

이 구절은 고린도 교회의 조직에 대해 말합니다. 여기서 재미있
는 것은 세례에 대한 바울의 입장입니다. 바울이 세례를 덜 중요하
게 여긴 것은 아닙니다. 그는 세례를 통하여 그리스도의 몸에 속하
게 되었다는 말을 자주 했습니다. 하지만 세례를 주는 일이 자기가
맡은 책임은 아니라고 했습니다. 처음 방문하여 그리스보, 가이오,
스데바나, 이 세 가정에는 세례를 주었지만 그 다음부터는 그곳에
있는 사람들에게 맡겼습니다. 그런데 현대 교회는 교리에 묶여 그
렇게 할 수가 없습니다. 물론 천주교, 개신교 모두 아주 긴급한 경
우에는 성직자가 아닌 사람이라 해도 세례를 줄 수 있는 것으로 알
고 있습니다. 그러나 대부분의 경우, 성직자가 아니면 세례를 줄
수 없습니다. 오늘날의 교회는 초대 교회에 비해 직임의 권위를 지
나치게 강조하는 것 같습니다. 그러나 성경은 누가 세례를 주었는

지에 대해서 분명하게 언급하고 있지 않습니다.

교회의 직분

> 그가 혹은 사도로, 혹은 선지자로, 혹은 복음 전하는 자
> 로, 혹은 목사와 교사로 주셨으니 이는 성도를 온전케 하
> 며 봉사의 일을 하게 하며 그리스도의 몸을 세우려 하심
> 이라 우리가 다 하나님의 아들을 믿는 것과 아는 일에 하
> 나가 되어 온전한 사람을 이루어 그리스도의 장성한 분량
> 이 충만한 데까지 이르리니 이는 우리가 이제부터 어린아
> 이가 되지 아니하여 사람의 궤술과 간사한 유혹에 빠져
> 모든 교훈의 풍조에 밀려 요동치 않게 하려 함이라 오직
> 사랑 안에서 참된 것을 하여 범사에 그에게까지 자랄지라
> 그는 머리니 곧 그리스도라 그에게서 온몸이 각 마디를
> 통하여 도움을 입음으로 연락하고 상합하여 각 지체의 분
> 량대로 역사하여 그 몸을 자라게 하며 사랑 안에서 스스
> 로 세우느니라(엡 4:11-16).

교회는 스스로 서는 것이지만, 이 구절에서는 교회의 성장을 돕
기 위한 다섯 가지 직분을 말하고 있습니다. 교회의 직분은 교회를
다스리는 일보다 성장을 도와주는 일이 그 주된 역할입니다. 다섯
가지 교회의 직분은 사도, 선지자, 전도사, 목사, 교사입니다. 사도
는 이미 언급한 바와 같이 선지자와 교사의 임무를 겸하는 사람이

었습니다. 교회를 세우기 위해서는 사도가 필요합니다. 그런데 그 당시에 어떤 교회에는 사도를 보내고, 어떤 교회에는 선지자를 보내고, 어떤 교회에는 교사를 보냈습니다. 이는 교회의 형편에 따라 선물로 주셨다는 뜻이지, 어떤 사람에게 직분을 주셨다는 뜻이 아닙니다. 은사, 즉 하나님이 주신 선물로 교회를 섬기는 것입니다. 그리고 직분을 받은 자는, 곧 하나님이 교회에게 주신 선물이 될 수 있는 것입니다. 이 구절은 그런 뜻으로 하는 말 같습니다. 그런데 어느 정도 교회의 틀이 잡히면 사도는 필요 없고 선지자가 많이 필요합니다.

또 다른 직분으로는 전도자가 있는데, 전도자에 대해서는 별로 설명이 없습니다. 제 생각에 전도자란 각 교회를 돌아다니면서 복음의 내용이나 예수님의 삶을 외워서 이야기해 주는 사람으로서, 그 시대에만 있었던 직분이 아닌가 싶습니다. 그리고 목자가 있습니다. 이 단어는 성경에 많이 나오는데, 성경에서는 어떤 지도자든지 목자라고 칭합니다. 왕도 목자고, 대제사장도 목자입니다. 나라를 다스리는 사람은 모두 하늘에서 내리신 목자인 것입니다. 정치인이 심하게 부정부패하면 악한 목자라고 부르며, 벌을 받아야 한다는 기록도 있습니다. 정치가도, 교회 지도자도 목자입니다. 반면, '목사'라는 말은 성경에 딱 한 번 나오는데 위 말씀에서 '목사'라는 말은 잘못 번역한 것입니다. 목자는 양을 치는 사람으로서, 영어로는 'pastor'라고 하며 '양치기'라는 뜻의 라틴어에서 나왔습니다.

그 다음에는 교사입니다. 교사란 분명히 공부를 많이 하고 남을 가르치는 사람입니다. 요즈음 교회에는, 목사와 신부가 되려면 남을 가르칠 수 있는 능력이 필수적이라는 선입관이 있는 것 같습니다. 교사로서의 능력이 있어야 다른 능력도 인정받을 수 있다고 생각합니다. 그러나 제가 성경을 보는 관점에서는 그렇지 않습니다. 교사는 교사이고, 목자는 목자이고, 전도자는 전도자인 것입니다.

오늘날 현대 교회에서는 주일학교 교사를 가르킬 때 외에는 교사란 말을 쓰지 않습니다. 교사가 되기 위해 할 수 있는 공부를 다 한 뒤에 목사 안수를 받든지, 신부 서품을 받든지, 전도사 인정을 받든지 합니다. 앞에서도 언급했듯이 현대 교회가 초대 교회의 제도에서 많이 떠나 있다고 생각합니다. 그렇다고 해서 다시 원래의 제도로 돌아가려고 시도하는 것은 바람직하지 않습니다. 그러다 보면 다른 교파만 하나 더 생길 뿐입니다. 그러므로 기존 제도를 인정해 주고 그것을 사용해서 조금씩 성경의 분위기를 재현할 수 있도록 노력하는 것이 옳다고 봅니다.

특히 대도시의 현대 교회에는 지금의 제도가 별 문제가 없지만 농촌 교회는 문제가 심각한 것 같습니다. 신자 수도 몇 안 되는 농촌 교회에서 대학원까지 나온 목사님을 모시고 그의 생활을 책임지는 일은 쉽지가 않습니다. 또 교육을 많이 받은 목사님이 자기 자녀들을 시골 학교에 보내기 싫어서 아이들이 성장하면 농촌을 떠나기도 합니다. 그래서 농촌 교회에는 현재의 성직 제도가 아무래도 무거운 짐일 수밖에 없습니다. 저는 농촌 교회를 배려한 특별한 제도적 개선이 필요하다고 생각합니다. 교사들이 돌아다니면서 가르치고, 목자들이 월급을 받지 않고 장로로서 교회를 다스리면,

성령께서 교회 안에 선지자를 일으켜서 그 역할을 담당케 하실 것이고 이로써 더욱 아름다운 교회가 될 수 있으리라고 봅니다.

그렇다고 공부 많이 한 목사가 필요 없다는 말은 아닙니다. 시골 교회의 목사는 하나님께서 자연스럽게 일으키신 장로로서 만족하면 되는 것이며, 그 이상의 특별한 자격을 갖추어야 할 필요가 없다는 말입니다. 그런데 목사에게 어느 학교를 졸업했는지, 교사자격증은 있는지 등을 확인하면서 공부 많이 한 교사의 자격도 요구하기 때문에 문제가 복잡해진 것입니다.

우리 아랫마을 하사미 분교의 경우, 교사자격증이 없으면 학생들을 가르칠 수 없습니다. 그러나 마을 이장이 되는 데는 교사의 자격이 필요치 않습니다. 그런데 지금 시골 교회에서는 이장의 직분과 학교 선생의 직분을 함께 요구하고 있기 때문에 교회가 서기 힘든 것입니다. 이 문제는 각 교파나 교단에서 해결해야 할 문제로서, 시골 교회의 특수성을 감안한 새로운 차원의 선교 정책이 시급히 요구됩니다.

성령께서 역사하시면 예언자나 대언자가 교회 안에 많이 생길 것입니다. 성경 원문에서는 선지자나 대언자나 예언자를 다 같은 단어로 쓰고 있습니다. 대언자는 공부를 많이 해서 설교하는 사람이 아니고 성령의 지도를 받아 전하는 사람입니다. 이런 일이라면 어떤 평신도라도 할 수 있습니다. 제가 이런 말을 하는 이유는 신학교를 졸업해야만 교회 일을 할 수 있다는 관념이 성경적이 아니라는 데 있습니다.

하나님이 교회 중에 몇을 세우셨으니 첫째는 사도요 둘째
는 선지자요 셋째는 교사요 그 다음은 능력이요 그 다음
은 병 고치는 은사와 서로 돕는 것과 다스리는 것과 각종
방언을 하는 것이라(고전 12:28).

우리 모두는 바로 그리스도의 몸을 구성하는 각 지체입니다. 지
도자만 지체가 아닙니다. 하나님께서 정하신 직분의 순서는 먼저
는 사도, 둘째는 선지자, 셋째는 교사, 넷째는 기적을 행하는 사람,
다섯째는 병 고치는 사람, 여섯째는 돕는 사람, 즉 총무 역할을 하
는 사람입니다. 그리고 그 다음이 다스리는 사람입니다. 재미있는
것은 교사나 선지자나 사도 모두 다스리지는 않는다는 사실입니
다. 사도는 교회를 설립하기만 하고 그 교회의 교인들에게 다스리
는 책임을 맡깁니다. 이장이 교사처럼 가르치려 하지 않고 교사가
이장 노릇을 하지 않듯이 각각 자기 역할이 따로 있는 것입니다.
이 말씀대로라면, 다스리는 사람이 따로 있었지만 그다지 중요한
역할은 아니었음을 알 수 있습니다.

결론적으로 말씀드리면, 오늘날의 교회 문제는 성경의 가르침을
도외시하고 인간적인 방법에 의존해서 생겼음을 알 수 있습니다.
교회가 다시 성경적인 방법으로 돌아갈 수 있도록 우리 모두 기도
해야 할 것입니다.

2
직임과 명칭

직임에 관하여

우리에게 주신 은혜대로 받은 은사가 각각 다르니 혹 **예
언**이면 믿음의 분수대로, 혹 **섬기는 일**이면 섬기는 일로,
혹 **가르치는 자**면 가르치는 일로, 혹 **권위하는 자**면 권위
하는 일로, **구제하는 자**는 성실함으로, **다스리는 자**는 부
지런함으로, **긍휼을 베푸는 자**는 즐거움으로 할 것이니라
(롬 12:6-7).

먼저 위의 말씀을 토대로 하여 기독교인들이 교회 안에서 해야
할 일이 무엇인지 생각해 봅시다. 가장 먼저 은사의 사역 가운데
'예언'이 나옵니다. 이 말을 달리 번역하면 '대언'(代言) 혹은 '선

지자'라고 할 수 있습니다. 그 다음 7절에는 '섬기는 일'이 나오는데, 그것은 헬라어로 '디아코니아'(διακονία)입니다. 그리고 '섬기는 자'는 '디아코노스'(διάκονος)입니다. 디아코노스란 '일꾼'이라는 뜻으로, 개신교에서는 이를 '집사'라고 하고 가톨릭에서는 '부제'라고 합니다. 그 다음에 세 번째로, '가르치는 자' 즉 '교사'가 나옵니다. 8절의 '권위하는 자'는 '권면'이라는 말로도 나타납니다. '다스리는 자'는 '인도하는 사람'이라는 뜻도 포함하고 있습니다. 그 다음에 '긍휼을 베푸는 자'가 나옵니다. 로마서 12장 말씀에는 일곱 가지 직임이 소개되는데, 주목할 만한 것은 이 일이 저 일보다 더 중요하다는 말씀이 없다는 사실입니다. 그러므로 가장 중요한 것은 누가 직임을 받든지, 그리고 어떠한 직임을 받든지 오직 사랑 가운데서 열심히 봉사해야 한다는 것입니다.

> 하나님이 교회 중에 몇을 세우셨으니 첫째는 **사도**요 둘째는 **선지자**요 셋째는 **교사**요 그 다음은 **능력**이요 그 다음은 **병 고치는 은사와 서로 돕는 것과 다스리는 것과 각종 방언을 하는 것**이라(고전 12:28).

이 말씀에는 순서가 나옵니다. 첫째는 사도, 둘째는 선지자, 셋째는 교사, 그 다음에는 능력 즉 기적 행함, 병 고침, 서로 돕는 것, 다스리는 것(경영, 經營, administration), 그리고 방언입니다. 이상의 여덟 가지 중에는 직임도 있고 은사도 있습니다. 그러면 어느 것이 직임이고, 어느 것이 은사인지 구별해 보겠습니다.

먼저 사도직은 직임이면서 은사입니다. 선지자는 순전히 은사입니다. 교사는 직임입니다. 능력 즉 기적 행하는 것은 은사입니다. 병 고치는 것 역시 은사입니다. 서로 돕는 것과 다스리는 것은 직임이지만 방언은 은사입니다.

앞에서 살펴보았던 로마서 12장 6절 이하 내용도 구별해 보겠습니다. 예언은 은사입니다. 섬기는 것, 가르치는 것도 은사입니다. 약간 애매하기는 하지만 권위하는 것 역시 은사라고 할 수 있습니다. 긍휼을 베푸는 것은 직임입니다. 성경은 은사와 직임에 대해 이렇게 말하고 있습니다.

> 은사는 여러 가지나 성령은 같고 직임은 여러 가지나 주
> 는 같으며 또 역사는 여러 가지나 모든 것을 모든 사람 가
> 운데서 역사하시는 하나님은 같으니(고전 12:4-6).

직임이나 은사를 주시는 분은 하나님 한 분입니다. 직임이나 은사로 인하여 나타나는 역사는 다르지만 그 가운데 일하시는 분은 하나님 한 분인 것입니다. 하나님은 특별한 구별 없이 이 둘을 다 사용하시는데, 직임은 주를 통하여 주시고 은사는 성령을 통하여 주십니다. 교회는 그리스도의 몸입니다. 그러므로 예수께서 교회 안에 무슨 일을 세우시려면 자기의 몸 된 교회를 통하여 역사하십니다. 그렇기 때문에 교회는 성령의 역사에 동참해야 하며, 사람을 신중하게 택해서 일을 맡겨야 합니다. 그것이 직임입니다.

사도행전 6장에서는 일곱 집사를 택하는 교회의 모습을 볼 수

있습니다. 교회는 "당신은 방언하시오" "당신은 병 고치시오"라고 할 수 없습니다. 은사는 성령께서 사람들에게 직접 주시는 것이기 때문입니다(고전 12:11). 각 사람에게 성령의 은사가 나타남은 공동의 유익을 위해서입니다. 그러므로 교회가 성령의 역사하심을 대신하거나 간섭할 수 없습니다. 그러나 은사를 분별할 수는 있습니다.

"예언하는 자는 둘이나 셋이나 말하고 다른 이들은 분변할 것이요"(고전 14:29)라고 했습니다. 대언 말씀이나 예언 말씀을 들은 다음에 이것이 참으로 하나님께서 주신 것인지 아닌지 분변할 책임과 권리가 교회에 있습니다. 예언 말씀이라고 해서 무조건 받아들일 수는 없기 때문입니다. 많은 사람들이 그런 사실을 깨닫지 못하고, 예언이 나오면 무조건 하나님께서 주신 것인 줄 알고 따르다가 미혹을 받는 경우가 있습니다.

어떤 예언자는 자기의 잠재의식에서 나온 것을 성령께서 주신 것으로 착각하기도 합니다. 자기 스스로 속는 것입니다. 또 어떤 사람들은 마귀의 인도함을 받아 예언하기도 합니다. 그러므로 교회는 그 예언이 어디에서 나오는지 분별할 책임이 있습니다. 영 분별하는 사람은 하나님으로부터 남보다 예민한 분별력을 받은 사람입니다. 그러므로 한 예언이 나오면 영 분별하는 몇 사람이 모여서 분별하되 그 중에 한 사람이 "이 말씀은 성령께서 주신 것입니다"라든가 "이 말씀은 성령의 말씀이 아닙니다"라고 말할 수 있습니다. 그러면 다른 사람들은 "아멘" 하든가 "미안합니다만 그렇지 않습니다"라고 하여 가부를 결정해야 합니다. 그래서 영 분별하는 사람들이 우리에게 도움이 됩니다. 그런데 영 분별하는 사람이 많지 않으므로 이들은 여러 번 분별해야 합니다. 그래서 교회는 은사로써 다른 은사를 분별하여 인정한 다음 사도를 임명하는 것입니다.

사도의 역할은 선교사와 비슷합니다. '선교사'는 '보냄을 받은 사람'으로, 전도를 위해 세상으로 나간 사람입니다. 현대 교회를 살펴보면 현대 교회의 제도나 조직이 성경과 많은 차이가 있음을 알 수 있습니다. 성경에 집사직이 나오지만 뚜렷하지 않습니다. 장로라는 말도 나오지만 역할보다는 주로 자격이 소개됩니다. 그러나 목사(한 번 나오지만 오늘날과 의미가 다릅니다)나 신부라는 말은 나오지 않습니다. 그러나 성경에서 소개하는 직임이 하나 있는데, 바로 '교사'입니다. 교회가 교사의 직분은 인정하면서도 서열로는 주교, 신부·목사, 장로, 권사, 집사 밑에 교사를 세웁니다. 그런데 성경에서는 교사를 세 번째 위치에 둡니다. 그러면 다스리는 사람은 몇 번째입니까?

현대 교회의 제도는 너무 복잡하고 성경의 제도와 차이 나는 부분이 많습니다. 성경에 나타난 제도와는 무관하게 되어 버렸습니다. 그러면 현대 교회의 제도는 도대체 어디에서 나왔을까요? 다름 아닌 세속에서 왔습니다. 성경에 나타난 교회 제도가 싫어서 사람들이 고친 것입니다.

일반 사회에서 제일 먼저 인정받는 사람이 누구입니까? 미국 사회에서는 돈 많은 사람이 첫째고, 그 다음이 다스리는 사람입니다. 한국에서는 공부한 사람이 첫째입니다. 전통적으로 유교사상이 크게 작용해 온 한국에서는 학식 많은 사람이 인정을 받는 편입니다.

목사나 신부는 가르치는 일을 준비하기 위하여 19년 동안 학교 공부를 합니다. 그렇게 해야만 목사나 신부가 될 수 있기 때문입니다. 성경에 장로 되기 위해 공부해야 한다는 말이 있습니까? 은사를 얻기 위해 공부해야 한다는 말이 있습니까? 지혜로운 사람이 되기 위해 공부해야 한다는 말이 있습니까? 그런데도 사람들은 지혜를 얻으려면 학교에 가야 한다고 생각합니다. 학교에 보내는 일만큼은 적극적입니다. 지혜가 부족할 때 모든 사람에게 후히 주시고 꾸짖지 아니하시는 하나님께 구하라고 했음에도 불구하고 말입니다. 성경에서는 지혜를 구하면 주신다고 했습니다(약 1:5). 누구든지 주의 뜻을 행하려는 마음만 있으면 진리의 성령이 그를 모든 진리 가운데로 인도하십니다(요 16:13). 그렇다고 공부한 사람이 필요 없다는 말은 아닙니다.

복음서에 보면 서기관이 등장하는데 대체로 좋은 의미로 표현되지 않습니다. 서기관에 대한 말이 여러 번 나오지만, 예수 시대의 서기관들은 거의 다 예수를 반대해서 예수를 죽이기로 결정한 사람들이었습니다. 그런데 예수님이 서기관에 대해 꼭 한 번 좋은 의미로 말씀하신 적이 있습니다.

예수께서 가라사대 그러므로 천국의 제자 된 서기관마다 마치 새것과 옛 것을 그 곳간에서 내어오는 집주인과 같으니라(마 13:52).

천국에 대하여 아는 서기관은 아주 유익한 사람이라는 말씀입니다. 천국을 모르는 서기관은 하나님의 뜻에 대하여 관심이 없기 때문에 옛 것, 즉 전통으로 받은 것밖에 모릅니다. 그렇지만 성령을 받은 서기관은 천국에 대하여 지시를 받았기 때문에 새것도 알 수 있습니다. 상당히 중요한 뜻을 담고 있습니다. 우리는 옛 것을 버릴 필요가 없습니다. 예수께서 구약 율법에 대해 무엇이라고 말씀하셨습니까?

> 내가 율법이나 선지자나 폐하러 온 줄로 생각지 말라 폐
> 하러 온 것이 아니요 완전케 하려 함이로라(마 5:17).

예수님은 구약을 성취하기 위해, 율법을 완성하기 위해 오셨습니다. 그러므로 우리는 현재의 안일에 빠지지 말고 믿음 안에서 계속 성장하며 전진해야 합니다.

에베소서 4장 11절을 헬라어 성경으로 보면, 그 사도, 그 선지자, 그 복음 전하는 자, 그 목자와 교사라고 되어 있습니다. 다른 단어에는 '그'가 다 붙어 있는데, 교사 앞에는 '그'라는 말이 빠져 있습니다. 그래서 많은 사람들이 이 점에 대해 언급하기를 "목자와 교사는 한 가지다"라고 합니다. 이 때문에 목자가 되기 위해서는 교사도 되어야 한다고 생각해서 19년간 공부해야 한다고 말합니다. 교사라는 말 앞에 '그'라는 단어 하나가 빠진 것 때문에 19년 동안 공부한다는 것은 너무 큰 대가를 지불하는 것이 아닌가 싶습니다.

그리고 우리말 성경은 'pastor'를 '목사'라고 번역하고 있지만

원래는 '목자'가 더 정확한 번역입니다. 'pastor'는 라틴어에서 온 말로 신약성경에 꼭 한 번 나옵니다. 같은 뜻의 영어 'shepherd'는 신약성경에 16번 나오고 모두 '목자'(양치는 사람)로 번역했는데, 왜 에베소서 4장 11절에서는 '목사'라고 했는지 모르겠습니다.

구약성경에는 '목자'란 말이 70번 이상 나오는데, '다스리는 사람'이면 누구든지 목자라고 했습니다. 왕도 목자라고 하고, 정치인도 목자라고 했습니다. 권리인도, 제사장도 목자라고 했습니다. 구별하지 않았습니다. 그러므로 백성을 지도하는 사람들이나 정치적으로 백성을 다스리는 사람들은 하나님 앞에서 태도를 분명히 해야 합니다. 백성들은 하나님의 양이므로 이 무리를 다스리는 사람은 누구든지 하나님 밑에 있는 목자입니다. 이 점을 분명히 알고 행동해야겠습니다. 목자라는 말은 그 뜻이 매우 포괄적입니다.

에베소서 4장 11-16절에는 사도, 복음 전하는 자, 예언자, 목자, 교사는 나왔지만 한 가지 빠진 것이 있습니다. 즉, 다스리는 사람입니다. 목자가 다스리는 사람이기 때문에 빠진 것입니다. 그런데 현대 교회에서는 목자가 교사까지 되어 다스리는 사람도 되고 가르치는 사람도 되고 영적인 지도자도 되고, 제사장 노릇은 물론 예언자 노릇까지 합니다. 그러나 성경에는 이 여러 가지를 한 사람이 한다는 말이 나오지 않습니다. 주로 각각 받은 책임대로 분수를 지켜 행했음을 볼 수 있습니다. 그럼에도 현대 교회는 크게 둘로 구분지어 이쪽은 성직자 저쪽은 평신도로 나누고, 성직자가 모든 일을 도맡아 하고 평신도는 돈만 내면 되는 식입니다. 이런 사상이 어디에서 나왔습니까? 분명 성경에서 나온 사상은 아닙니다. 성경에는 평신도라는 말이 한 번도 안 나옵니다. 하나님 앞에서 우리 모두는 다 성직자이고 하나님 나라의 거룩한 일꾼입니다.

1981년 볼리비아에는 400개의 복음주의교회(개신교)가 있었습니다. 그런데 4년 만인 1985년에는 700교회로 늘어났습니다. 무려 300교회가 증가한 것입니다. 누가 그렇게 확장시켰는지 아십니까? 소위 평신도라는 사람들이 확장시켰습니다. 이 700개 교회 중에 80퍼센트는 목사가 없는 교회입니다. 전도사도 없습니다. 평신도들이 교회를 다스리고 교육하고 있습니다. 택하심을 입은 자들이 아름다운 덕을 선전하고 있는 것입니다(벧전 2:9).

디모데전서 3장 1절 이하에는 감독의 자격이 나오는데, 감독이란 말은 주교, 장로로도 해석할 수 있습니다. 감독이 되려면 선한 일을 사모해야 합니다. 그리고 책망할 것이 없고, 한 아내의 남편이 되며, 절제하고 근신하고 아담하고 나그네를 대접할 줄 알아야 합니다. 이와 같은 것들은 신학교 교육과는 별 관계가 없습니다. 반드시 신학 공부를 마친 사람이라야 이렇게 할 수 있는 것이 아닙니다.

그 다음에는 뭐라고 말씀합니까? '가르치기를 잘해야 한다'고 했습니다. 이것이 문제가 되는 구절입니다. 가르치기를 잘한다는 말은 성경에 두 번 나오는데, 똑같은 단어를 쓰고 있기 때문에 무슨 뜻인지 서로 비교할 수도 없습니다.

……절제하며 근신하며 아담하며 나그네를 대접하며 **가르치기를 잘하며**(딤전 3:2).

마땅히 주의 종은 다투지 아니하고 모든 사람을 대하여
온유하며 **가르치기를 잘하며** 참으며(딤후 2:24).

다른 조건들은 모두 좋은 성품을 나타내는 단어들인 데 반해, 유
독 '가르치기를 잘해야 한다'는 말은 기술이나 실력을 나타내는
말로서 어쩐지 전체 흐름에 걸맞지 않는 듯합니다. '가르치기를
잘하는'으로 번역된 헬라어는 '디닥티코스'(διδαχτικός)로 위의 두
곳에서만 나옵니다. 헬라어 사전을 찾아보았더니 일반 헬라어에서
는 이 단어를 사용하지 않았습니다. 대신 '디다스칼로스'(διδάσκα
λος)라는 말을 쓰고 있었습니다. 솔직히 성경에 나와 있는 '디닥티
코스'라는 말은 무슨 뜻인지 알 수가 없습니다. 일반 헬라어에도,
70인역(Septuagint)에도 나오지 않는 단어인데 왜 '가르치기를 잘
하는'으로 번역했는지 모르겠습니다. 다만 '디닥티코스'라는 뜻
을 설명한 곳이 오직 한 군데 있습니다. 바로 유대인 역사가이며
교사로서 바울과 같은 시대에 알렉산드리아에서 활동한 유명한 저
자 필로(Philo)의 저서에 나옵니다. 필로가 말하는 뜻은 "가르치기
를 잘하는"(apt to teach)이 아니라 "가르칠 수 있는"(able to teach)
의 뜻으로 설명하고 있습니다. 다시 말하면 가르침을 잘 받는 사
람, 즉 겸손한 사람의 의미인 것입니다.

그렇습니다! 주의 종은 무슨 경험을 하든지 그 경험에서 유익함
을 배울 수 있는 사람이어야 합니다. 생각해 보니까 그것이 성경의
분위기와도 맞습니다. 주의 종은 항상 배울 수 있는 사람이어야 합
니다. 그러므로 '가르치기를 잘하는'이라는 번역은 그렇게 번역할

이유가 없었던 것입니다.

초대 교회 시대부터 콘스탄틴 황제 시대에 이르는 300년 동안, 교회의 지도자들 대부분은 노동자 계급에 속한 가난한 사람들이었습니다. 교사도 몇 명 있기는 있었지만 대체로 하급계층 출신으로서 공부를 제대로 한 사람이 별로 없었습니다. 그렇지만 하나님은 없는 자들을 택하셔서 있는 자들을 부끄럽게 한다고 하셨습니다 (고전 1:27-28). 초대 교회 이후 300년 동안 교회 내의 이러한 모습은 변함이 없었습니다. 그리고 콘스탄틴 황제가 권좌에 올랐을 당시, 교회의 세력은 실로 막강해져서 수많은 사람들이 교회로 몰려왔습니다. 그러므로 정치인으로서의 세력기반을 견고히 다지기 위해 콘스탄틴 황제도 크고 강한 힘을 과시하고 있던 기독교의 신자가 될 수밖에 없었습니다. 그가 예수를 믿게 되자마자 정치인들과 귀족들, 부자들, 철학자들이 앞 다투어 교회로 몰려왔습니다.

그런데 이런 사람들이 신자가 되어 교회에 나와 보니 자기들을 가르치는 사람들이 공부도 제대로 못해 말솜씨도 변변치 못한데다가 품위와 교양과는 거리가 멀었습니다. 영적인 능력은 있었지만 모습은 초라하기 짝이 없었습니다. 사회적으로 지체가 높고 품위 있는 사람들이 그러한 사람 밑에 들어가 배운다는 것은 정말 힘든 일이었습니다. 낮은 지위와 구차한 생활에 배운 것까지 없는 교회 지도자들 밑에 있기가 싫었습니다. 그렇다고 "당신, 가르치는 일 그만두시오"라고 할 수도 없었습니다. 그래서 "선생님, 이 훌륭한 하나님의 교회에 영광을 돌리기 위한 의미로 선물 좀 받아 주시겠습니까?" 하면서 먼저 좋은 옷을 선물하고, 그 다음에 좋은 음식을 주고, 마침내는 "선생님, 우리 집에 유명한 교사가 계신데 공부할 의사가 있으면 얼마든지 시켜 드릴 수 있습니다"라고 제안하게 되었습니다. 그러면서 차츰 교회 분위기를 바꿔 가기 시작했습니다. 양반들과 부자들이 교회 지도자들에게 공부를 시켜서 마침내 교육을 많이 받은 사람만이 교회 지도자가 될 수 있도록 새로운 법을 만든 것입니다. 그래서 배우지 못한 사람은 당연히 지도자가 될 수 없는 새 제도가 생겼습니다.

먼저 장로에 관한 제도는 다스리는 장로와 가르치는 장로 두 가지로 구분했습니다. 그런 다음 모든 권리와 영광을 가르치는 장로에게 주었습니다. 그리고 다스리는 장로는 돈이 많으면 더 높이 올라갈 수 있게 되었습니다(법적으로는 못하지만 실제로는 많이 합니다). 이것 역시 콘스탄틴 시대부터 생긴 문제로서 지금까지 해결하지 못하고 있습니다.

디모데전서를 보면, 교회 전통에서 바라볼 때 디모데는 '주교'가 아니었나 싶습니다. 바울 역시 주교였는데, 디모데가 그 후임자였다고 합니다. 그러나 제가 보기에 바울은 주교가 아니라 사도였습니다. 현대 성공회에서는 주교를 사도의 후임자라고 하는데, 그렇게 볼 수도 있겠지만, 성경적으로는 그렇지 않습니다. 디모데전서에도 '주교' '감독자'라는 말이 나오는데, 사도 역할을 한다는 말은 없습니다. 사실 주교와 사도는 같은 역할을 하지 않았습니다. 사도들은 항상 돌아다니면서 여러 교회를 방문하고 예수 그리스도를 증거한 선교사였지 한 곳에 가만히 있으면서 교회를 감독한 사람이 아니었습니다. 감독은 그 역할이 아주 다릅니다. 전도여행을 하지 않는 사람이 감독이 되어야 합니다. 그래야 맡은 교회를 안정되게 치리할 수 있기 때문입니다.

디모데전서 5장 1절을 보니, "늙은이를 꾸짖지 말고 권하되 아비에게 하듯 하며 젊은이를 형제에게 하듯 하고"라고 했습니다. 여기에는 '늙은이'라고 번역되어 있지만 사실은 '장로'를 말합니다. 성경에는 장로와 늙은이의 구별이 없습니다. 디모데는 늙은이를 꾸짖지 말고 아버지와 같이 여기라고 했습니다. 교회 안의 높은 위치에 있더라도 나이 많은 사람에게는 공손히 대해야 한다는 가르침입니다. 교회의 지도자라고 해서 권위를 과시해서는 안 됩니다. 아버지께 하듯이 나이 많은 사람을 공경해야 합니다. 성경에는 부모를 공경하라는 말이 여러 번 나옵니다. 또 젊은 사람을 형제와 같이 대하고, 나이 많은 여자를 어머니같이 여기고, 젊은 여자를 깨끗한 가운데 자매같이 대하고, 참과부를 높여 대접하라고 했습니다. 그리고 17절에는 "잘 다스리는 장로들을 배나 존경할 자로 알되 말씀과 가르침에 수고하는 이들을 더할 것이니라"라고 하면서 장로들이 잘 다스리면 그를 더욱더 존경해야 한다고 했습니다. 권면 말씀과 가르치는 일을 하는 사람에게도 그와 같이 대해야 합니다. 만약 그 사람이 가르치느라고 바빠서 자기생활 문제를 해결하지 못한다면 수고비로 돈을 주어도 된다고 했습니다. 그러한 것은 나쁜 일이 아닙니다.

디도서 1장에도 '장로'라는 말이 나옵니다. 5절에서는 장로라고 하고 7절에서는 감독이라고 한 것을 보면, 장로와 감독이라는 말에 구별이 없었던 것 같습니다. 그리고 감독의 자격 또한 디모데전후서의 장로의 자격과 비슷비슷합니다. 다투지 아니하고 겸손하고 부드럽고 깨끗한 생활을 하고 대접을 잘하고 받은 가르침을 잘 지키고 좋은 교리를 가르치고 그릇 행하는 자를 책망하라고 되어 있습니다. 거기에다 공부를 조금 하면 도움이 될 것입니다(그렇다고 많은 공부를 해야 한다는 말은 아닙니다).

다음으로 사도행전 20장 17절을 보면, 바울은 밀레도에서 에베소 교회에 연락하여 교회의 장로들을 청했습니다. 그리고 28절에서는 장로들에게 "성령이 저들 가운데 너희로 감독자를 삼고 하나님이 자기 피로 사신 교회를 치게 하셨느니라"라고 했습니다. 그러므로 장로, 감독, 목자, 이 세 단어는 바로 한 사람에 대한 말입니다. 똑같은 사람을 나타내는 것입니다.

그리고 에베소에는 감독이 한 사람만 있었던 것이 아닙니다. 물론 주교가 한 사람만 있었던 것도 아닙니다. 현대에는 한 도시에 한 사람의 주교밖에 없습니다. 또 한국의 경우 감리교에는 여러 도시를 합해서 한 연회에 감독이 한 명밖에 없습니다. 그러나 여기 에베소에는 주교나 감독이 여러 명 있었던 것 같습니다. 그리고 위에서 언급한 바와 같이 장로라고도 하고 목자라고도 하면서 구별하지 않았습니다.

이어서 29-31절을 보면, 바울의 당부가 나옵니다. 조금 후면 여러분 중에 이리같이 악한 사람이 나타나서 양떼를 해칠 것이며, 교회 내에 그리스도의 제자가 아닌 자신의 제자로 만들어 자기를 따르게 하려고 미혹하는 자들이 나타날 것이니, 정신을 똑바로 차리고 3년 동안 쉬지 않고 여러분을 위하여 눈물로 각 사람을 훈계한 것을 잊지 말라는 당부입니다. 또 바울은 "내가 아무의 은이나 금이나 의복을 탐하지 아니하였고 너희 아는 바에 이 손으로 나와 내 동행들의 쓰는 것을 당하여 범사에 너희에게 모본을 보였노니 곧 이같이 수고하여 약한 사람들을 돕고 또 주 예수의 친히 말씀하신 바 주는 것이 받는 것보다 복이 있다 하심을 기억하여야 할지니라"(행 20:33-35)라고 말했습니다. 나쁜 사람이 생긴다면 그 사람과 싸우라는 말도, 쫓아내 버리라는 말도 아닙니다. 스스로 일하면서 바울이 보인 모본대로 바울을 본받으라는 것입니다. 즉, 열심히 수고하여 얻은 것을 약한 사람들에게 베풀라는 부탁입니다.

> 내 형제들아 너희는 선생 된 우리가 더 큰 심판받을 줄을
> 알고 많이 선생이 되지 말라(약 3:1).

야고보는 자기 자신을 선생이라고 소개했습니다. 그러고 나서 '우리와 같은 사람들이 더 큰 심판을 받을 것'이라고 했습니다. 이 것은 상당히 중요한데, 사람이 공부를 많이 하고 가르치는 위치에 서면 심판의 비중이 더 크다는 말입니다. 알면 알수록 책임이 더 무겁습니다. 책임이 무거울수록 잘하지 않으면 더 무거운 심판을 받게 됩니다.

> 주인의 뜻을 알고도 예비치 아니하고 그 뜻대로 행치 아
> 니한 종은 많이 맞을 것이요(눅 12:47).

선생보다 하나님의 뜻을 더 잘 아는 사람은 없습니다. 선생의 위치에 들어간 사람은 충분히 하나님의 뜻을 알 수 있는 기회가 있기 때문에 잘못하면 심한 화를 당하게 된다는 가르침입니다. 그러나 일반 사회는 그렇지 않습니다. 지위가 높으면 높을수록 저지른 비리를 덮어 주고 아부근성을 발휘하여 어떠한 큰 과오를 범해도 조작하거나 축소하여 속이려고 하는 것이 보통입니다. 만약, 교회가 그렇게 한다면 세속화되었다고 부패했다고 할 수밖에 없을 것입니다.

오늘날의 교회는 심판의 원리를 잊어버린 것 같습니다. 그렇지만 성경은 처음부터 끝까지 그 원리를 말해 주고 있습니다. 일례로 모세를 생각해 봅시다. 모세는 한 민족을 인도해야 되는 막중한 책임을 맡은 자였습니다. 그는 백성들을 인도하는 지도자로서, 또 가르치는 선생으로서 자신의 책임을 잘 감당해 왔으나 꼭 한 번 잘못 행한 것으로 말미암아 가나안 땅에 들어갈 수 있는 자격을 박탈당했습니다. 하나님께 아주 엄한 심판을 받았던 것입니다. 다윗도 마찬가지였습니다. 그의 과오로 인해 아들이 죽었습니다. 다른 일반 사람들은 그 같은 잘못을 해도 그렇게 큰 재앙이 없었습니다. 그러나 다윗은 모든 사람을 다스리는 지도자였기 때문에 죄는 회개함으로써 용서받았지만 죄의 대가는 받아야만 했습니다. 이 두 사건만 보더라도 지도자나 가르치는 사람의 책임이 얼마나 무겁고 큰지 알 수 있습니다.

명칭에 관하여

이제는 명칭 문제를 다루어 보겠습니다. 이를 말씀드리기 전에 먼저 분명히 짚고 넘어가야 할 문제가 있습니다. 제가 지금까지 지적해 오고, 앞으로 분석해 보려는 의도는 교회의 조직이나 체제를 전면 거부하기 위한 것이 아닙니다. 다만 교회 분위기와 태도가 성경적으로 변화되기를 바라며, 평신도 각자가 자기도 성직을 맡은 한 지체임을 깨닫고 자신의 본분을 겸손하게 감당하게 하는 데 있습니다. 우리 모두에게는 하나님이 주신 책임이 있으므로 그 일을 열심히만 하면 이 땅에 하나님의 나라를 아름답게 꾸며 갈 수 있습니다.

마태복음 23장 7-9절을 보면, 서기관들과 바리새인들의 교만에 대한 지적과 함께 신자들에 대한 경계가 나옵니다.

> 시장에서 문안받는 것과 사람에게 랍비라 칭함을 받는 것을 좋아하느니라 그러나 너희는 랍비라 칭함을 받지 말라 너희 선생은 하나요 너희는 다 형제니라 땅에 있는 자를 아비라 하지 말라 너희 아버지는 하나이시니 곧 하늘에 계신 자시니라.

이 말씀에 이상한 구절이 나옵니다. 바로 "땅에 있는 자를 아비라 하지 말라"는 구절입니다. 내 아버지를 아버지라고 부를 수 없다는 말씀입니까? 그것이 아닙니다. 그 시대에는 사람들이 자꾸 신령한 지도자를 찾았습니다. 지금 선불교나 힌두교를 비롯한 여러 종교는 신령한 지도자가 필요하다고 가르칩니다. 그리고 미국 청년들은 신령한 지도자를 찾느라고 얼마나 바쁜지 모릅니다. 그러나 교회에서는 그럴 수 없습니다. 신령한 지도자는 바로 성령이십니다. 성령과 성경 말씀이 신령한 지도자입니다. 우리 아버지는 하나이시니 곧 하늘에 계신 분입니다.

그리고 무슨 칭찬이든 사람의 칭찬은 받지 말아야 합니다. 일단 칭찬을 받기 시작하면 그 마음에 자기도 모르게 교만이 싹트기 때문입니다. 교만하면 방자히 행하게 됩니다. 그래서 교만은 패망의 선봉이 된다고 한 것입니다(잠 16:18). 또한 지도자라 칭함을 받지 말아야 합니다. 우리의 지도자는 그리스도 한 분뿐입니다(마 23:10). 그런데 현대 교회는 모두 지도자가 되어야 한다고 생각합니다. 그리스도가 지도자이신 것을 모르고 있습니다. 성령이 지도하시는 줄 모르고 있습니다.

예수원에 대해서 잘 모르는 사람들은 "누가 대 신부의 후임자가 될 것인가"를 궁금해합니다. 그러나 예수원의 지도자는 제가 아닙니다. 저는 처음부터 그러한 생각은 해 보지도 않았습니다. 예수원의 지도자는 오직 예수 그리스도이십니다. 예수원은 성령께서 친히 의회라는 기관을 통해서 지도하고 계십니다. 그래서 예수원의 모든 식구들도 그렇지만 저도 의회의 결정 사항에는 무조건 따릅니다. 그러므로 의회에 복종하는 사람이라면 그 누구든지 저의 후임자입니다. 사람, 사람, 사람, 자꾸 사람만 보려는 것이 정말 큰 문제입니다.

너희 중에 큰 자는 너희를 섬기는 자가 되어야 하리라 누구든지 자기를 높이는 자는 낮아지고 누구든지 자기를 낮추는 자는 높아지리라(마 23:11-12).

언제 높임을 받습니까? 현세에서 높임을 받기도 하지만 궁극적으로는 예수님이 다시 오실 때, 즉 마지막 심판 때에 높임을 받게 될 것입니다. 반면, 이 땅에서 스스로 자기를 높였던 사람들은 낮아지게 될 것입니다.

> 너희가 서로 영광을 취하고 유일하신 하나님께로부터 오는 영광은 구하지 아니하니 어찌 나를 믿을 수 있느냐(요 5:44).

그렇습니다! 누구든지 하나님에게서 오는 영광에는 관심이 없고 사람에게서 영광을 받으려고 한다면 예수를 믿을 수 없게 된다는 말씀입니다. 교사의 사명을 받았다는 사람이 생각하기를, '내가 가르치는 책임을 맡았으니 이왕이면 좀더 잘하기 위해 박사학위를 받는 것이 좋겠다'라고 생각하며 박사학위를 취득한다면 문제가 없습니다. 그런데 자기의 영광을 위하여, 자기 명예를 높이려고 박사학위를 취득한다면 이 사람은 예수님을 믿을 수 없습니다. 생각해 보십시오. 신학교에는 박사들이 참 많이 있습니다. 공부를 정말 많이 했습니다. 그런데 왜 공부했습니까? 하나님을 더 잘 알기 위해서입니까? 하나님께 복종하기 위해서입니까? 사람들에게 인정받기 위해서는 아닙니까? 분명히 그 중에는 자기의 영광을 위해 공부한 사람이 있을 것입니다. 그런 사람은 신학교에서 아무리 잘 가르치는 유명한 교수라고 할지라도 예수를 믿지 않는 사람입니다.

> 모든 자에게 줄 것을 주되 공세를 받을 자에게 공세를 바치고 국세 받을 자에게 국세를 바치고 두려워할 자를 두려워하며 존경할 자를 존경하라(롬 13:7).

이 말씀은 교회 밖에 있는 사람들에게 취해야 할 우리의 자세를 말해 줍니다. 계산해야 할 것은 분명히 계산해야 한다는 것입니다. 오늘날 신자들이 꼭 지켜야 할 기본 도리입니다. 작은 세금이라도 낼 때는 정확하게 내야 합니다. 우리에게 바치도록 정해진 것이면 당연히 바쳐야 합니다. 그리고 두려워해야 할 사람은 두려워하고, 존경해야 할 사람은 존경해야 합니다. 세상 사람들을 존경하는 것이 죄는 아닙니다. 교회 안에서나 믿는 사람들끼리는 형제로서 지위에 관계없이 사귐을 가질 수 있지만, 사회에서는 지위가 높은 사람이면 존귀하게 대해야 할 것입니다.

누가복음 1장 3절에 보면 '데오빌로 각하'라는 사람이 나옵니다. 이 데오빌로는 예수를 믿지는 않는, 아주 지위가 높은 정치인이었습니다. 그래서 누가가 그를 칭할 때 '각하'라고 했던 것입니다. 우리 중에 '내가 예수를 믿으니까 하나님밖에 높임을 받을 분이 없다'라고 생각하시는 분이 혹 있습니까? 세상의 존귀한 사람은 존귀하게 대우해야 한다는 것이 성경의 가르침입니다. 그런데 사도행전 1장 1절을 보면, 각하라고 부르지 않고 그냥 '데오빌로

여!' 라고 부릅니다. 그 동안에 신자가 되었으므로 이제는 그리스도 안에서 한 형제로 부른 것입니다. 이에서 볼 수 있듯이 신자 상호 간에는 서로 존경하고 용서하고 인정하면서 살아야 합니다. 서로 인정한다는 말이 중요합니다. 현대 교회의 모든 직분에 대해 당연 히 인정해야 합니다. 다만 예수님의 근본 정신인 믿음 안에서는 모 두가 동등하다는 사실은 잊지 말기 바랍니다. 예수님은 "누구든지 하나님의 뜻대로 하는 자는 내 형제요 자매요 모친"(막 3:35)이라 고 말씀하셨습니다.

> 너희 중 장로들에게 권하노니 나는 함께 장로 된 자요 그
> 리스도의 고난의 증인이요 나타날 영광에 참예할 자로라
> 너희 중에 있는 하나님의 양 무리를 치되 부득이함으로
> 하지 말고 오직 하나님의 뜻을 좇아 자원함으로 하며 더
> 러운 이를 위하여 하지 말고 오직 즐거운 뜻으로 하며 맡
> 기운 자들에게 주장하는 자세를 하지 말고 오직 양 무리
> 의 본이 되라 그리하면 목자장이 나타나실 때에 시들지
> 아니하는 영광의 면류관을 얻으리라 젊은 자들아 이와 같
> 이 장로들에게 순복하고 다 서로 겸손으로 허리를 동이라
> 하나님이 교만한 자를 대적하시되 겸손한 자들에게는 은
> 혜를 주시느니라 그러므로 하나님의 능하신 손 아래서 겸
> 손하라 때가 되면 너희를 높이시리라(벧전 5:1-6).

믿는 사람들은 서로 겸손하게 복종하는 자세를 가져야 합니다.

일반 사회에서는 그런 것을 이해하지도 못하고 실행할 수도 없습니다. 그렇지만 성령의 도우심을 힘입으면 온유한 사람도 될 수 있고, 겸손한 사람이 될 수 있고, 상대방의 입장을 이해하는 사람이 될 수도 있습니다.

사도행전 6장 1-4절을 보면, '일곱 집사' 이야기가 나옵니다. 초대 교회 재정 관리에 문제가 생겼습니다. 그전까지는 열두 사도가 교회 내의 모든 재정을 관리했는데, 돈 관리를 잘하지 못하자 원망하는 소리가 났습니다. 어떤 과부들이 말하기를 자기들은 혜택을 받지 못하여 살기 힘들게 되었다고 합니다. 그 전에는 각 사람의 필요에 따라 분배를 잘했기 때문에 궁핍한 사람이 하나도 없었습니다. 그런데 시간이 지남에 따라 사람들이 점점 많아져 사도들로서는 많은 재정을 감당하기가 너무 벅찼습니다. 그러다 보니 재정 운영을 제대로 못하게 된 것 같습니다. 사람들이 원망을 했지만 사도들은 화를 내지 않았습니다. 잘못이 있음을 인정했습니다. 그런 다음 어떻게 했습니까? 너희 중에 일곱 사람을 택하라, 우리가 이 일을 그들에게 맡기겠다고 했습니다. 사도들은 모든 것을 전부 주장하기를 원치 않았습니다.

그러면 재정을 관리하는 사람의 자격은 어떠해야 합니까? 성령과 지혜가 충만해야 합니다. 여기서 '충만'은 외적인 성령의 역사가 아니라 마음속에서 계속 활동하시는 지속적인 성령의 내적 역사를 말합니다. 즉, 성령의 '충분함'을 뜻합니다. 그러므로 이 사람들의 마음에는 성령이 끊임없이 활동하시어 늘 지혜가 솟아났습니다. 사도들은 재정 관리를 일곱 집사에게 완전히 맡기고 자신들은 오직 기도와 말씀의 봉사만을 전적으로 담당하겠다고 했습니다.

우리 생각에 사도들의 임무란 밖에 나가 설교를 하거나 돌아다니며 가르치는 것입니다. 그러나 사도의 첫째 임무는 그것이 아닙니다. 기도하는 것이 최우선의 일입니다. 사도들에게 기도의 중요성은 절대적이었습니다. 그러므로 현대 교회의 책임자들에게도 기도가 중요합니다. 그러나 교회 내의 여러 가지 일을 하느라고 분주해서 정작 기도생활은 많이 못 하고 있습니다. 교회가 커지면 커질수록 더한 것 같습니다. 어느 때는 기도회라고 모였는데 설교하고 가르치는 것이 더 많아 기도회인지 설교회인지 모를 경우도 있습니다.

사도들의 둘째 임무는 말씀 전하기입니다. 예수가 그리스도이심을 증거하는 것입니다. 그리스도의 증인이 되는 것입니다. 그래서 그들은 일곱 집사를 택하고 자기들은 사도 본연의 자세로 돌아갔던 것입니다. 재미있게도 일곱 집사에 대한 명단은 성경에 나오지만, 에베소 교회의 사도나 장로들이나 감독들이나 목자들의 명단은 나오지 않습니다. 다른 교회도 마찬가지입니다. 로마서에도 편지 서두에 그냥 "로마에 있는 성도로 부르심을 입은 모든 자에게" 편지한다고 되어 있습니다. 그리고 편지 끝에 여러 사람에게 안부를 전하는데, 그들의 이름만 나올 뿐 위치(직분)에 대해서는 일절 언급이 없습니다. 아무개 신부님, 아무개 목사님, 아무개 장로님 등이 전혀 안 나옵니다.

고린도 교회에 편지를 쓸 때도 마찬가지입니다. 개인이 아닌 온 교회에게 인사를 했습니다. 편지를 쓴 사람은 자신을 소스데네라고 밝히고 있습니다. 소스데네는 고린도 교회에 속한 형제였을 것입니다. 그래서 바울과 함께 이 편지를 쓴 것입니다. 이름을 밝힘으로써 이 편지에 대해 책임을 지는 것 같은 느낌이 듭니다. 이어서 사람의 이름이 나오는데 세례를 받은 사람들의 명단입니다. 바울은 그리스보와 가이오, 그리고 스데바나 집 사람에게 세례를 준 것 외에는 알 수 없다고 했습니다(고전 1:14, 16). 교회 안에 세례를 받은 사람은 많았지만 바울과는 무관한 것이었습니다. 왜냐하면, 그리스보와 가이오와 스데바나가 바울에게 직접 세례를 받은 다음에 그들이 다른 사람들에게 세례를 주었기 때문입니다.

사실 바울은 고린도 교회에 있는 사람들을 잘 알지 못했습니다. 그렇지만 그리스보와 가이오와 스데바나는 고린도에서 오랫동안 살기 때문에 교회에 새로 들어오는 사람이 참된 사람인지 거짓된 사람인지 충분히 알 수 있었습니다. 그러므로 그들이 세례의 책임을 맡았던 것입니다. 하여간 그 외에 이름은 안 나옵니다. 빌립보서에도, 갈라디아서에도, 그리고 에베소서에도 안 나옵니다.

한 개인의 직분을 강조하는 것은 성경의 가르침이 아닙니다. 성경은 교회 내 직분의 차등을 인정하지 않습니다. 성경은 오히려 '모두가 모두에게 필요한 지체' 라 가르치고 있습니다. 목사, 신부, 사제, 전도사 등 성경에 나오지도 않는 직분들을 아는 것이 중요한 것이 아닙니다. 오직 각 사람이 하나님의 뜻대로 자신의 직분(사명)을 깨달아 주님이 원하시는 길로 인도함을 받는 것이 중요합니다. 하나님께서 우리에게 직임을 주신 이유는 우리가 그리스도의 장성한 분량이 충만한 데까지 이르게 하기 위함입니다.

> 이는 성도를 온전케 하며 봉사(섬김)의 일을 하게 하며 그
> 리스도의 몸을 세우려 하심이라 우리가 다 하나님의 아들
> 을 믿는 것과 아는 일에 하나가 되어 온전한 사람을 이루
> 어 그리스도의 장성한 분량이 충만한 데까지 이르리니(엡
> 4:12-13).

목자면 목자, 교사면 교사, 재정 관리면 재정 관리, 다 각각 맡은 분수대로 해야 합니다. 한 사람이 모든 일을 도맡아 하는 것은 좋지 않습니다. 아름답지 못하고 비능률적이며 부패하기 쉽습니다. 그래서 우리는 교회가 하나님의 나라를 확장하는 데 쓰이는 도구로서 겸손히 충성할 수 있도록, 늘 깨끗함을 유지할 수 있도록 기도해야 합니다. 그리고 책임이 무거우면 무거울수록 심판도 무겁다는 사실을 깨닫고, 국가 지도자와 교회 지도자들을 위하여 쉬지 않고 기도해야 합니다. 또 우리 신자들은 그리스도의 지체이므로 무엇보다도 서로 사귐과 섬김을 실천할 수 있도록 기도해야겠습니다. 기도하며 실천하는 것이 우리의 사명입니다. 누구든지 그리스도 안에서 하나 된 형제자매임을 깨닫고 감사함으로 맡은 일을 열심히 하여 그리스도의 몸을 건축해 나갑시다. 맡은 자들에게 구할 것은 충성입니다(고전 4:2)!

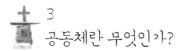

3
공동체란 무엇인가?

공동체의 의미

이 장의 주제는 '공동체'입니다. 공동체라는 말이 성경에 직접
나오지는 않지만 관계있는 말은 많이 찾아볼 수 있습니다. 고린도
후서 13장 13절을 보면, 이 말이 어느 정도 중요하고 기본적인 말
인지 깨달을 수 있습니다.

주 예수 그리스도의 은혜와 하나님의 사랑과 성령의 교통
하심이 너희 무리와 함께 있을지어다.

여기서 '교통'은 헬라어로 '코이노니아'로서 공동체의 기초가
되는 말입니다. '코이노니아'는 성경의 세 가지 기본 단어(은혜, 사
랑, 코이노니아) 가운데 하나입니다. 그런데 일반 신자들은 물론 신

학자들조차 이 사실을 잘 모르는 것 같습니다. 성경에서 제일 중요한 세 단어가 무엇이냐고 물어보면 대부분 '사랑, 은혜, 믿음' '사랑, 은혜, 소망' 혹은 '사랑, 믿음, 소망'이라고 합니다. '사랑, 은혜, 교통(코이노니아)'이 제일 중요한 말인 줄은 도무지 짐작조차 못합니다. 심지어는 축도조차 '성령의 교통(코이노니아)'이란 말 대신 '성령의 감화, 감동'이란 말로 바꾸어 사용해 원래의 뜻과는 전혀 다른 심각한 오해를 초래하고 있는 실정입니다.

수백 년 동안 교회 안에 코이노니아에 대한 가르침이 없었습니다. 대신 은혜에 대한 가르침은 얼마나 많았는지 모릅니다. 사랑에 대한 가르침도 많았지만 코이노니아에 대한 가르침은 들어볼 수 없었습니다. 이유가 있습니다. 교회 안에 참된 코이노니아가 없기 때문에 그렇게 된 것입니다. 그러다 보니 말을 못 하게 된 것입니다. 코이노니아를 잘못 해석하든지 아예 그 단어를 무시해 버렸습니다.

예수님 이후 처음 300년 동안은 코이노니아란 말이 무엇을 의미하는지 충분히 알고 있었습니다. 중히 여겨 사도신경에까지 나오게 되었습니다.

"성령을 믿사오며 거룩한 공회와 성도가 서로 '교통'하는 것과……."

여기서 '교통'이 코이노니아를 번역한 것입니다. 이것은 모든 성도들이 코이노니아를 실행한다는 사실을 믿는다는 고백입니다. 그런데 몇 백 년 동안 "그 말이 무슨 뜻입니까?" 하고 물어보면 "예, 그 말은 죽은 자와 사귐이 있다. 즉, 우리가 죽어도 성도 사이에 사큄이 있다는 뜻입니다"라고 대답해 왔습니다. 정말 그렇습니까? 이 구절이 산 사람 사이의 사귐이 아닌 죽은 후에 성도 간에 사귐이 있다는 말입니까? 그럴 수 없습니다. 어떻게 해서 수백 년 동안 교회가 그렇게 어리석은 해석을 해 왔는지 안타깝습니다. 게다가 오늘날 우리도 이 문제를 심각하게 생각하지 않고 그냥 받아들이고 있습니다.

어떻게 산 자 가운데 코이노니아가 없는데 죽은 자와 코이노니아를 실행할 수 있단 말입니까? 왜 그렇게 해석하는 것일까요? 죽은 자와 코이노니아 하는 것은 전혀 도전을 주지 않습니다. 그럴듯한 말이지만 실제적인 내용이 없습니다. 재물을 통용하는 것을 피한 채 기도하는 것만으로 끝납니다. 그런데 산 자와 코이노니아를 실행하려면 '돈'을 내야 합니다. 자신의 소유를 이웃을 위하여 내주어야 합니다. 실제적인 문제가 발생합니다. 사람들이 그것을 원치 않기 때문에 "그런 말은 그만두라!" 하고 막을 뿐만 아니라 그 말을 하는 사람들을 이단으로 몰아붙이기까지 했습니다.

예를 들면, 피터 왈도(Peter Waldo)* 시대까지만 해도 교회 안에 공동체생활을 하는 사람들이 더러 있었습니다. 피터 왈도 전까지

---

* 12세기 리용의 부유한 상인으로서 자신의 소유를 팔아 가난한 사람들에게 나누어 주고 가난하게 살며 복음을 전했다. 성 프란체스코처럼 그도 스스로 가난을 선택함으로써 아무런 구애를 받지 않고 진리의 말씀을 증거할 수 있었는데 제도적인 교회 안에서 신앙의 만족을 누리지 못하던 사람들과 리용의 가난한 사람들이 그의 삶과 설교에 감화를 받고 그의 뒤를 따랐다. 교황 알렉산더 3세는 그들의 가난한 삶을 인정해 주었지만 주교의 승낙 없이 설교하는 것을 금지했고(1179년), 이에 대해 피터 왈도는 사람보다 하나님께 복종해야 한다고 주장했다. 1184년 루이 3세에 의해 파문당하고 교회로부터 심한 핍박을 받았다.

는 공동체생활을 하는 사람들이 다 독신였기 때문에 재산문제가 그다지 심각하지 않았습니다. 가난하게 살기로 결정한데다가 자녀들도 없었기 때문에 재산을 물려주는 일도 없었습니다. 사실 공동체에 들어간 독신자 수도 별로 많지 않아서 교회에 그다지 큰 도전을 주지 않았습니다. 그저 "이 사람들은 얼마나 거룩한 분들인지 몰라요! 참 존경합니다"라고 부추기면서 "내게는 그런 부르심이 없어요. 나는 부자로 살아도 괜찮아요. 여러분은 독신으로 가난하게 살도록 부르심을 받았는데 내게는 가족이 있으니 재산을 많이 모아야 합니다. 자녀들 교육문제도 해결해야 되지요"라고 말할 뿐이었습니다.

피터 왈도 전까지는 독신자들만 따로 공동체생활(즉 수도원생활)을 했으나, 피터 왈도 때는 "코이노니아란 모든 신자들이 실행해야 하며 가족을 가진 사람들도 공동체생활을 해야 한다"라고 외치고 그대로 실행했습니다. '해야 한다'고 했는지 '하면 좋겠다'고 했는지, 저로서는 알 수 없습니다. 다만 이 말에 교회가 너무 큰 도전을 받아서 도무지 있을 수 없는 소리라며 크게 반대하고 그를 '이단'(!)이라고 몰아붙였습니다. 결혼한 사람들은 도무지 공동체생활을 할 수 없으며 그것은 전혀 불가능한 일이라고 피터 왈도를 심하게 핍박해서 그의 제자들이 얼마나 심한 고문을 받았는지 모릅니다. 완전히 적색분자 취급을 했습니다. 나무에다 매달고 태워 죽이기까지 했습니다. 수많은 사람들이 화형으로 죽어갔습니다. 교회가 그만큼 잔인한 짓을 저질렀던 것입니다. 마침내 피터 왈도 운동은 무너지고 소수의 제자밖에 남지 않았습니다. 그마저도 미국으로 건너가 조용히 살고 지금은 모두 장로교회 신자가 되었습니다.

그 후에 '메노나이트'(Mennonite)가 나타났습니다. '재세례파' (Anabaptists)라고도 하는데, 유아세례를 인정하지 않고 성인이 되면 세례를 다시 받아야 한다고 주장했기 때문입니다. 그들도 모든 신자들은 공동체생활을 하는 것이 원칙이라고 생각하고 이를 행동으로 옮겼습니다. 물론 그들이 다 같은 주장을 한 것은 아니었습니다. 어떤 사람들은 "자, 우리가 일단 해 봅시다"라고 했고 더러는 "모든 신자들은 다 해야 한다"라고 강하게 주장했습니다. 또 어떤 사람들은 "너희 것이 나의 것이다"라고 해서 재산을 빼내기도 했습니다. 도둑질한 사람도 있었습니다. 여러 가지 부류가 있었지만, 후자와 같은 거짓형제들 때문에 교회로부터 모두 이단으로 정죄받거나 잘못된 가르침이라고 해서 심한 핍박을 받았습니다. 종교개혁 시대에는 신·구교 양쪽으로부터 핍박을 받았습니다.

그런데 지금 재세례파가 한국에서 확산되고 있어도 이단으로 몰지 않습니다. 미국의 큰 교파 가운데 하나가 침례교회입니다만, 재세례파에 반대하는 소리가 없습니다. 왜냐하면 공동체생활을 하지 않기 때문입니다. 메노나이트를 핍박한 것은 재세례 때문이 아니었습니다. 교리문제는 핑계일 뿐이고 진짜 이유는 경제문제에 있었습니다. 그래서 이 코이노니아란 말은 '피 흘리기까지' 필요한 것입니다. 교회사를 보면 코이노니아, 즉 공동체 문제 때문에 초래된 사건이 적지 않습니다. '주 예수 그리스도의 은혜와 하나님의 사랑과 성령의 코이노니아'가 성도들에 대한 기본적인 축복 말씀이라면 은혜와 사랑과 코이노니아는 기독교의 중요한 의미를 내포하는 필수 단어라고 볼 수 있습니다.

그러면 코이노니아가 성경에 어떻게 언급되어 있는지 살펴봅시다. '코이노네오'(κοινωνέω)는 영어 성경에 'to be a partaker of'로 네 번, 'communication'으로 한 번, 'communion'으로 네 번, 'contribution'으로 한 번, 'distribution'으로 한 번, 'fellowship'으로 열두 번, 'to communicate'로 한 번 번역되어 나오고, '코이노노스'(κοινωνός)는 'companion' 'partake' 'partner' 등으로 번역되어 있어서, 평신도들의 경우 이 낱말이 동일한 단어에서 나온 말인지 도무지 알 도리가 없을 정도입니다.

한국어 성경도 마찬가지입니다. '코이노니아' '코이노네오' '코이노노스'라는 원어를 번역할 때 '참여' '연보' '상통' '사귐' '교제' '나누어 줌' '동업' '통용' 등 약 17가지로 번역했습니다. 그래서 이것이 모두 같은 말임을 알아채기가 쉽지 않습니다. 그러나 헬라어 성경에서 찾으면 바로 확인할 수 있습니다.

제가 알기로 코이노니아는 사도행전 2장 42절에 처음 나옵니다.

저희가 사도의 가르침을 받아 서로 **교제**(코이노니아)하며
떡을 떼며 **기도**하기를 전혀 힘쓰니라(행 2:42).

그날 베드로의 설교를 들은 많은 사람들이 세례를 받았습니다. 어떻게 3천 명이나 되는 사람들이 세례를 받을 수 있었는지 확인하기는 힘들지만 아무튼 새롭게 제자가 된 사람들이 그 정도로 늘어난 것입니다. 이 말씀에서 '코이노니아'란 사도들의 코이노니아

가 아닌 성도간의 코이노니아를 말하고, '기도'란 준비한 기도문을 의미합니다. 예를 들어, '주의 기도문' 같은 것을 공동으로 하는 것이지요. 우리가 말하는 기도는 헬라어 성경에서는 다른 단어를 사용합니다. 원어대로라면 그날 함께 모여 특별한 기도를 한 것 같습니다. 배웠던 기도문을 열심히 합송한 것이 아닐까 생각합니다.

코이노니아는 '서로 교제하는 것'이란 의미인데 사도의 가르침과 (성도간의) 교제가 동일한 비중으로 언급되고 있습니다. 그런데 현대 교회에서는 가르침만 중히 여기고 교제를 중요시하지 않거나 아주 가볍게 취급해 버리는 경향이 있습니다. 그러나 성경에서는 가르치는 것과 교제하는 것을 구별하지 않습니다. 또 함께 모여 떡을 떼고 기도하기를 힘쓴다고 했는데, 현대 교회에서는 기도하는 것은 강조하면서도 떡을 떼는 것은 별로 중히 여기지 않습니다. 한 달에 한 번이나 석 달에 한 번 주의 성찬식을 행하고 더 이상은 하지 않습니다. 물론 천주교나 성공회에서는 성찬을 많이 하지만 그것이 참으로 초대 교회에서 떡을 떼던 방식이었는지는 의문입니다. 그 당시에는 신자들이 모일 때마다 함께 떡을 떼었는데, 예식의 성격보다는 주의 성찬을 기념하며 그리스도의 몸에 참여한다는 공동체 정신이 더 강했던 것 같습니다.

그 다음 43절을 보면, "사도들이 계속해서 놀라운 일과 기적을 많이 나타내 보이자 사람들은 모두 하나님을 두려워하게 되었다"(공동번역)고 했습니다. 계속해서 44절을 보면, "믿는 사람들이 다 함께 있어 모든 물건을 서로 통용"했습니다. 여기 '코이노니아'란 말이 또 나옵니다. '통용'(通用)이란 모든 물건을 공동으로 나누어 썼다는 말입니다. 그것은 애매하거나 추상적인 표현도 아니고, 가벼운 교제를 의미하는 것도 아닙니다. 재산과 소유를 다 팔고 서로 나누어 주는 일이 실행된 것입니다. 이러한 사실로 미루어 보아 이 교제는 아주 실질적었음이 분명합니다. 각 사람의 필요에 따라 재산을 나누어 주는 실제적인 교제였던 것입니다.

그리고 날마다 한마음으로 성전에 모이기를 힘쓰고, 집집마다 돌아가면서 떡을 떼며 기쁨과 순전한 마음으로 함께 음식을 먹었다고 했습니다. '떡을 뗀다'는 말은 집집마다 함께 모여 식사를 하는 것을 의미합니다. 엄숙한 성찬예식이었다기보다는 실지로 같이 식사를 하는 것입니다. 함께 모여 음식을 나누는 것입니다. 사실 모든 사람들과 더불어 한 식탁에서 식사하기란 쉬운 일이 아닙니다. 게다가 싫어하는 사람과 함께 식사하기란 얼마나 어려운지 모릅니다. 한 식탁에서 식사를 같이한다는 것은 서로 사랑한다는 구체적인 표시였습니다. 억지로 의무로 하는 것이 아닌 기쁨과 순전한 마음으로 한 가족처럼 더불어 음식을 나누었던 것입니다.

사도행전 2장 42-45절을 이해하기 쉽도록 정리해 보겠습니다. 중국말 '쉐이지아오즈'(水餃子)는 우리 식으로 하면 '물만두'입니다. 물만두를 비유로 이 말을 이렇게 해석할 수 있습니다. 사도행전의 코이노니아는 '식사의 교제'라고도 볼 수 있는데, 그들은 먼저 물세례를 받았습니다. 세례 받은 사람들이 하나님의 아들이신 예수 그리스도의 이름으로 함께 모여 식사를 하고 유무상통하면서 실제적인 교제를 나누었습니다. 모두 하나님의 자녀가 된 것입니다. 이것을 '쉐이지아오즈 신학'이라고 합니다.

물만두는 다른 음식과 다른 점이 있습니다. 만두에는 껍질이 있지 않습니까? 껍질은 밀가루로 만든 것이어서 그것만으로는 별 맛이 없습니다. 껍질 속에 고기가 있는데 만두의 참맛은 만두소에 있습니다. 그렇지만 껍질이 없으면 속에 든 고기가 다 풀어지기 때문에 껍질로 꼭 싸 주어야 합니다. 껍질이나 소나 둘 다 필요합니다. 사도행전 2장에서 42, 44, 45절 말씀이 껍질이라면, 43절은 그 속에 든 고기입니다. 42절에서는 모든 물건을 서로 통용했다고 했습니다. 즉, 이로써 모든 경제적인 문제를 해결할 수 있게 된 것입니다. 44, 45절도 경제문제를 취급합니다. 그런데 43절을 보면 뭐라고 하고 있습니까? 사도들로 인하여 기사와 표적이 많이 나타났다고 했습니다. 이것이 하나님의 원칙입니다. 은혜를 원하면 실질적인 코이노니아가 있어야 합니다. 능력을 보고 싶다면 서로 하나가 되어야 합니다.

바울이 고린도 교회에 편지를 보낼 때 고린도 교회에는 능력이 많았습니다. 성령의 은사가 많이 나타났습니다. 하지만 그와 함께 문제도 많았습니다. 고린도전서 11장 30절을 보면, "너희 중에 약한 자와 병든 자가 많고 잠자는 자도 적지 않다"라고 했습니다. 병 고치는 은사가 있는 교회 안에 어떻게 병든 자가 많을 수 있습니까? 병 고치는 능력이 많은 교회 안에 어떻게 죽은 자가 있을 수 있겠습니까? 이유가 있습니다. 그것은 서로 인정하지 않았고, 서로를 위하여 기도하지 않았기 때문입니다. 부자들이 가난한 사람들을 멸시하였기 때문입니다.

고린도전서 11장을 보면, 주의 성찬을 하기 위하여 어떤 사람들이 먼저 와서 다 먹어 버려서 늦게 온 사람들은 먹을 것이 없다고 했습니다. 함께 떡을 떼었지만 실제적인 코이노니아가 없었던 것입니다. 부유한 사람들은 자기 편리한 대로 교회에 일찍 나올 수 있었습니다. 그렇지만 가난한 사람들이나 남의 종이 된 사람들은 늦도록 일하느라 일찍 올 도리가 없었습니다. 일을 다 끝낸 다음에야 모임에 나올 수 있었는데, 먼저 온 사람들이 다 먹어 버려서 그들은 부끄럽게 되었습니다. 서로 사랑하지 않고, 서로 섬기는 정신이 부족하고, 서로의 입장에 대하여 무관심했기 때문에 그들 가운데 은사가 있기는 했지만 온전한 그리스도의 몸을 이루지 못하고 약하게 되었던 것입니다.

지금 내가 속한 그리스도의 몸 된 교회에서는 어떤 사귐이 있는지 살펴봅시다. 지체의 고통과 슬픔이 진정으로 내 것으로 와 닿고 있습니까? 예배 후 차를 마시며 가벼운 대화를 주고받고 헤어지는 표면적인 교제뿐입니까? 지체의 필요에 얼마나 민감하게 구체적인 도움의 손길을 뻗치고 있습니까? 거처할 곳이 없고, 일자리가 없는 내 이웃들에 대해 그리스도의 몸은 어떤 역할을 해야 할까요?

사도행전 4장 32-35절을 봅시다. 여기에도 '물만두 신학'이 나옵니다. 32절에 "믿는 무리가 한마음과 한뜻이 되어 모든 물건을 서로 통용하고 제 재물을 조금이라도 제 것이라 하는 이가 하나도 없더라"라고 했습니다. 즉, 모든 물건을 코이노니아 했다고 나옵니다. 그리고 34-35절에서는 "그 중에 핍절한 사람이 없으니 이는 밭과 집 있는 자는 팔아 그 판 것의 값을 가져다가 사도들의 발 앞에 두매 저희가 각 사람의 필요를 따라 나눠 줌이러라"라고 했습니다. 교회가 자원하여 재산을 나누었으므로 궁핍한 사람이 한 명도 없었다는 말입니다. 이것이 진정한 코이노니아입니다! 이것이 공동체가 지향하는 바입니다. 33절에 나타난 바와 같이, 사도들이 큰 권능으로 주 예수의 부활을 증거하니 무리가 큰 은혜를 얻었습니다.

이런 은혜가 충분히 나타나기를 원한다면 우리도 코이노니아를 실행해야 합니다. 코이노니아가 없는 교회는 그 은혜가 다 흩어지게 마련입니다. 물만두 껍질이 없으면 고기가 물 속으로 다 풀어져 결국은 고깃국도 만두도 아니게 됩니다. 껍질이 있으면 그 안의 고기를 싸 주어 물만두를 맛있게 먹을 수 있습니다. 코이노니아, 즉 공동체라는 것은 거짓 없는 하나님의 사랑을 보여 주고 그것을 통하여 하나님께서 친히 역사하심을 증거하는 것인데, 이 기적이 사람으로 말미암은 것은 아니지만 실제로 나누는 것은 사람이 감당해야 할 일입니다. 우리가 해야 할 일이 있고 하나님 편에서 하실 일이 있습니다. 하나님께서 하실 일을 진정으로 보고 싶다면 우리가 해야 할 일을 먼저 해야 합니다. 교인들이 서로 나누어 주고 서로에 대하여 진실한 관심을 갖고 사랑하고 인정할 때 하나님께서 놀라운 일을 행하실 것입니다.

교회가 하나 되지 못할 때, 은혜가 사라지고 병 고치는 능력도 없어지고 하나님의 역사가 나타나지 않게 됩니다. 이 문제는 이미 초대 교회 때부터 있어 왔습니다. "왜 너희는 가난한 사람들이 교회에 들어오면 형편없이 취급하고 부자가 들어오면 좋은 자리를 권하느냐"라고 책망한 야고보서에서 이런 문제가 교회에 영향을 주고 있었음을 엿볼 수 있습니다. 왜 이런 일이 생겼을까요? 가난한 사람이 교회에 오면 교회가 그에게 나눠 주어야 하지만, 부자가 오면 교회가 얻을 것이 생기기 때문이었습니다. '부자에게 덕을 볼 수 있겠지!' 하는 마음 때문이었습니다. 일찍부터 육에 속한 신자가 되어 그렇게 판단하는 마음을 갖게 된 것 같습니다.

> 내 형제들아 영광의 주 곧 우리 주 예수 그리스도를 믿는 믿음을 너희가 받았으니 사람을 외모로 취하지 말라…… 내 사랑하는 형제들아 들을지어다 하나님이 세상에 대하여는 가난한 자를 택하사 믿음에 부요하게 하시고 또 자기를 사랑하는 자들에게 약속하신 나라를 유업으로 받게 아니하셨느냐 너희는 도리어 가난한 자를 괄시하였도다…… 너희가 만일 경에 기록한 대로 네 이웃 사랑하기를 네 몸과 같이 하라 하신 최고한 법을 지키면 잘하는 것이거니와 만일 너희가 외모로 사람을 취하면 죄를 짓는 것이니 율법이 너희를 범죄자로 정하리라…… 너희는 자유의 율법대로 심판받을 자처럼 말도 하고 행하기도 하라 (약 2:1-12).

하나님은 세상에서 가난한 자들을 택하셨습니다. 그런데 교회는 세상의 가난한 사람을 멸시하고 믿음이 부족하다고 비판합니다.

"왜 가난하냐? 왜 믿음이 없느냐? 믿음만 있으면 하나님께서 복을 주실 텐데!"라고 말입니다. 그렇지만 성경은 하나님께서 가난한 사람들을 택하셨으며 믿음으로 그들을 부요하게 하시고 또 자기를 사랑하는 자들에게 약속하신 나라를 유업으로 받게 하셨다고 말합니다. 우리가 진정으로 하나님의 말씀을 믿는다면 모순 없이 살아야 합니다. 진정한 사랑을 실천하도록 최선을 다해야 합니다.

우리 중 살인한 사람은 없는지요? 많은 신자들이 "내가 언제 살인했느냐?"라고 반문할 것입니다. 요한일서에서 이 문제를 다루고 있습니다.

> 그 형제를 미워하는 자마다 살인하는 자니 살인하는 자마다 영생이 그 속에 거하지 아니하는 것을 너희가 아는 바라 그가 우리를 위하여 목숨을 버리셨으니 우리가 이로써 사랑을 알고 우리도 형제들을 위하여 목숨을 버리는 것이 마땅하니라 누가 이 세상 재물을 가지고 형제의 궁핍함을 보고도 도와줄 마음을 막으면 하나님의 사랑이 어찌 그 속에 거할까 보냐 자녀들아 우리가 말과 혀로만 사랑하지 말고 오직 행함과 진실함으로 하자 이로써 우리가 진리에 속한 줄을 알고 또 우리 마음을 주 앞에서 굳세게 하리로다 우리 마음이 혹 우리를 책망할 일이 있거든 하물며 우리 마음보다 크시고 모든 것을 아시는 하나님일까 보냐(요일 3:15-20).

사랑 안에 두려움이 없고 온전한 사랑이 두려움을 내어

쫓나니 두려움에는 형벌이 있음이라 두려워하는 자는 사
랑 안에서 온전히 이루지 못하였느니라 우리가 사랑함은
그가 먼저 우리를 사랑하셨음이라 누구든지 하나님을 사
랑하노라 하고 그 형제를 미워하면 이는 거짓말하는 자니
보는바 그 형제를 사랑치 아니하는 자가 보지 못하는바
하나님을 사랑할 수가 없느니라 우리가 이 계명을 주께
받았나니 하나님을 사랑하는 자는 또한 그 형제를 사랑할
지니라(요일 4:18-21).

형제를 사랑하는 데는 재산을 나눠 주는 일이 항상 뒤따르게 마
련입니다. 심리적인 위로나 말보다 내 이웃의 궁핍함에 진정한 관
심을 기울이며 실제적인 도움을 줄 때 우리의 사랑이 확증되는 것
입니다.

오늘날 많은 크리스천들이 핵문제를 거론합니다. 미국에서도 반
핵 데모를 자주하는데, 교인들이 워싱턴 시에 모여 데모하는 기사
를 흔히 접할 수 있습니다. 고르바초프 서기장이 미국을 방문해서
레이건 대통령과 회담할 당시 얼마나 많은 신자들이 "핵무기를 몰
아내라!"라고 외쳤는지 모릅니다. 그런데 세계에서 3일마다 한 번
씩 히로시마 원자탄 투하에 희생된 숫자에 필적하는 12만 명이나
되는 사람들이 굶주림으로 죽어 가는 사실에 대해서는 잠잠합니
다. 과학 문명이 이처럼 진보한 현대 사회의 한 모퉁이에서 그토록
많은 사람이 소리 없이 굶주림으로 죽어 가고 있는데 우리 신자들
은 무엇을 하고 있습니까? 왜 그들이 그렇게 죽게 되었습니까? 먹

을 것이 없기 때문입니다. 우리 신자들이 자기 먹을 것 중에서 10분의 1만 나눠 주면 그들을 먹일 수 있을 텐데, 관심이 없습니다. 눈앞에 나타나지 않기 때문에 무시해 버립니다.

캘커타에 가 보면, 길에서 사는 사람들이 얼마나 많은지 모릅니다. 길에서 태어나서 길에서 자라나 길에서 살다가 길에서 죽습니다. 집도 없고 땅도 없습니다. 그들에게는 땅이 한 평도 없습니다! 죽어서조차 한 조각의 땅도 허용되지 않아 그냥 강에다 시신을 던져 버리고 맙니다. 미국 속담에 "살아서는 땅 한 평 없었는데 죽을 때 반 평 주었네"라는 말이 있습니다. 그러나 인도에서는 그나마 반 평의 묘지조차 주지 않습니다.

왜 그렇게 되었을까요? 토지문제 때문입니다. 악한 바알의 토지법이 허용되었기 때문입니다. 지주들의 탐욕이 그처럼 잔혹한 결과를 초래한 것입니다. 현재 미국의 경우, 생활수준이 자꾸 떨어지고 있습니다. 큰 건물과 화려한 복장, 멋진 자동차의 물결이 넘쳐나는 것을 보고 미국 사람들이 잘산다고 생각하겠지만, 몇 년 전에 비해 경제가 계속 침체되고 있습니다. 불과 수년 전만 해도 일반 노동자인 가장이 일해서 온 가족을 부양할 수 있었지만 지금은 그렇지 못합니다. 집세조차 내기 힘든 실정이라서 부인도 일하지 않으면 안 됩니다.

리노라는 마을에 가면 일자리는 많은데 집이 없습니다. 리노에 일자리가 있다는 소문을 듣고 그곳에 가서 열심히 일해 돈을 벌지만 머물 곳이 없습니다. 집값이 워낙 비싸서 일반 노동자들이 거할 집이 없습니다. 큰 부자들은 아름다운 맨션을 구입하여 살지만 일반 노동자들은 구세군 기숙사에서 묵을 수밖에 없는 상황입니다. 실업자나 거지가 아닌데 기숙사에서 살고 있습니다.

제가 30년 전 미국에서 목회할 때 제 주위에도 실업자들이 몇 명 있었습니다. 그래서 교회에서 '코이노니아회'를 만들어 서로 도와주고 일자리를 구하도록 노력하기로 해서 연락이 오면 사람을 보내 주었습니다. 그렇게 해서 문제가 잘 해결되었고 오래지 않아 그 모임이 필요 없게 되었습니다. 신자들이 합력해서 일자리를 구해 주었기 때문입니다. 그런데 몇 년 후 다시 그곳을 방문해 보니, 매일 예배당에서 잠을 자는 사람들이 있었습니다. 왜냐하면 집이 없기 때문입니다. 여기저기 돌아다니면서 일자리를 구하거나 구걸하며 살아가는데, 잘 데도 없고 맞이해 주는 사람도 없으니 이 예배당 저 예배당을 기웃거리며 잠을 자는 것이었습니다.

작년에 뉴욕에 갔을 때 처음 본 것은 '갈색 가방을 든 사람들'이었습니다. 그들은 자신의 전 재산을 가방에 넣고 다니며 뉴욕 시내를 돌아다니고 있었습니다. 집도 없고 물건 둘 자리조차 없습니다. 밤이 되면 지하철에서 잠을 잡니다. 뉴욕에는 지하철에서 잠자는 사람들이 얼마나 많은지 모릅니다. 캘커타의 형편과 조금도 다를 바가 없습니다. 다만 차이점이 있다면 뉴욕이 캘커타보다 더 춥다는 것입니다. 캘커타는 따뜻해서 겨울에 길거리에서 잠을 자도 별 지장이 없습니다. 밟힐 위험은 있지만 얼어 죽을 위험은 없습니다. 그렇지만 뉴욕은 얼어 죽을 위험까지 있습니다.

왜 이런 현상이 나타납니까? 크리스천의 숫자는 많지만 서로에게 실제적인 책임을 질 마음이 전혀 없기 때문입니다. 개인 재산은 자신의 소유일 뿐 이웃에게 나눠 줄 필요가 없다고 생각합니다! 세계의 크리스천들의 1년 수입이 500달러밖에 안 되더라도 50달러씩 십일조를 하면 전 세계의 기아문제를 해결할 수 있습니다. 이것은 정부의 일이라고 외치는 사람들이 많은데, 정부의 책임만으로 돌릴 수 없는 문제입니다. 물론 정부의 할 일도 있습니다. 불의를 막고 남의 땅을 빼앗는 사람들을 다스려야 합니다. 하지만 세계 각국의 정부들이 바알법 때문에 대부분 토지권을 상실했습니다. 세속 정부에게 정의를 실현하라고 요구하기 전에 믿는 우리가 먼저 이 일을 해야 합니다. 하나님을 믿는다고 하는 우리가 하나님의 법을 실행하지 않으면서 어떻게 세속 정부를 비난할 수 있습니까? 겸손한 자세로 하나님의 법을 소개하고 실천하는 삶을 통해 증거해야 합니다.

성경에서 가장 강조되고 있는 인권은 '토지권'입니다. 땅이 있으면 농사도 지을 수 있고, 집도 건축할 수 있고, 장사도 할 수 있고, 공장도 운영할 수 있습니다. 여러 가지 사업을 다 할 수 있습니다. 그러나 땅이 없으면 집도 없고 먹을 것도 없어서 결국 땅 있는 사람에게 가서 일자리와 거처를 구걸할 수밖에 없는 처지가 됩니다. 땅이 없는 사람들은 거지입니다. 땅 없는 인텔리들은 대부분 고등거지입니다. 경제 공황이 닥치면 갈 데가 없게 될 것입니다. 이리저리 다니면서 일자리를 구걸하는 신세가 될 것입니다.

미국의 어떤 부자가 약 6개월간 교회에 다녔습니다. 그 교회에는 부자들이 많이 다니고 있었습니다. 그는 멋지고 호화로운 저택에서 살다가 어느 날 일자리를 잃어버렸습니다. 그렇지만 실직한 사실이 부끄러워 이웃 사람들이 알지 못하도록 매일 자동차를 몰고 출근하는 척했습니다. 갈 곳도 없으면서 말쑥하게 차려입고 마치 출근하는 것처럼 자기 차를 타고 집을 나선 것입니다. 몇 개월 동안이나 그렇게 생활했지만 이웃 사람들은 전혀 알지 못했습니다. 마침내 있는 돈을 다 써 버렸지만 여전히 일자리를 얻지 못했습니다. 공부도 많이 하고 아주 똑똑한 사람이었으나 실직한 사실이 너무나 부끄러운 나머지 교인들에게 자신의 상태를 알릴 수 없었습니다. 신부님만 그 사실을 알 뿐 아무도 몰랐습니다. 그러나 신부님으로서는 어떻게 도와주어야 할지 몰랐습니다. 만일 그 사람이 교인들 앞에 자신의 처지를 솔직하게 고백했더라면 다른 교인들이 금방 좋은 방법을 마련했을 것입니다. 그런데 부끄러워서 말을 하지 못했습니다. 왜 그랬겠습니까? 교회 안에 사랑이 없었기 때문입니다.

실직한 것을 알리면 무시를 당하고, 애써 쌓아 온 사회적 체면이 무너질까 봐 두려워 말을 못 했다는 것은 그곳에 코이노니아가 없었다는 말입니다. 그런데 그런 교회였지만 예배당은 얼마나 아름다운지 모릅니다. 주일에 가 보면, 좋은 옷을 입은 사람들이 꽉 찬 가운데 훌륭한 설교와 아름다운 찬양이 흘러나오고, 예배 후에는 서로 정중하게 인사를 나누며 헤어집니다. 커피를 마시며 잠시 대화를 나누면서 교제하는 사람도 있습니다. 그렇지만 실제적인 문제를 취급하는 일은 없습니다. 이론적인 종교밖에 없습니다!

성경은 서로 도와주고 봉사하고 책임지지 않으면 살인하는 사람과 다름이 없다고 말합니다. 하나님의 율법에 어긋날 뿐만 아니라 하나님을 사랑한다는 말도 다 거짓이라고 합니다.

인자가 자기 영광으로 모든 천사와 함께 올 때에 자기 영
광의 보좌에 앉으리니 모든 민족을 그 앞에 모으고 각각
분별하기를 목자가 양과 염소를 분별하는 것같이 하여 양
은 그 오른편에, 염소는 왼편에 두리라 그때에 임금이 그
오른편에 있는 자들에게 이르시되 내 아버지께 복 받을
자들이여 나아와 창세로부터 너희를 위하여 예비된 나라
를 상속하라 내가 주릴 때에 너희가 먹을 것을 주었고 목
마를 때에 마시게 하였고 나그네 되었을 때에 영접하였고
벗었을 때에 옷을 입혔고 병들었을 때에 돌아보았고 옥에
갇혔을 때에 와서 보았느니라…… 임금이 대답하여 가라
사대 내가 진실로 너희에게 이르노니 너희가 여기 내 형
제 중에 지극히 작은 자 하나에게 한 것이 곧 내게 한 것
이니라 하시고……(마 25:31-40).

미국에는 지금 집 없는 사람들이 많습니다만, 교인들이 자기 집
으로 오라고 하지 않습니다. 원칙대로 하면 집 없는 사람들이 교회
에 나가 솔직하게 도움을 청하면 서너 명쯤은 금방 자기 집으로 오
라고 해야 할 것입니다. 그러나 현실은 그렇지 않습니다. 부끄러워
서 말조차 꺼내지 못하고 말을 해도 용납되지 않기 때문에 말을 하
지 않습니다.

제가 노동자로 있을 때 건축 일을 하러 어느 마을에 간 적이 있

습니다. 저는 그 지역에 아는 사람이 한 명도 없었습니다. 그래서 제일 값싼 여인숙에 숙소를 마련했습니다. 아주 형편없는 싸구려 여인숙이었습니다. 주일이 되어 좋은 옷을 입고 교회에 나갔더니 많은 사람들이 저를 환영했습니다.

"새로 오신 분이네요. 저희 교회에 잘 오셨습니다! 어디에서 오셨습니까?"

"이 근처 회사에서 일하고 있습니다."

"그래요? 지금은 어디서 묵고 계신지요?"

"여인숙에서 묵고 있는 중입니다."

"······."

친절했던 표정이 갑자기 굳어지면서 나를 더 이상 상대하려고 하지 않았습니다. "고생이 많겠습니다. 괜찮으시다면 저희 집으로 오셔서 같이 지냅시다"라는 말은 듣지도 못했습니다. 오히려 더 이상 우리 교회에 나오지 말았으면 하는 싸늘한 표정을 접했을 뿐입니다.

지금 이 세상에서 먹을 것이 없어서 굶어 죽어 가는 사람들이 하나님 앞에서 우리 신자들을 고소할 것입니다. "왜 믿는 자들이 우리를 먹이지 않았습니까?"라고 말할 때, 우리는 무슨 대답을 할 수 있겠습니까? "우리의 돈을 성전 짓는데 다 써 버렸어요" "목사님에게 더 좋은 자동차를 사 드리기 위해 다 써 버렸어요" "목사님께 좋은 옷 해 드리기 위해 다 써 버렸어요"라고 말하겠습니까?

며칠 전 어떤 손님이 제게 "신부님, 새 옷 사 입으십시오"라면서 13만 원을 주었습니다. 하지만 제게 얼마나 옷이 많은지 모릅니다.

더 필요치 않습니다. 또 제 체구가 너무 커서 제가 입던 옷을 다른 사람이 입기도 어렵습니다. 그분에게는 고맙다고 할 수밖에 없었지만 너무 미안했습니다. 없는 사람은 도와주지 않고 도움이 필요 없는 사람을 도와준 셈입니다. 형편이 어려운 사람이 그 돈을 가진다면 며칠 동안 먹을 수 있지 않겠습니까!

공동체는 한 교회에서부터 시작하는 것입니다. 서로 아는 사람들부터 시작하면 됩니다. 가난한 이웃의 필요에 민감한 신자들이 나의 가진 모든 소유가 하나님의 것인 줄 알아서 서로 나누면서 주님이 가르치신 대로 사랑을 실천하면 됩니다. 오늘날 전 세계적으로 많은 공동체가 존재하지만 예수원처럼 시작되고 운영되는 곳은 없습니다. 우리가 제일 이상한 공동체에 살고 있다는 사실을 저도 잘 알고 있습니다.

일반적으로 공동체는, 교회 안에서 동일한 관심을 가진 사람들이 모여 성경말씀을 좀더 깊이 연구하는 데서 시작합니다. 이 집에서 모이고 저 집에서 모여 함께 성경공부를 하고 깊이 연구하면서 하나님의 뜻이 무엇인지 추구하게 되는 것입니다. 대체로 8-10년에 걸쳐 모임을 지속한 뒤에 "이렇게 사는 것은 주님의 뜻이 아닙니다. 각자 자기 집에서 지금처럼 살아가는 것은 여러모로 낭비가 많습니다. 우리가 가진 모든 것은 하나님의 것인데 이렇게 낭비하면 안 되니 공동체를 시작해 봅시다"라는 결론에 도달하게 되는 것입니다. 수년 동안 함께 모임을 가지면서 함께 기도하고 위로하며, 서로 경제문제를 도와주고, 성경말씀을 깊이 깨달아 한마음 한뜻을 갖게 된 다음에 "자, 우리가 갖고 있는 것을 모아서 땅을 좀 삽시다"라고 제안합니다. 그리고 공동으로 땅을 구입하면 자기의 개인 재산을 처분하고 살림을 위해 꼭 필요한 것들만 가지고 새 출발합니다. 이런 사람들이 알래스카, 캐나다 등에는 많습니다.

그런데 볼리비아의 경우에는 공동체가 없어졌습니다. 공산당이 너무 강하게 되어 공동체를 새로 시작하기에는 늦었기 때문입니다. 볼리비아는 공동체 정신이 부족했기 때문에 가난한 사람들이 다 공산당으로 들어갔습니다. 지금 뒤늦게 신자들이 공동체생활을 제안하고 있지만 이미 기회를 놓쳤다고 생각합니다. 공산당이 들어와서 땅을 다 빼앗았기 때문입니다.

왜 이슬람교가 생겼는지 아십니까? 교회가 가난한 사람들에게 관심이 없었기 때문입니다. 왜 공산당이 생겼는지 아십니까? 교인들이 가난한 사람들에게 관심이 없었기 때문입니다. 톨스토이가 "하나님의 법대로 살아야 한다"라고 대지주들에게 계속 권면했을 때, 그들은 전혀 귀를 기울이지 않고 비웃기만 했습니다. 마침내 톨스토이는 출교까지 당했습니다. 이단으로 몰려 러시아 정교회로부터 쫓겨났습니다. 결국 볼셰비키 혁명으로 말미암아 러시아 교회는 파괴되고 지주들의 땅은 몰수당해 모두 국가의 땅이 되어 버렸습니다. 그렇지만 그와 같은 방식으로 인민의 문제가 해결된 것은 아닙니다. 그 전에 대지주를 위해 일했던 소작인들이 그 뒤에는 공산당 정부를 위한 국가의 소작인이 된 것에 불과합니다. 혁명을 통해 상태가 호전된 것은 아니었습니다. 그러므로 지금 우리 신자들은 함께 모여 성경을 연구하고 기도하는 것을 시작으로 참으로 우리가 공동체를 실현할 수 있는지 실험해 보아야 합니다.

많은 사람들이 왜 강원도 깊은 산골짜기에서 예수원을 시작했느냐고 묻습니다. 이유는 간단합니다. 예수원 설립 당시 태백에 13,000평 정도의 땅을 구입할 돈으로 서울에는 몇 평을 살 수 있었는지 아십니까? 아마 한 평이나 두 평 정도밖에 살 수 없었을 것입니다. 그 당시 시세로 서울의 땅 한 평 값이면 이곳에서 만 평에서 삼만 평가량 구입이 가능했습니다. 엄청난 땅값 때문에 도시에서 공동체를 시작하기란 더욱 힘이 듭니다. 그렇지만 각 교회에는 땅을 가지고 있는 신자들이 많습니다. 서울에 자기 집을 소유하고 있는 신자들이 적지 않습니다. 경제 공황이 닥쳐 도시의 일자리가 다 없어지고 결국 농촌으로 가서 일자리를 구하게 될 날이 올지도 모릅니다. 그때를 대비해서 시골에 땅을 구입하여 개간할 필요가 있습니다. 한국에는 아직 개간지가 많습니다. 이미 개간한 땅마저 자주 버리는 상황입니다.

대체로 사람들은 흙을 만지는 일을 싫어하는데 이유가 있습니다. 우리가 하나님의 법을 지키지 않은 결과, 땅에서 14시간 열심히 일해도 도시에서 6시간 일한 것에 그 수입이 미치지 못하기 때문입니다. 그렇지만 서울에서 아주 많이 받는 월급도 언제까지 지속되리란 보장은 없습니다. 언제 갑자기 일자리가 없어질지 모릅니다. 그렇게 되면 갈 데도 없고 집세도 내지 못해 일이 아주 복잡해집니다. 그런데 자기 소유의 땅이 있으면 금년에는 땀을 흘리면서 어렵게 살지만, 내년에 또 그 후년에는 계속해서 잘 살 수 있습니다. 공황이 닥쳐도 먹을 것과 잠잘 곳과 입을 것을 마련할 수 있습니다.

이렇듯 토지에는 특별한 가치가 있기 때문에 하나님은 모든 사람에게 토지의 소유권이 나눠지기를 원하십니다. 오늘날 많은 사람들이 자신의 유업인 땅을 버리고 아무것도 가진 것 없이 도시로 가서 생활하고 있습니다. 이들이 얼마 동안은 안정된 봉급을 받겠지만 경제 공황이 일어나 일자리를 잃게 되면 빈손으로 농촌으로 돌아갈 수밖에 없습니다. 게다가 농촌에 가도 땅이 부족해 살아갈 길이 막연해집니다. 그러므로 도시에서 공동체를 조직한다 해도 농촌에 미리 분원을 만들어 두어야 합니다. 도시에서만 공동체생활을 하는 것은 도무지 안 되는 일입니다. 도시에서 사는 법과 농촌에서 사는 법이 다르기 때문입니다.

하나님은 대도시를 싫어하십니다. 신자들이 그것을 명심해야 합니다. 공해도 심한데다가 대자연과 멀어지게 하고 복잡한 사회문제가 많이 대두되기 때문입니다. 우리는 그 문제를 깊이 살펴보고 연구해야 합니다. 어떻게 하면 의미 있는 생활을 할 수 있는지 깊이 고려해 볼 만한 문제라고 생각합니다. 소위 진보된 '현대 문화'라는 것은 소비하는 문화일 뿐입니다. 물건을 과잉생산해서 지나친 경쟁을 유발하고 결국 제 값에 팔지도 못하게 합니다. 지금 한국에서는 자동차가 비싸서 사기 힘들지만 미국에 가면 80만 원이면 승용차 한 대를 구입할 수 있습니다. 생산을 계속하다 보니 새 차를 유통시키기 위하여 헌 차를 폐기 처분해야 합니다. 자꾸 헌 차를 팔아 치우고 새 차를 구입합니다. 80만 원만 주면 쓸 만한 새 차를 쉽게 구입할 수 있기 때문입니다. 미국의 농촌은 자동차 없이는 도무지 살 수 없으므로 아무리 가난한 사람이라 할지라도 다 자동차가 있습니다. 대부분 비싸지 않은 차를 사용하는데, 물론 휘발유가 많이 들고 수리비가 자꾸 들지만 비싼 고급차를 유지하는 것에 비하면 아무것도 아닙니다.

미국 사회는 갈수록 점점 복잡해지고 지나친 소비 문화로 치닫고 있습니다. 그러므로 우리 신자들은 미리 하나님의 정신이 무엇이며 성경의 분위기가 무엇인지 깨닫고 어떻게 살아야 하는지 연구해야 할 것입니다. 이런 일은 혼자 하기 어렵고 학교에서도 하지 못합니다. 학교는 학생들이 내는 등록금으로 운영되는 것이 아닙니다. 부자들이 큰 돈을 기부해 준 덕분에—대부분 자기 이름을 드러내기 위하여—유지되는 것입니다. 그러므로 돈을 대는 부자를 비방하는 내용을 가르치면 해고를 당합니다. 그러니 진리를 가르칠 수 없습니다. 진리를 연구하려면 따로 연구해야 합니다.

성경과 실제생활을 비교·연구하면 진리를 찾고 깨달을 수 있습니다. 새로 나온 책도 많은 도움을 줄 것입니다. 조금씩 그런 책들을 접하면서 연구하면 다른 사람이 연구한 결과와 비교할 수 있고, 우리에게 적용할 만할 것들을 발견하게 됩니다. 그런데 개인적으로 연구하기란 심히 어렵기 때문에 공동체 안에서 이 사람은 이 책을 읽고 저 사람은 저 책을 읽고 서로 의견을 나누어 성경과 모순이 없는지, 실생활에 적용할 수 있는지, 더 연구할 과제는 없는지 살펴보아야 하는 것입니다.

공동체를 처음 시작할 때는 일주일에 한 번 각 가정에 모여 성경 공부를 하고 기도하면서 우리의 생활을 위한 주님의 뜻이 무엇인지 연구해 보기로 결정해야 합니다. 그 다음에는 모인 회원들 사이에 서로 도와주어야 합니다. 일자리를 구하지 못하는 사람이 있으면 그 사람의 힘과 재능을 낭비하지 않는 적당한 직장을 알선하여 주는 등 실제적인 도움을 줍니다. 그 다음 한 단계 더 나아가면 땅을 공동으로 구입해서 식사도 같이하고 예배도 함께 드리고 작업도 공동으로 하면 더욱 흥미로운 삶을 추구해 갈 수 있을 것입니다. 이를 통해 사도행전의 분위기가 되살아나게 됩니다. 집집마다 떡을 떼면서 코이노니아를 실행하게 됩니다. 그 다음 한층 더 나아가 혹시 하나님께서 도시를 떠날 준비를 하라고 명령하시면 돈을 모아 시골에 적합한 땅을 사 두었다가, 때가 오면 언제든지 떠날 수 있도록 해야 합니다. 지금은 넉넉한 수입으로 도시에 살고 있지만, 언제 닥칠지 모를 환난의 때를 대비해서 실제적인 방안을 마련해 두어야 합니다.

그런데 이보다 우선적으로 지금 당장 어려운 사람들이 너무 많으니 그 사람들을 먼저 먹여야 합니다. 궁핍한 내 이웃의 문제가 더 시급합니다. 지금 당장 주려 죽는 사람들이 있으니 나중 문제는 나중에 처리하도록 하고 재정에 여유가 있는 대로 굶주린 사람들을 먹이는 데 우선권을 두어야 합니다. 또 공동체의 구성원들이 함께 큰 교회에 다니면서 신자들의 신앙 양심에 호소하는 일도 할 수 있습니다. 그런데 한 개인이 그런 말을 하는 것은 쓸모가 없습니다. "저 사람 미쳤다!"라고 무시해 버리면 그만입니다.

대만에서 선교사로 일하는 장로교 목사님 한 분은 제가 다닌 대학에서 공부한 분으로, 제 아들과도 아주 친하며 예수원에도 여러 번 왔습니다. 그가 작년에 미국을 방문하여, 제 모교에 들러 그곳의 도서관장과 대화를 나누는데, 대화 중에 저에 대한 이야기가 나오니까 도서관장이 이렇게 말했다고 합니다.

"아, 그 사람! 대학 다닐 때도 미쳤었는데 지금도 미친 사람이지?"

저는 미친 것을 자랑합니다. 저는 미친 사람입니다. 누구든지 참으로 예수를 따라가려면 미친 사람으로 대접받기 쉽습니다. 그러나 한 사람이 미치면 사회에 큰 문제가 되지도 않고 핍박을 받지도 않습니다. 하지만 공동체가 다 미치게 되면 핍박받기가 쉽습니다. 피터 왈도 혼자서 진정한 코이노니아의 실행과 가난한 자들을 위한 복음을 전할 때는 별 문제가 없었습니다. 나중에 그를 따르는 무리가 점점 많아지고 제자가 늘어남에 따라 문제가 되고 심한 핍박을 받았습니다.

메노 시몬(Menno Simons, 1496-1561)의 경우도 그렇습니다. 그가 개인적으로 가르칠 때는 문제가 되지 않았지만 공동체가 생기고 많은 제자들이 그의 뒤를 따를 때 교회는 큰 도전을 받게 되었습니다. 교회는 이를 견딜 수 없자 그를 심하게 핍박하기 시작했습니다. "성경의 가르침은 신자들이 재물을 서로 나누고 공동체를 하라는 데 있지 않다. 성도의 상통이란 죽은 자와 상통한다는 의미이지 생존하는 사람끼리 상통하는 것이 아니다. 재산문제가 아니다"라고 말입니다. 지금도 이런 말을 종종 들을 수 있습니다.

며칠 전 미국의 신앙 잡지에 어떤 단체가 소개되었는데(교회 쇄신을 위한 모임이라고 합니다), "교회의 참모습을 회복하자"라고 하면서 모든 문제를 성경적인 관점에서 분명하게 말하자고 주장했습니다. 저는 경제문제에 관한 보고도 있을 것이라는 기사를 읽고 발송비와 함께 편지를 써서 경제보고서를 보내 달라고 요청했습니다. 나중에 아주 두꺼운 책을 한 권 받게 되었는데, 펼쳐 보니 처음에는 성경대로 서술했지만 본론은 성경을 떠나 나름대로 논리를 전개하고 있었습니다.

"모든 사람에게 균등한 분배를 하는 것은 성경의 가르침이 아니다. 개인 재산은 어디까지나 개인 재산이다."

자세히 살펴보니 코이노니아를 실제로 적용하기를 피하는 내용으로, 성경에 기초한 것이 아니었습니다. 전체 내용은 부자의 입장을 대변한 것에 불과했습니다. 그래서 제가 부드럽고 친절한 필체로 대충 다음과 같은 내용의 편지를 써 보냈습니다.

"저도 성경을 믿는 사람으로서 성경을 이렇게 해석해야 한다고 생각하는데 제 견해에 틀린 점이 있다면 말씀해 주세요. 서로 사랑하는 마음으로 대화하자고 하셨으니 솔직한 의견을 교환하고 싶습니다."

그런데 벌써 몇 개월이 지났지만 아무런 답장도 오지 않았습니다. 제 생각에는, 부자들이 부자의 입장을 옹호하기 위해 쓴 보고서가 아닌가 싶습니다. 크리스천들은 재물을 나누고 가난한 이웃의 문제에 대하여 구체적으로 책임져야 할 방법이 성경에 분명하게 제시되어 있음에도 불구하고 이것을 실행하려고 하지 않습니다. 그러고는 저 같은 사람을 미워합니다. 대화하기조차 거절하고 반응을 보이지 않습니다. 만약 우리 같은 사람들이 커지게 되면 그 단체는 우리를 크게 대적하고 이단이라고 공격할 것입니다. 그들이 지금 미국에서 정치적으로 세력을 잡으려고 하는데 그들이 세운 크리스천 대통령이 당선될 경우 세력을 이용해서 우리와 같은 사람을 이단으로 몰고 핍박할지도 모릅니다.

예수님 시대에는 로마인들이 유대인들에 대해 무관심한 편이었습니다. 그리고 크리스천들이 로마 정부에 대적하지도 않았습니다. 조금도 반발하지 않고 정부를 위해 매일 기도했습니다. 그런데 왜 로마 제국이 초대 교회를 그토록 핍박했을까요? 크리스천들이 로마 황제에게 경배하기를 거부했기 때문입니다. 로마 제국으로서는 로마 황제보다 더 높으신 분이 계시다는 것을 인정할 수 없었던 것입니다. 그리고 엄청난 재산을 소유하고 있던 부자들은 초대 교인들의 생활을 통하여 부끄럽게 되었고, 가난한 사람들이 교회에 들어와서 합력하는 것을 위험하다고 생각했습니다. 그래서 교회가 없어져야 한다고 판단했던 것입니다.

우리가 진정 하나님의 뜻대로 살기로 결정하고 성경을 연구하면서 실행하고자 한다면, 상당한 위험에 처할 것입니다. 지금 위험하지 않은 이유는 실행으로 옮기는 사람이 너무나 적어서 사회에 도전을 주지 못하기 때문입니다. 몰려다니며 데모하는 것은 문제가 안 됩니다. 그것은 아무것도 아닙니다. 하지만 공동체를 구성하고 실제로 우리끼리 경제문제를 해결하기 시작하면 많은 사람들이 부끄럽게 되어 견딜 수 없으므로 우리를 크게 대적할 것입니다. 우리가 크게 외치지 않고 데모하지 않아도 미워하고 핍박할 것입니다.

지금 우리 사회에서 제일 강한 것은 미디어입니다. 어제 신문을 보니 기업들이 미디어를 소유할 수 없도록 정부에서 법으로 막고 있다고 합니다. 지금 롯데나 대우, 현대 같은 대기업에서는 방송국도 사고 출판사나 각종 신문사도 사고 싶어 합니다. 정부에서 법으로 주식의 반 이상은 살 수 없고 주식을 공개하도록 대책을 세웠습니다만, 그러한 법을 만들었다고 해결되는 것은 아닐 것입니다. 대개 한정된 몇몇 사람들이 재력을 모아 땅도 사고 미디어도 사들여 다른 사람들을 꼼짝 못 하게 합니다. 땅이 없는 사람들은 힘이 없으므로 결국 지주들에게 가서 일자리를 구해야 합니다. 지주들의 비위를 상하게 하는 말은 감히 할 수도 없습니다. 거의 모든 사람들이 미디어를 통하여 세뇌를 당하고 하나님의 뜻대로 살지 못하게 되는 것입니다.

미디어가 무엇 때문에 존재합니까? 진리를 실현하기 위해서입니까? 아닙니다. 돈 때문에 있는 것입니다. 광고를 주는 사람이 없으면 미디어는 운영되지 못합니다. 광고주들이 광고를 내는 목적은 무엇입니까? 물건을 팔기 위해서입니다. 수단 방법을 가리지 않고(소비자에게 필요한 것이든 아니든 관계없이) 사람들의 눈을 자극해 구매욕을 유발하는 데 있습니다. 미디어란 결국 탐심을 일으키기 위해 존재하는 것입니다. 그런데 성경은 탐심이 곧 우상숭배라고 했습니다.

현대 문화는 우상숭배하는 문화, 하나님을 싫어하는 탐심의 문화입니다. 우리가 신자로서 탐심의 문화에 참여하는 사람이 되어야겠습니까? 탐심의 문화를 인정해야 할까요, 아니면 탐심의 문화를 거부해야 할까요? 예수님은 "아무든지 나를 따라 오려거든 자기를 부인하고 자기 십자가를 지고 나를 좇을 것이니라"(마 16:24)

라고 말씀하셨습니다. 여기서 십자가를 지는 일은 하나님의 법을 떠난 문화를 거부하는 것도 포함합니다. 거센 현대 문화의 물결을 대적할 힘이 있습니까? 멸시와 희롱을 당할 수 있습니까? 심한 오해와 무시당함을 견딜 수 있습니까? "바보! 미치광이!"라는 소리를 견딜 수 있습니까? 우리에게는 함께 모여 서로를 위해 기도하고 성경을 연구하며 주님의 뜻을 구하면 지혜를 주시겠다는 약속의 말씀이 있습니다.

중국의 어떤 신자들이 중국 고유의 대가족 제도에 맞추어 공동체를 시작했습니다. 공산당 정부가 그들을 핍박하면 다른 곳으로 이동해서 공동체를 만들고 한 공동체가 확장되면 다시 이동하며, 꿀벌들이 분봉하는 식으로 계속 다른 작은 공동체를 만들어 퍼져 나갔습니다. 그리고 오랫동안 저는 예수가정 운동에 관한 소식을 들을 수 없었습니다. 예수가정 운동은 중국이 공산화하기 전인 1920년도에 시작된 것으로 1939년 공산당이 세력을 잡았을 때는 이미 공동체의 뿌리가 내려진 뒤였습니다. 1980년도에 제가 어떤 모임에 참석하여 중국 교회에 대한 소식을 들었는데 계속 교회가 부흥되고 있다고 했습니다. 그런데 자세히 들어보니 공산치하에서 계속 성장하고 번진 것은 '작은 양무리' 운동과 '예수가정' 운동이었습니다. 그에 반해 기성 교회는 일어나지 못했습니다. 기성 교회 안에 실제적인 교제, 실제적인 코이노니아가 없었기 때문에 핍박을 견디기 힘들었던 것입니다. 그리고 지나치게 성직자 중심으로 교회를 조직하고 운영했기 때문에 목사님이나 신부님이 감옥에 들어가면 곧 교회는 흩어졌습니다. 예배당을 중심으로 모이던 신자들은 교회 건물을 빼앗기고 교회 건물이 회관이나 창고로 바뀌자 모일 장소가 없어서 흩어지게 되었습니다.

그런데 작은 양무리 운동과 예수가정 운동은 원래 예배당이나 성직자에게 의존하지 않았습니다. 그 모임의 중심은 코이노니아였습니다. 어느 곳이든 두세 사람이 예수의 이름으로 모이면 주님이 그곳에 계신 줄 알고 신자들이 모여 그리스도의 몸을 이루었습니다. 아무리 심한 핍박을 받아도 이에 굴하지 않고 전도를 열심히 하여 지금은 50배로 확장되었습니다. 한국에서도 그와 같은 시도를 해야 합니다. 교회를 떠날 필요 없습니다. 교회 안에서 하면 됩니다. 어떻게 교회 안에서 그런 일이 가능한지 비유를 들어 설명하겠습니다.

누에는 계속 자라다가 때가 되면 그물을 만들고 고치 속으로 들어가 잠을 잡니다. 누에의 몸에는 특수한 세포가 여기저기 있어서 어느 정도 자랐을 때는 몸에서 특정한 성분이 나옵니다. 고치 속에서 자는 동안 이 세포가 퍼져 갑니다. 서로 연결되어 마침내 이 세포들이 누에의 나머지 부분을 다 먹어 버립니다. 그러다가 누에가 없어지고 대신 나비가 나옵니다. 누에가 변해서 나비가 되는 것이 아닙니다. 나비의 세포가 누에 안에 있었는데 처음에는 조그만 세포에 지나지 않다가 그 세포가 퍼지고 퍼져서 변화를 일으킨 것입니다. 그리고 마침내 나비의 몸뚱이와 날개 등 여러 지체가 따로 나타납니다. 이것이 하나님께서 창조하시는 창조의 과정입니다.

이처럼 교회 안에도 두서너 명이 기도하고 성경을 연구함으로써 성령의 인도하심을 받아 퍼지고 퍼져 마침내 서로 연결되어 완전히 새로운 교회가 나타나게 됩니다. 나비와 같은 교회가 나오는 것입니다. 기어다니는 교회에서 공중을 날아다니는 아름다운 부활의 교회가 생기는 것입니다.

이것은 싸우거나 요란한 외침으로 되는 것이 아닙니다. 새로운 개혁을 요구하는 것도 아닙니다. 누에에 속한 신자들이 나비에 속한 신자들을 보고 '나도 성령을 받아야겠다. 성령을 받아서 나비에 속하는 신자가 되어야지' 라고 다짐함으로써 육적인 신자들이 점점 없어지고 성령의 다스림을 받는 신자들이 많아지면 교회 전체가 변화하는 것입니다. 신자로서 마땅히 해야 할 일을 생명의 방법으로 충실히 할 때 하나님께서 우리에게 아름다운 공동체를 주시고 자신의 뜻을 이루시는 것입니다. 우리의 할 일은 나 자신부터 모여 조그만 공동체를 시작하고 그것이 점점 퍼지고 퍼져 마침내 교회를 새롭게 하는 것입니다. 그것이 성령 받은 우리 신자들에게 부여된 책임입니다.

교회생활과 공동체

너희 아버지의 자비하심같이 너희도 자비하라 비판치 말라 그리하면 너희가 비판을 받지 않을 것이요 정죄하지 말라 그리하면 너희가 정죄를 받지 않을 것이요 용서하라 그리하면 너희가 용서를 받을 것이요 주라 그리하면 너희에게 줄 것이니 곧 후히 되어 누르고 흔들어 넘치도록 하여 너희에게 안겨 주리라 너희의 헤아리는 그 헤아림으로

너희도 헤아림을 도로 받을 것이니라 또 비유로 말씀하시
되 소경이 소경을 인도할 수 있느냐 둘이 다 구덩이에 빠
지지 아니하겠느냐 제자가 그 선생보다 높지 못하나 무릇
온전케 된 자는 그 선생과 같으리라 어찌하여 형제의 눈
속에 있는 티는 보고 네 눈 속에 있는 들보는 깨닫지 못하
느냐 너는 네 눈 속에 있는 들보를 보지 못하면서 어찌하
여 형제에게 말하기를 형제여 나로 네 눈 속에 있는 티를
빼게 하라 할 수 있느냐 외식하는 자여 먼저 네 눈 속에서
들보를 빼어라 그 후에야 네가 밝히 보고 형제의 눈 속에
있는 티를 빼리라(눅 6:36-42).

이 말씀은 주님이 친히 주신 가르침입니다. 어제 서울에서 모임
을 가졌는데 예수원에서 생활한 형제자매들이 약 80명 정도 모였
습니다. 그 중에 더러는 2-3일 정도 방문한 이들이었고, 여러 달
혹은 3-4년 정도 수련한 사람도 있었습니다. 그들은 서울에 돌아
가서 예수원과 같은 분위기의 모임을 찾았지만 대부분 찾지 못해
낙심한 상태였습니다. 그래서 예수원을 다녀온 사람들이 함께 모
여, 한 달에 한 번이라도 예수원의 분위기를 다시 한 번 맛보기 위
해 그런 모임을 갖게 된 것입니다. 분위기가 참 좋았습니다. 하지
만 한 달에 한 번 몇 시간 모임을 갖는다고 해서 예수원의 분위기
가 나올 수는 없을 것입니다. 예수원에서는 매일 저녁 프로그램을
다르게 하여 예배를 드리는데 서울에서 한 달에 한 번 불과 몇 시
간 예배를 드리면서 어떻게 예수원에서와 같은 효과를 누릴 수 있

겠습니까?

　제일 큰 문제는 예수원의 생활과 일반 교회 생활에 차이가 있다는 것입니다. 규모의 문제가 아니라 서로의 역할이 다릅니다. 사실 예수원과 같은 분위기는 다른 곳에서도 얼마든지 찾아볼 수 있습니다. 예를 들어, 여름 캠핑을 한 달간만 해도 예수원과 비슷한 분위기를 맛볼 수 있습니다. 2주 혹은 1주일만 여름성경학교를 해도 예수원과 비슷한 분위기를 많이 느낄 수 있을 것입니다. 예수원이 독특한 장소이기 때문에 예수원의 분위기가 있는 것이 아닙니다. 다만 예수의 이름으로 계속해서 모였기 때문일 뿐입니다. 교회에 가면 약 1시간만 예수의 이름으로 모이고, 또 며칠 후에 1시간 모임을 갖습니다. 혹 어떤 이들은 새벽예배에 참석하면서 매일 1시간씩 예수의 이름으로 모일 수 있습니다. 주일날 2-3시간 예배를 드릴 수 있고, 수요일 아침과 저녁으로 2시간 모일 수도 있습니다. 그러나 이곳 예수원에서 24시간 항상 함께 사는 것과는 얼마나 큰 차이가 있는지 모릅니다. 예수원 식구들은 매일 24시간 공동생활을 하기 때문에 일반 교회에서는 우리가 할 수 있는 어떤 것을 도무지 하지 못합니다.

　예수원을 경험한 사람들에게 부탁하고 싶은 것은 이런 점을 이해하고 일반 교회와 예수원을 비교해서 판단하지 말라는 것입니다. 예수원과 비교하면 절대로 안 됩니다. 그것은 옳지 않습니다. 일반 교회도 24시간 계속 모이면 예수원보다 훨씬 더 아름다운 모임이 될 수 있습니다. 모임의 성격이 다르고, 모이는 시간이 다르고, 서로의 사역도 다르므로 일반 교회와 예수원 분위기는 다를 수밖에 없습니다. 누가 잘하고 누가 못했다고 말할 수 없습니다. 각 기관이 나름대로 할 수 있는 일을 합니다. 여러 다양한 기관이 있지만 각자 할 일이 있는 법입니다.

예수원에는 평생을 예수원에 헌신하기로 결정한 사람들이 있는데, 그들을 우리 사역의 핵심 멤버라고 볼 수 있습니다. 물론 3개월 혹은 2-3년 수련하고 나가서 생활하려는 사람도 있습니다. 예수원 같은 기독교 공동체와 일반 교회 사이에 크게 차이가 나는 것은 공동체 구성원들이 일생 동안(매일 24시간) 더불어 살기로 결정한 사람들이란 사실입니다. 때론 휴가를 얻어 한 달 정도 잠시 개인생활을 할 때도 있지만 다시 돌아옵니다. 그렇기 때문에 공동체 생활과 일반 교회 생활에는 많은 차이가 있을 수밖에 없습니다.

물론 초대 교회는 공동체였다고 생각합니다. 그러나 성경에는 그들이 공동체생활을 어떻게 했는지 자세한 설명이 나오지 않습니다. 다만 사도행전 2장에 초대 교회의 모습이 약간 언급되어 있을 뿐입니다. 사도의 가르침을 받아 서로 교제하며 떡을 떼며 기도하기를 힘썼다(행 2:42)고 했습니다만, 그들이 어디에서 살았는지에 대해서는 말이 없습니다. 날마다 마음을 같이하여 성전에 모이기를 힘썼다(행 2:46)고 했지만, 매일 그렇게 한 것인지 하루에 몇 시간씩 모였는지 확인할 길이 없습니다.

믿는 사람이 다 함께 있어 모든 물건을 서로 통용하고 재산과 소유를 팔아 각 사람의 필요에 따라 나눠 주었다(행 2:44-45)고 했으나, 모두 한 집에 모여 살았다는 의미는 아닌 것 같습니다. 과부들 중에 히브리말을 하지 못해 구제금을 받지 못했다고 불평하는 사람들이 있었다(행 6:1)는 대목이 나오는 것을 보면, 신자들이 한 집에서 살지 않았음을 분명히 알 수 있습니다. 집집마다 떡을 떼고, 기쁨과 순전한 마음으로 함께 식사를 하며, 이 집에서 모이고 저집에서 모이며 교제했던 것으로 보입니다. 그 중에는 나가서 일하는 사람들도 있었습니다. 아무튼 예수원 형태의 공동체생활은 아니었습니다. 게다가 예수원 같은 공동체생활을 하기 위해서는 큰 집이 필요했겠지만 당시에 그만큼 큰 집은 없었을 것입니다. 신자들이 대부분 가난했기 때문입니다.

저는 몇 년 전 예루살렘을 방문했을 때 마가의 다락방(마리아의 집)을 직접 보았습니다. 아래층에 큰 방이 하나 있었는데 예수원 예배실만한 크기였습니다. 그 다음에 침실 몇 개가 있고, 부엌이 있고, 2층에 예수님과 열두 제자가 마지막 만찬을 드린 것으로 추정되는 큰 다락방이 있었습니다. 2층 다락방으로 올라가는 계단이 집 안에 없고 건물 옆에 있었습니다. 초대 교회 당시 신자들이 모일 수 있는 제일 큰 집이 마리아의 집이었을 텐데, 예수원 예배실보다 크지 않았습니다. 그렇다면 베드로의 설교를 듣고 삼천 명이나 믿었다고 하는데 그들이 어디에서 모였을까요? 결국 성전 외에는 모일 자리가 없었을 것이고, 그것도 성전 안이 아니라 마당에 모였을 것입니다.

그런데 대성전 관리자들이 예수 믿는 무리들을 싫어했기 때문에 말씀 전파하는 것을 몹시 꺼렸습니다. 그러므로 성전에 가서 설교도 하지 못하고 그리스도인끼리 예배도 드릴 수 없게 되었습니다. 성전에서 공식으로 드리는 예배에 참석할 수 있는 경우는 오직 유대인 전통을 따른 예배에 참여하는 것뿐이었습니다. 제사장들이 예수를 믿지는 않았지만 구약을 믿고 시편도 읽었기 때문에 그리스도인들도 그 예배에 참여할 수 있었습니다. 그러나 그들의 구약 및 율법에 대한 해석은 그리스도인들과 전혀 달랐습니다.

그렇다면 신자들은 어디에 모여 예수님의 이야기를 주고받았을까요? 아마 각자의 집밖에 없었을 것입니다. 그리스도인들은 수천 명 있었지만 모일 수 있는 제일 큰 집은 마리아와 바나바의 집뿐이었습니다. 100명 정도 2층에 모이고 혹시 100명 정도 아래층에 모일 수 있었는지 모르겠습니다. 그러나 더 큰 규모로는 모일 수 없었습니다. 그러므로 집집마다 나뉘어 소규모로 모일 수밖에 없었을 것입니다.

현대 교회에서도 그와 같은 형태의 모임을 찾아볼 수 있습니다. 구역 예배가 바로 그것입니다. 오늘날 서울에서 활발하다는 교회들은 대부분 구역예배를 잘 활용하는 교회들입니다. 각 집에서 10-20명 정도 모이는 구역예배는 교회생활의 핵심이라고 볼 수 있습니다. 구역모임이 주일예배를 대신할 수는 없지만, 그 모임을 통해서 지체들 간에 나눔의 기회를 가질 수도 있고, 서로를 위해 안수기도를 함으로써 성령의 은사도 충분히 나타낼 수 있습니다. 주일예배에 가면 엄숙하고 아름다운 예배를 드릴 수 있지만 주로 설교 말씀을 통한 가르침 밖에는 없습니다. 주께 찬송하고 가르침을 주고받고 서로 섬기는 모임, 즉 (그리스도의) 몸 섬기는 모임은 하지 못합니다.

예수원에서 수련한 형제자매들이 일반 교회로 돌아가서 이곳에서처럼 은사예배나 감사예배를 진행하기는 매우 힘듭니다. 일반 교회 교인들이 매일 저녁 모이기도 힘들겠지만, 워낙 숫자가 많아서 모두 한 건물에 모이면 예수원에서와 같은 분위기를 기대하기 어렵습니다. 구역예배가 있긴 하지만 그것도 일주일에 한 번밖에 없습니다. 구역예배에서 몸 섬기는 모임을 할 수도 있겠지만 의논해야 할 다른 일들이 너무 많습니다. 또 너무 늦게까지 진행하면 다들 곤란해합니다. 그러나 예수원에서는 매일 밤 다른 형태로 예배를 드리므로 토요일에 예배드린 형태를 목요일에 할 필요가 없고, 목요일 밤에는 은사예배 한 가지만 하니까 시간제한 없이 길게 충분한 나눔의 시간을 가질 수 있습니다. 그러면 예수원을 거쳐 간 사람들은 어떻게 해야겠습니까? 일반 교회를 나쁘다고 비난해야겠습니까? 그렇지 않습니다. 예수님은 "비판치 말라 그리하면 너희가 비판을 받지 않을 것이요 정죄하지 말라 그리하면 너희가 정죄를 받지 않을 것이요 용서하라 그리하면 너희가 용서를 받을 것이요"(눅 6:37)라고 말씀하십니다.

앞에서 저는 공동체생활에 참여했던 사람이 일반 교회로 돌아갔을 때, 서로 비교하면 안 된다고 말씀드렸습니다. 왜냐하면 일반 교회도 성도 간에 함께 생활할 수만 있다면 훨씬 더 깊이 있고 의미 있는 교제 시간을 가질 수 있기 때문입니다. 이러한 교제, 즉 코이노니아는 정도에 따라 여러 가지로 분류할 수 있습니다. 그 중 공동체는 제일 강한 교제라고 할 수 있습니다. 또 제일 약한 교제의 모임이라고 볼 수 있는 주일예배에도 여러 가지 모양이 있습니다. 그러므로 주일에 교회 나가면 예수원 같은 분위기가 나타나지 않는다고 해서 비판할 일이 아닙니다. 자연히 그럴 수밖에 없는 것입니다.

누가복음 6장 37-38절을 보면, 예수께서 '비판하지 말라'고 하신 다음 '주라 그리하면 너희에게 줄 것이니'라고 말씀하십니다. 많은 사람들이 예수원에 와서 은혜를 받았다고 말합니다. 그런데 교회로 돌아가서 또 은혜를 받을 생각만 한다면 그것은 좋지 않은 태도입니다. "이 교회에 가도 은혜가 없고 저 교회에 가도 은혜가 없다"라고 불평하는데 이는 쓸데없는 소리입니다! 은혜를 받기만 하라는 말이 어디 있습니까? '주라!'고 하십니다. 무슨 은혜를 받든지 나눠 주기부터 해야 합니다. 그렇게 할 때 받게 될 것입니다. "주여, 내가 이 교회에서 은혜를 받을 수 있을까요?"라고 기도하지 말고 "주여, 이 교회에 내가 줄 수 있는 것이 무엇입니까?"라고 기도해야 합니다. 이것이 올바른 기도입니다. "제가 이 교회에서 어떻게 축복을 나눌 수 있는 존재가 되겠습니까?"라고 기도하는 것이 신자다운 태도인 것입니다. 조금밖에 받지 못했을지라도 나눠 주면 더 많이 받게 될 것입니다.

예수원 식구들이 시장에 가서 쌀을 살 때를 생각해 봅시다. 시장 바구니를 들고 가게에 가서 쌀 2되를 주문하면 마음씨 좋은 주인이 됫박에 쌀을 담고 좌우로 흔들어서 내려가게 하고 또 담고 흔들어서 내려가게 하다가 마침내 더 이상 내려가지 않을 만큼 가득 채운 뒤에 몇 홉을 더 얹어 주면 우리는 쌀을 기분 좋게 자루에 담아 갖고 옵니다. 하나님께서도 우리에게 그토록 풍성하게 주기를 원하십니다. 흔들어서 넘치도록 주고 싶어 하십니다. 그러기 위해서는 먼저 우리 편에서 줄 수 있는 준비를 하고 있어야 합니다. '구하라'고 하기 전에 먼저 '주라'고 말씀하셨습니다. 그러므로 먼저 은혜를 나눠 주어야 합니다. 그것이 출발점입니다.

그러므로 예수원에서 무슨 은혜를 받았든지, 여름성경학교에서 무슨 은혜를 받았든지, 캠핑(수련회)을 통해서 무슨 은혜를 받았든지 남에게 나눠 주어야 합니다. 식탁 앞에 앉아서 먹고 또 먹고 마침내 더 이상 먹을 수 없을 정도가 되었는데도 불구하고 몇 시간 후에 또 먹겠다고 하는 법이 어디 있습니까? 먹은 다음에는 나가서 일하고, 일하다가 돌아와서 먹어야 하는 법입니다. 은혜도 마찬가지입니다. 은혜를 받았으면 나가서 사용해야 합니다.

하나님이 우리에게 은혜를 주시는 이유는 주님과 이웃을 위해 사용하기 위해서입니다. 더러는 먹기 위해 사는 사람도 있습니다. 물론 그런 사람들은 정상적인 사람이 아닙니다. 정상적인 사람이라면 살기 위해 먹고 일하기 위해 먹습니다. 마찬가지로 하나님의 은혜를 받는 것은 하나님의 일을 하기 위한 것입니다. 은혜를 받으면 아이스크림처럼 맛이 좋습니다. 그런데 아이스크림만 먹으면 어떻게 될까요? 이가 썩고 뚱뚱하게 되어 일도 못 하게 됩니다. 쓸모없는 인간이 될 뿐입니다. 우리가 필요한 음식을 먹는 것은 일을 하기 위한 것입니다. 올바른 생활을 하기 위한 것입니다. 어린아이는 맛있는 것을 보면 그것만 먹고 싶어 합니다. 그러나 부모는 고기와 밥을 먹은 다음에 아이스크림을 주겠다고 가르쳐야 합니다.

교회에 가서 은혜 받기만을 원하는 사람은 아이스크림이나 사탕만 먹겠다고 고집하는 어린아이와 다를 바 없습니다. 그러나 부모는 그것을 허락할 수 없습니다. "너희가 참음은 징계를 받기 위함이라 하나님이 아들과 같이 너희를 대우하시나니 어찌 아비가 징계하지 않는 아들이 있으리요 징계는 다 받는 것이거늘 너희에게 없으면 사생자요 참 아들이 아니니라"(히 12:7-8)라고 했습니다. 참된 자식은 징계를 받아야 합니다. 징계는 맛이 없지만 분명 은혜입니다. 징계도 은혜입니다. 하나님은 우리를 사랑하시어 우리로 튼튼한 자식이 되게 하기 위하여 각양 은혜를 주십니다. 그것들이 다 맛있다고 볼 수는 없습니다. 맛이 없는 은혜를 주실 때도 있습니다.

우리가 늘 명심해야 할 것은 '받는 것보다 주는 것이 복되다'는 사실입니다. 사도행전 20장 35절에도 "범사에 너희에게 모본을 보였노니 곧 이같이 수고하여 약한 사람들을 돕고 또 주 예수의 친히 말씀하신바 주는 것이 받는 것보다 복이 있다 하심을 기억하여야 할지니라"라고 했습니다. 그 시대의 신자들은 그것이 옳은 말씀인 줄 알고 잊어버리지 않았습니다. 주는 것이 받는 것보다 복되다는 것은 예수님의 가르침입니다.

그럼에도 불구하고 현대 교회 교인들은 '무엇을 받을까, 무엇을 구할까'만 생각하다가 결국 하나님을 원망합니다. 받는 것보다 주는 것이 복된 일인 것을 모르고 계속 받는 것만을 생각해서 낙심합니다. 우리는 어디를 가든지 주님의 말씀대로 "주여, 내가 무엇을 주어야 합니까?"라고 기도해야 합니다. 먼저 주면 재미있는 것을 많이 받게 될 것입니다. 받을 것보다는 줄 것에 대해 생각하는 마음으로 일하면 모든 것이 아름답고 어디를 가든지 유익한 모임, 유익한 공동체를 이룰 수 있습니다.

앞에서 코이노니아에도 여러 단계가 있다고 말씀드렸는데, 각각 시행해야 할 때가 있는 법입니다. 이것이 옳다 혹은 저것이 틀리다고 말할 수 없습니다. 다만 우리 신자들이 어디를 가든지 먼저 주기를 시작한다면 아름다운 주님의 역사가 일어나게 됩니다. 우리가 기꺼이 나눠 주기만 하면 주님도 후히 주고 흔들어서 넘치도록 우리에게 안겨 주실 것입니다.

코이노니아[*]

제 남편은 '코이노니아'가 성경에 여러 다른 의미로 번역되어 있다고 언급했습니다. 예를 들면, 친교 · 상통 · 동역 · 사귐 · 참여 · 나눔 및 모든 물건을 공동으로 사용하는 것 등으로 표현되어 있다고 합니다. 제가 공동체생활을 하고 있으므로 '코이노니아'에 대해 잘 알고 있을 듯하지만 사실은 그렇지 않습니다. 다만 확신하기는, 제가 게으름과 소심함으로부터 벗어나 코이노니아를 실행하도록 신중하게 결단할 때(다른 사람의 필요를 채우기 위하여 조그만 일이라도 자기중심적이 아닌 일에 나를 드리도록 할 때), 하나님께서 제 심령에 채워 주시는 기쁨과 사랑은 너무나 풍성해서 감당할 수 없을 지경이었다는 것입니다.

예를 들어, 비가 오는 날이면 예수원 아이들이 놀 만한 특별한 장소가 없습니다. 그런 아이들을 볼 때마다 '이 아이들을 초대해서

---

[*] '코이노니아'는 현재인 사모의 글을 번역한 것입니다.

장난감을 가지고 놀 수 있도록 하자'라는 생각이 줄곧 떠나지 않았습니다. 여러 번 그 생각이 떠오르곤 해서 하나님께서 저에게 주신 생각인 줄 확신할 수 있었습니다. 마침내 장난감을 조금 준비해서 아이들을 저희 집으로 초대했습니다. 그 결과, 아이들이 저를 얼마나 사랑해 주는지 모릅니다. 저를 보면 멀리서 이름을 부르며 달려와서 품에 안기거나 꼭 껴안아 줍니다. 제가 한 일이라곤 30분 정도 아이들과 놀아 준 것뿐인데 그만한 사랑을 받는다는 것이 얼마나 과분한지요!

코이노니아에 해당되는 이 여러 단어들을 모아 보면 어떤 모습이 될까요? 그것은 우리가 신문에서 읽게 되는 세상의 모습, 전쟁과 전쟁의 소문, 사탄의 권세 아래 나라가 서로 대적하는 일, 대학 입시에 몰두하는 학생과 가족들의 치열한 경쟁 양상, 돈과 자신의 명예만을 추구하는 사업가 혹은 수백만의 사람들이 기아로 죽고 있는데도 불구하고 호화로운 생활을 영위하려고 추구하는 무리들과는 전혀 다른 모습일 것입니다. 코이노니아란 이들의 삶과는 정반대의 모습을 보여 주는 것이어야만 합니다.

임종표 목사님과 그분의 가족은 어려운 상황 아래 케냐에서 복음을 전하다가 강도에게 습격을 당했지만 도망가지 않고 견뎠습니다. 버지니아 주 페어팩스에 있는 사도교회는 우간다에 돈과 사람을 보내어 학교를 건축하도록 하고 있습니다. 예수전도단(YWAM)은 젊은이들을 세상 구석구석까지 보내어 자비량으로 사역하며 잃어버린 영혼들에게 예수님을 소개하고 있습니다. 위클리프성경번역선교회(WBT)는 오직 예수님을 위해 모든 것을 버리고 정글로 들어가서 까다로운 언어와 문화를 익히고 그 지역 부족들과 함께 살며 그들에게 성경을 갖게 해 줍니다.

해비타트(Habitat for Humanity)는 가난한 사람들을 위해 집을 지어 주며, 재키 풀링거(Jahkkie Fullinger)라는 영국 소녀는 여러 해 동안 홍콩의 카울룬에 있는 아편중독자들과 함께 살며 그들을 사랑으로 보살펴 주고 예수님을 소개하고 있습니다. 그녀를 통하여 많은 사람들의 삶이 변화하고 중독에서 해방되는 것을 볼 수 있습니다. 한 한국인 아주머니는 자신은 학교 문턱에도 가지 못했지만 과일가게를 운영하며 조금씩 저축하여 마침내 형편이 어려운 학생들을 위하여 학교를 세웠습니다. 미국에 살고 있는 한국의 한 교포가족은 아들을 살해한 범인을 용서해 주었을 뿐만 아니라 그에게 예수님을 소개하기까지 했습니다.

소외된 사람을 보았을 때 그에게 다가가서 함께 대화를 나누는 사람도 있으며, 잠자는 시간과 식사까지 포기하면서 다른 사람의 필요를 위해 기도해 주는 사람들도 있습니다. 어린 동생을 업어 주기 위해 노는 시간을 포기하는 아이의 작은 희생도 코이노니아라고 볼 수 있습니다. 아직 채 일을 끝내지 못한 사람을 돕기 위하여 본인의 휴식시간을 기꺼이 포기하며 돕는 것, 타인의 아픔에 민감한 마음, 다른 사람의 슬픔에 함께 흘리는 눈물, 타인을 돕기 위하여 위험을 무릅쓰는 일, 이 모든 것이 코이노니아를 이루는 삶입니다. 코이노니아는 이 땅에 하나님의 나라, 즉 그리스도의 몸을 세우는 것입니다.

예수님은 우리의 완전한 모본이십니다. 그분은 우리의 슬픔에 민감하셨고 우리 죄의 수치를 친히 담당하셨으며 우리를 위해 고통스러운 죽음에 이르기까지 어떠한 대가도 기꺼이 치르셨습니다. 십자가의 죽음 외에 우리를 구원해 줄 다른 길은 없었습니다. 구약성경은 타락한 인간을 돌이키시고 파멸로부터 대속하여 사랑의 관계를 회복하기 위해 온갖 시도를 다하신 하나님에 대한 기사로 가득합니다. 그러나 다 실패로 돌아갔습니다. 마침내 하나님은 친히 사람이 되어 우리와 같은 성정을 지니고 이 땅에 오시기로 결정하셨습니다. 그럼에도 불구하고 그것만으로는 우리를 구원하시기에 충분하지 못했습니다. 주님은 인간의 심성 깊은 곳까지 내려가서서 모든 사람의 잠재의식의 일부가 되기까지 하셔야 했던 것입니다.

우리 평범한 인간도 사랑하는 사람의 죄와 고통을 위하여 우리의 마음과 뜻을 기울일 수 있습니다. 그러나 겟세마네 동산에서의 예수님은 인간을 위하여 상상할 수 없을 만큼 큰일을 행하셨습니다. 이전에 예수님의 심령은 항상 하나님을 향해 있었고 사람들과 더불어 상통하시면서 자주 한적한 곳으로 가서 사람을 잊고 홀로 하나님과 함께하는 시간을 갖곤 하셨습니다. 그렇지만 겟세마네 동산에서의 주님은 하나님의 빛으로부터 돌이키사 인간의 어둠 속으로 자신의 심령을 가라앉게 하셨습니다. 마치 타락한 인간처럼 하나님으로부터 단절되는 듯 보였습니다. 인간의 온갖 비통함과 슬픔이 주님을 에워쌌으나 그렇게 되도록 버려 두셨습니다. 실로 피땀을 흘리시기까지 고통스러운 짓눌림이 있었습니다.

십자가의 그 끔찍한 죽음이 이미 겟세마네 동산에서부터 시작된 것이라면 그때 주님은 과연 무엇을 하고 계셨을까요? 홀로 어두운 밤에 기도하시면서 주님의 심령과 사람의 심령 사이에 죄와 비탄으로 꽉 막혀 있던 수로(水路)를 열고 계셨던 것입니다. 예수님은 그 모든 추한 것들을 자신에게로 끌어낸 다음, 하나님께서 임재하신 곳으로 그 모든 것을 던지사 하나님의 영으로 그것을 불살라 버리게 하셨습니다.

이 대속(代贖)의 위대한 역사는 코이노니아를 초월하는 것입니다. 코이노니아를 실현하기 위한 우리의 모든 행위는 주님이 행하신 가장 크신 사랑의 체현(體現)의 한 그림자에 불과합니다. 예수님의 대속은 인간과 하나님을 하나 되게 하셨고, 그분이 보내신 성령으로 신자 상호 간에 일치가 이루어졌습니다. 성령의 도우심이 없으면 우리에게 코이노니아를 실행할 아무런 능력도 없습니다. 우리의 옛사람, 옛 성품, 세속적인 피조물은 이기적이고 개인주의적이며 경쟁적이고 냉혹합니다. 사도 바울은 "내가 원하는바 선은 하지 아니하고 도리어 원치 아니하는바 악은 행하는도다"(롬 7:19)라고 고백했습니다. 코이노니아를 깨뜨리는 것은 다름 아닌 우리 안에 존재하는 육에 속한 옛 성품입니다. 그런 일이 어떤 양상으로 일어날까요?

일단 우리의 재산과 지식 및 재능을 교만하게 나타내 보인다면 누군가는 상처를 받게 될 것입니다. 다른 사람이 가진 것을 시기하게 된다면 우리는 그들을 사랑할 수 없습니다. 어떤 이상한 교리가 우리의 세속적인 본성에 감화를 주어 그것을 따르게 된다면, 우리는 다른 믿음의 형제자매들과 사귐을 가질 수 없습니다. 우리가 나쁜 습관에 깊이 빠져 헤어 나오지 못한다면, 다른 사람에게 진정한 관심을 갖지 못하게 됩니다. 우리가 혀를 부주의하게 놀려 다른 사람을 비난하고 뒤에서 수군수군하거나 거짓말을 하며 장광설이나 늘어놓게 된다면, 이 조그만 육체의 한 지체로 인해 다른 사람들에게 엄청난 아픔을 초래할 수 있습니다.

만일 사람들이 우리를 의지하고 있음에도 불구하고 어떤 일을 제대로 하지 못할 때, 다른 사람들은 우리로 인해 심히 지치고 부담을 안게 됩니다. 이렇게 되면 코이노니아가 파괴됩니다. 우리의 옛 성품이 이기심과 교만과 미움으로 나타날 때 타인과의 하나 됨은 결코 있을 수 없습니다. 사도 바울도 "오호라 나는 곤고한 사람이로다 이 사망의 몸에서 누가 나를 건져 내랴"(롬 7:24)라고 심히 탄식했습니다. 그러나 곧이어 "우리 주 예수 그리스도로 말미암아 하나님께 감사하리로다…… 이는 그리스도 예수 안에 있는 생명의 성령의 법이 죄와 사망의 법에서 나를 해방하였음이라"(롬 7:25-8:2)라고 고백했습니다. 그가 그렇게 할 수 있었다는 데에 우리의 소망이 있습니다.

지금까지 우리는 코이노니아를 깨뜨리는 것들을 살펴보았습니다. 그렇다면 이제 어떻게 코이노니아를 이룰 수 있는지 그 방법을 알아봅시다.

사도 바울은 "너희 지체를 불의의 병기로 죄에게 드리지 말고 오직 너희 자신을 죽은 자 가운데서 다시 산 자같이 하나님께 드리며 너희 지체를 의의 병기로 하나님께 드리라"(롬 6:13)라고 했습니다. 예수 그리스도께서 우리의 죄를 위해 죽으시고 부활의 생명을 주시기 때문에 우리는 이것을 실행할 수 있습니다. 또 우리에게 성령의 능력이 주어짐으로 이것을 실행할 수 있습니다. 하나님은 인간에게 부활의 생명과 성령을 덧입혀 주지 않고서는 인간의 의를 기대할 수 없다는 사실을 아셨던 것입니다.

우리에게 참으로 부활의 생명과 성령의 능력이 있다면 우리의 의가 아닌 하나님의 진정한 의를 나타낼 수 있을 것입니다. 주위의 필요에 민감해져 하나님의 의를 감당하지 않고서는 견딜 수 없게 됩니다. 하나님의 뜻이 곧 내 뜻이 됩니다! 그러면 나의 '옛사람'은 어디에 있는 것일까요? 옛사람은 여전히 우리 안에 있지만 우리는 좀더 높은 법, 즉 영원한 생명의 법 가운데 있으며, 옛사람과 능히 싸울 수 있는 영적인 무기를 보유하게 된 것입니다.

그래서 우리는 성 프란체스코와 함께 이렇게 기도드릴 수 있습니다.

주여, 나를 당신의 평화의 도구로 써 주소서
미움이 있는 곳에 사랑을 심게 하시고
상처가 있는 곳에 용서를
의혹이 있는 곳에 믿음을
절망이 있는 곳에 희망을
어둠이 있는 곳에 광명을
슬픔이 있는 곳에 기쁨을 심게 하소서
위로받기보다는 위로하며
이해받기보다는 이해하며
사랑받기보다는 사랑하며

자기를 온전히 줌으로써 영생을 얻기 때문이니
주여, 나를 당신의 평화의 도구로 써 주소서

그분의 기도는 온전한 코이노니아, 즉 '평화'의 상태로 우리를
이끌어 줍니다. 이것은 예수원이 갈망하는 것이기도 합니다. 이를
이루기 위해 형제자매들은 서로에 대하여 책임의식을 가져야 하
며, 공동의 결정에 불평하지 말고 성실히 수행하며, 자신의 임무를
다하고, 부족함이 있을 때 서로 도우며, 혀를 잘못 사용하지 않도
록 주의하며, 기회가 있을 때마다 격려하는 말을 해 줄 수 있어야
합니다.

그리고 무엇보다도 가장 중요한 것은 지혜와 새 힘을 얻기 위하
여 영생의 근원이 되는 그분과 날마다 교제하는 시간을 가져야 합
니다. 그렇게 될 때 우리 예수원의 모든 가족은 서로와, 방문객들
에게 위로가 될 수 있으며 성 프란체스코의 기도문을 실행으로 옮
기게 됩니다. 신자들이 함께 모여 공동생활을 하는 목적은, 여기저
기 흩어져 살 때보다 이러한 일을 이루기 위한 더욱 큰 은혜와 능
력을 얻을 수 있기 때문입니다. 그러나 한편으로 많은 사람들이 함
께 모여 산다는 것은 그만큼 영적 전쟁을 치러야 할 옛사람이 많음
을 의미하며 지불해야 할 희생의 대가도 큽니다. 하지만 코이노니
아가 성장함에 따라 하나님께서 사용하실 수 있는 훨씬 더 효과적
인 도구가 되는 것을 기대할 수 있습니다.

모든 교회는 기도의 집이며 부활의 생명으로 충만한 그리스도의
몸에 속한 세포라고 볼 수 있습니다. 만일 이것이 진실이 아니라면

교회는 2천 년(좀더 엄밀히 말해서 1958년) 동안 존립할 수 없었을 것입니다. 교회의 초자연적인 생명 때문에 그것이 가능했으며 이 초자연적인 생명이 코이노니아의 실행을 위해서도 필요한 것입니다. 교회의 각 지체들이 모든 세속적이고 이기적인 욕망을 내려놓고 하나님의 생명을 붙잡게 될 때 서로 다른 사람의 손을 잡게 되고 하나님의 사랑과 능력을 나누게 됩니다. 그리고 이 두 사람이 하나님의 치유와 충만을 경험하게 될 때 세 번째 사람에게 함께 기도할 것을 제안하게 됩니다. 이런 식으로 계속 하다 보면 기도의 동역자들이 점점 늘어갑니다.

이렇게 해서 기도 모임이 형성되고, 이를 통해 교회가 부흥됩니다. 이것이 교회가 대속받고 하나님의 사랑과 능력으로 충만한 우리들의 사귐이 되는 방법입니다. 하나님께서 그 모임 가운데 함께 계시기 때문에 낯선 방문객이 교회 안으로 들어올 때 신자들에게서 흘러나오는 하나님의 임재를 느낄 수 있습니다. 혹 사람이 없을 때 방문객이 텅 빈 예배당 안으로 들어오더라도 하나님의 임재를 느낄 수 있는 것은 건물의 사면 벽돌에 영적인 생명이 가득 차 있기 때문입니다. 이렇게 된 것은 그 안에서 끊임없이 기도가 드려졌고 믿음의 지체들의 생각과 말씀이 끊임없이 하나님께로 올려졌기 때문입니다.

기도 모임에 속한 소수의 신자들이 일찍 교회에 나와 하나님을 경배하는 마음으로 조용히 기도드릴 수 있습니다. 하나님의 임재하심이 예배 중에 나타날 수 있도록, 예배 인도자들에게 능력을 입히시고 예수께서 친히 인도자 뒤에 서시어 그를 통하여 말씀하시는 것을 보여 주심으로 하나님의 뜻이 완전히 이루어지도록 기도할 수 있습니다. 소수의 기도자들은 심령의 눈을 통하여 예수께서 예배실 통로로 내려오셔서 손을 내밀어 치유와 축복의 기도를 하시는 모습을 보게 될지도 모릅니다. 또 무거운 짐을 지고 침울한 표정으로 들어오는 사람을 주목하고 그들을 위해 기도드릴 수 있습니다. 병색이 완연한 사람을 위해 은밀히 치유의 기도를 드릴 수도 있습니다. 어떤 사람이 다른 사람의 짐을 대신 안고 기도하거나 치유를 위하여 기도드릴 때 그리스도의 몸 된 교회는 다른 어떤 모임보다도 능력이 큼을 알게 될 것입니다.

한 번은 김 씨가 박 씨의 다리가 부은 것을 보고 예배 중에 은밀히 그의 치유를 위해 기도했습니다. 다음 날 길을 가던 김 씨가 박 씨를 만나 인사합니다.

"몸은 좀 괜찮으세요?"

"예, 아주 좋아졌습니다! 어제 예배에 참석했을 때 정맥염이 도져서 몹시 고통스러웠습니다. 아내는 교회에 가도 괜찮을지 모르겠다고 염려했지만 저는 예배에 참석하면 오히려 몸이 더 좋아지는 것을 여러 번 경험했노라고 말하고 교회로 갔습니다. 그런데 예배가 끝나고 교회 문을 나서는 순간 제 다리 부은 것이 가라앉은 것 아니겠어요! 참 놀라운 일이었습니다."

"예, 실로 놀라운 일이군요!"

김 씨는 내색을 하지 않지만 속으로 자신의 기도를 들어주신 하나님을 찬양하며 감사를 드렸습니다.

어떤 부인은 간증하기를 "오랫동안 두통으로 고생했지만 이제 많이 좋아졌습니다. 우리 교회에 들어서기만 하면 두통이 가시는 것을 경험해요. 그런데 휴가 기간 동안 해수욕을 갔을 때 다시 머리가 아파 근처 교회에 들어가 기도를 했는데 아무런 변화도 일어나지 않았습니다"라고 했습니다. 해변가의 교회는 그 부인의 본 교회처럼 신실한 성도들의 기도로 충만하지 않았기 때문에 하나님께서 그녀의 치유를 위해 동일한 방법으로 역사하실 수 없었던 것입니다. 대속받은 신도들의 진정한 사귐, 즉 코이노니아와 함께 기도하는 신자의 모임이 없기 때문에 많은 교회들이 예수님의 이름을 전하고 있으나, 그분의 능력이 나타나지 못하는 것은 참으로 유감스러운 일입니다.

다른 한 부인은 깊은 절망에 방황하다가 어떤 충동에 사로잡혀 교회 안으로 들어갔습니다. 처음에는 잠시 몇 분만 머물다 나올 생각이었는데 마침 성금요일 예배가 세 시간 동안 진행되고 있어서 세 시간 동안 꼬박 참석하게 되었습니다. 나중에 그 부인이 목사님께 물어보았습니다.

"이 교회 안에 무엇이 있습니까? 저는 너무나 낙심하고 우울해서 자살하려고 마음먹고 있었습니다. 그런데 이 교회의 예배에 참석해서 앉아 있노라니 조금씩 조금씩 좋아지더니 마침내 생명을 끊고 싶은 욕구가 완전히 사라지게 되었습니다. 이 교회가 갖고 있는 이것이 도대체 무엇입니까?"

그러자 목사님께서 이렇게 대답하셨습니다.

"그것이 바로 기독교란 것이지요. 이 교회의 지체들은 하나님을 알고 진심으로 그분을 사랑합니다. 그들은 이웃을 사랑하며 자신들의 전 생활을 서로 나누고 있습니다. 하나님의 나라가 이 땅에 임하기를 기도하며, 하나님께서 자유롭게 역사하실 수 있도록 하나님의 능력을 참으로 믿어 그분의 뜻이 이루어지게 한답니다. 우리가 하나님의 나라를 온 세상으로 가져다 놓을 수는 없습니다. 하나님께서 그분 자신의 때에 친히 그 일을 행하실 것입니다. 다만 우리는 우리의 가정과 모든 관계 속에 하나님의 뜻이 흐르게 함으로써 이 놀라운 수확의 때를 대비할 수는 있습니다. 이것이 바로 코이노니아입니다."

우리도 이와 같은 일이 성취되도록 함께 기도하며 노력합시다.

4
한국 교회의 토착화

(1)

그 성은 해나 달의 비취임이 쓸데없으니 이는 **하나님의 영광**이 비취고 어린 양이 그 등이 되심이라 만국이 그 빛 가운데로 다니고 땅의 **왕들이 자기 영광**을 가지고 그리로 들어오리라 성문들을 낮에 도무지 닫지 아니하리니 거기 는 밤이 없음이라 사람들이 **만국의 영광**과 존귀를 가지고 그리로 들어오겠고 무엇이든지 속된 것이나 가증한 일 또 는 거짓말하는 자는 결코 그리로 들어오지 못하되 오직 어린 양의 생명책에 기록된 자들뿐이라 (계 21:23-27).

이 말씀 중에 '영광'은 하나님의 영광, 왕들의 영광, 나라들의 영광으로 표현되고 있습니다. '왕들의 영광'은 '자기 나라의 영광'이라고도 할 수 있습니다. 그러나 하나님의 영광과 사람의 영광 사이에는 어떤 관계가 있을까요? 만약 예수로 말미암아 성령을 받은 후 새사람이 되어 어린 양의 생명책에 기록된 사람이라면, 그의 영광과 하나님의 영광은 밀접한 관계가 있습니다. 이것으로 보아 분명히 하나님의 영광과 왕들의 영광, 그리고 백성(만국)의 영광 사이에는 모순이 없음을 알 수 있습니다. 모두 한마음 한뜻이 되어 우리의 영광이 하나님의 영광이 되고, 하나님의 영광이 우리의 영광이 된 줄을 알 수 있습니다. 그런데 이 말씀 중 우리에게 도전이 되는 것은 "만국이 그 빛 가운데로 다니고 땅의 **왕들이 자기 영광**을 가지고 그리로 들어오리라"라는 것입니다. 그렇다면 우리나라의 영광, 우리나라의 존귀가 어떠한 모습으로 하나님의 나라에 들어가는지는 깊이 생각해 보아야 합니다.

하나님의 나라인 새 예루살렘에 누가 그 영광을 가지고 들어가겠습니까? 외국에서 파송 나온 선교사들입니까? 과연 그들이 한국의 영광이 무엇인지 알 수 있을까요? 제가 보기에는 오늘날 현대 교회들이 다른 나라의 영광은 많이 보여 주는 반면에 자기 나라의 영광은 너무나 드러내지 못하는 것 같습니다.

제게는 대미사를 드릴 때 입는 아름다운 예복이 있는데, 그 예복이 어디에서 온 것인지 아십니까? 이탈리아에서 전래된 예복입니다. 영국도 미국도 아닌 수백 년 전의 유럽에서 온 것입니다. 어느 나라 천주교회나 성공회를 가든지 동일한 형태의 아름다운 예복을 볼 수 있습니다. 그런데 이 예복을 새 예루살렘으로 가지고 갔을 때 하나님께서 "아름답도다! 이 영광스러운 예복이 어디서 왔느뇨?"라고 물어보시면, "이탈리아에서 왔습니다"라고 말씀드렸을 때, "그러면 이탈리아 사람이 가지고 와야지, 너와 무슨 상관이 있느냐?"라고 하실까 봐 걱정이 됩니다. 그래서 저는 소미사 때만큼은 꼭 한복을 입습니다.

사실 그 보기 좋은 예복도 원래 한국에서 한복을 입듯이 유럽인들이 그냥 입는 옷이었을 뿐 특별한 예복은 아니었습니다. 옛날 옷 가운데 일반 노동자들이 입는 작업복으로 미국의 '판초'와 비슷한 옷이 있는데, 그것은 사방으로 된 천의 가운데에 구멍만 낸 것으로 비 올 때 입었습니다. 그런데 그것이 점점 바뀌어 금실로 아름답게 장식하여 영광스런 예복이 되었습니다. 이것은 노동이 하나님 앞에 영광이며 노동자들이 자신의 직업을 창피한 것으로 여길 필요가 없다는 뜻으로 해석할 수 있겠습니다. 예복에 두르는 로프로 된 띠도 가난한 사람들이 사용했던 것으로 생각됩니다(부자들은 가죽이나 실로 아름답게 만든 띠를 사용했으며 로프로 만든 띠는 가난한 자의 표시였습니다). 아직까지 저는 미사 중에 그것을 사용하고 있는데, 한국적인 것으로 그런 분위기를 연출할 수는 없을지 생각해 보아야겠습니다. 저는 한국 교회 안에 한국적인 분위기가 풍겨야 한다고 생각합니다. 항상 교회 안에 토스트와 비프스테이크 맛이 있어야 합니까? 김치 맛도 나고 마늘 맛도 나는 예배를 드릴 수는 없을까요?

옛날 영국의 미사는 아주 엄숙한데다가 색도 까만색과 흰색만 사용했습니다. 그런데 얼마 후 이탈리아에서 자꾸 새로운 것이 들어왔습니다. 그걸 보고 어떤 한 영국인이 "저 미사는 마늘 맛이 있구나!"라고 감탄했다고 합니다. 그 이유는 마늘을 많이 먹는 이탈리아 사람들이 미사를 드릴 때 그들 나름의 독특한 분위기가 있었기 때문입니다. 외국에서 들어온 것들이 우리에게 알맞은지 알맞지 않은지, 또 어떤 맛이 나는지 깊이 생각해 보아야 할 문제입니다.

이런 고민들에서 토착화가 제기되는데, 이 장에서는 이것을 여섯 가지로 나누어 살펴보겠습니다. 즉, 예복 · 음악 · 예식 · 축일 · 건물 · 사상입니다. 처음 다섯 가지는 모두 외적인 것으로서, 이것을 통하여 독특한 분위기(맛)가 나타나므로 우리나라에 적합한지 아닌지 깊이 고려해서 선택해야 할 것입니다.

외형의 토착화

예복의 토착화

첫째는 예복을 한국식으로 할 수 있을지 연구해 보아야 합니다. 옛날 어른들이 입던 옷을 예복으로 사용하는 것이 좋을지, 아니면 노동복을 장식해 예복으로 사용하는 것이 좋을지 생각해 보아야 합니다. 대체로 한국인들은 스승의 방식을 그대로 답습하는 정신이 너무 강해 신학자들조차 이 문제를 깊이 생각지 않는 것 같습니다. 한국의 스승들은 무조건 선교사를 추종하는 경향이 있었고 우리는 그 스승들을 따라가려고만 했기 때문에, 교회에 서구적인 분위기가 너무 강할 수밖에 없었습니다.

제가 신학교에 있을 때, 미국인 선교사로서 예배학을 담당한 교수님이 있었습니다. 한국전쟁에 참전한 분으로, 그는 한국을 사랑하고 한국인을 좋아해서 때가 되면 한국에 다시 돌아올 생각을 늘 품고 있었습니다. 마침내 제대하고 미국에서 신학 공부를 다 마친 후 한국에 왔습니다. 그는 한국의 모든 것을 매우 좋아하는 사람이었습니다. 그는 예배학 강의에서 신학생들에게 여러 예배 의식을 소개했습니다. 그리스정교회·천주교의 예배 의식과 영국·미국 등의 예식과 미사예문을 소개했습니다.

그리고 강의가 다 끝날 무렵 "이 여러 예식 중 한국에 가장 적당한 것이 무엇인지 이야기해 봅시다"라고 제안했습니다. 그러자 학생들은 몹시 당황했습니다. 자기의 뜻을 솔직히 표현하면 이단으로 몰릴까 두려워 아무 말도 하지 않았습니다. 다시 한 번 "어떤 방식이 우리나라에 가장 적합한지 의견을 나누어 봅시다"라고 하자 한 학생이 일어나 "그런 문제는 이단에 빠지기 쉬우므로 제 생각을 말씀드릴 수 없습니다"라고 했습니다. 그리고 다른 학생들은 모두 침묵만 지켰습니다. 다시 그 학생이 질문하기를 "저는 말할 수 없습니다만 교수님은 어느 것이 가장 옳다고 생각하십니까?"라고 묻자 그는 "옳은 것이 없습니다. 이것으로 해도 되고 저것으로 해도 됩니다만 그 중에서 한국에 적용할 만한 것이 무엇인지는 여러분이 제게 가르쳐 주어야 합니다"라고 대답했습니다. 그러자 학생들은 "어떻게 선생님이 학생에게서 배울 수 있습니까? 그럴 수는 없습니다"라며 반박했다고 합니다.

물론 그때는 성령운동에 대한 이해가 없었기 때문에 우리 각 사람이 성령의 지도를 받을 수 있다고는 전혀 생각지도 못했습니다. 그 학생은 오직 책을 통해서만 지식과 지혜와 진리 및 교리 등을 습득할 수 있는 줄 알았기 때문에 자신의 의견을 제시할 수 없었던 것입니다. 어떤 예식이 좋은지 교수님에게 말하지 못하고 오로지 교수님이 좋아하는 것이 무엇인지에 대해서만 관심이 있었습니다. 한국 학생들이 자기 나라의 문화에 대하여 아무것도 모르고 관심도 없는데다가 머리 쓰기를 싫어하고 도리어 두려워하는 것을 보고 그 교수님은 크게 낙심했습니다.

그 이야기를 듣고는 제가 "우리 예수원에는 신학생들이 없으니까 그런 문제는 생기지 않겠지요. 어쩌면 한국적인 분위기가 나는 여러 방식을 실험해 볼 수 있을지도 모르겠습니다"라고 말했습니다. 사실 예수원에서 연구해야 할 여러 주제 가운데 하나가 바로 그것입니다. 어떤 방법이 한국에 가장 합당한 예식이 될 수 있을지 연구해 보자고 15년 전부터 말해 왔지만 아직까지 한 사람도 저에게 "이런 식으로 하면 좀더 한국적인 분위기가 나지 않을까요?"라고 제안하지 않았습니다.

예수원에서 드리는 예식 중에 한국적인 분위기가 조금이라도 느껴지는 것이 있다면 그것은 제가 직접 생각한 것뿐입니다. 외국인인 저는 '미사를 드릴 때 앉아서 하면 한국의 분위기를 나타낼 수 있지 않을까' 라고 생각하여 앉아서 미사를 드리고 있습니다. 그것은 한국의 제사 때의 분위기를 조금이라도 나타내기 위한 실험으로서 그것이 옳은 일인지 아닌지는 저 스스로 판단할 수 없습니다.

다른 사람들도 그 방법이 좋은지 나쁜지 평가해 주지 않고 "신부님이 하시니까 옳은 줄 알고 그렇게 해야지요"라고 인정해 버립니다. 윗사람의 권리를 너무 중히 여겨 자신은 아무것도 알 수 없다고 생각하는 태도를 뛰어넘기가 얼마나 힘이 드는지 모르겠습니다.

시편 119편 99절의 "내가 주의 증거를 묵상하므로 나의 명철함이 나의 모든 스승보다 승하며"를 노인들에게만 해당되는 말씀으로 아는데, 그 다음 100절을 보면 "주의 법도를 지키므로 나의 명철함이 노인보다 승하니이다"라고 하면서 분명히 젊은이가 노인보다 낫다고 했습니다. 젊은 사람이라도 하나님의 증거를 묵상하고 하나님의 규칙을 실행하면 지혜를 얻을 것이며, 그 지혜를 올바르게 사용할 때 '토착화 문제'도 해결할 수 있다고 생각합니다. 왜 자기 나라의 영광을 하나님께 바칠 마음이 없을까요? 성령님이 우리 안에 계시다면 분명히 우리나라를 사랑하는 마음, 우리나라를 존경하는 마음, 우리나라의 영광과 존귀를 하나님께 바치기 원하는 마음을 주실 것입니다. 그러한 마음이 전혀 없다면 참으로 성령을 받았는지 받지 않았는지 의심이 갑니다.

물론 현대화되기 위해 기독교인이 된 사람도 있습니다. 여기서 현대화란 서구화, 즉 외국과 똑같이 해 나가면 현대인이 된다는 사고방식입니다. 한국의 전통 방식은 불편해서 별로 쓸모가 없으니 다 버리고 현대식으로 하자며 서구 문화를 따라가는 정신이 있는데, 그것은 세속의 정신이지 기독교의 정신이 아닙니다. 그런데 그러한 사람들이 기독교 안에 강한 영향을 끼치고 있습니다. 실제 외국에 가서 공부한 목사는 유명해지고 한국에 남아 공부한 목사는 그렇지 못한 경우가 많습니다. 외국에서 공부하지 않은 신부는 주교가 될 가능성이 별로 없습니다. 외국에 나가서 그 나라의 것을 배우고 그것을 도입해 오면 진보적인 사람이라고 생각하는데, 이것보다 더 어리석은 생각은 없다고 봅니다.

하나님은 우리를 미국인, 중국인, 한국인 등으로 서로 달리 만드셨습니다. 하나님이 아무런 의미 없이 그렇게 하신 것이 아닙니다. 그분의 일을 하시기 위한 뚜렷한 목적과 계획을 갖고 창조하신 것입니다. 그러므로 우리는 우리나라를 하나님께 바치고, 우리나라의 문화를 하나님께 바칠 마음을 가져야 합니다. 만일 그런 마음이 없다면, 그것은 우리나라의 문화에는 좋은 점이 하나도 없다고 시인하는 것과 다를 바 없습니다. 우리나라의 문화 가운데 조금이라도 좋은 점이 있다면 그것을 하나님께 드려야 하고 교회 안으로 수용할 수 있어야 합니다. 물론 교회가 완전한 하나님의 나라는 아니지만 새 예루살렘이 하늘에서 내려오기까지는 새 예루살렘의 역할을 해야 합니다. 그러므로 교회 안으로 우리나라의 영광과 존귀를 가져와야 합니다.

음악의 토착화

우리가 보는 성가집이나 찬송가 중에 한국 사람이 지은 노래는 몇 곡이나 될까요? 500여 곡의 찬송가 중에 20여 곡 정도밖에 안 됩니다. 또 성가집 가운데는 한 곡이나 두 곡밖에 없는데 그것도 잘 부르지 않는 곡입니다. 언젠가 예수원의 한 형제가 "우리나라의 민요에 기독교 가사를 붙여 찬송을 했는데, 그때 비로소 가슴에 와

닿으면서 한국이 하나님과 관계있다"는 느낌을 받았다고 고백한 적이 있습니다. 우리가 하나님과 대화하기 위해 외국곡으로 노래해야 더 감동적일까요? 왜 우리는 우리의 음악을 하나님께 바칠 수 없습니까? 하나님은 새 노래를 듣기 원하시는데 성공회 성가나 기독교 찬송가에 새 노래가 어디 있습니까? 대부분이 100-300년 된 노래이고 천 년 된 노래도 있습니다.

물론 오래된 노래에는 고유의 맛이 있습니다. 하지만 하나님은 새 노래 듣기를 더 원하십니다. 한국인이지만 외국인 밑에서 서구 음악을 배웠기 때문에 한국식으로 만들 수 없다면 서양식으로라도 지어 부를 수 있지 않습니까? 하지만 하나님은 한국인에게서는 한국의 노래를 듣기를 더 원하시지 않을까 생각합니다. 다윗의 시가 블레셋 맛이었을까요? 애굽이나 바벨론 스타일이었을까요? 저는 다윗의 시들은 모두 순전한 히브리 고유의 맛과 스타일이 강한 노래라고 생각하고 있습니다.

예식의 토착화

신학교에서 예식 문제가 나왔을 때 학생들이 예식은 고칠 수 없는 것으로 알았다고 했습니다. 한 번은 한 학생이 여러 교회를 순방한 후 이렇게 말했습니다. 그는 태어날 때부터 성공회 교회를 다녔고, 성공회 교회에서 자랐기 때문에 교회 예식 가운데 성공회 방식밖에는 아는 것이 없었습니다. 그런 그가 천주교회에 갔습니다. 조금 다른 방식이 약간은 좋게도 느껴졌지만 그 당시 천주교회에서는 예식 중 라틴어를 사용했기 때문에 너무나 마음이 불안정했다고 했습니다. 또 감리교회에 갔을 때는 무슨 뜻인지 전혀 이해할 수 없었다고 했습니다.

그런데 원불교를 방문했을 때는 마치 자기 집에 온 듯 아주 좋은 느낌을 받았다고 했습니다. 그 친구가 그렇게 느낄 수밖에 없었던 것이 원불교는 성공회 신부였던 사람이 만든 것이기 때문입니다. 하와이에 있던 성공회 신부가 불교로 개종해서 성공회식으로 불교를 고쳤기 때문에 그 순서가 성공회 예식과 비슷합니다. 다만 그리스도 대신 석가나 부처님이 들어갈 뿐입니다. 그 외에는 별로 형식상 다른 점이 없었으므로 (하나님 대신 부처님 이름으로 했는데도 불구하고) 자기 집에 온 것같이 느낀 것입니다. 내용에 대한 관심 없이 외형에만 신경을 썼기 때문입니다.

그 학생뿐만 아니라 많은 사람들이, 장로교와 성공회는 내용이 동일함에도 불구하고 예배 형식이 다르기 때문에 어색하고 마음에 불편을 느끼지만 원불교와 성공회는 내용이 정반대인데도 예식이 비슷하므로 불편하지 않고 좋다고 합니다. 그만큼 우리 신자들은 내용에 대한 관심이 부족한 채 외형만 좋아하며 형식만 생각하는 경향이 강합니다.

우리는 우리가 드리는 예식이 외국식인지 한국식인지 깊이 생각해 보아야 합니다. 특히 그 예식의 내용이 성경적으로 맞는지 분별해야 합니다. 사람이 승용차에도 탈 수 있고 트럭에도 탈 수 있고 마차에도 탈 수 있지만, 어떤 차가 자신에게 가장 적당한 것인지는 각 사람이 잘 알고 있습니다. '저 차는 맘에 안 들고 이 차가 적당한 것 같아. 이 차를 타면 목적지까지 무사히 갈 수 있겠지만 저 차는 소리도 심하고 스프링도 없어서 딱딱한데다가 빨리 달리지 못하니까 목적지까지 가기 힘들 거야'라고 판단할 수 있습니다. 예식이란 하나님께 영광 돌리기 위한 내용을 전하는 방식입니다. 그러므로 우리에게는 좋은 차인지 나쁜 차인지 결정해야 할 책임이 있습니다.

제가 성공회 예식을 약간 수정했는데 수정 결과가 더 나은지 아닌지는 각자 스스로 판단할 수 있을 것입니다. 그런데도 아직 한 명도 제게 와서 "아, 이렇게 하니까 참 좋군요!"라거나 "이런 식은 대성당의 전통적인 예식보다 못한 것 같군요!" 하고 말해 준 사람이 없습니다. 관심이 너무나 부족하고 습관적으로 예배에 참석하는 경향이 짙은 것 같습니다. 예식에 대해 깊이 생각하고, 과연 어떤 예식이 가장 적당한지 연구하면서 예식의 목적이 무엇이며 그 목적을 제대로 이루고 있는지 그 여부를 신중하게 살펴보아야 할 것입니다.

축일의 토착화

유대 기독교는 원래 유월절 · 오순절 · 초막절 등 유대교의 축일을 지켰습니다. 그러나 로마의 경우에는 제일 먼저 찾아오는 절기인 부활절을 지킬 때, 일반 로마인들이 그 축일을 지키지 않았기 때문에 고민이 생겼습니다. 유대교의 풍습을 따라서 보름날 후 사흘째인 17일에 부활절을 지켜야 할지, 아니면 주일에 지켜야 할지 결정하기 어려웠습니다(유대력 1월 14일이 유월절이고, 유월절 후 사흘째 되는 날이 부활절에 해당함). 그들이 제일 처음 부활절을 지킬 때는 주일이었으므로 이후로는 안식 후 첫날인 주일마다 모이기 시작했지만 해마다 부활절이 주일이 될 수는 없었습니다. 유대인들은 무슨 요일이 되든지 상관없이 무조건 14일(그들의 보름)을 유월절로 지키기로 결정한 반면에, 로마인들은 (음력 대신 양력으로 하기 때문에) 성경대로 할까 말까 망설이다가 마침내 토착화하는 뜻으로 부활절은 무조건 주일에 지키기로 결정했습니다. 물론 처음 그런 결정을 하는 데는 다툼이 있었고 시간도 오래 걸렸지만, 마침내 주일에 부활절을 지키기로 결정되어 우리도 지금까지 부활절을 무조건 주일에 지키게 되었습니다.

그런데 또 다른 문제가 생겼습니다. 로마인들은 오랫동안 동지(冬至)가 지난 나흘 후에 태양의 생일을 크게 지키는 관습이 있었습니다. 그래서 유대인들은 로마 교인들이 태양의 생일을 지키는 관습을 그만두지 않을 것으로 생각해서 동지 후 나흘째 되는 날인 태양의 생일에 세례를 주고 태양 대신 예수님의 탄생일로 정했습니다. 그런데 이것이 전통이 되어 그때부터 지금까지 영국 · 한국 등 어디에서든지 성탄절을 큰 축일로 지키고 있습니다. 다만 그리스인들의 경우는 그들의 큰 명절이 소한(小寒)이기 때문에 그리스정교회에서는 지금까지 성탄절을 동지 후 나흘째 날에 지키지 않고 소한에 지킵니다.

그런데 누가복음 1장을 자세히 보면, 예수님의 탄생일이 언제였는지, 언제 사가랴가 성전 안에 들어가서 제사를 행했는지, 언제 직무를 마치고 집으로 돌아갔는지 잘 알 수 있습니다. 제사를 끝내고 집에 돌아간 후 엘리사벳이 잉태했다는 말이 나오는데 그것을 통해 세례 요한이 언제쯤 태어났는지 계산할 수 있고, 세례 요한이 태어난 지 6개월 후에 예수님이 태어나셨다는 것을 알 수 있으므로 날짜를 계산해 보면 성탄절이 정확히 언제인지 알 수 있습니다. 이를 바탕으로 해서 계산해 보면, 그날은 바로 한국의 구정(舊正)입니다. 그런데 한국에서는 성탄절을 구정에 지키는 자가 없습니다. 오히려 구정과 대보름이 사순대재 기간과 겹쳐 있어서 구정은 무시해 버리고 사순대재만 지키고 있습니다. 한국에 온 선교사들에게 성경의 절기와 한국 고유 명절 사이의 관계에 대한 진지한 관심과 연구가 있었더라면, 토착화를 위해 의미 있는 기여를 할 수 있었을 것입니다. 그러나 유대인의 절기와 음력 자체에 대한 인식 부족으로 지나쳐 버린 것입니다.

그러면 여기서 잠깐 생각해 봅시다. 동지 후 나흘째 되는 양력 12월 25일은 성경에 한 번도 언급되지 않은 로마인들의 관습임에도 불구하고 왜 아무런 문제의식 없이 받아들이고 있을까요? 저는 성경의 월력과 더 가깝고 우리 생활 및 전통에 더 깊은 영향을 주는 한국 고유 명절을 무시하는 것을 이해하기 힘듭니다. 로마의 토착화된 전통은 그들의 영광이며 구정과 대보름은 한국의 영광입니다. 제가 영문으로 된 백과사전을 보니 석가가 탄생한 연대와 날짜를 아는 사람이 없다고 했는데, 어떻게 해서 불교 신자들이 4월 초파일을 석가탄신일로 택했는지 궁금합니다. 그런데 이상하게도 유대인들이 약 900년 동안 지켜 온 오순절이 바로 4월 초파일에 해당합니다. 오순절은 모세가 주전 1,400년경에 지키도록 해서 지금까지 시행되어 오는 절기로서, 애굽에서 나온 지 50일째 되는 날이 바로 음력으로 4월 초파일입니다.

또 유대인들이 시내산에서 율법을 받은 날인 오순절은 성령을 받은 날로서 신약 시대의 우리 교인들에게 얼마나 중요한 날인지 모릅니다. 성령이 없으면 교회도 없고 사람의 내적 변화도 없으며 거듭난 사람도 없을 것입니다. 기독교의 주요 절기 가운데 하나가 바로 성령강림일인 오순절입니다. 그런데 기독교인들이 불교 신자들에게 그날을 선물로 주고 자기들은 지키지 않으며, 혹 지킬지라도 너무 조용하게 축일인지도 모르고 지냅니다. 요즈음 교회에서는 "오늘이 오순절입니다"라는 광고를 한 후 오순절에 대한 설교만 조금 할 뿐 등도 달지 않고 특별한 예식도 행하지 않습니다. 그러나 신학적인 입장으로 볼 때 오순절은 가장 중요한 날입니다. 축일 문제를 놓고 우리가 깊이 연구해야 할 것입니다.

사실 성경에 나오는 축일들은 모두 한국의 절기에 알맞은 것들입니다. 유월절은 유대교의 대보름이기 때문에 우리에게 특별한 뜻은 없지만 한국의 2월 보름에 해당하고, 오순절은 4월 초파일에 해당합니다. 또 초막절도 한국의 8월 보름, 즉 추석과 시기적으로 일치합니다. 특히 초막절은 성경에서 일찍부터 중히 여기는 절기였습니다. 솔로몬이 성전준공식을 가장 큰 축일에 거행하기로 결정했는데, 유월절도 지나고 오순절도 지나고 그들이 새해 정월로 지킨 7월 1일 명절인 라쉬하샤나(Rash Hashana)도 지난, 8월 보름을 택해서 성전준공식을 한 것을 보면 초막절을 얼마나 귀히 여겼는지 잘 알 수 있습니다.

그런데 선교사들은 추석이 성경에 나오는 초막절과 일치한다는 사실을 알지 못해서 무시해 버렸으며, 한국의 신학자들도 200년 동안이나 성경을 연구하면서 이것을 깨닫지 못했습니다. 우리 신학자들이 외국에서 나온 것은 배우려고 열심히 노력했지만 정작 한국 문화에 대한 관심은 부족했던 것 같습니다. 모든 전통 문화를 '미신'으로만 알았던 것입니다. 그런데 요즈음 제가 발견한 것은 한문도 성경과 관련이 깊으며, 공자의 가르침 가운데 아주 많은 부분이 솔로몬 시대부터 내려왔다는 사실입니다. 외국에서 온 선교사들이 한국의 토착화 문제에 대한 관심이 부족해서 모르는 것은 그만두고서라도 왜 한국 사람들이 이에 관심이 없는지는 이해하기 어려운 일입니다.

건물의 토착화

가만 보면 영국 선교사들과 일본인들 사이에 비슷한 점이 있는 것 같습니다. 일본의 불교 사원들을 보면 단청을 입히지 않고 나무를 그대로 사용한 것을 볼 수 있는데, 이로써 그들이 나무를 얼마나 좋아하는지 알 수 있습니다. 일본인들은 지붕이나 기와의 무늬나 색상을 자연 그대로 사용하였습니다. 영국인들은 이것을 보고 아주 아름답다고 생각했습니다. 그래서 영국 선교사들이 한국에 성당을 지을 때도 형태는 한국식으로 하되 페인트칠을 전혀 하지 않고 나무결 그대로 살리도록 했습니다. 그런데 한국 사람들은 이들이 겸손하게 보이기 위해, 가난한 분위기를 나타내기 위해 일부러 그렇게 한 것으로 알았습니다. 그것이 원칙인 줄 알고 그대로 수용하였을 뿐 왜 일본식으로 하는지 아무런 의문도 제기하지 않았습니다. 또 한국인들 나름대로 자유롭게 성당을 지을 때도 으레 서양식으로 짓는 것을 볼 수 있습니다. 한국 사람들은 교회를 한국 식으로 지으면 절같이 보여 곤란하다고 생각하지만 저는 그렇게 생각하지 않습니다.

성공회는 일찍부터 교회 건축에 깊은 관심을 가졌습니다. 왜정 시대 때 지은 온수리성당과 강화성당은 한국 고유 양식으로 지어 졌습니다. 토착화 문제를 조금씩 깨닫게 된 한국 신부들이 강화성 당을 지을 때는 아름다운 한국 고유의 색상을 모두 사용했습니다. 그들은 한국적으로 아름다운 교회를 짓고는 아주 좋아했습니다. 그리고 50~70년이 지난 지금도 한국적인 분위기가 있어서 좋다고 말합니다. 그러나 나중에 지은 다른 성당은 모두 서양식으로 지었 습니다. 서울 정동에 있는 대성당은 아주 큰 건물이기 때문에 한국 전통 기법으로 짓기는 어렵다고 생각하여 가장 비슷한 모양인 로 마네스크 양식으로 했습니다. 그렇게 한 이유는 한국의 분위기를 조금이라도 더 나타내기 위해서입니다.

성공회 선교사들은 건축에 대해서는 비교적 깊이 생각했지만 예 식에 대해서는 연구하지 않았습니다. 예복이나 음악, 축일, 예식 등은 그대로 둔 채 건물만 한국적으로 표현하기 위해 노력했던 것 입니다. 물론 건물에도 관심을 갖지 않고 모두 서양식으로 한 선교 사들보다는 훌륭합니다. 그러나 저는 이와 같은 문제에 대하여 두 루 깊이 연구해야 할 책임이 있다는 사실을 말하고 싶습니다.

현재 한국의 건물들이 다양한 양식으로 건축되고 있는데, 특히 동양에 하나밖에 없는 63층 건물을 보고 한국의 영광이라고 생각하는 사람이 많습니다. 또 홍콩에서 가장 높은 건물도 한국인이 지은 것인데, 이것도 국제적인 스타일의 현대식 건물입니다. 서구적인 것도 동양적인 것도 아닌 최신기법으로 만든 것인데(우리가 국제적인 것을 원하면 그렇게 만들어 낼 수 있겠지만), 제 생각에 하나님은 한국적인 것을 더 원하지 않을까 싶습니다. 왜냐하면 하나님은 각 나라의 영광과 존귀를 새 예루살렘 안으로 들여오기 원하시기 때문입니다.

내면의 토착화

사상의 토착화

지금까지 설명한 예복, 음악, 예식, 축일, 건물에 대한 것이 모두 외형적인 토착화 문제였다면, 여섯째로 다루어 볼 '사상의 토착화'는 내면적인 토착화 문제입니다. 먼저 내면적인 토착화 작업에 어떤 의미가 있는지 알아봅시다.

제가 아는 친구 중에 한국에서 태어나고 한국에서 자라나 김치나 고추장 같은 한국 음식뿐만 아니라 한국의 모든 것을 좋아하는 미국인이 있습니다. 그런데 교육은 서양식으로 받아서 머리가 복잡해졌습니다. 미국에 가서도 순전한 미국 사람이 되지 못하고 한국에 돌아와서도 순전한 한국 사람이 되지 못해 곤란한 입장에 빠졌습니다. 은퇴 후에도 미국으로 돌아갈 마음이 없었지만 그렇다고 완전히 한국과 하나가 된 것도 아니어서 슬퍼했습니다. 이를 볼때, 우리에게 중요한 것은 외형보다는 내적인 것이라는 생각이 듭니다.

예수님이 우물가에 있는 사마리아 여인과 이야기할 때 여인은 외형적인 것만 생각하고 하나님께 예배드릴 처소가 그리심 산인지 예루살렘인지 물어보았습니다. 그때 예수님은 "……이 산에서도 말고 예루살렘에서도 말고 너희가 아버지께 예배할 때가 이르리라…… 아버지께 참으로 예배하는 자들은 신령과 진정으로[즉 내면의 진실함으로] 예배할 때가 오나니 곧 이때라 아버지께서는 이렇게 자기에게 예배하는 자들을 찾으시느니라"(요 4:21, 23)라고 대답해 주셨습니다.

신령과 진정으로 드리는 예배란 무엇입니까? 그것은 나 자신을 100퍼센트 온전히 주님께 바칠 수 있도록 온 정성을 쏟는 진실한 예배입니다. 예배는 나 자신을 주님께 산 제물로 드림으로써 내 모든 것을 100퍼센트 주님께 바치는 것인데, 이를 이루기 위하여 어떻게 하는 것이 가장 바람직한지 결정해야 합니다. 촛불예배를 드리며 감동을 받거나 좋은 설교를 듣고 감화해서 '죽을 때까지 하나님의 자녀로서 나 자신을 주께 바치고 나를 헌신해서 선교사가 되겠다'고 결심하지만, 몇 년이 지난 후에 선교사가 될 뜻은 전혀 없고 도리어 불평을 하는 경우도 있습니다. 이러한 것을 볼 때 신자들이 헌신을 했다 하더라도 가끔 새롭게 헌신해야 할 필요를 느낍니다.

미사란 무엇입니까? 그것은 헌신입니다. 주일마다 새롭게 헌신하기 위해 드리는 예배인 것입니다. 때때로 예수원에서는 세례식을 새롭게 하는 예식을 행합니다. 어떤 신자들은 세례를 받고 난 후 몇 년이 지나서야 비로소 세례의 참된 의미를 깨닫기도 합니다. 이전의 세례식은 너무 가벼운 마음으로 했기 때문에 이번에는 참 헌신하는 마음으로, 세례의 약속을 새롭게 해 보자는 뜻으로 다시 세례를 받기도 하는데, 좋은 방법일 수도 있지만 흔한 일은 아닙니다.

미사 가운데 '커뮤니온'(Communion)이란 순서가 있습니다. '성령의 교통', 즉 '코이노니아'란 뜻으로 서로가 온전한 사귐 가운데 나눔을 갖는 것이며, 이것의 중심은 서로 사랑하고 하나 되는 것입니다. 자신의 모든 소유가 다 하나님의 것이므로 개인 소유 없이 우리 모두의 것으로 여기고 서로 사랑하자는 뜻입니다. 바울은 이런 사랑 없이 예배를 드리는 것은 죄를 먹고 마시는 것과 같다고 했습니다(고전 11:29). 교회가 그리스도의 몸인 줄 알지 못한다면 아무리 아름다워 보이는 예식일지라도 하나님 보시기에는 깨끗지 못한 것입니다.

사랑이 없는 곳에서는 좋지 않은 냄새가 나는 법입니다. 옛날에는 냉장고가 없었기 때문에 음식물이 잘 썩었습니다. 그래서 집 안의 썩은 음식물 냄새를 제거하기 위해 유향을 사용했는데, 교회에서 유향을 사용하는 이유도 이런 이치가 아닐까 생각해 보기도 했습니다. 그렇지만 성경에는 올바른 성도의 기도와 나눔이 하나님 앞에 유향과 같이 올라간다고 기록되어 있습니다. 미사드릴 때 유향을 사용하는 이유는 우리가 드리는 나눔과 봉헌의 제사가 하나님 앞에 아름답고 향기로운 것이 되기 원하는 마음 때문입니다.

그런데 미사 도중에 유향을 바치며 평화의 인사를 나누는 의미를 제대로 이해하고 있는 신자들이 과연 얼마나 될까요? 어떤 교회는 평화의 인사를 나누는 것을 아주 싫어합니다. 왜냐하면 실제로 교회 안에 평화가 없는데 평화의 인사를 하면 오히려 더 외식하는 것 같고 거짓말하는 것 같으므로 차라리 하지 않는 것이 좋겠다고 생각하는 것입니다. 복잡한 문제를 해결하려는 마음은 없고 그런 사실들을 무시해 버리거나 무관심하게 여기기 때문입니다. 그러나 우리 신자들은 예식의 모든 순서와 그 의미를 주의 깊게 연구해 보지 않으면 안 될 것입니다.

만일 예복이나 음악, 예식, 축일, 건물 등이 토착화된다면 지금 실행되고 있는 것들과는 상황이 많이 달라질 것입니다. 외국에서 들여온 것들이 다 나쁘지는 않지만 새 예루살렘에 갔을 때, 다른 나라들은 그들의 영광과 존귀를 가지고 왔는데 한국의 영광과 존귀는 하나도 없다면 얼마나 부끄럽겠습니까? 우리가 하나님의 나라에서 이방인이 되거나 다른 나라의 것들을 그대로 답습해야 할 이유가 없지 않습니까? 우리나라의 것을 하나님께 바치도록 더욱더 노력해야 합니다. 그런데 이 모든 외형적인 것을 다 토착화하더라도 그 내용에 동양적인 분위기가 없다면 아무런 소용이 없습니다.

이제 기독교 토착화의 사상적인 측면을 어떻게 다루어야 하는지 살펴보겠습니다. 제일 먼저 해야 할 과제는 서양사상과 동양사상의 비교입니다. 그런데 무엇을 기준으로 비교해야 할까요? 그 기준은 성경입니다. 누군가 성경은 서양의 책이 아니냐고 반문할지 모르지만 성경은 원래 동방(메소포타미아)에서 유래된 책입니다. 그곳에 나온 사람들이 일부는 동쪽으로, 일부는 서쪽으로 나뉘어 갔는데 그 중심인물인 아브라함이나 모세는 모두 아시아인이었습니다. 하지만 우리가 선교사들에게서 전수받은 성경 해석은 서양의 입장에서 해석한 것입니다. 그들은 자신들이 이해하기 쉬운 말씀을 전하기에도 바빠서 이해하기 어려운 것은 연구하지 않았습니다. 그렇지만 성경의 내용 가운데 서양인들은 이해하기 어려우나 동양 사람들은 쉽게 알아들을 수 있는 것들이 많습니다.

결국 동양 사람들은 성경을 서양 책으로 알고, 설령 이해하기 쉬운 것이 있어도 잘못 해석한 줄로 생각하여 오히려 어렵게 해석하고 있습니다. 쉽게 해석할 수 있음에도 자신감을 갖지 못합니다. 한 가지 예를 들면, 성경의 월력과 한국의 음력이 한 달 하루의 차이가 있다는 사실만 발견했더라면 모든 절기를 한국의 월력으로 고칠 수 있었을 텐데 선교사들은 그러한 사실을 몰랐으며 관심도 없었습니다. 선교사들이 사용하는 월력은 양력이기 때문에 성경의 월력과 맞지 않아 음력은 생각조차 할 수 없었고, 조금 관심이 있던 사람이라도 계산하기가 너무 복잡해서 포기해 버렸던 것입니다. 부활절만 음력으로 지키고 다른 절기는 모두 서양식으로 지켰습니다.

그러나 성경의 월력과 한국인이 사용하는 음력에는 조금의 차이가 있습니다. 예를 들면, 윤년(윤달)이 될 때 생기는 달(extra month)을 성경에서는 13월로 치는 반면, 한국에서는 그것을 어느 특정한 달에 포함해 윤달로 계산합니다. 성경의 월력은 한국의 월력보다 한 달 늦게 시작됩니다. 가령 성경의 대보름은 한국의 2월 보름이 됩니다. 그러나 모든 절기는 언제나 밤과 낮의 길이가 같은 춘분에서부터 시작되므로 이스라엘은 한국과 절기상 한 달의 차이가 생기는 것입니다(이스라엘과 우리나라는 위도상의 차이 때문에 춘분의 시기가 다름). 또 성경의 초하루는 그들이 새 달(초승달)을 보게 되는 때인데 한국 월력에서는 합삭(달이 없을 때)일 때를 초하루로 봅니다. 이 때문에 이스라엘의 보름은 14일째가 되는 반면 우리나라의 보름은 15일째가 되는 것입니다.

서양 사람들이야 한국의 음력을 이해하기 어려워 무시해 버렸다고 해도, 동양 사람들은 조금만 관심을 갖고 연구했어도 충분히 이해할 수 있었을 텐데 200년 동안 한 명도 이를 발견하지 못했습니다. 모두들 성경이 서양 책인 줄로만 생각했기 때문입니다. 그러나 다시 말하지만, 성경에 나오는 인물은 동양 사람이 많고 그들의 생활과 사고방식도 동양과 비슷한 점이 더 많습니다. 물론 극동아시아와 중동이 똑같지는 않겠지만 그래도 서양보다는 동양에 더 가까운 사람들입니다. 우리가 성경을 읽을 때 동양사상을 가진 자로서 대한다면 '아, 이것은 옛날부터 내려온 사상과 비슷한 내용이구나!'라고 충분히 깨달을 수 있을 텐데, 그럴 수 없다고 생각하여 무시해 버리는 경향이 있습니다.

성경의 가르침은 동양의 가르침과 비슷한 점이 많습니다. 성경의 배경은 주로 이스라엘인데, 그들의 역사적 배경은 옛날 한국의 농촌과 유사성이 많아 구약 시대 이야기가 나오면 자연히 우리 한국의 옛날 분위기가 나타나고 사상적인 면에서도 유사성을 엿볼 수 있습니다. 창세기 1장부터 10장까지에는 우리 동양인들의 배경이 들어 있습니다. 그런데 바벨탑 사건 이후 인류가 나뉠 때 일부는 동쪽으로 이동했다고 기록되어 있습니다. 창세기 10장 25절에

'에벨'이라는 이름이 나오는데, 그에게는 '벨렉'과 '욕단'이라는 두 아들이 있었습니다. '벨렉'은 아브라함의 조상이 되었고, 아우 '욕단'은 자녀가 번성하여 '벨렉'과 점점 멀어지게 되었습니다. 욕단이 알모닷, 셀렙 등 여러 사람의 조상이 되고 메사에서부터 스발로 가는 길의 동편 산으로 갔다고 했는데, 이것은 동방의 산악지대로 갔다는 말입니다. 이들은 모두 셈의 족속이기 때문에 동방 사람들이 어디에서 나왔는지 생각해 볼 때, 욕단에서부터 나온 것이 아닌가 싶습니다. 그렇다면 욕단이 혹 단군이 아닐지 추측해 볼 수 있습니다. 정확한 계산은 할 수 없지만 단군의 시대와 욕단의 시대가 비슷한 연대입니다.

그런데 욕단의 자손 중 한 사람이 동방으로 와서 문자를 만들었는데, 그들은 창세기 1장부터 10장까지의 내용을 잊어버리지 않기 위해 그 사건들을 그림으로 표현해서 보존했습니다. 그것이 상형문자로 된 한자의 유래입니다. 실제로 한자 중 40자 정도를 분석해 본 결과, 창세기 1장부터 10장까지의 사건들이 정확하게 묘사되어 있었습니다(《창세기와 중국문자》〔Discovery in Genesis〕). 한자를 통하여 창세기의 내용(사상)을 잊어버리지 않도록 한 것만 봐도 그들이 동방 사람들에게 전통을 전하기 위해 노력했음을 알 수 있습니다. 결론적으로 지금 우리가 사용하고 있는 한문은 욕단 시대부터 내려온 것입니다.

그로부터 몇 천 년이 지난 후 솔로몬이 온 세계에서 가장 훌륭하고 유명한 왕이 되었는데, 그 시대는 중국의 주(周)나라에 해당합니다. 중국 주나라의 다섯 번째 왕인 주목왕이 신비한 서방의 여

왕, 즉 '서왕모'(西王母)를 만났다는 이야기가 전해 오지만 실제로 서왕모라는 사람은 없었습니다. 저는 혹 '솔로몬 왕을 서왕모라고 표기한 것은 아닐까' 생각하던 차에 예수원을 방문한 중국어 전문가 한 분에게서 그럴 가능성이 충분히 있다는 답변을 들었습니다. 그는 중국 역사에서는 남성들이 지나치게 영광을 얻는다고 생각될 경우에 흔히 그렇게 표기한다고 했습니다. 즉, 중국의 역사를 보면 때때로 남성명사를 여성명사로 바꾸는 경우가 있는데, 아마 솔로몬 왕에게 영광을 돌리고 싶지 않아서 서모왕(西母王: 중국말로는 '셔로모 왕'으로 읽음)을 서왕모(西王母)로 고쳤을 수 있다면서 있을 수 있는 일이라고 했습니다.

저는 제 이론이 옳다고 생각했습니다. 주목왕이 솔로몬 시대에 서양에 다녀왔을 가능성이 크기 때문입니다. 주목왕이 거기서 듣고 배운 것을 글로 남겨 중국 전통 사상의 골자가 되었고, 이것은 다시 공자와 맹자를 통해 그들의 제자들에게 전승되었을 것입니다. 공자와 맹자의 교훈에 잠언의 함축성 있는 가르침과 아주 흡사한 점이 많음을 볼 때 더욱 그렇습니다. 공자가 그의 제자들에게 가르칠 때 "이것은 나의 가르침이 아니고 우리 조상의 전통이다" 라고 해서 기록한 것이 사서(논어·맹자·중용·대학)와 오경(시전·서전·주역·예기·춘추)으로 전해 오고 있습니다. 이것으로 유교사상이 성경과 전혀 무관하지 않음을 알 수 있는데, 이는 결코 우연이 아닙니다.

물론 동양의 문화에도 여러 뿌리가 있겠지만 그 중 가장 큰 뿌리는 성경입니다. 그래서 성경을 읽을 때 '혹시 이것이 동양문화와 어떤 관계가 있지 않을까' 하는 관심을 갖고 연구한다면 재미있는 사실을 많이 발견할 것입니다.

음양사상

많은 사람들이 음양사상을 순전히 동양사상으로만 알고 있는데, 성경에도 음양사상이 들어 있습니다.

> ……하나님이 자기 형상 곧 하나님의 형상대로 사람을 창조하시되 남자와 여자를 창조하시고(창 1:27).

사람이 하나님의 형상대로 창조되었음을 강조하면서 남자와 여자를 창조하셨다고 했습니다. 여기에서 남자를 '양', 여자를 '음'으로 본다면, 음양은 곧 '하나님의 형상'이 됩니다. 이 말에는 여러 가지 중요한 의미가 내포되어 있는데 '하나님은 사랑이시라' 는 의미도 포함됩니다.

하나님의 사랑은 어떠한 사랑일까요? 아버지의 사랑일까요, 어머니의 사랑일까요? 형제간의 사랑일까요, 친구간의 사랑일까요? 하나님의 사랑은 음양이 조화된 부부의 사랑입니다. 부모와 자식 사이의 사랑이 아닌 음양, 즉 부부 사이의 사랑으로 표현되어 있습니다. 여기에 성경의 기본적인 사상이 잘 나타나 있습니다. 이 뜻을 잘 깨달아 다른 모순 된 문제가 생길 때 그것이 어디에서 잘못된 것인지, 음과 양이 조화를 이룬 것인지, 동양인의 입장에서 연구해 보면 좋은 해결책이 나올 것입니다.

동양인들이 음양의 이치를 잘 이해하는 데 반해, 서양인들은 음양사상을 잘 이해하지 못해서 '이것이냐 혹은 저것이냐?'란 논쟁에 빠지기가 쉽습니다. 동양의 교회들도 서양의 선교사들에게 그러한 영향을 받아서 (진리가 둘 중 하나인 줄 알고) 칼뱅주의(Calvinism)가 옳은지 아르미니우스설(Arminianism)이 옳은지 질문하는 사람이 많은데, 음양의 조화를 아는 동양인으로서는 이러한 질문이 합당치 않다는 것을 이해할 것입니다. 이럴 때 동양인들은 '두 가지 모두 필요하지 않을까'라는 생각으로 칼뱅주의가 '양'이면 아르미니우스설은 '음'이고, 신교가 '양'이면 구교가 '음'이라고 생각해서 둘 다 인정하는 '중용'(中庸)을 지켜야 할 것입니다.

　동양에서는 예부터 중용을 지켜 왔지만 서양인들은 중용의 의미를 잘 모릅니다. 그들은 다만 중용을 양쪽 길 사이의 가운데 길 정도로 생각하고 있습니다. 그러나 중용은 넓은 길을 가는 것이며, 어느 한쪽으로도 치우침 없이 쌍방으로 통행하는 길을 의미합니다. 그러나 우리는 중용사상을 신앙적으로 적용하는 법을 터득하지 못해 자꾸 "이것이 옳다, 저것이 옳다"라고 다투기를 좋아하는 나쁜 습관을 갖게 되었습니다.

　성경에서는 서로 다투는 정신이 아니라 서로를 인정하고 수용하는 '중용의 정신'을 가르치고 있습니다. 바울은 항상 유대인과 이방인들이 하나가 될 수 있도록 얼마나 많은 노력을 했는지 모릅니다. 헬라인들도 자기들만 옳다고 하고 유대인들도 자기들만 옳다고 했지만 바울은 둘 다 같이해야 한다며 안타까워했습니다. 성경은 자기만 옳다고 고집하는 사상을 아주 싫어하며, 서로 인정하고 용납해서 하나가 되어야 한다고 권면합니다. 그리고 자기 것만 주장하고 다른 것을 무시하는 자는 천국을 유업으로 받을 수 없다고 가르칩니다.

한국에는 대표적인 전통 종교로서 유교, 불교, 선교가 있습니다. 한국인들에게 어떤 종교를 믿느냐고 물어보면 대부분 불교를 믿는다, 유교를 믿는다고 하지 선교를 믿는다고는 선뜻 대답하지 않습니다. 그것은 선교를 미신으로 여기고 이를 부끄럽다고 생각하기 때문입니다. 그러나 사실은 유교, 불교, 선교, 이 세 가지 다 믿고 있으며 때로는 이것을, 때로는 저것을 내세우며 모두 인정하기도 합니다. 유교가 현세의 문제를 취급하고 불교가 내세에 관심을 두고 있다면, 선교는 눈으로 볼 수 없는 신의 세계, 즉 '이세'(異世)를 다룹니다. 그래서 초자연적인 능력이 필요할 때 굿을 하고 삼신에게 제사를 바치며 산(山)기도를 드리기도 하는 것입니다. 이와 같이 한국인들은 이 세 가지 사상을 다 갖고 있습니다.

그런데 과연 어느 것이 진리일까요? 성경은 천사들과 귀신의 존재는 물론 영적인 능력 및 초자연적인 기적도 인정합니다. 그리고 장차 하나님의 나라가 이 땅에 임하여 천년왕국이 이루어지고, 그 후에 영원한 천국과 새 하늘과 새 땅이 도래할 것이란 내세문제도 다룹니다. 또 유교처럼 현세의 실제적인 문제를 취급하기도 합니다. 하나님의 명령을 받아 사람과 사람 사이에 의(義)가 있어야 하고, 정의의 기초 위에 깨끗하고 윤리적인 사회가 필요하다는 가르침이 많이 나오지만 어떤 사상이 가장 많이 언급되고 있는지는 헤아려 보지 못했습니다. 어떤 구절에서는 현세와 내세와 이세를 모두 취급하고 어떤 구절에서는 현세 또는 내세 문제를 취급하는데, 자세히 검토해 보면 약 3분의 1의 비율로 나타나는 것을 확인하고 놀라게 될 것입니다. 우리는 자연히 현세와 내세와 이세를 믿는 사람들입니다. 왜냐하면 사람이 살아가는 데 이러한 것들이 필요하기 때문입니다.

성경은 이와 같이 현세, 내세, 이세를 모두 다루고 있지만 어떤 목사님은 사회문제만 이야기하고, 어떤 목사님은 천국 이야기만 하고, 또 어떤 목사님은 기적 이야기만 하면서 서로 자기가 옳다고 주장하는데, 사실은 모두 옳습니다. 하지만 자기 주장을 내세우기에 앞서 서로 인정하고 하나가 되려고 하는 자세가 무엇보다 중요하겠습니다.

한국의 고유 문양 중 '삼태극'(三太極)이 있습니다. 이것은 한국에서만 볼 수 있는 독특한 상징으로서 일본에도 중국에도 없는 한국 고유의 것입니다. 중국인들은 음양만 알았지만 한국인들은 예부터 삼태극 사상을 갖고 있었습니다. 특별히 우리의 교회들이 참다운 한국 교회로 성장해 가려면 세 가지를 하나로 만들 책임이 있습니다. 이것이 바로 진정한 토착화 작업입니다. 서양에서 들어온 것을 무조건 버릴 것이 아니라, 거기서 들어온 세 가지를 하나로 융합해 한국인들이 다시 그들에게 선물할 수 있습니다. 그들이 이해하지 못하는 가르침들을 우리가 동양적으로 잘 이해하고 온전케 해서 되돌려 준다면 얼마나 귀한 선물이 될 수 있을까 생각해 봅니다. 우리 동양인들은 이러한 입장에서 신학을 깊이 연구해야만 합니다.

오륜사상

유교에는 도덕의 기본이 되는 오륜(五倫)사상이 있는데, 의(義)·
친(親)·별(別)·서(序)·신(信)이 바로 그것입니다.

'의'(義)는 의로운 관계, 즉 왕과 신하의 관계를 말하는 것으로
하나님과 사람의 관계로 바꾸어 생각해 볼 수 있습니다. 하나님은
의로운 분이므로 왕과 왕 아래에 있는 자들에게 의로운 것을 기대
하십니다. 그래서 왕들이 불의를 행할 때 하나님은 심하게 책망하
시기도 합니다. 또 주인은 종을 잘 대해야 할 뿐 아니라 6년 동안
종으로 부린 후 7년째에는 자유를 주어야 한다고 정하셨는데, 자
유를 줄 때는 빈손으로 보내지 말고 필요한 것을 주어 새 출발을
할 수 있도록 도와주어야 한다고 했습니다. 이것은 정의 실현을 위
한 아주 중요한 사상입니다.

도교는 사람이 대자연의 섭리 밑에 들어가야 한다고 가르치는
듯합니다(제가 확실히 알지 못해 잘못 해석한 것일 수도 있지만 그런 느
낌을 받았습니다). 그런데 성경은 사람이 대자연을 다스려야 한다고
합니다. 다스리는 데는 공의가 요구됩니다. 실로 인간에게는 대자
연보다 강한 점이 있습니다. 공해란 무엇입니까? 강한 인간이 대
자연을 잘못 관리하고 불의를 자행함으로써 생긴 부작용입니다.
땅에 농약을 자꾸 사용해서 소출이 없도록 하는 것은 농약을 사용
한 사람이 강하기는 하지만 불의하다고 볼 수밖에 없습니다. 또 주
인이 종을 이용하고 심하게 일을 시켜 그 종이 일어나지 못하게 될
때 이것은 누구의 잘못일까요? 그것은 그 주인의 잘못으로 그가
'의'를 행치 않은 까닭입니다. 이와 같이 사람과 사람과의 관계, 사

람과 대자연의 관계에도 '의'가 있어야 합니다.

대자연은 자유의지가 없기 때문에 결국 우리가 책임자입니다. 자연은 기계적인 법칙에 종속되어 있지만 인간에게는 자유의지가 있습니다. 그러므로 인간은 자연을 올바르게 관리하고 다스려서 계속 우리의 유익한 종이 되게 할 수 있습니다. 그렇지만 대자연을 이용하기만 하면 대자연도 반발합니다. 인간을 죽이든지 다른 재앙을 가져오든지 합니다. 지금 세계에 퍼져 있는 에이즈는 대자연이 반발한 결과입니다. 우리의 잘못이 너무 많아 이 병이 계속 퍼지고 심한 재앙을 당하고 있습니다.

이를 볼 때, 의를 실행하는 일이 얼마나 중요한지 모릅니다. 성경에서 '의'는 하나님과의 올바른 관계를 의미합니다. 우리는 불순종으로 말미암아 하나님과의 관계가 깨어짐으로써 모두 죄인이 되었습니다. 그런데 의로운 하나님은 우리를 죄인 상태 그대로 두고 싶지 않으셔서 독생자이신 아들을 세상에 보내어 희생제물이 되게 함으로써 우리를 의인으로 인정해 주셨습니다.

그런데 제가 알기로, 유교에서의 의는 이런 의미가 아닙니다. 옛날 중국에서는 왕이 그 해의 모든 행사가 잘되기를 빌며 하늘의 축복을 받기 위하여 1년에 한 번씩 제사를 드렸지만, 지금은 그 의미를 망각한 채 '義'라는 글자만 전해 내려오고 있습니다. 서양인들은 '義' 자를 보면서 '아! 여기 하나님의 가르침이 있구나!' 깨닫고 가인과 아벨의 이야기를 기억해 낼 수 있지만, 동양인들은 '義'라는 말은 보존해 오면서도 의미는 잊게 되었습니다.

한자 '義'는 양(羊) 밑에 내[我]가 들어 있는 글자입니다. '내가 하나님의 어린 양 밑에 들어가면 의인이 될 수 있다'는 뜻입니다. 그렇지 않고서는 의인이 될 수 없습니다. 그런데 만일 왕이 신하의 의인이 되려 하거나 사장이 직원의 의인이 되려 하거나 주인이 종의 의인이 되려 한다면 그들의 마음은 고침을 받아야 할 것입니다. 죄 사함을 받지 않는 자는 의인이 될 수 없고 의로운 행동도 할 수 없습니다. 의인이 되지 못한 자는 도무지 의의 열매를 맺을 수 없습니다. 현대 사회나 세계 사회가 점점 부패하고 흉한 상태로 되어 가는 것은 의의 열매가 없기 때문이며, 의의 열매가 없는 이유는 하나님의 어린 양을 통해야만 '의'가 이루어진다는 사실을 망각하고 있기 때문입니다.

오륜 중 두 번째는 '친'(親)으로서 이는 아버지와 자식 간의 관계를 의미합니다. 성경에서는 하나님을 '아버지'라고 합니다. 하나님의 명칭이 여럿 있지만 이 '아버지'라는 명칭만큼 중요한 게 없습니다. 동양사상에 비추어 아버지와 자식의 관계, 부모와 자식의 관계를 생각해 보면, 하나님과 우리의 관계가 어느 정도인지 깨달을 수 있습니다.

셋째는 '별'(別)인데, 요즈음 사회가 부패하여 이 말을 '차별'로 해석하려는 경향이 있는데, 이것은 차별이 아니고 '유별'(有別)을 뜻합니다. 여자와 남자에게는 각각 자기의 역할이 있어서 둘 다 서로의 역할을 올바르게 행하면 음양의 아름다운 조화가 나오게 됩니다. 아름다운 가족이 형성되며 사랑이 흘러나오게 되는 것입니다. 이 사랑이 무엇입니까? 앞에서 하나님의 형상이 남녀를 통하여 나타난다고 했는데, 남녀의 온전한 사랑은 곧 하나님으로부터 비롯되는 것입니다. 부부가 올바른 관계를 갖고 서로 인정하며 유별을 지키면 사랑이 나옵니다. 만일 내가 다 알아서 할 테니 너는 필요 없다고 한쪽을 무시해 버린다면 가족은 생길 수 없습니다.

한국의 경우도 최근 가정문제가 점점 더 심각해져 가는 추세입니다. 왜 이토록 이혼하는 부부들이 늘어나는 것일까요? 그것은 주로 서양의 좋지 않은 영향 때문입니다. 실제로 미국에서는 두 사람 중에 한 사람꼴로, 다시 말해 50퍼센트가 결혼에 실패하고 있습니다. 게다가 이혼은 하지 않더라도 재미없이 사는 가정이 얼마나 많은지 모릅니다. 가족이 그들의 생활에서 하나님의 뜻을 깨닫지 못하는 것은 유별의 원리를 모르기 때문이며, 음양의 조화를 무시한 채 남자와 여자가 계속 경쟁하려고 하기 때문입니다.

남자들이 여자들에게 미안한 마음을 갖고, 여자들도 남자들과 똑같은 교육을 받아야 한다고 생각하면서부터 여자들을 위한 교육이 시작되었습니다. 그로 인해 여자들도 고등교육을 받게 되었고, 이로써 여자들 대부분이 남자들의 정신을 습득하여 사회에서의 경쟁에는 익숙해졌지만 가정에서의 아름답고 부드러운 생활에 대해서는 통 모르게 되었습니다. 학교에서도 그런 것을 배우지 않습니다. 옛날에는 가정생활과 여성다운 아름다움을 배웠지만 요즈음은 주로 사회문제를 많이 배웁니다. 물론 학교 교육 가운데는 유익한 것도 많습니다. 계산하는 법을 배운 아내는 계획성 있게 가계를 운영할 수 있고, 그런 아내를 둔 남편은 가계를 맡겨 놓고 안심할 수 있습니다. 그러나 복잡한 대수나 기하, 혹은 삼각법 같은 어려운 것까지 왜 배워야 하는지 모르겠습니다. 그런 것은 여성다운 부드러움을 오히려 상실케 하는 것들이 아닐까요? 결론적으로 학력 수준이 높은 여자들은 지나치게 너무 많은 것을 알게 되어 이혼하는 경향이 높고, 아예 결혼을 하지 못하는 사람도 얼마나 많은지 모릅니다. 생각하는 수준이 높아서 결혼하기를 싫어하는 사람도 있고, 결혼하고 싶어도 쉽게 마음이 통하는 사람이 없어서 못 하기도 합니다.

가정에서 발생하는 문제의 원인은 대부분 동등한 교육에서 비롯되는 것 같습니다. 그런데 이 동등 교육은(이상한 표현이기는 하지만) 남녀 '무별'(無別) 교육으로서 자연에 순응하지 않고 오히려 자연을 부인하는 교육입니다. 물론 남자와 여자가 같은 교육을 받아야 하는 경우도 있겠습니다. 하지만 대개는 남자는 남자의 할 일을, 여자는 여자의 할 일을 교육받는 것이 중요합니다. 여자가 여자다운 공부를 하게 될 때 부드럽고 아름답게 될 것입니다.

서양 사회는 여자가 해야 할 일들을 존경하지 않고 오히려 부끄럽게 여기는 부패된 사회입니다. 이러한 흐름은 전적으로 우리나라에 들어오지 못하게 해야 합니다. 우리 사회는 여자의 역할을 존경하되, 여자의 역할이 남자의 역할보다 더 존귀한 것도 아니고 덜 존귀한 것도 아닌 똑같이 존귀한 것으로 인식해야 합니다. 다만 유별은 있어야 합니다. 어떤 여자가 파리에서 강의할 때 "남자와 여자 사이에 차이가 별로 없다"라고 주장하자 한 프랑스인이 큰소리로 "남녀 차이 만세!"라고 외쳤습니다. 차이가 없으면 재미가 없기 때문입니다. 남자들이 결혼할 때 자기와 별다른 구별이 없는 남성 같은 여자와 결혼하고 싶어 할까요? 자기와 다른 역할을 하며 서로 사랑할 수 있는 사람과 결혼하고 싶은 것이 당연하지 않겠습니까?

넷째로 '서'(序)는 질서를 말합니다. 나이 많은 사람과 나이 어린 사람의 관계, 형과 동생의 관계에서는 질서가 필요합니다. 이 말은 이 사람이 저 사람보다 좋다거나 나쁘다고 하는 것이 아니고 다만 질서가 있어야 한다는 것입니다. 성경에서도 이와 같은 가르침을 쉽게 찾아볼 수 있습니다. 성경에는 주로 장자가 받을 수 있는 특권에 대해 많이 언급하는데, 이 특권에는 그만한 책임이 따릅니다. 즉, 이것은 큰아들이 유업을 더 많이 받아서 가족을 부양해야 한다는 말입니다.

그런데 이스라엘 역사를 보면, 이 장자의 권리가 엄격하게 규정되어 있지 않습니다. 예를 들어, 르우벤은 야곱의 장남이었지만 장남의 분깃을 받지 못했습니다. 그가 아버지의 침상을 더럽혔기 때문입니다(창 35:22; 49:4). 둘째와 셋째인 시므온과 레위도 세겜인들을 대량 학살했기 때문에(창 34:25; 49:5) 넷째 아들인 유다가 장자권을 받게 되었습니다. 나중에 야곱은 요셉에게 장자의 권위를 옮겨(창 48:15-16) 그의 아들 에브라임과 므낫세에게도 각각 한 분깃을 주었습니다(창 48:5, 22). 이것을 보면, 성경의 질서는 융통성이 있고 변화가 있음을 알 수 있습니다. 또 성경은, 나이 많은 사람들에게는 젊은 사람과 같이 낮은 자리에 처할 줄도 알고 교만하지 말고 섬기는 사람으로서 겸손하라고 했으며, 젊은 사람들에게는 장로들을 존경하라고 했습니다.

이러한 성경의 가르침은 유교의 가르침과 별 차이가 없으면서도 특권을 얻은 자가 그 특권을 이용하지 못하도록 좀더 부드럽고 융통성이 있는 방법을 택하고 있습니다. 질서라는 말을 너무 강조하면 융통성이 없고 딱딱해지기 쉽습니다. 내가 장자니까 무엇이든지 다 짓밟을 수 있다, 내 나름대로 할 수 있다고 해서 권위를 함부로 휘두를 수 있는 위험이 있습니다. 그러나 성경은 그러한 태도를 허락지 않고, 특권을 얻었더라도 겸손한 마음으로 책임성 있게 활용해야 한다고 가르쳐 줍니다.

오륜 중 마지막은 '신'(信)인데, 이것을 통하여 서양에서는 도무지 짐작도 못할 진리가 나옴을 알 수 있습니다. 서양에서는 친구와 친구 사이에 헬라어 '필리아'($\phi\iota\lambda\iota\alpha$)란 단어를 사용합니다. 동양에서는 친구와 친구 사이에 '신'을 사용합니다. '신'이란 아주 놀라운 말입니다. '신앙'이 무엇입니까? 하나님이 우리를 믿고 우리도 하나님을 믿는 쌍방통행이 아닙니까? 우리만 하나님을 믿는 것이 아니라 하나님도 우리를 믿는 것입니다. 신뢰하고 의지하는 것입니다. 요한복음 15장 15절을 보십시오.

이제부터는 너희를 종이라 하지 아니하리니 종은 주인의
하는 것을 알지 못함이라 너희를 친구라 하였노니 내가
내 아버지께 들은 것을 다 너희에게 알게 하였음이니라.

이 구절은 우리가 하나님의 친구가 되었다는 놀라운 사실을 말해 줍니다. 더 이상 우리는 하나님의 종이 아니라 친구입니다. 하나님과 친구 된 것을 우리의 동양적인 사상으로 받아들이고 '아,

내가 하나님 보시기에 믿을 만한 사람이 되어야겠구나!'라고 받아들여서 친구와 친구가 서로 믿는 것처럼, 하나님이 나를 믿고 내가 하나님을 믿어 서로 의지한다면 얼마나 아름다운 관계가 되겠습니까? 이러한 관계를 동양에서는 '사귐'이라고 하고 서양에서는 '코이노니아'라고 하는데, 서양인들은 아직까지도 이런 코이노니아를 충분히 이해하지 못하고 있습니다. 그렇지만 우리는 동양사상을 통하여 코이노니아를 더 깊이 깨달을 수 있을 것입니다.

일반적으로 동양 사회는 초자연적이 아닌 자연적인 사회이므로, 한 사람이 한 사람의 친구만 사귀고 다른 사람과는 친하게 지내지 않는 경향이 있습니다. 그러나 예수님은 우리가 모두 주님의 친구이기 때문에 서로 친구가 되어 사랑하라고 하셨습니다. 우리가 동양사상을 생각하면서 성경적으로 예수님을 통하여 넓게 사랑을 펼친다면 얼마나 아름답고 놀라운 일이 벌어질지 깊이 생각해 볼 일입니다. 그리고 그 말씀대로 살기를 원한다면 어떻게 기도해야 하는지도 알게 될 것입니다. "주여, 성령님을 통하여 믿을 만한 사람이 되고 싶습니다"라고 구하게 되는 것입니다.

그런데 뒤에서 수군수군하는 것은 신(信)이 아닙니다. 그것은 서로를 깎아내리고 서로의 기초를 빼내고 그 사람을 못살게 하는 일입니다. 물론 신앙이 없는 일반 사회에서는 그런 일이 있을 수 있겠지만 기독교에서는 있을 수 없는 일입니다. 내 친구에 대하여 나쁜 말을 하는 사람을 만났을 때, "그는 내 친구이기 때문에 네가 나쁜 말을 한다면 듣고 싶지 않다. 그런 말 하지 마라"라고 할 수 있지 않습니까? 사실 내가 그의 친구인 줄 알면 일절 그에 대한 나쁜 말을 하지 않을 것입니다. 그가 나쁜 일을 했더라도 그의 친구에게 말하지 않는 것이 동양의 관습 아닙니까? 이러한 아름다운 전통을 더 넓게 적용한다면, 모든 신자가 곧 나의 친구니까 나는 어느 신자에 대해서든지 나쁜 말을 하지 않게 될 것입니다. 누구든지 다른 신자에 대하여 수군수군한다면 그 사람의 친구가 아닐 뿐만 아니라 모든 사람들과도 친구가 아니란 사실을 인정하는 것과 다를 바 없습니다. 예를 들어, 박 씨가 김 씨에게 최 씨에 대한 나쁜 말을 할 때는 김 씨와 최 씨가 반드시 친구 사이가 아닐 때입니다. 만약 김 씨와 최 씨가 친구인 줄 안다면 절대로 박 씨는 최 씨에 대한 나쁜 말을 김 씨에게 하지 않습니다.

우리는 서로 예수님의 친구인 줄 알고 절대로 이 목사 저 목사, 이 장로 저 장로, 이 집사 저 집사, 이 형제 저 형제에 대하여 수군거리지 말아야겠습니다. 성경은 만약 그 친구에게 문제가 있다면 찾아가서 부드럽고 친절하게 권면하라고 했습니다. 직접 가서 권면하지 않고 뒤에서 수군거리는 것은 친구로서 할 일이 아니며 이는 하나님과 자신이 관계없는 사이라고 하는 것과 다를 바 없습니다.

잭 윈터(Jack Winter) 목사님이 예수원에 와서 강의할 때 이와 관계되는 구절을 설명한 적이 있습니다. 요한복음 15장 15절에서는 '너희들은 나의 친구'라고 했고, 16장 24절에서는 "지금까지는 너희가 내 이름으로 아무것도 구하지 아니하였으나 구하라 그리하면 받으리니 너희 기쁨이 충만하리라"라고 했고, 26-27절에서는 "그날에 너희가 내 이름으로 구할 것이요 내가 너희를 위하여 아버지께 구하겠다 하는 말이 아니니 이는 너희가 나를 사랑하고 또 나를 하나님께로서 온 줄 믿은 고로 아버지께서 친히 너희를 사랑하심이니라"라고 했습니다. 아버지께서 우리를 친히 친구 삼으셨다는 놀라운 말씀입니다.

여기서의 '사랑'은 아가페의 사랑이 아닙니다. 하나님께서 온 세상의 사람들을 사랑해서 그의 외아들을 보내신 것은 아가페 사랑이지만 요한복음 16장 27절의 사랑은 '친구로 삼은' 필레오 사랑입니다. 우리가 주의 이름으로 구한다는 것은 그분을 믿고 아버지께로 나온 것으로 인정하는 것이기 때문에 아버지도 우리에게 친구로서 무엇을 구하든지 주고 싶은 마음이 생깁니다. 그런데 왜 우리의 기도를 들어주시지 않을 때가 있습니까? 그것은 우리가 필요 없는 것을 구하거나 우리에게 유익이 되지 않는 것을 구하기 때문입니다. 그러나 그분은 우리가 우리에게 유익한 것을 구하기만 하면 언제든지 주기로 이미 결정하셨습니다.

(2)

지금까지는 토착화를 해야 하는 이유를 알아보았습니다. 즉, 하나님은 각 나라가 그 나라의 영광을 가지고 그의 성으로 들어오기를 원하시므로, 우리는 한국인으로서 한국의 영광과 존귀를 가지고 들어갈 수 있도록 외국의 것들을 그대로 답습하지 말고 그것을 우리 고유의 문화 배경과 비교 연구해서 접목해야 한다고 말씀드렸습니다.

한국의 고려 시대 당시 서양 사람들은 아무런 문화도 없었던 야만인이었을 것입니다. 한국의 경우, 고려 시대 때부터 이미 훌륭한 문화가 있었으며 그보다 훨씬 더 오래 전부터 찬란한 동양의 전통 문화가 전해져 오고 있었습니다. 서양인들은 예수를 믿고 나서 기독교적인 문화를 만들기 시작했습니다. 이들은 이것을 '기독교 문화'라고 불렀지만, 사실 그 시대의 서양인들은 성경에 있는 유대교나 이스라엘인들과는 다른 점이 많고, 지리적으로도 너무 멀리 떨어져 있어서 성경의 많은 부분을 깨닫지 못했습니다.

서구 문화는 주로 로마의 영향을 많이 받았는데, 그 당시 로마는 우상숭배에 깊이 빠진 나라로서 기독교 문화와는 전혀 다른 독자적인 문화를 형성하고 있었습니다. 그 이전의 헬라 문화 역시 완전히 우상숭배하는 문화였습니다. 또 북아프리카를 통하여 로마에 많은 영향을 준 '두로'와 '시돈'은 그 당시 가장 악한 도시였습니다. 두로와 시돈은 북이스라엘을 멸망시킨 요인이 된 이세벨의 고향입니다. 이세벨은 아합 왕을 부추겨서 자기 나라의 바알 숭배 전통을 받아들이게 하고(왕상 16:31), 선지자 엘리야를 죽이려 했으며(왕상 19:1-2), 또 아합이 죽은 후에도 그의 후손에게 영향을 주어(왕상 8:18) 결국은 북이스라엘의 멸망을 가져오게 했습니다. 두로와 시돈의 문화가 유럽에까지 들어가서 서양인들에게 영향을 끼쳤기 때문에 유럽 문화는 일찍부터 탈선하기 시작했습니다. 지금부터 약 300-400년 전에 이미 인본주의가 팽배해졌고 갈수록 더욱 탈선하여 현재의 유럽 사회는 기독교와 별 관계가 없는 나라가 되고 말았습니다.

서양의 선교사들은 일찍부터 인본주의의 영향을 받아, 한국에 와서도 진정한 기독교의 본질을 가르치지 못했습니다. 순전한 기독교의 성격이 무엇인지 몰라서 기독교와 서양 문화를 혼합해서 소개한 것입니다. 그러므로 우리의 사상과 문화 배경을 잘 고려해서 분별하고 채택해야 합니다. 아울러 한국 문화 중에는 하나님으로부터 온 것도 있고 그렇지 않은 것도 있으므로 깊이 생각하여 취하지 않으면, 하나님께 속하지 않은 것을 받아들일 수도 있고, 좋은 것을(우리가 모두 아는 것이라고 쉽게 생각해서) 버릴 수도 있습니다. 이런 면에서 '토착화 문제'는 결코 쉬운 작업이라고 볼 수 없습니다.

동양 철학과 성경

다음은 동양의 철학과 사상이 성경과 어떻게 관련되어 있는지 살펴보고, 긍정적인 것과 부정적인 것을 알아보겠습니다.

먼저 선불교에서 특별히 강조하는 '공'(空) 사상이 있습니다. 저는 몇 년 전에 경교(景敎)의 비석을 탁본하려고 일본의 고야 산을 다녀온 적이 있습니다. 이 비석은 북한과 중국, 그리고 일본에 하나씩 있다고 하는데 북한과 중국에는 갈 수 없어 일본에 갈 수밖에 없었습니다. 그때 선불교의 중심지로 절이 많은 그곳에서 한 스님의 비석을 보았습니다. 자연 바위 그대로에 사람의 이름도 설명도 없이 '공'(空) 자 한 자만 새겨져 있었습니다. 그런데 그 말이 무덤이 비었다는 뜻인지, 사람이 마침내 자기를 비우고 성불(成佛)한 것을 기념한다는 뜻인지 전혀 알 도리가 없었습니다.

'공'은 빌립보서 2장 5-7절의 "너희 안에 이 마음을 품으라 곧 그리스도 예수의 마음이니 그는 근본 하나님의 본체시나 하나님과 동등됨을 취할 것으로 여기지 아니하시고 오히려 자기를 비어 종의 형체를 가져 사람들과 같이 되었고"라는 말씀처럼 '자기를 비운다'는 뜻입니다. 예수님은 자기를 낮추고 십자가에서 죽기까지 아버지께 복종하기로 결정하셨습니다.

우리가 잘 알듯이, 십자가의 죽음보다 더 고통스럽고 처참하고 수치스러운 죽음은 없을 것입니다. 벌거벗은 몸으로 모든 사람 앞에 물건처럼 못박혀 매달려 있다가 이틀이나 사흘 정도 지난 후에 숨이 끊기는 고통스러운 형벌인데, 예수님은 기적적으로 몇 시간 동안만 매달려 있다가 운명하셨습니다. 그러나 양 옆에 매달린 두 죄인은 빨리 죽지 않아서 관례대로 뼈를 꺾어 죽도록 했습니다. 인간이 만든 형벌 중 가장 수치스럽고 처참한 죽음이었지만, 하나님은 그의 아들을 크게 높여서 모든 이름 위에 뛰어난 이름을 주사 하늘에 있는 자들과 땅에 있는 자들과 땅 아래 있는 자들로 하여금 모든 무릎을 예수의 이름에 꿇게 하시고 모든 입으로 예수 그리스도를 주라 시인하여 하나님 아버지께 영광을 돌리게 하셨습니다(빌 2:10-11).

예수님은 자기에게 있는 영광과 능력을 다 버리고 자신을 온전히 '비우신'(空) 다음에 하나님께로부터 모든 영광을 다 받으신 것입니다. 온전한 사람이 되기 위해서는 모든 욕심과 인연을 끊고 자신을 완전히 비워야 한다는 것이 불교의 근본 사상입니다. 바울은 고린도전서 13장 1-2절에서 예언의 능력을 가졌고 온갖 신비한 것

과 모든 지식을 이해하고 산을 옮길 만한 믿음을 가졌다고 하더라
도 사랑이 없으면 '아무것도 아니라'고 했는데, 예수님은 스스로
자신을 비워 '공'이 되셨습니다.

상형문자인 '空'자를 분석해 보면 재미있는 사실을 알 수 있습
니다. 노아의 홍수 직후 생존한 사람은 모두 여덟 명밖에 없었습니
다. 노아의 가족들은 방주를 나온 후 굴에서 살았는데 '굴 혈'(穴)
자 밑에 '일 공'(工)자가 붙어 '일하러 갈 때 아무도 없이 비어 있
음'을 의미하는 '空'이 되었습니다. 이는 예수님이 자기를 비우셨
을 때 인간이 되시고 노동자가 되셨음을 표현해 주고 있습니다.

불교 용어 가운데 '색즉시공'(色卽是空)이란 말이 있는데 성경과
관련해서 그 내용을 살펴보도록 합시다. 전도서 1장 2절은 "……
헛되고 헛되며 헛되고 헛되니 모든 것이 헛되도다"라며 '헛되다'
라는 말을 반복하면서 이 세상의 아름다운 것, 유명한 것, 호화로
운 것이 모두 헛되다고 하였습니다. 이 말은 불교에서 강조하는 색
즉시공(色卽是空), 즉 욕심에서 비롯된 모든 것은 결국 아무것도 아
닌 헛것이란 뜻입니다. 여기에서 '색'(色)이란 요한복음에 많이 나
오는 '세상', 그러니까 '세속'과 같은 뜻입니다. 또 '공즉시색'(空
卽是色)이란 말도 있는데, 이 뜻은 예수님과 똑같이 나를 온전히 비
워 '空'의 상태가 되면 그때 비로소 참된 아름다움을 발견하게 되
며, 참된 영광을 찾게 될 것이라는 의미입니다.

극락정토에 들어가려면 자기를 비워야 한다는 불교의 가르침은,
하나님의 나라를 이루기 위해서는 자기의 목숨까지 버려야 한다는
성경의 가르침과 같은 뜻이라고 할 수 있습니다. 바울도 우리에게

그리스도 예수의 마음을 품어 모든 욕심을 버리고 자기를 비우면 참된 영광을 찾으리라고 했습니다. 예수님도 자기를 비우신 다음에 모든 사람보다 높임을 받고 모든 이름보다 명예롭게 되었으며, 우주의 모든 만물이 그 아래 무릎을 꿇게 되었습니다. 우리도 그리스도의 몸에 속한 지체로서 똑같은 사명을 받은 줄 알아야 합니다.

선불교가 언제부터 시작되었는지는 확실히 모르지만 기독교가 처음 한국에 들어온 직후에 생긴 것이 아닌가 싶습니다. 그렇다면 기독교가 한국에 들어온 것은 언제일까요? 최초로 기독교가 한국에 들어온 것은 고려 시대로 추정됩니다. 경교라는 이름으로 잠시 있다가 없어지기는 했지만 그 영향이 남아 있습니다. 이러한 역사 배경으로 볼 때, 선불교는 주로 불교에 뿌리를 두고 있지만 기독교의 영향도 약간 받지 않았을까 생각합니다. 불교에는 선불교, 원불교, 소승불교, 대승불교, 이 네 가지가 있지만 어느 한 가지도 그 목표를 실현하는 방법을 찾지 못했습니다. 대부분이 입산해서 목탁 두드리며 묵상하고 단순한 생활을 하면서 자기를 비우기 위해 노력합니다. 사회에서 가족들과 생활하면서 자기를 비우는 일이 너무나 어렵기에 세속을 떠나도록 강조하지만 성경은 우리에게 그렇게 가르치지 않습니다.

바울이 빌립보인들에게 자기를 비우라고 했을 때 가족생활을 포기하거나 사회생활을 그만두라고는 하지 않았습니다. 초대 교인들이 신실하고 아주 열심 있는 크리스천들이기는 했지만 그들 중에는 독신자들이 많지 않았으며 사회를 떠나 산속에 들어가서 공동생활을 하는 사람도 별로 없었습니다. 다만 산속에 있는 공동체는 나중에 생긴 것입니다. 그러므로 불교의 방법으로 '자기를 비우는 것'을 해결할 수 없음을 우리는 알아야 합니다. 자기를 비우는 것은 오직 예수 그리스도를 통하여 기독교적인 방법으로만 이룰 수 있습니다.

서양 사람들은 '자기를 비워야 한다'는 말이 무엇을 의미하는지 깊이 깨닫기가 힘이 듭니다. 대체적으로 그들은 너무나 활동적이고 바쁜 생활을 하기 때문입니다. 예수께서 '자기를 비우셨다'는 '케노시스(Kenosis) 이론'을 두고 신학자들끼리 많은 토론을 하였지만 확실한 결론이 나오지 않았고, 겨우 얻은 결론마저 일반 신자들에게 전혀 영향을 주지 못했습니다. 그러나 동양 사람들은 이 사상을 잘 알고 있었기 때문에 쉽게 이해할 수 있었을 것입니다. 그렇지만 현대 교회에서 자신을 비우도록 노력하는 성직자나 평신도를 찾아보기란 매우 힘듭니다. 자신을 비우는 일은 좋은 목표이며 좋은 아이디어라고 생각하지만, 산에 들어가서 혼자 수도생활을 하면 가능할지 몰라도 사회에서 가족과 함께 생활하면서는 도저히 실행할 수 없는 일이라고 간주해 버립니다. 그리고 실제로 산속의 절에 가 보면 공동체생활을 하는 분위기를 별로 느낄 수 없습니다. 스님들이 밥을 짓기 위해 힘을 합하는 것 외에는 개인생활을 많이 하기 때문입니다.

예수께서 성령을 주신 이유는 서로 합력하여 선을 이루도록 하는 데 있습니다. 바울은 누구보다도 실제주의자였기 때문에 만일 자신을 비우는 일을 실행할 도리가 없었다면 그 말을 전혀 하지 않았을 것입니다. 그는 자기 손으로 일하면서 여행경비도 마련하고 그의 동업자의 생활문제도 해결하면서 살았습니다. 사회를 떠난 것이 아니라 오히려 그 안에서 부딪치고 고난을 겪으며 살았습니다. 파선도 되고 강도떼에게 매도 맞고 도적을 만나는 등 사회의 모든 복잡한 문제를 직접 경험했던 것입니다. 또 빌립보 교인 중에는 비단장사 루디아, 무역상, 공장주들처럼 여러 생업에 종사하는 사람들이 있었는데, 그들에게 편지를 보내면서(복잡한 사회와 가정을 떠나지 말고) '자기를 비우라'고 권면했던 것입니다.

예수님은 무슨 힘으로 일하셨습니까? 그는 성령의 힘으로 모든 사역을 능히 감당하셨습니다. 그리고 우리에게도 자신이 받았던 것과 똑같은 성령을 보내 주셨습니다. 성령님이 우리 안에 들어오시면 복잡한 생활 중에서도 자기를 비울 수 있는 능력이 나옵니다. "오직 성령의 열매는 사랑과 희락과 화평과 오래 참음과 자비와 양선과 충성과 온유와 절제니 이 같은 것을 금지할 법이 없느니라 그리스도 예수의 사람들은 육체와 함께 그 정과 욕심을 십자가에 못 박았느니라"(갈 5:22-24)라고 했는데, 이는 나에게 있는 모든 것, 즉 육체나 욕심이나 개인주의(자아주의)나 목숨까지도 하나님께 바치고 십자가에 못박는 것입니다. 자신을 비우는 것, 그것은 내가 장사 지낸 바 되는 것과 똑같은 의미일 것입니다.

죽었다고 하는 우리가 어떻게 살 수 있을까요? "만일 우리가 성령으로 살면 또한 성령으로 행할지니"(갈 5:25)라고 한 것을 보면, 우리가 죽은 다음에 성령으로 거듭나는 것을 알 수 있습니다. 내 자아가 죽어 있는 '空'의 상태에 성령이 대신 채워지는 것입니다. 이것이 바로 '공즉시색'을 이루는 일이 아닐까요! '성령으로 살면

성령으로 행한다' 는 구절에서 '행한다' 는 말은 '걸어다닌다' 는 뜻
으로 순간순간 실제적인 생활에 임하는 것을 표현합니다. 한 번 죽
고 한 번 사는 것으로 끝나는 것이 아니라 매 순간 성령으로 돌아
다니는 생활을 하는 것입니다. 그런데 그것도 개인주의자가 되어
혼자만 하는 것이 결코 아닙니다.

　한국에서 시작된 선불교는 일본으로 건너가서 얼마나 크게 발전
했는지 모릅니다. 왜 그럴까요? 깊이 연구해 보지는 않았지만 한
가지 추측이 가능합니다. 한국 사람들이 일본 사람에 비해 지나치
게 개인주의 성향이 강하기 때문이 아닌가 싶습니다. 일본 사람들
은 어느 정도 자기 자신을 죽이는 법을 터득하고 있습니다. 공동체
나 가족이나 나라나 회사를 위하여, 심지어 조그만 클럽에 속했더
라도 그 단체를 위하여 자기를 비우는 법을 알고 있습니다. 단체의
성격이 너무 강해 오히려 일본 사람 개인을 찾기 힘들 정도입니다.
그와 반대로 한국 사람은 개인이 너무 강해 관계성이 약합니다! 친
척과의 관계도 약하고, 회사에 대한 소속감도 약하고, 교회 안에서
의 관계도 약합니다. 더 나아가서 하나님과의 관계마저 약합니다.
'자기만' 생각하는 경향이 지나치게 강한 것입니다. 그래서 선불
교의 가르침을 받아들이기 힘들었던 것입니다. 오히려 그것은 일
본에서 더 인정받게 되었습니다. 단결하고, 자기를 버리는 정신은
일본으로부터 우리가 배워야 할 점입니다.

　또 중국의 대가족제도를 보아도, 가정을 위하여 나 개인은 죽어
도 된다는 정신이 강함을 발견할 수 있습니다. 그것도 우리가 배워
야 할 정신입니다. 중국에서는 어떤 의견에 가족 모두가 찬성하지

않으면 결정을 내리지 않는 법이 있습니다. 만약 내 의견이 찬성을 얻지 못하면 내 의견을 포기하거나 잠시 그 자리를 떠나서 나 없이 결정하도록 하는 법입니다. 이처럼 중국인들은 가족을 위하여 나의 뜻이나 나의 의견을 버리는데 우리 한국 사람들은 자신의 의견을 끝까지 주장하려는 정신이 강합니다.

하나님이 우리에게 원하시는 것은 자기를 비워 그 사랑으로 성령의 도우심을 받고 하나님의 뜻이 무엇인지 분별하여 하나님을 위하여 내 뜻을 기꺼이 버리라는 것입니다. 하나님을 위하여 지체인 형제를 살려 주고 내가 희생하겠다는 정신은 성경의 중요한 가르침입니다. 그러나 서양 사람들은 이 말을 전혀 이해할 수 없고, 동양 사람들은 어느 정도 머리로만 압니다. 그러나 성령의 도우심 없이는 도무지 실행할 수 없는 것입니다.

동양에 '무위자연(無爲自然)사상'이 있습니다. 간단하게 설명할 수는 없지만, 인위적으로 억지로 밀고 나가지 말고 대자연의 방향이 무엇인지 깨달아서 대자연과 합력하라는 정신입니다. 자연의 흐름을 무시한 채 그냥 떠내려가는 것도 아니고 자연의 흐름과 싸우면서 거슬러 올라가는 것도 아닌, 자연의 법칙과 순리를 터득하고 화합하면서 나아가는 것입니다. 노자는 《도덕경》(道德經)에서 '무위자연'을 가르쳤는데 한국에서는 이 사상이 그리 강하지 못했습니다. '무위자연사상'도 동양의 존귀한 사상 중 하나입니다. 신자들이 하나님과 하나님이 창조하신 대자연을 인정하고 그것과 합력하여 나아간다면 얼마나 아름다울지 모르겠습니다. 우리가 하나님과 대적하면 실패할 수밖에 없으며, 하나님께서 모든 책임을 감당해 주시기를 원하면서도 자신은 아무것도 하지 않을 때 자꾸 사고가 생길 것입니다. 하나님의 뜻이 무엇인지 분별해서 그 뜻대로 하면 재미있게 나아갈 수 있습니다.

저는 젊었을 때 카누 타기를 아주 좋아했는데, 노 하나로 이쪽저쪽 젓다 보면 직선으로 나아갑니다. 그러나 한쪽으로만 계속 저으면 제자리에서 뱅뱅 돌고 힘만 들며 앞으로는 조금도 나아갈 수 없습니다. 잔잔한 호수나 연못에 가서 카누를 타면 별 문제가 없지만 물살이 센 강에서 탈 때는 매우 어렵습니다. 흘러내리는 물살을 거슬러 올라가려면 고생고생 해도 조금밖에 오르지 못합니다. 반대로 물살의 흐름에 맡긴 채 그냥 떠내려가면 바위에 부딪쳐 산산조각이 나고 맙니다. 그러나 강물의 방향을 잘 살펴서 노를 저으면 힘들이지 않고 쉽게 나아갈 수 있습니다. 하루 종일 저어도 피곤하지 않고 즐기면서도 빨리 갈 수 있습니다. 무위자연사상에 이런 의미가 있지 않나 생각해 봅니다. 하나님이 창조하신 자연의 법을 깨닫고 물의 방향을 알아서 함께 합력하여 같은 방향으로 나아간다면 얼마나 아름답고 순조롭게 되겠습니까? 나의 뜻대로가 아니고 물의 흐름대로 따르지만, 그렇다고 해서 자신을 완전히 포기한 게 아니라 자신의 힘을 책임성 있고 자유롭게 사용하는 것입니다.

'무위사상'에도 '자신을 비운다'는 의미의 '空' 사상과 유사한 점이 있습니다. 예수님은 자신을 비우셨을 때 곧바로 죽지 않으셨습니다. 태어나실 때부터 말구유에서 나심으로써 자신을 비우셨고, 이후 계속해서 스스로를 비우는 생활을 하면서 삼십여 년 동안 하나님의 뜻을 거스르지 않고 합력하면서 많은 능력을 행하셨습니다. 그러다가 마침내 때가 차매 자신의 생명까지도 그분의 뜻에 따라 완전히 바치셨습니다. 한국 교회가 동양사상을 존중하고 '색즉시공'이나 '공즉시색'의 불교사상과 '무위자연' 사상에 담긴 이치를 배운다면 더 내용 있는 성장을 할 수 있으리라고 생각합니다. 이것은 성경과 반대되는 사상도 아니고 전혀 무관한 사상도 아닌, 오히려 성경을 통하여 더 깊이 이해할 수 있는 사상인 것입니다.

한국의 마을 조직과 교회 조직

여기서 다루어 볼 문제는 지금까지 살펴본 동양사상의 기독교적 토착화 문제와는 성격이 좀 다릅니다. 그러나 한국 전통사회의 마을 운영 방식에서 배울 점이 있지 않겠나 싶어 생각해 보려고 합니다. 한국 교회의 조직과 마을의 조직 사이에 차이점이 많은데, 이에 대해 연구해 볼 필요가 있다고 생각합니다.

현대 교회에서는 신부나 목사가 모든 것을 다 책임지는 경향이 있습니다. 목회자들이 미사나 예배를 인도하면서 여러 가지 운영에도 참여하고, 재정도 관리하고, 가르치기도 하는 데 반해, 평신도들은 마치 어린아이나 학생처럼 있는 경우가 흔합니다. 그런데 우리 동양의 마을 조직을 보면 조금 다릅니다. 제사는 대개 노인들이 드렸습니다. 이장이나 반장은 그보다 젊은 마흔 살 정도의 장년층에서 선출된 사람으로서 주로 마을 운영을 맡았습니다. 또 가르치는 일은 교육을 받은 선생님이 부임해 오셔서 담당합니다.

제사를 드리는 노인들은 그 마을에서 오랫동안 거주한 존경받는 사람이며 이장이나 반장도 비교적 오래 그 지역에 산 토박이인 경우가 많습니다. 그러나 새로 이사 와서 몇 년밖에 살지 않은 사람이라도 마을 사람들로부터 인정을 받은 자라면 이장 일을 할 수 있는데, 대체로 월급을 받지 않고 마을을 위해 봉사했습니다. 노인들은 때때로 제사를 드리지만 삯을 받지 않고 이장도 돈을 받지 않았습니다. 그러나 마을 일로 자기의 농사를 충분히 짓지 못해 손해가 있다면 각 집에서 콩 한 되나 두 되씩 거두어서 주기도 했습니다. 그런데 교사직은 그 마을에서 오랫동안 살거나 인정받아서 되는 것이 아니라 특별한 교육을 받고 가르칠 능력이 있는 자가 담당했습니다. 교사는 월급을 받으며 2–3년 정도 일하다가 다른 학교로 발령이 나면 떠나고, 또 다른 사람이 부임해 오는 유동적인 일입니다.

제 생각에는 교회도 원래 이러한 제도와 비슷했지 않았을까 싶습니다. 성경에 나오는 장로는 일반적으로 노인들이었습니다. 초대 교회에서 그들의 역할은 우리나라의 마을 노인들의 역할과 아주 비슷했습니다. 그들은 주로 성찬식이나 세례식을 집행했으며, 가난한 자들을 구제하거나 교회의 금전을 취급하는 일, 공동체를 운영하는 일 등은 교인들에게 인정받는 집사들이 맡아 했습니다. 물론 중요한 결정을 해야 할 때는 사도들과 장로들뿐만 아니라 온 교회가 모였다는 말이 있지만 일반적인 운영은 장로들이 하지 않고 집사들이 한 것 같습니다.

성경에는 교사에 대한 말도 있는데, 재미있는 것은 장로나 집사의 자격은 제시되어 있지만(딤전 3:1–13) 교사의 자격은 언급하지 않고 있다는 사실입니다. 하지만 현대의 교회는 장로나 집사의 자격 조건에 비교적 무관심한 채 (성경의 기준 대신) 돈이나 사회적인 지위에 관심을 두고, 반면 성경에는 없는 교사의 자격 조건에는 얼마나 많은 관심을 두는지 모릅니다. 오늘날 집사의 일, 장로의 일, 가르치는 일들을 다 목회자들에게 주어 독재자로 만들어 버립니다. 이것은 성경의 제도와 같지 않습니다.

성경 시대에는 교사가 가르치면 고맙게 생각하여 가르침을 잘 받고, 교사들이 가르치느라 바빠서 다른 일을 하지 못하면 돈을 주기도 했습니다. 바울의 경우를 보면 스스로 자기의 생활을 위해 노동하면서 가르쳤습니다. 그는 장막 만드는 일을 했기 때문에 작업을 하면서도 찾아온 사람들을 가르칠 수 있었습니다. 이렇게 바울은 일을 하면서도 가르칠 수 있었고 수입이 있으므로 돈을 받을 필요가 없었지만, 그의 동역자들은 돌아다니면서 가르치기만 했기 때문에 바울의 도움으로 살거나 교인들이 돈을 조금씩 주어서 생활했습니다.

초대 교회는 장로나 집사나 교사의 역할이 명확히 구분되어 있었습니다. 다시 한 번 그 시대의 교회 제도로 돌아가서 성경대로 실행한다면 건강한 교회가 많아질 것입니다. 지금 신학교에 다니는 사람들을 모두 교사라고 부르고 정식으로 가르칠 기회를 주면 성경적인 가르침을 많이 받지 못한 새신자나 평신도들이 얼마나 좋은 혜택을 받겠습니까! 목사나 신부 등은 다른 일 하느라고 바빠서 자기의 역할을 못 하고 있습니다. 심방도 해야 하고 운영에도 참여해야 하고 이것저것 너무나 바쁜 나머지 정식적인 가르침을 주지 못하고, 설교도 몇 가지밖에 못 하는 실정입니다. 그런데 그 설교마저 가르침을 주기 위한 설교라기보다는 대부분 감화 · 감동을 주는 이야기입니다. 정치인들의 연설 같은 인상을 줄 때도 있습니다. 정말 교회 안에 올바른 성경적 가르침을 주는 사람들이 있다면 얼마나 좋을까요? 가르치는 일은 교사가 하고 그 외의 일들은 다른 사람들이 맡아서 하면 참으로 아름다운 교회가 될 것입니다.

교회 조직도 우리나라의 영광과 존귀를 하나님께 바치기 위하여 동양 문화의 전통을 참고로 해서 성경적인 제도를 토착화할 수 있으면 좋으리라고 생각합니다. 물론 제도를 고치는 것에 대해 반대하는 사람이 너무 많은 나머지 실제로 이것을 실행하기란 어려운 일이겠지만, 절대로 다툼으로 하지 말고 기도하면서 기다린다면 때가 올 것입니다. 우리 신자들이 개인별로 여러 가지 동양사상들을 연구해 볼 수 있고 구역예배나 신앙 단체에서도 토론과 세미나를 거쳐 이러한 동양사상과 성경을 비교하면서 토착화 작업을 정리할 수 있겠으나, 제도적인 문제는 고치기가 어려운 것입니다. 그렇지만 하나님께는 모든 것을 가능하게 하실 능력이 있으므로 제도문제에도 친히 간섭하시리라고 봅니다.

(3)

토착화의 부정적 측면

다음에서는 토착화의 부정적인 측면과 유의점에 대해 살펴보겠습니다. 먼저 토착화에 대하여 지금까지 설명한 것을 간단히 정리하겠습니다.

각 문화마다 좋은 점과 나쁜 점이 있습니다. 그러므로 교회에서는 외국에서 도입된 새로운 문화를 수용하되 좋은 것은 받아들이고 나쁜 점은 받아들이지 않아야 합니다. 또 자기 고유의 문화를 존중하고 깊이 연구해서 성경적인 기초 위에 수용하되 독자성과 객관성 사이에 균형을 유지해야 합니다. 하나님의 뜻과 말씀과 진리를 따르기 위해서는 좁고 험하고 힘이 드는 길을 가야 합니다. 반면에 마귀의 길은 수고하지 않아도 되는 아주 넓고 쉬운 길이므로 누구든지 따라갈 수 있습니다.

우리 예수원에는 물을 공급해 주는 수압펌프가 있습니다. 개울 옆에 설치해 놓고 흘러 내려가는 수압의 힘으로 산 위의 물탱크까지 물을 끌어 올려 깨끗한 물을 받습니다. 그런데 하수구를 통해 흘러가는 더러운 물은 그냥 내버려 둡니다. 물을 버리는 일은 아무런 수고가 필요 없지만 깨끗한 물을 공급하려면 그만한 수고를 해야 합니다. 이처럼 선교사들은 어느 나라에 가든지 그 나라에 있는 고유문화와 생활풍속 중에 좋은 점을 찾아내어 교회 안으로 수용하도록 노력해야 합니다. 펌프질을 계속 해서 맑은 물이 올라가도록 하는 것처럼 선교사들도 그 나라의 문화를 주의 깊게 연구하여 하나님의 뜻에 합당한지 아닌지 분별해서 토착화를 이루는 데 기여하지 않으면 안 됩니다. 그런데 문화의 나쁜 점들은 우리가 전혀 노력하지 않아도 저절로 들어옵니다.

지금까지 의복·음악·예식·축일·건물, 동양사상과 마을의 조직 형태 등 고유문화의 긍정적 측면을 설명했는데, 이 모든 것은 대부분 교회 안에 거의 들어오지 않았습니다. 왜냐하면 선교사들이 깊이 연구하지 않아서 좋은 것인지 나쁜 것인지 분별하지 못했기 때문입니다. 그들은 한국 문화가 별로 성경적이지 않다고 판단해서 그들이 가지고 들어온 편리한 서양식으로 기독교를 소개했습니다. 게다가 한국 신자들은 제자가 스승을 따라야 한다는 정신이 강하기 때문에 좋은 것인지 나쁜 것인지 생각하지 않고 무조건 선교사의 가르침을 수용해서 서구적인 모습 그대로 교회 안으로 들여왔습니다. 결국 서양적인 건물 · 예복 · 음악 등에 동양의 부정적인 것들이 섞여 그대로 교회에서 통용된 것입니다.

차별의 토착화

이제는 동양의 사상 중 하나님의 뜻에 합당치 않은 부정적인 측면을 살펴보도록 하겠습니다. 앞에서도 잠깐 살펴보았지만, 그 중에 첫째는 '교회'(敎會)라는 단어의 사용입니다. 한자의 '가르칠 교'(敎) 자에 '모일 회'(會) 자를 써서 '가르치는 모임'이 되었지만, 그것은 헬라어 원어 '에클레시아'에 대한 충실한 번역이 아닙니다. 에클레시아란 '공동의 모임'이란 뜻으로서 '가르치는 모임'이라는 의미는 아닙니다. 성경 시대 전에 헬라인들이 그들의 사회에서 사용하던 '에클레시아'는 '온 마을 사람들이 어떤 문제를 결정하기 위하여 모인 회합'이란 뜻이었습니다. 그러므로 우리가 교회를 '敎會'로 사용하는 것은 전혀 비성경적인 것입니다. 성경을 자세히 보면, 교인들이 모일 때마다 자기에게 있는 물건을 나누며 서로 기쁨과 슬픔을 함께하고 자기의 재산까지 나눠 주며 교제했다(행 2:44-46)는 사실을 알 수 있습니다. 그러므로 교회에 대한 정확한 표기는 '사귈 교'(交) 자에 '모일 회'(會) 자를 써야 합니다.

성경에서 '사귐' 혹은 '교제'란 말은 상당히 중요하고 뜻이 깊은 말입니다. 요한일서 1장 3절에도 "우리가 보고 들은 바를 너희에게도 전함은 너희로 우리와 사귐이 있게 하려 함이니 우리의 사귐은 아버지와 그 아들 예수 그리스도와 함께함이라"라고 하면서 우리가 교회에 나오는 목적은 문화인이 되기 위한 것도 교육을 받기 위한 것도 아닌, 아버지와 그 아들 예수 그리스도와 함께 사귀기 위한 것이라고 했습니다. 또 예수님은 마태복음 18장 20절에서 "두세 사람이 내 이름으로 모인 곳에는 나도 그들 중에 있느니라"라고 하셨습니다. 이처럼 교회란 가르침을 받기 위한 모임이 아니고 빛 가운데 사귐을 갖기 위한 모임인데 '가르칠 교'를 사용해서 처음부터 지금까지 모든 사람이 교회가 서양문화나 그 외 다른 것을 가르치는 일종의 계몽기관인 줄 알았습니다. 물론 한자를 모르는 사람은 문제가 없을지 모르겠지만 그들도 교회 안에서 설교 · 교사 · 가르침 · 교육이란 말을 자주 듣고 교제나 교통에 대한 말은 자주 못 들으므로 교회가 당연히 가르치는 기관인 줄 알고 있습니다.

우리가 축도할 때 사용하는 "주 예수 그리스도의 은혜와 하나님의 사랑과 성령의 교통하심이 너희 무리와 함께 있을지어다"(고후 13:13)라는 말씀을 보면, 분명히 '성령의 교통하심'이라고 되어 있는데도 불구하고 많은 교회에서 축도할 때 '성령의 감동'이나 '감화 감동'이라고 하기 때문에 교통이란 말을 자주 듣지 못합니다. 성령은 우리를 하나님과, 또한 사람들과 더불어 온전한 사귐, 즉 빛 가운데의 사귐으로 인도하십니다. 사귐에는 수평적인 사귐과 수직적인 사귐이 있는데, 진정한 사귐은 우리가 서로 사귀면서 하나님과도 사귀는 관계입니다. 교회 안에서는 이 두 가지 관계가 항상 같이 나타나야 합니다. 하나님께로부터 계시를 받거나 다른 은사를 받으면 서로 나누어 주어야 하는 것입니다.

그런데 우리 동양 사회는 인본주의가 너무 강하여 서로 사람만 바라보고 그 관계에 치중한 나머지 일반 교회에서는 하나님과 사귐을 갖는다는 생각조차 못 하는 경우가 많습니다. 하나님이 친히 교회를 다스리고 운영하는 주인이심을 자주 잊어버리고 누가 이 일 저 일을 운영하는지에 대해서 생각하는 인본주의 경향이 너무 강합니다. 사실 수직적인 관계가 없을 수 없습니다. 주인이 있으면 항상 모든 권리가 위로부터 아래로 내려오는 관계가 형성됩니다. 어디를 가나 수직적인 관계가 형성되어 있음을 흔히 볼 수 있습니다. 실제로 한국인들은 사람을 처음 만날 때 대부분 나이를 물어 상하 관계를 확인하곤 합니다. 상대편이 나보다 나이가 많은지, 지위가 높은지를 확인하지 않고는 여러모로 어색하고 불편해서 도무지 사귐을 갖지 못하기 때문입니다.

아마 예수원에서도 서로 누가 더 오래된 정회원인지 알고 싶어 할 것입니다. 또 정회원이 된 사람은 2년 수련생이나 1년 수련생과 구분하고 싶을 것이고, 수련생들은 3개월 지원생과 구분하고 싶겠으나 이것은 하나님의 가르침이 아닌 세속적인 가르침입니다. 이러한 세속적인 것들이 교회로 침투해서 비성경적인 것을 실행하고 있는 중입니다. 예수원의 몇몇 형제들은 한국에서는 주인 된 지도자가 책임자로 있지 않으면 안 된다고 강조하면서 수평적인 사귐을 이룰 수 없다고 믿으며, 이를 이루기 위해 노력하지 않습니다. 그러나 성경은 나이의 차별이나 책임져야 할 주인을 따로 거론하지 않았으며, 교인들끼리 서로 이름을 부르며 특별한 호칭도 없이 사귐을 가졌습니다. 한 예로 '데오빌로'를 부를 때 누가복음 1장 3절에서는 '데오빌로 각하'라고 했지만, 그가 누가복음을 읽고 깨달음이 있어서 신자가 되기로 결정한 후에는 '데오빌로여'(행 1:1)라며 '각하'라는 호칭을 쓰지 않았습니다. 왜냐하면 신자가 된 다음에는 모두가 형제이기 때문입니다.

성경에서는 주교 '님'이나 목사 '님'이나 신부 '님'이란 말을 한 번도 언급하고 있지 않습니다. 단지 딱 한 구절에서만 젊은이들은 장로들에게 순복하라고 했습니다. 또 장로들은 다른 사람(하나님께서 맡겨 주신 양떼)을 책임지며, 지배하려 하기보다는 그들의 모범이 되라고(벧전 5:1-3) 권면하였습니다. 특히 베드로는 장로들이 교만해질까 염려해서 여러 번 이것을 강조하고, 이로 인하여 젊은이들도 교만해질까 두려워 장로들에게 순복하라고 딱 한 번 말한 것입니다(벧전 5:5). 이처럼 성경에 나타난 성령 안에서의 사귐과 사회의 분위기가 다름에도 불구하고 교회가 세속화된 나머지 사회를 정화하는 일을 하는 것이 아니라 오히려 사회를 따라가는 곳이 되어 버렸습니다. 이런 것은 세속화된 것이며, 토착화는 토착화이되 부정적인 토착화인 것입니다.

교육과 성령의 관계에 대하여 성경은 뭐라고 말해 주고 있을까요? "너희 중에 누구든지 지혜가 부족하거든 모든 사람에게 후히 주시고 꾸짖지 아니하시는 하나님께 구하라 그리하면 주시리라"

(약 1:5)라고 했습니다. 하나님이신 성령을 통하여 누구든지 지혜를 얻을 수 있다고 강조하고 있습니다. 성경에 '가르친다'는 말은 생각보다 많이 나오지 않습니다. 사도들의 가르침에 대하여 한두 번 나오고, 가르치느라고 수고한 자를 존경하라는 말이 한 번 나옵니다. 또 장로 중에 가르치느라고 바쁜 사람을 좀더 존경하라는 말이 있습니다. 교회 안에 가르침이 있어야 한다는 말은 모두 합해 다섯 번 정도 나오지만 교육제도에 대한 말은 없습니다. 모일 때마다 가르침이 있어야 한다는 말은 나오지 않고, 가르침이 있을 때는 가르치는 사람을 존경하라는 말만 있습니다. 그리고 사도들이 가르치는 역할을 했다고는 하지만 사도들의 후계자들 중에 교사가 되었다는 말은 없습니다.

이에 반해, '피차' '서로'라는 말은 70번 정도 나옵니다. 아는 것이 조금밖에 없을지라도 서로 가르치면서 나의 아는 모든 것을 나눠 주는 법이 있었던 것입니다. 어떤 이들은 많이, 또 어떤 이들은 적게 가르침을 주되 가르치지 않는 자가 아무도 없었습니다. 자신이 아는 것을 나누면서 가르침을 주고받는 것이 성경적인 분위기입니다. 그렇다면 어떻게 하면 성경적인 분위기를 회복할 수 있을까요? 성령을 통하여 그러한 분위기가 나올 수 있습니다. 성령께서는 지혜를 주실 뿐만 아니라 서로를 위한 사랑과 책임을 지는 정신도 주십니다.

그런데 한국에 온 선교사들은 성령을 받으라고 전하다가 곧 그만두었습니다. 학교 짓느라고 바빠서 성령세례의 실제적인 역할을 전하지 못한 것입니다. 학교, 학교, 학교! 선교사들이 초등학교부터 대학원까지 교육을 지나치게 강조한 나머지, 한국 신자들 또한 성령이 중요하기는 하지만 좀더 중요한 것은 공부라는 인식을 강하게 갖게 되었습니다. "성령은 없어도 됩니다. 공부만 하면 됩니다"라는 인상을 받은 것입니다. 그런데 알고 보면 그런 사상은 선교사들의 영향뿐만 아니라 유교사상과도 관계가 깊습니다. 이러다 보니 교육에 대한 관심이 서양보다 더욱 강하게 되었습니다.

사실 미국의 많은 사람들은 대학에 가야 할 이유가 무엇인지 도무지 알 수 없다고 생각합니다. 서울의 한 선교사 댁에 살고 있는 제 딸 앤시는 야간학교에 다니기 때문에 수요예배에 참석하지 못합니다. 한번은 그 선교사님이 앤시에게 "왜 수요예배에 참석하지 않느냐?"라고 묻자 "죄송하지만 공부하러 가야 합니다"라고 대답했습니다. 그러자 그 선교사님이 "공부가 무슨 필요가 있느냐?" 하고 반문했습니다. 제가 그 집을 방문해서 선교사님과 이야기를 주고받았는데, 그분은 교육에 관심이 별로 없는 노동계급 출신으로서 성령의 능력이 많은, 하나님께서 크게 사용하시는 사람이었습니다. 성경도 많이 알고 항상 연구도 해야 한다고 생각하셨지만, 이런저런 학술적인 이론은 그리 중요하지 않다고 생각하고 있었습니다. 그 선교사님의 교회가 한국에서 부흥되지 않는 이유는 한국인들이 그러한 태도를 싫어하기 때문입니다. 한국인들은 모두 엘리트가 되기를 원합니다. 그래서 노동자 교회나 그러한 정신을 갖고 있는 사람은 필요 없다고 생각합니다. 하지만 하나님은 노동자들을 크게 사용하십니다. 하나님께서는 그 선교사에게 병 고치는 능력과 귀신 쫓는 능력, 사람의 성격을 완전히 변화시키는 능력 등을 주셔서 놀랍게 사용하고 계십니다.

저는 미국의 여러 교회를 다녀보았습니다. 미국 교회에는 항상 흑인과 백인 사이에 인종차별이 존재했습니다. 제가 처음 목회할 때는 백인 교회와 흑인 교회 두 곳에서 사역했는데, 그들은 항상 따로따로 예배드리는 습관이 있었습니다. 그렇다고 해서 제가 그 습관을 고치려고 한다면 큰일 납니다. 제가 신부서품을 받던 날, 신부서품을 백인 교회에서 한 번 받고 흑인 교회에서 한 번 받는 식으로 두 번 받을 수 없어서 흑인 교인들을 백인 교회로 초대했습니다. 마침내 성찬식이 진행될 때 흑인 중 한 사람이 제단 앞으로 나와서 영성체를 하자 백인들이 심하게 화를 내며 저를 죽이려 했습니다. 어떻게 그럴 수 있는지 모르겠습니다. 하나님은 분명히 인종을 차별하지 않으시는데, 미국의 교회들은 세속화되어 하나님의 사랑을 실천하지 못하고 있습니다.

모세가 구스 여자(흑인)를 취할 때 그의 누이 미리암이 흑인 여자와 결혼하는 것을 싫어하며 비방했습니다. 그러자 하나님은 미리암에게 문둥병을 주셨습니다(민 12장). 그럼에도 현대 미국 교회에는 흑인과 백인의 차별이 얼마나 심한지 모릅니다. 차별이 덜하다는 북쪽 지방에 가 봐도 흑인들이 백인 교회에 나가면 환영을 받지 못하기 때문에, 흑인들은 점점 교회에 나가기 싫어합니다. 그러다 보니 따로 교회를 조직하여 흑인 교회와 백인 교회가 분리되어 있습니다. 저는 미국에서 살던 22년 동안 같은 교회 안에서 아무 차별 없이 흑인과 백인이 사이좋게 교제하는 것을 한 번도 보지 못했습니다.

그렇지만 한국에 와서, 흑인과 백인이 차별 없이 모이는 모습을 보았습니다. 한 번은 앤시가 다니는 모임에 가 보았는데, 그곳에는 흑인도 많고 백인도 많았지만 아무런 차별 없이 함께 성경공부를 하고 말씀도 나누며 아름답게 교제하고 있었습니다. 우리는 사회의 관습대로 하지 말고 성경의 기준에 비추어 보며 성령의 인도하심에 따라 실행해야 합니다. 하나님의 계시대로 교회생활을 해야 하는지 사회의 관습대로 해야 하는지 깊이 연구해야 합니다.

교육이 나쁜 것은 아니지만 성령을 대신할 만큼 지나치게 교육을 강조하는 것은 잘못된 생각입니다. 하나님은 성령을 받고, 성령으로 가르침을 깨달아 분별할 줄 아는 사람을 크게 사용하십니다. 반면, 교육을 많이 받고 교만하게 되거나 다른 사람보다 능력이 많음을 과시하는 사람은 하나님이 아주 싫어하십니다. 물론 교육받을 기회가 허락된다면 받는 것이 좋겠지만 교육을 받은 사람이든 받지 않은 사람이든 누구든지 성령이 없으면 하나님의 뜻대로 살 수 없고 하나님의 일도 할 수 없음을 알아야 합니다. 때때로 한국어 성경과 영어 성경을 비교해 보면 번역이 다르게 된 곳이 있는데, 그 이유는 대부분 성경번역자들이 교육은 많이 받았지만 성령을 받지 못하고 하나님께서 진심으로 원하시는 뜻을 충분히 깨닫지 못하여 잘못 번역했기 때문입니다.

식민정신의 토착화

또 한 가지 유념해야 할 점은 식민(植民)정신입니다. 제가 중국에 있다가 한국에 처음 왔을 때는 왜정 시대였는데, 그때 한국 사람들을 짓밟고 학대하는 일본 사람들의 모습을 목격했습니다. 그러나 미국인인 제게는 그들이 아주 잘해 주었습니다. 일본 사람들은 중국에서도 심하게 횡포를 부렸지만 저는 그런 모습을 중국에서는 많이 보지 못했습니다. 한국에 와서야 거만하고 잔인한 행동을 일삼는 제국주의(帝國主義) 정신을 직접 볼 수 있었습니다.

제국주의가 있는 곳에는, 그 밑에 사는 희생자들이 조금이라도 더 편히 살기 위한 식민정신이 생겨나게 마련입니다. 흑인들에게서도 식민정신을 많이 볼 수 있고 인도인들에게서도 식민정신을 찾아볼 수 있는 것처럼, 현재는 해방을 얻었을지라도 제국주의 아래에 있었던 사람들은 그 전부터 내려오는 식민정신에서 완전히 벗어나지 못하는 경향이 있습니다. 한국에는 왜정 시대부터 내려온 식민 근성이 있으며, 그보다 더 오래 전인 조선 시대부터 이미 양반과 상민 제도 때문에 생긴 식민정신이 있었습니다. 일본 사람 밑에 붙어 아부하는 태도와 좀더 편히 살기 위하여 상민들이 양반들에게 아부하는 태도 사이에는 별 차이가 없습니다. 옛날부터 중국은 큰 나라로서 세력이 강했기 때문에 한국은 중국에 대해 사대주의 정신이 있었습니다.

식민정신은 우리가 원해서 생긴 것이 아닙니다. 그럼에도 우리의 좋지 않은 습관들 중에는 식민정신에서 나온 것이 많습니다. 자기를 존경하지 않고 열등감이 강합니다. 자신의 존귀함을 모릅니다. 교회 안에서도 목사나 장로나 직분 있는 자들은 존귀하다고 생각하지만 평신도들은 자기에게만 있는 남다른 존귀를 알지 못하는 경향이 있습니다. 자신들의 존재 가치에 대한 자신감이 부족하므로 상대를 높이지 못하고 항상 나를 높이려고 합니다. 그러다 보면 상대를 짓밟을 수 있는 위치에 처하고 싶은 욕망이 생기기 쉽습니다.

그러나 예수님은 마태복음 20장 27절에서 "너희 중에 누구든지 으뜸이 되고자 하는 자는 너희 종이 되어야 하리라"라고 하면서 모두가 '일꾼'(디아코노스, $\delta\iota\acute{\alpha}\kappa o\nu o s$)과 '종'(둘로스, $\delta o 0\lambda o s$)이 되어야 한다고 하셨습니다. 그리스도인들은 하나님의 자녀로서 성령 충만함을 받고 하나님과 예수님이 자기 안에 계시기 때문에 주님과 마찬가지로 남의 종이 될 수 있습니다. 다른 사람들이 나를 존경하든지 존경하지 않든지 간에 변함없는 하나님의 자녀로서 타인의 종이 될 수 있습니다. 대통령의 아들보다 더 높은 하나님의 자녀로서의 자존심만 있다면 언제든지 타인을 섬길 수 있는 것입니다.

그런데 '섬긴다'는 말과 '봉사한다'는 말은 주의해서 보아야 합니다. 봉사란 대체로 윗사람이 아랫사람에게 도움을 베풀어 준다는 뜻이 강한데, 이것은 제국주의 정신에서 비롯된 것으로 성경에는 많이 나오지 않습니다. 그 대신 성경에서는 '섬긴다'는 표현을 많이 씁니다. 이것은 내가 다른 사람 밑에 들어가서 종이 되어 그의 필요를 채우기 위해 돕는 것을 말합니다. 종으로서 다른 사람을 섬기며 도와주는 것이 바로 성경의 정신입니다. 성경의 정신대로라면 온전히 섬기기 위하여 나 자신을 깨뜨릴 수 있으며, 나를 열 수 있습니다. 나 자신이 죄를 지은 것을 알아 곧바로 회개하고 '마음을 깨뜨리고' 감춤 없이 서로 마음을 열어 놓은 관계 안에서 아름다운 교제를 나눈다면 얼마나 아름답고 참된 사귐이 될까요? 그러나 식민주의 정신을 가진 자에게는 이것이 얼마나 힘이 드는지 모릅니다.

아프리카 등에서 자유롭게 사는 원시인들을 보면 신분차별 문제가 없는데, 오히려 중국·일본·한국·인도 등 문화 수준이 높고 복잡한 사회에 사는 사람들은 신분을 중요시하고 항상 자기가 높아지기를 원하는 정신이 강해 낮아지기를 싫어합니다. 이 때문에 기독교인이면서도 낮은 데 처하기가 얼마나 힘이 드는지 모릅니다. 솔직하게 말하지도 못할뿐더러 솔직하게 말할 경우에도 사랑으로 부드럽게 하는 것이 아니라 화를 내면서 자기의 의사를 표현하곤 합니다. 그러나 사랑하는 마음이 있다면 용납하기 힘든 부분이 있을지라도 덮어 주고 감추어 주며 말을 아낄 것입니다.

여기서 잠깐 소유주와 청지기의 마음 상태를 살펴보겠습니다. 어떤 집이 자기의 소유이고 완전한 주인으로서 아무도 그 집을 마음대로 빼앗을 수 없는 안정된 사람이라면 어느 정도 여유가 있어서 그에게 찾아온 손님들을 아주 너그럽게 받아들일 수 있겠지만, 그 밑에서 일하는 청지기는 주인이 없을 때마다 주인노릇을 하며 강한 척합니다. 진짜 주인은 안정감과 여유를 갖고 너그럽게 살 수 있지만 밑에 있는 청지기는 식민주의적인 좋지 않은 태도를 갖게 되기 쉽습니다.

성경을 보면 세리들이 미움을 받는 대목이 많이 나오는데, 왜 세리들이 미움을 받았는지 아십니까? 같은 민족은 멸시하고 짓밟으며 권세를 이용해 억지로 돈을 거둬들이면서도, 로마인들에게는 아부하기 좋아하고 뇌물을 바치기까지 했기 때문입니다. 세리들은 식민정신이 아주 강하고 악한 사람들이었습니다. 하지만 자기의 죄악을 중심으로 회개하고 돌아선 세리도 있었습니다. 대표적인 인물이 바로 삭개오입니다. 삭개오는 자기의 잘못을 깊이 깨닫고 회개했습니다. 회개한 삭개오에게 예수님은 "오늘 구원이 이 집에 이르렀으니 이 사람도 아브라함의 자손"이라고 하셨습니다. 삭개오는 자신이 토색한 것을 네 배로 갚겠다고 했습니다. 이만큼 주인과 삯군의 태도에는 차이가 많습니다(눅 19:1-10).

가르치는 사람 가운데는 두 가지 유형이 있는데, 말로만 가르치는 사람과 실제로 모본을 보여 주면서 가르치는 사람입니다. 예수원의 한 형제는 농사짓는 법을 가르치기 위해 실제로 직접 밭에 나가 다른 형제들과 함께 열심히 일했습니다. 사실 가르치는 자는 행동으로 모본을 보여 주는 것이 원칙입니다만 일반 사회에서는 대부분 행동으로 보여 주지 않고 그냥 이론으로만 설명합니다. 이것 또한 제국주의와 식민사상에서 비롯된 것이라고 생각합니다.

식민주의 정신 중 아주 나쁜 것은 책임지기를 싫어하는 것입니다. 책임지는 대신 오히려 원망하는 경우가 많습니다. 신문의 정치면을 보면, 나라의 유익을 위하여 서로 책임지려는 대신 상대방이 잘못했다고 원망하며 타인에게 책임을 전가하려는 모습이 많이 나옵니다. 교회 안에서도 모든 일은 목사나 장로의 책임이라고 하면서 뒤에서 수군거리며 원망하는 말이 얼마나 많은지 모릅니다. 이러한 것들은 모두 식민주의 정신의 영향입니다.

예수원에서도 서로 책임지기를 원치 않고, 감독자가 없으면 일하려고 하지 않고 감독자가 있으면 그 사람 앞에서만 열심히 일하고 없는 데서 비방하고 수군거리는 모습을 흔히 볼 수 있습니다. 저로서는 이런 말을 하기가 정말 가슴 아픕니다. 이제는 한국을 사랑합니다만 제가 처음 한국에 왔을 때는 식민주의 정신이 너무 많이 보였기 때문에 한국인들을 존경할 수 없었습니다. 중국인은 존경하고, 일본인은 미워하고, 한국인은 무시했습니다. 그런데 하나님께서 저를 한국으로 보내셔서 지금까지 제가 이곳에서 일하고 생활하면서, 한국인들의 본래 성품이 참으로 선하고 좋은 점이 많음을 알게 됐습니다. 그렇지만 여전히 자기 자신을 존귀하게 여기지 않는 모습을 볼 때는 얼마나 답답한지 모르겠습니다. 한국 민족은 하나님의 계획 속에 있는 중요한 민족입니다. 그런데 자기를 존귀하게 여기지 못하면 어떻게 하나님께서 쓰시겠습니까?

예수원에서는 성경대로 살려고 노력하고 있습니다. 성령께서 예수원의 제도를 장로제도로 해야 한다고 대언 말씀을 주시기 전까지는 저와 개신교 목사님 한 분이 의논하면서 예수원을 다스렸습니다. 비교적 모든 일이 순조롭기는 했지만 수군거림이 많고 원망하는 소리도 많았습니다. 그러던 중에 하나님께서 장로제도를 만들라고 하신 것입니다. 이에 누가 장로가 되어야 하는지 의논하다가 두 사람의 노인, 네 사람의 젊은이들로 구성된 장로제도가 형성되었습니다. 그때부터 여섯 명이 의회를 통해 계속 예수원을 운영하다가 젊은 장로들이 한 명씩 다른 곳으로 떠나 마침내 두 사람밖에 남지 않게 되었습니다.

결국 다시 한 번 사회적 습관으로 돌아가 나이 많고 높은 위치의 사람이 몇 년 동안 예수원을 운영하다가 하나님의 명령대로 순종하자고 결정해서 의회를 조직했습니다. 의회를 조직하고 1983년 10월까지 항상 의회원들 각자가(성령의 인도하심을 받고) 하나님의 뜻을 분별하여 받은 말씀과 뜻을 서로 주고받으며 주어진 일들을 결정했습니다. 한 사람의 반대도 없이 만장일치로 결정되면 하나님께서 우리에게 주신 결정으로 믿고 그대로 실행하자고 가르쳤습니다. 그럼에도 불구하고 형제자매들이 그 뜻을 깨닫지 못하고 무관심해서 저를 예수원의 운영자로 정했습니다. 저는 제가 원하든 원하지 않든 상관없이 의회에서 내린 이 결정에 제 뜻을 굽혔습니다. 제가 막무가내로 싫다고 했으면 그들이 순종했겠지만 그러지 못했습니다. 저는 끝까지 고집하고 싶지도 않았고, 제가 하고 싶은 대로 하면 하나님보다 앞서 가는 자라고 오해할까 봐 그들이 원하는 대로 순종했습니다.

하나님은 인내가 많으십니다. 어린아이들이 빨리 가지 못하면 어린아이만큼 천천히 가시기도 합니다. 지도자가 제아무리 빨리 가겠다고 해도 하나님만큼 빨리 가지는 못할 것입니다. 바쁘게 움직이는 지도자를 위해 하나님은 뒤떨어져서 천천히 다리 짧은 사람의 속도로 일을 진행하십니다. 그것이 하나님의 속도입니다. 제가 그것을 깨닫고 항상 후퇴하고 후퇴해서 순조롭게 일해 별 문제가 없었는데, 그 해 10월 말 심장마비증세가 심해 의회를 그만둔 뒤로 한 번도 의회에 참석하지 못했습니다. 그동안 의회는 저 없이도 모든 결정을 잘했습니다. 만약 제가 원하는 것이 있으면 메모를 해서 주고 의회원들이 그것을 좋다고 생각하면 그대로 실행하도록 했으며, 이해할 수 없고 실행할 도리가 없는 것이라고 결정되면 제가 후퇴했습니다. 그런데 많은 사람들은 제 메모가 명령인 줄로 오해하여 제가 의회를 다스린다고 생각했습니다. 그러나 그렇지 않았습니다. 그들은 일반 사회에서 수평적인 관계를 경험해 본 적이 별로 없기 때문에 믿지 못했던 것입니다.

제가 미국에 가자마자, 예수원의 주인은 처음부터 성령님이셨음에도 불구하고 아무도 그것을 진심으로 믿지 않아 의회에서 무슨 결정을 하든 의회가 잘못했다고 반발하는 사람들이 있었습니다. 각자 자기들 스스로 하나님인 양 고집해서 얼마나 일이 복잡하게 되었는지 모릅니다. 약 1년 동안, 인간적으로 볼 때, 강한 지도자나 책임자가 없는 의회를 수용하지 못하고 수평적인 관계를 올바르게 적용하지 못해서 질서가 없어졌습니다. 나중에 합력하기 원치 않은 자들이 하산해서 조금 나아지기는 했지만 서로 사랑하거나 성령을 믿기 때문에 복종하는 것이 아니라 큰일이 생기는 것을 두려워해서 복종하기 시작했습니다. 그래도 어느 정도 질서가 잡히긴 잡혔습니다. 그러나 이것은 하나님께서 원하시는 질서가 아닌 식민적인 질서로서 자유자의 질서가 아니라(부정적인 의미에서) 종과 노예의 질서일 뿐입니다.

앞으로는 제가 의회에 참석하지 않더라도 형제자매 여섯 명이 서로 의논하고 하나님의 뜻이 무엇인지 이해하도록 노력하면서 결정해야 할 것입니다. 만약 의회에 참석하지 않는 사람들이 그 결정을 싫어해서 자기 나름대로 비방한다면 그것은 비그리스도적인 처사입니다. 한국 사람들은 일제 시대 때 일본 사람들의 권력이 너무 강해 대적할 수 없자 뒤에서만 대적하고 원망하는 나쁜 습관을 갖게 되었습니다. 오늘날 우리 신자들은 속히 그와 같은 태도에서 벗어나야 합니다. 그것은 성령을 따르는 것이 아니고 세속의 습관을 따르는 정신입니다.

물론 의회의 결정이 잘못되었다고 생각되면 기다려 보고 다음 정회원 모임에서 고칠 수 없는지 의논해 볼 수 있습니다. 그렇지만 일단 결정된 사항에 대해(때로 이해가 되지 않더라도) 뒤에서 비방하는 행위는 그리스도인으로서 옳지 않습니다. 사도행전 시대에도 교회에서 모일 때 다툼이 많았는데 이때 야고보나 베드로나 바울이 만장일치로 결정해서 제안하면 교인들이 성령의 결정인 줄 알고 한마디도 반대하지 않았습니다.

뒤에서 남을 비방하는 것이 등에 칼을 꽂는 것 같은 비열한 행위임에도 불구하고 신자들마저 때로 그렇게 합니다. 예수의 십자가를 믿는 우리가 어떻게 그럴 수 있을까요! 그것은 성령의 가르침이나 성령의 역사보다 사회의 영향과 조상으로부터 물려받은 식민정신이 더 강하기 때문입니다. 그렇지만 우리가 잘못한 줄 알고 회개하면 성령께서 이길 힘을 주실 것입니다.

의회가 기도하면서 성령의 인도하심을 받고 결정한 것인데 의회가 틀렸다고 말하는 것은 성령이 계시지 않다고 말하는 것과 다를 바 없으며, 또는 자기만 성령 받고 다른 사람은 성령 받지 않았다고 말하는 것과 같습니다. 이러한 불평이 계속 나오면 예수원이나 다른 교회나 우리 사회가 올바르게 설 수 없을 것입니다.

우리 모두가 하나님의 택하신 백성임을 알고 성령의 인도하심을 받았음을 인정하면서 자기의 입과 자신의 모든 것을 다스릴 수 있는 열린 마음과 깨어진 마음과 겸손한 마음으로 그리스도의 몸 된 교회를 건축하도록 합시다. 상대방도 하나님의 자녀인 줄 인정하고 그들도 역시 성령을 받은 자로서 존경하며 수평적인 관계를 유지하면서 서로 사랑하면 모든 사람에게 훌륭한 모범이 될 것입니다. 이것이 빛과 소금이 되어야 할 우리의 사명입니다. 빛 대신 어둠만 있고 소금 대신 쓴 맛만 있다면 어떻게 하나님의 일을 하겠습니까? 우리에게는 모든 교회가 빛 가운데 행하는 참 교회가 되도록 기도해야 할 책임이 있습니다.

3부

사회생활

1 회개와 사랑을 실천하는 생활

선지자들은 거짓을 예언하며 제사장들은 자기 권력으로 다스리며 내 백성은 그것을 좋게 여기니 그 결국에는 너희가 어찌하려느냐(렘 5:31).

요즈음에도 예레미야 시대와 똑같은 말을 많이 듣게 됩니다. 장차 평화가 있겠다는 것입니다. '~가 있겠다'는 것은 앞으로 일이 어떻게 될 것인지 모르고 말하는, 매우 안이한 태도입니다. 흔히 '회개'를 말할 때마다 우리는 아무 문제가 없다고, 회개할 거리도 없다고, 오로지 복음 전도만 하면 된다고 이야기합니다. 게다가 우리나라가 하나님의 축복을 많이 받아서 이스라엘을 대신하여 아주 잘될 거라고 호언장담하는 선지자들이 많은데 그것은 거짓말이 아닌가 생각합니다. 예레미야 시대에도 잘되겠다는 말이 자주 나왔었기 때문입니다.

예레미야가 혹시 이 백성을 속인 것이 아니냐고 하나님께 물었을 때, 하나님은 이 백성이 속임 받기를 좋아해서 속임을 당한 것이지 그런 선지자를 보낸 적이 없다고 말씀하셨습니다. 단지 하나님께로부터 보내심을 받은 선지자인 예레미야만이 사람들이 듣기 싫어하는 소리를 전했습니다. 30-40년 동안 계속해서 듣기 싫은 소리를 전했습니다. 다른 몇몇 선지자도 그와 비슷한 말을 했지만 결국 죽임을 당했습니다. 물론 예레미야도 감옥에 들어가서 멸시를 받고 고난을 당하는 등 고생을 많이 했지만 죽지는 않았습니다. 예레미야는 아무도 자신의 말을 들으려 하지 않았으나 하나님의 명령으로 계속해서 하나님의 말씀을 전했습니다. 그리고 결국 그의 예언대로 나라가 망하게 되었습니다.

바벨론이 예루살렘을 멸망시킨 다음 예루살렘에 들어왔을 때, 하나님은 남아 있는 사람들을 위하여 예레미야에게 다시 말씀을 주셨습니다. 그러나 백성들은 예레미야를 통해 주시는 하나님의 말씀대로 하지 않고 오히려 정반대로 행했습니다. 반 바벨론파가 총독 그달리야를 죽인 뒤에 예레미야를 찾아가 어떻게 해야 할지 물었을 때, 예레미야는 그들을 위해 기도하기를 거절했습니다. 그러나 백성들이 절대로 복종하겠다고 약속하여 예레미야는 며칠 동안 하나님께 기도했습니다. 그러자 하나님께서 예레미야에게 다시 말씀을 주셨습니다. 바벨론 치하에서 조용히 살면 평화를 주겠다고 말입니다. 그러나 백성들은 그 말을 믿지 않고, 그것은 하나님의 말씀이 아니라고 하면서 예레미야를 애굽으로 끌고 갔습니다. 예레미야를 통해서 말씀하시는 하나님의 음성을 끝까지 인정하지 않았습니다. 그만큼 백성의 마음이 강퍅했던 것입니다.

몇 년 후, 바벨론 왕이 애굽까지 내려가서 남아 있던 이스라엘 백성을 사로잡아 갔습니다. 바벨론 왕에게 사로잡혀 간 사람 중에 에스겔과 다니엘은 자신의 잘못을 참으로 회개하여, 사로잡힌 첫 해부터 마지막 돌아갈 때까지 새로운 정신을 가지고 70년 동안 훈련받았습니다. 그리고 이스라엘 땅에 돌아갈 때는 완전히 새로운 출발을 했습니다.

그 당시 바벨론의 상황과 지금 우리나라의 상황을 비교해 보면, 비슷한 점이 너무 많습니다. 설령 북방에서부터 재앙을 보낸다는 말이 우리에게 직접 해당되지는 않더라도, 회개하라는 명령은 언제든지 해당되는 말입니다. 그러므로 회개할 것이 없다고 누가 말할 수 있겠습니까?

지금 이 시대도 예레미야 시대처럼 거짓 예언하는 자들이 너무 많습니다. 또 그 당시 제사장들이 자기 권력으로 다스리기를 좋아했던 것처럼 현대 한국 교회에도 그런 문제가 많이 있습니다. 내가 신부다, 내가 목사다, 그러니 내가 옳다고 하면서 자기가 제일 높은 사람이 됩니다. 그리고 모든 사람이 자신에게 아부하게 만들고 자신을 비판하지 못하게 합니다. 혹은 그들 나름대로 교회를 다스리기도 합니다. 한 교회의 지도자로서 이를 비판하는 저 자신부터 회개해야겠지만, 지금 많은 지도자들이 너무나 교만하다는 점을 말하지 않을 수 없습니다.

성직자들은 옛날부터 교만한 제도를 만들어 왔습니다. 평신도들에게 말할 수 있는 기회를 주지 않습니다. 이에 평신도들은 하나님의 말씀이 이렇다 저렇다 하면 권세 가진 자들이 위에서 누르기 때문에 말하지 않습니다. 어떻게 평신도로서 감히 그런 말을 할 수 있느냐고 합니다.

우리가 성령의 지도를 받는 사람이라면, 성령을 통해 주님이 주신 사랑으로 살아야 할 것입니다. 서로 대적하고 상대방을 인정하지 않는 것은 사랑이 부족하기 때문입니다. 많은 교회가 헌금을 강조하고 건물과 지도자의 세력을 강조하고, 축복을 강조하지만 회개와 사랑을 실천해야 한다는 말은 하지 않는 것 같습니다. 그러나 성경에는 회개와 사랑이란 말이 아주 많이 나옵니다. 세례 요한은 광야에서 "하나님의 나라가 가까웠으니 회개하고 복음을 믿으라"(막 1:15)라고 외쳤습니다. 회개하면 기쁨이 나오고 마음이 가볍게 되기 때문에 천국이 임한다는 말씀입니다. 예수께서도 세례 요한이 외친 것처럼 "회개하라 천국이 가까웠느니라"(마 3:2)라고 하셨습니다.

그러나 이 말을 듣고 개인적으로 회개한 사람은 많았지만 나라 전체가 회개하지는 않았기 때문에 결국 로마에게 멸망당하고 말았습니다. 예루살렘이 멸망한 후에도 이스라엘 사람들은 계속 그곳에서 살았지만, 30년쯤 지난 후에 한 지도자 밑에서 싸움이 생기고 로마 세력을 대적하려다가 결국 민족 전체가 쫓겨났습니다. 그이후 이스라엘 백성은 약 1,800년 동안 자기 나라에서 살지 못하게 되었습니다. 지금 이스라엘이 자기 땅을 되찾기는 했지만 아직 예수를 몰라 마음속에 성령의 역사가 없습니다. 그 마음에 욕심과 미움이 많아서 이웃나라와 싸우기만 합니다.

여기서 우리는 내가 원수를 용서할 줄 아는지 깊이 생각해 보아야 합니다. 주기도문을 외울 때마다 "우리가 우리에게 죄 지은 자를 사하여 준 것같이 우리 죄를 사하여 주옵시고"라고 기도하는데, 참으로 남의 죄를 용서했습니까? 용서하지 않으면 우리도 용서받을 수 없습니다. 예수를 믿는다고 하면서도 미움이 마음에 꽉 차서, 이 사람 저 사람의 잘못을 지적하기만 할 뿐 결코 용서할 수 없다고 말합니다. 예수님은 친구나 형제가 아닌 '네 원수'를 사랑하라고 하셨습니다. 우리가 원수를 사랑하지 못한다면 그것은 회개해야 할 문제입니다.

우리의 마음에 미움이 가득하고 아직까지 용서하는 법을 배우지 못했기 때문에 하나님께서 우리나라를 여러 침략 세력에게 허락하는 것이 아닐까요? 우리가 하나님의 택하신 백성이라면 원수를 사랑하는 백성이 되어야 하지 않을까요? 우리 한국이 하나님께 택함받은 나라이며 복 받은 나라이기 때문에 복음을 전파하고 선교해야 한다고 말하는데, 원수를 미워하면서 예수를 믿으라고 말할 자격이 있을까요? 나에게 잘못한 사람을 용서할 마음이 없으면서 어떻게 예수 믿는 사람이라고 할 수 있습니까? 우리의 원수를 용서할 줄 모른다면, 선교사의 자격을 갖고 그 어느 나라에도 갈 수 없습니다.

영어로 된 '주기도문'(The Lord's Prayer)이라는 노래가 있습니다. 한국에서 그 곡을 번역할 때 운율이 잘 맞지 않아서 중요한 한 문장을 삭제해 버렸습니다. "우리 죄를 사하여 주옵시고"라는 구절은 들어갔지만 "우리가 우리에게 죄 지은 자를 사하여 준 것같이"란 부분이 빠졌습니다. 어떤 교회에서는 예배를 마칠 때마다 폐회노래로 주기도문송을 하는데, 그것은 성경에서 요구하는 중요한 조건을 뺀 채 부르고 있는 것입니다. 본의 아니게 비성경적이 되어 버린 노래를 하는 셈입니다.

한국에서 가르치는 '복음'의 내용을 살펴보면, 내가 무슨 잘못을 해도 무조건 용서받을 수 있기 때문에 남을 용서하지 않는 것도 용서받을 수 있다는 잘못된 생각이 들어 있습니다. 나는 용서받기 원하면서도 다른 사람은 용서하기 싫어하는 것은 어떤 신(神)을 믿는 데서 나온 것입니까? 그것은 성경에 나오는 '여호와 하나님'을 믿는 것이 아닙니다. 이는 "너는 나 외에는 다른 신들을 네게 있게 말지니라"라는 첫째 계명에 어긋난 태도로서, 이미 다른 신을 섬기기 시작한 것입니다.

다른 신이란 바로 '이기주의'입니다. 나만 하나님께 복 받기 원하고 죄 사함 받기 원하며, 나만 천당에 가서 영원토록 하나님과 천사들과 성인들과 같이 살기를 원하는 것입니다. 다른 형제들에게는 별 관심이 없는데다가, 내 원수가 천당에 간다면 나는 천당에 가고 싶지 않다고 말하는 잘못된 정신입니다. 이러한 정신을 과연 기독교적이라고 할 수 있습니까? 이것은 성경의 사상이 아닙니다. 이기주의적인 태도일 뿐입니다. 이러한 행위는 "너를 위하여 새긴 우상을 만들지 말고 그것들을 섬기지 말라"라는 둘째 계명에 어긋나는 것입니다. 무조건 죄 사함을 주시어 우리가 남을 용서하지 않아도 우리를 사랑하고 용서하신다는 그 신은 우리 손으로 만든 우상일 뿐입니다. 사도 바울도 '탐심은 곧 우상숭배'(엡 5:5)라고 했으며, 돈에 대한 탐심뿐만 아니라 복 받기를 원하는 탐심도 우상숭배라고 했습니다.

십계명의 열 번째 계명을 보면, "네 이웃의 집을 탐내지 말지니라 네 이웃의 아내나 그의 남종이나 그의 여종이나 그의 소나 그의 나귀나 무릇 네 이웃의 소유를 탐내지 말지니라"(출 20:17)라고 했습니다. 요즈음 우리 현대 사회의 잡지나 텔레비전 광고, 지하철 광고를 보면, 모두가 탐심을 일으키는 것들뿐입니다. 제가 아는 보수주의 신학자이자 경제학 교수 한 분은 "탐심이 없으면 경제문제를 해결할 수 없기 때문에 성경대로 실행할 수 없다"라고 고백했습니다. 어떤 사람은 성경대로 경제문제를 해결하려고 노력하다가 심한 핍박을 당하기도 했으며, 때로는 싸움이 일어나는 경우도 있었습니다. 교회들이 이전부터 세력을 더 중요시해서 성경의 경제법을 원치 않았으며, 콘스탄틴 시대부터는 아부하기를 더 좋아하고 회개하라는 권면도 하지 않았습니다. 비성경적인 경제제도인지 알면서도 핍박당하는 것이 두려워서 말하지 못한 것입니다.

장로교 나라인 스코틀랜드의 제일 유명한 경제학자도 하나님의 말씀대로 가르치지 않았습니다. "지주들을 비판하지 말고 지주들을 믿자"라고 하면서 성경의 법이 아닌 다른 방법으로 사회문제를 해결할 수 있다고 주장했는데, 그의 이론을 담은 책이 현대 서양 경제제도의 기초가 되어 있습니다. 오늘날 모든 것이 기계화해 전보다 더 쉽게 일할 수 있게 되었지만 노동자들은 옛날보다 더 오랜 시간을 일하면서도 수입은 늘지 않았습니다. 지주들이 자본가와 노동자에게 더 많은 돈을 요구함에 따라 불의만 점점 더 증가했을 뿐입니다. 어느 나라든지 발전하면 발전할수록 가난한 사람들이 더 많아지고 빈부 차이가 더 커지게 됩니다. 이런 상황에서도 많은 교회들이 탐심이 없으면 경제가 되지 않으니 현실에 맞추어야 한다고 주장하면서 비성경적인 경제제도를 허용하고 있습니다.

약 30-40년 전에 어느 유명한 경제학자가 "불의가 우선 우리의 신(神)이 되어야 한다"라는 주장을 펼쳤습니다. 미국과 영국의 모든 경제학자들이 그 사람의 생각이 옳다고 인정했습니다. "내가 무엇을 위하여 살든지, 누구를 위하여 살든지 그 대상은 나의 신(神)이며, 또 나 개인의 이익을 위하여 살면 경제문제를 해결할 수 있다. 경제문제를 다 해결한 후에 서로 섬기는 사람이 될 수 있으므로 우선 '이익'이 나의 신이 되어야 한다"라는 주장처럼, 현대 교인들 중에 그러한 신을 섬기는 사람들이 얼마나 많은지 모릅니다.

물론 불신자들이 자기 이익을 위해서 사는 것은 자연스러운 일이라고 할 수 있습니다. 하나님은 그와 같은 이기주의적인 마음을 없애고 이웃을 사랑할 수 있도록 하기 위해 그분의 독생자를 세상에 보내 주신 것입니다. 불신자들이 그들의 이익만 위해 사는 것은 이해할 수 있는 일이지만 신자들이 자기의 이익만을 위해서 산다면 그것은 '죄'입니다. 우리가 회개하고 죄 사함을 얻었다고 하면서 어떻게 계속해서 같은 죄를 지을 수 있겠습니까?

많은 신자들이 간음하지 않고 살인하지 않고 도둑질하지도 않지만, 탐심하지 말라는 말에는 무슨 소리냐고 반응합니다. 하지만 안식일을 잘 지키고 우상을 섬기지 않는다고 해도 이기주의의 우상이 우리 가운데 있다면 회개해야 합니다. 교회 안에서 회개할 것이 없었던 적은 아직까지 한 번도 없었습니다. 복음이란 회개하면 내 마음에 천국이 임한다는 좋은 소식입니다. 누가복음 4장 18절("주의 성령이 내게 임하셨으니 이는 가난한 자에게 복음을 전하게 하시려고 내게 기름을 부으시고 나를 보내사 포로 된 자에게 자유를, 눈먼 자에게 다시 보게 함을 전파하며 눌린 자를 자유케 하고 주의 은혜의 해를 전파하게 하려 하심이라")을 보면 알 수 있듯이, 좋은 소식(복음)이란 하나님께서는 해결하실 수 없는 문제가 없다는 것입니다.

그런데 예수님은 세례 요한이 감옥에 갇혀 있을 때 그를 도와주지 않으셨습니다. 그래서 그는 죽을 때까지 감옥에 갇혀 있었습니다. 그렇다면 포로 된 자에게 자유를 준다는 말은 무슨 소리입니까? 이것은 탐심이나 욕심으로 인해 영적으로 사로잡힌 사람을 자유하게 하신다는 말씀입니다. 가난한 사람들이나 포로 된 사람들에게 관심을 갖지 않고, 그들을 사랑하지 않고 기도하지 않는다면 복음을 믿는 사람이라고 할 수 없을 것입니다.

주의 '은혜의 해' '자유의 해' '자원의 해'는 무엇입니까? 자원하여 서로 나누어 주고 코이노니아를 실행하면서 실제로 하나님의 법대로 살겠다고 결정하는 것입니다. 요즈음 많은 신학자와 교인들이 실제적인 문제에 대해서는 세속의 법으로 해야 한다고 생각하고 그것만이 실제적인 방법인 줄 압니다. 실제적인 문제를 해결하는 데는 사랑하는 것과 기도하는 것이 필요 없으며, 아무런 관련이 없다고 생각합니다. 폭행을 해서든 데모를 해서든 돈으로 해서든 주로 세력을 잡는 것에 관심이 많을 뿐입니다.

만약 교회가 참으로 초대 교회처럼 서로의 경제문제를 책임지고 서로 사랑하는 기관이 되었다면, 이 세상을 빨리 복음화할 수 있었을 것입니다. 초대 교회는 실제적인 문제를 해결하기 위해 자기가 가지고 있는 땅마저 팔아 필요에 따라 나눠 주고 항상 서로 돕는 분위기를 조성하여 아름다운 그리스도의 몸을 이루었습니다. 어려운 사람들이 이 기쁜 소식을 듣고 교인들이 모인 곳에 와서 도움을 받았습니다. 그러나 시간이 지날수록 어려운 사람들이 오면 '또 나눠 주어야 되는구나'라는 생각에 사랑이 식고, 점점 가난한 사람들에 대한 관심이 없어져 부자가 올 때만 환영하게 되었습니다. 야고보서 2장 1-6절을 보면, 초대 교회가 시작된 지 약 10-20년이 못 되어 이러한 문제가 생긴 것을 알 수 있습니다.

성 분도(베네딕트) 수도원의 규칙에는 "모든 손님을 그리스도와 똑같이 대하라"라는 가르침이 있습니다. 며칠 전 기도하던 중에 예수님이 제게 "내가 만일 초라한 손님의 모습으로 예수원을 찾아간다면 너는 나에게 어떤 태도로 대할까?" 하고 말씀하셨습니다. 그때 언뜻 '아, 내 개인시간을 또 빼앗기겠구나! 무거운 짐을 함께 나누자면 마음에 부담이 생기니 비록 예수님이라도 지금은 보고 싶은 마음이 없어요!' 라는 생각이 들었습니다. 그때 저는 제 사랑이 얼마나 거짓된 사랑인지 알 수 있었습니다. 만약 제 친한 친구가 찾아왔다면 어땠을까요? 얼마든지 시간을 내어 그와 교제하고 싶어 했을 것입니다.

사실 우리가 예수님을 직접 본 적이 없고, 그래서 교제할 수 없다고 핑계 댈 수도 있지만, 우리는 성령을 통하여 예수님과 친히 아는 사람들이므로 원하기만 하면 얼마든지 예수님과 교제의 시간을 가질 수 있습니다. 예수께서 말씀하실 때에, 제가 그분이 얼마나 아름다운 사랑으로 서로 교제하기를 원하시는지 깨달아 손님이 어떠한 모습으로 이곳을 찾아오더라도 "할렐루야, 진심으로 환영합니다"라고 말했어야 했는데, 저 자신의 입장만 너무 생각했습니다. 때로 우리는 돈에 대한 욕심은 없을지라도 시간에 대한 욕심이 너무 커 개인 시간을 많이 갖기 원합니다. 부자가 방문하면 크게 환영하고, 옷이 해어지거나 정신이 약간 이상한 사람이 오면 피하려고 하는 것은 예수님의 정신이 아닙니다. 예수님은 제일 가난한 사람들과 제일 어려운 사람들을 즐겁게 환영하셨습니다.

성령께서 우리 마음속에 역사하셔서 진정으로 성령의 열매를 맺는 신자가 되어야겠습니다. 그래서 어떠한 복잡한 문제를 가진 사람들이 찾아와도 환영하고, 그 문제들을 충분히 해결할 수 있으리란 기대를 가져야 할 것입니다. 사랑이 없는 '나' 자신부터 회개해야겠습니다. 라오디게아 교회처럼 차지도 뜨겁지도 않은 우리를 하나님께서 불쌍히 여기시도록 기도하고 성령 안에서 진실로 회개하는 마음을 주시도록 기도합시다.

2
예수 제자의 생활

예수의 제자란?

현대인인 우리가 어떻게 예수의 제자가 될 수 있을까요? 이것은 우리가 깊이 생각해 볼 문제입니다. 먼저 성경말씀을 살펴본 뒤 이 일이 현대 사회에서도 가능한지 아닌지 알아보겠습니다.

> 그러므로 너희는 가서 모든 족속으로 제자를 삼아 아버지와 아들과 성령의 이름으로 세례를 주고 내가 너희에게 분부한 모든 것을 가르쳐 지키게 하라 볼지어다 내가 세상 끝 날까지 너희와 항상 함께 있으리라(마 28:19-20).

교회가 성경만큼은 '앞표지부터 뒤표지까지' 전부 다 믿는다고 하지만, 사람의 유전이 너무 강해 성경대로 하지 않는 경우가 많은 것 같습니다. 위 말씀을 적용해 볼 때, 현대 교회 안에 좀 이상한 점이 있습니다. 말씀의 순서를 보면, 먼저 제자를 만들고 세례를 준 다음에 가르치라고 했습니다. 그런데 현대 교회는 그렇게 하지 않고 먼저 가르치고, 그 다음에 제자를 만들려고 합니다. 벌써 우리의 유전이 성경을 떠난 것입니다.

예수 시대에는 예수를 믿겠다고 하면 반드시 심하게 핍박을 받기 때문에 가벼운 심정으로 예수를 믿겠다고 하지 않았습니다. 그들은 가볍게 세례 받는 법이 없었습니다. 제자 되기를 결정한 뒤에 세례를 받으려 했기 때문입니다. 그래서 바로 세례를 주어도 문제가 없었습니다. 세례를 받은 자는 이후 부족한 점이 많음을 깨달아 겸손한 마음으로 배워 나갔습니다.

그런데 현대 교회는 문제가 있습니다. 교회가 정부에게 인정을 받게 되면서 외부로부터의 핍박이 별로 없습니다. 특히 미국·영국·독일·프랑스·이탈리아·스페인 등은 기독교 국가로서 그 나라 사람들은 교인 되기가 매우 쉽습니다. 오히려 교인이 되지 않으면 이상할 정도입니다. 현대 교회들은 교인이 되기 전에, 세례를 주기 전에 먼저 가르칩니다. 충분히 교육한 후, 참으로 제자 될 마음이 있는지 확인한 다음에야 비로소 세례를 줍니다. 그렇게 하는 것이 꼭 나쁜 것은 아닌데 부작용이 따르는 것은, 세례를 받자마자 배움을 졸업하는 줄 알고 더 이상 배우려 하지 않는다는 것입니다.

그리고 현대 교회들은 안 믿는 사람이 믿는 척하는 문제도 해결하지 못하고 있습니다. 많은 사람들이 회중 앞에 나와서 "마귀를 버리고, 세속을 버리고, 정욕을 버리고, 주를 따라가기만 하겠습니다"라고 굳게 약속하지만, 결국 말뿐입니다. 좀 어렵겠지만 다시 옛날식으로 하면 어떨까 생각합니다. 예수원의 경우, 교회법대로 하지 않고 있습니다. 세례 받기를 원하는 사람이 있으면 즉시 세례를 베풉니다. 그 다음에 가르칩니다. 물론 실패한 경우도 있지만, 세례를 먼저 주고 가르치든 먼저 가르치고 세례를 주든, 실패 비율에는 별 차이가 없다고 봅니다. 다만 성경에 나타난 대로 지켜 행한다는 점에 의미를 두고 싶습니다.

이 장에서 다루고자 하는 것은 세례 문제가 아니라 '제자'의 문제입니다. 예수께서 우리에게 부탁하신 것은 '신자'를 만들라는 것이 아닙니다. '제자'를 만들라는 것입니다. 제자란 무엇입니까? 선생에게서 배우는 사람이나 배웠던 사람을 제자라고 합니다. 그렇지만 성경에서 말하는 제자는 학생 이상의 의미를 가지고 있습니다.

선생과 같은 사람

지금 한국에는 '대천덕의 제자'라고 하는 사람들이 있습니다. 저는 그러한 사람들 때문에 부끄러움을 느낍니다. 말로는 저의 제자라고 하지만 저와 같이 살지도 않고 제가 원하는 것을 하지도 않으면서 왜 저의 제자라고 하는지 모르겠습니다. 얼마 전 어느 목사님에게서 편지 한 통을 받았습니다. 내용을 보니 저에 대한 인식이 아주 나빴습니다. 한 교인이 교회 안에서 좋지 않은 일을 많이 하는데 자기를 대천덕의 제자라고 소개한다고 했습니다. 제가 가르친 것과 다르게 행동하면서 저의 제자라고 합니다. "내가 대천덕의 제자요. 내가 대 신부의 제자요"라고 여기저기 자랑한다고 합니다. 이에 질려 버린 그 목사님이 끝으로 제게 당부한 말씀은 "대 신부님, 우리 교회에는 절대로 오지 마세요!"였습니다.

예수님이 성경에서 '나의 제자'라는 말을 하실 때, 무슨 의미로 하셨는지 잘 알아야겠습니다. 예수님의 제자는 어떤 사람입니까? 예수님 밑에서 한두 시간 공부한 사람을 제자라고 할 수 있습니까? 저와 함께 한두 달 같이 생활했다고 해서 저의 제자가 될 수 있습니까? 그렇다면 도대체 몇 년을 같이 생활해야 대천덕의 제자가 되겠습니까? 저는 제자를 원치 않습니다. 제가 원하는 것은 예수님의 제자입니다. 지금은 사람의 제자가 아닌 예수의 제자가 되어야 하는 시대입니다. 저는 저와 같이 살면서 같이 기도하고 같이 일하는 사람 중에 예수의 제자가 되지 않겠다고 하는 사람이라면 그 누구를 막론하고 예수원에 있는 것을 원치 않습니다. 아무리 저에게 아부해도 소용없습니다.

자, 그러면 예수님이 친히 제자들에게 가르치신 것이 무엇인지 순서대로 찾아보도록 합시다.

제자가 그 선생보다, 또는 종이 그 상전보다 높지 못하나니 제자가 그 선생 같고 종이 그 상전 같으면 족하도다 집 주인을 바알세불이라 하였거든 하물며 그 집 사람들이랴 (마 10:24-25).

이 구절에서 집주인은 예수님을 가리킵니다. 예수 시대의 지도자들이 예수님을 '바알세불', 즉 '귀신의 왕'이라고 모독했습니다. 그래서 예수님은 제자들에게 너희도 그러한 욕을 받으면 놀라지 말아야 한다고 가르치셨습니다. 그 시대의 종교는 부패하여 바른 가르침을 듣기 싫어하고 옳은 행동을 보기 싫어했습니다. 바르게 가르치고 행동하는 사람을 미워하며 모함했던 것입니다.

오래 전에 성공회 대주교님 한 분이 이런 설교를 들려주신 적이 있습니다.

"여러분, 사람들로부터 미쳤다는 말을 들어 본 적이 있습니까? 교회의 신자로서 미친 자라는 말을 들어 보셨습니까? 예수님은 귀신들린 자, 미친 자라는 욕을 들었고 제자들도 미친 자, 술 취한 자라는 말을 들었습니다. 그런데 사람들이 왜 당신들에게는 그러한 말을 안 합니까? 혹시 성령 충만함이 없는 냉랭한 신앙인이기 때문은 아닌지 의심스럽습니다."

어떻게 우리가 예수님보다 나을 수 있습니까? 제자가 선생보다 나을 수는 없습니다. 선생이 미친 사람 취급을 당하면 제자도 역시 미친 사람 취급을 받아야 되는데, 아무도 우리를 보고 이상히 여기거나 조롱하지 않는다면 우리는 진정한 제자가 아닙니다.

죄송합니다만 제 이야기를 하겠습니다. 제가 사람들에게 별로 알려지지 않았을 때입니다. 많은 사람들이 "대천덕은 이상한 사람이다" "대천덕은 광신자다"라고 하면서 여러 해 동안 욕을 해댔습니다. 저와 같이 생활하던 사람들이 욕을 먹기 싫어 이곳을 떠났습니다. 그러던 중 저의 책이 한 권 만들어졌는데 잘 팔려 인기서적이 되었습니다. 그 덕분에 대천덕이라는 사람이 꽤 유명해졌습니다. 그러자 제가 비난을 받을 때, 제 곁을 떠났던 사람들이 "제가 대천덕의 제자입니다. 제가 대천덕 신부를 아주 잘 압니다"라고 떠들고 다녔습니다. 그런 법이 어디 있습니까? 예수님은 많은 사람들에게서 조롱과 멸시를 받았습니다. 그와 같은 고난을 받지 못한다면, 아니 받기 싫어한다면 우리는 진실로 예수를 따라가는 사람이 아닙니다.

누가복음 6장 20-21절 말씀을 통해 제자들이 어떤 사람들이었는지 알아봅시다.

> 예수께서 눈을 들어 제자들을 보시고 가라사대 가난한 자는 복이 있나니 하나님의 나라가 너희 것임이요 이제 주린 자는 복이 있나니 너희가 배부름을 얻을 것임이요 이제 우는 자는 복이 있나니 너희가 웃을 것임이요.

이 말씀에서 제자들이 가난한 사람들이었음을 알 수 있습니다. 세상에서 천대받던 사람들이었음도 알 수 있습니다. 그 시대 예수의 제자들은 대부분 제일 낮은 계층의 사람들이었습니다. 멸시를 받고 억울한 일을 당하고 충분히 입지 못하고 충분히 먹지 못하는 정말 가난한 사람들이었습니다.

> 인자를 인하여 사람들이 너희를 미워하며 멀리하고 욕하고 너희 이름을 악하다 하여 버릴 때에는 너희에게 복이

있도다 그날에 기뻐하고 뛰놀라 하늘에서 너희 상이 큼이라 저희 조상들이 선지자들에게 이와 같이 하였느니라…… 모든 사람이 너희를 칭찬하면 화가 있도다 저희 조상들이 거짓선지자들에게 이와 같이 하였느니라(눅 6:22-23, 26).

이 말씀처럼 우리는 어디를 가든지 사람들의 칭찬을 조심해야 합니다. 자칫 거짓선지자의 길로 가기 쉽기 때문입니다. 그 다음에 더 내려가서 40절을 보면, 마태복음에 있는 말씀이 여기에도 나옵니다.

제자가 그 선생보다 높지 못하나 무릇 온전케 된 자는 그 선생과 같으리라.

완전히 훈련을 받으면 선생과 같게 되겠다는 말씀입니다. 우리가 훈련받은 예수의 제자가 되면 예수님처럼 된다는 것입니다. 예수님은 우리의 선생이십니다. 정말 예수님과 같게 된다면 좋겠습니다. 신자들 중에 "아이고! 내가 어떻게 예수님과 같게 될 수 있단 말인가?" 하고 부인하려는 사람들이 있는데 그렇지 않습니다. 예수님이 어떻게 해서 사람이 되셨는지 압니까? 바로 성령을 받아서 그렇게 되셨습니다. 예수님은 자기 신성(神性)을 버리셨습니다. 자기를 비우셨습니다. 빌립보서 2장을 보면 "오히려 자기를 비어 종의 형체를 가져 사람들과 같이"(7절) 되셨다고 했으며, 히브리서

4장에는 "우리에게 있는 대제사장은 우리 연약함을 체휼하지 아니하는 자가 아니요 모든 일에 우리와 한결같이 시험을 받은 자로되 죄는 없으시니라"(15절)라고 했습니다. 무오한 성경말씀은 예수님이 인간으로서 모든 일을 했다고 기록하고 있습니다.

성경에 '인자'(人子), 즉 '사람의 아들'이란 말이 많이 나옵니다. 저는 어릴 때 교회 안에서 자랐는데 많은 사람들이 인간이신 예수님을 믿지 않는 것을 보았습니다. 그들은 "예수님은 하나님이신데 우리가 감히 어떻게 그분을 따라갈 수 있느냐? 결코 예수님처럼 될 수 없다"라고 했습니다. 하지만 예수님은 자기를 가리켜 '인자'라고 하셨습니다. 그런데 왜 많은 사람들이 하나님의 아들이라고만 생각하는지 이해할 수 없었습니다.

드디어 교회 안에 두 파가 생겼습니다. 한 파는 "예수님은 하나님의 아들이므로 그를 통해서만 구원이 가능하다. 오직 그분을 의지함으로 구원을 얻는다"라고 했습니다. 또 다른 파는 "아니다. 우리가 노력해야 한다. 우리 인간의 힘으로 할 수 있다. 예수님도 인간이고 우리도 인간이다"라고 하면서 예수님의 신성을 인정하지 않았습니다. 이와 같이 예수의 신성을 부인하는 사람을 '유니테리언'(Unitarian)이라고 합니다. 삼위일체를 부정하고 하나님만 인정하며, 성령을 부인합니다. 예수 그리스도도 한 인간으로 취급하여 소크라테스, 석가모니, 공자와 같이 정신적인 지도자로 봅니다. 그러한 자유주의 신학사상이 오랫동안 미국 교회에서 유행하였습니다. 그래서 보수주의 신학자들이 예수의 신성을 부인하는 사상에 반발해서 신성을 강조하고 인성(人性)을 부인해 버렸습니다. 마침내 우리 인간은 예수님의 신성을 따라갈 수 없다고 주장하게 된 것입니다.

저는 성경을 읽어 가면서 이것도 아니고 저것도 아니라는 사실을 알게 되었습니다. 예수님은 신성을 가지셨지만 인간으로 살면서 인간의 본이 되셨습니다. 예수님은 우리와 똑같은 분이었습니다. 단 한 가지 차이점은, 그분은 죄가 없으시다는 것입니다.

우리에게 있는 대제사장은 우리 연약함을 체휼하지 아니하는 자가 아니요 모든 일에 우리와 한결같이 시험을 받은 자로되 죄는 없으시니라(히 4:15).

예수님은 죄 없는 제물로서 우리 대신 십자가에서 죽으심으로 우리를 구원하셨을 뿐만 아니라, 우리에게 성령을 선물로 주셨습니다. 그럼에도 불구하고 교회에는 하나님만 인정하는 무리와 하나님과 성자를 인정하는 무리가 생겼습니다. 모두 다 성령을 무시해 버렸습니다. 물론 성부·성자·성령에 대한 이야기는 하지만 실제로 성령의 역사가 있는지 없는지도 잘 모를뿐더러 성령과 구원의 관계도 잘 모릅니다.

신약에 보면, 성령에 관한 말씀이 많이 나옵니다. 구원을 얻자마자 성령을 받고 성령으로 거듭난다고 했습니다. 진실로 거듭난 신자라면 성령을 통하여 계속 변화되고 성장하여 예수를 닮아 가게 되는 것입니다. 예수님도 모든 일을 성령을 통해서 행하셨습니다. 우리 악한 성격도 성령을 통하여 선한 성격으로 변화될 수 있고,

부족한 힘도 성령을 통하여 강한 능력이 될 수 있습니다. 그래서 우리에게 약속하시기를 너희도 같은 성령을 받아 온전케 되면 너희 선생과 같게 될 수 있다고 하신 것입니다(눅 6:40). 죄 가운데 있던 사람이 아름답게 열매 맺는 새사람이 될 수 있고 예수님의 모본을 따라갈 수 있으며, 성령의 능력을 얻어 예수님과 똑같이 기적을 행할 수 있다는 것이 처음부터 끝까지 모순 없는 성경의 가르침입니다. 그러므로 신성이나 인성, 어느 한 쪽만 강조할 수는 없는 것입니다.

세상을 미워하는 사람

허다한 무리가 함께 갈새 예수께서 돌이키사 이르시되 무릇 내게 오는 자가 자기 부모와 처자와 형제와 자매와 및 자기 목숨까지 미워하지 아니하면 능히 나의 제자가 되지 못하고 누구든지 자기 십자가를 지고 나를 좇지 않는 자도 능히 나의 제자가 되지 못하리라 너희 중에 누가 망대를 세우고자 할진대 자기의 가진 것이 준공하기까지에 족할는지 먼저 앉아 그 비용을 예산하지 아니하겠느냐 그렇게 아니하여 그 기초만 쌓고 능히 이루지 못하면 보는 자가 다 비웃어 가로되 이 사람이 역사를 시작하고 능히 이루지 못하였다 하리라 또 어느 임금이 다른 임금과 싸우러 갈 때에 먼저 앉아 일만으로서 저 이만을 가지고 오는 자를 대적할 수 있을까 헤아리지 아니하겠느냐 만일 못할 터이면 저가 아직 멀리 있을 동안에 사신을 보내어 화친을 청할지니라 이와 같이 너희 중에 누구든지 자기의 모든 소유를 버리지 아니하면 능히 내 제자가 되지 못하리라(눅 14:25-33).

이 말씀에 제자의 조건이 몇 가지 나옵니다. 무엇을 버리고 무엇을 미워해야 합니까? 여기서 '미워한다'는 말은, 어느 것을 너무 사랑하다 보면 정작 중요한 것은 잊어버리기 쉬우므로 그것에 얽매이지 말라는 뜻으로 사용한 것 같습니다. 실제로 아내를 미워하면 가정이 파괴됩니다. 에베소서에 보면, 아내를 사랑해야 된다고 분명히 말씀하고 있습니다(엡 5:25, 33). 그러나 예수님보다 아내를 더 사랑하면 그것은 우상숭배와 다름없게 됩니다. 그래서 아내가 나와 예수님 사이에 끼어들면 아내를 미워해야 한다는 말씀입니다. 아내도 주님 안에서 사랑해야 합니다. 주님 밖에서 주님보다 더 사랑하는 것은 하나님 뜻에 합당하지 않습니다. 그러면 제자가 되기 위하여 무엇을 미워해야 합니까? 부모, 처자, 형제, 자매, 자기 목숨, 그리고 모든 소유, 즉 모든 재산까지라도 예수의 제자가 되기 위하여 미워해야 한다고 했습니다.

그런데 위에 열거한 미워해야 할 대상 가운데 빠진 것이 한 가지 있습니다. 남편! 남편이 빠졌습니다. 주님을 위해 남편을 미워해야 한다는 말은 없습니다. 성경의 가르침은 언제나 똑같습니다. 남자는 여자의 머리입니다. 남편이 가장이기 때문에 아내에게 "여보! 내가 예수를 따라가기로 결정했으니 나를 따라오시오"라고 할 수 있지만 아내가 남편에게 그렇게 말할 수는 없습니다. "여보! 제가 예수님을 따라가기로 결정했으니 저를 따라오세요"라고 해서는 안 됩니다. 하나님께서 허락하지 않습니다. 혹 그런 결정을 했다면, 안 믿는 남편이 스스로 인정하고 예수를 믿기까지 기다려야 합니다. 남편에게 복종하면서 기다려야 합니다. 남편은 아내에게 복종하는 법이 없고 다만 하나님께만 복종합니다. 안 믿는 남편이 아주 어렵고 힘든 일을 요구한다 해도(예를 들면, 제사문제) 아내는 "예, 제가 예수 믿지만 당신 말씀을 듣겠습니다"라고 해야 합니다. 아내가 남편에게 복종하는 것은 죄가 되지 않습니다.

> 내가 진실로 너희에게 이르노니 하나님의 나라를 위하여 집이나 아내나 형제나 부모나 자녀를 버린 자는 금세에 있어 여러 배를 받고 내세에 영생을 받지 못할 자가 없느니라(눅 18:29-30).

예수의 제자가 되려면 예수를 위하여 이 모든 것을 버릴 각오가 있어야 합니다. 왜냐하면 이 세상 그 어느 것도 나를 위해 십자가에 달리사 죽으시고 나에게 생명을 주신 예수님에 비하면 소중한 것이 아니기 때문입니다. 그렇다고 '아내를 버리라'는 말이 아내와 이혼하라는 뜻은 절대로 아닙니다. 그리고 자녀를 버린다는 것도 그들을 집에서 쫓아내거나 고아원에 보내라는 뜻이 아닙니다. 다만 절대 가치를 어디에 두어야 하는가의 문제입니다.

예수님을 위하여 모든 것을 버리는 생활이 제자의 생활이라고 하니, 어떤 사람들은 "뭐, 신자가 그 정도까지 할 필요야 없지"라고 합니다. 사실 성경에서는 신자라는 말을 별로 쓰지 않고 있습니다. 그리고 신자를 만들라고 말하지도 않습니다. 그러나 많은 신자들이 이미 머릿속에 이런 생각을 굳히고 있습니다.

'신자가 예수 믿고 구원이나 받았으면 됐지, 내가 뭐 제자도 아닌데 그 이상 더 헌신할 필요가 있을까? 제자들이야 예수님을 위해서 이것도 버리고 저것도 버리겠지만 나야 여러 가지로 부족한 사람이니 예수님의 제자노릇은 하기 힘들고 그저 신자 정도로나 만족해야지…….'

이게 무슨 말입니까? 가진 소유를 버리기가 아깝다는 이야기입니다. 그 버리지 못하는 욕심에 대하여 성경은 분명히 말해 주고 있습니다.

> 너희도 이것을 정녕히 알거니와 음행하는 자나 더러운 자나 탐하는 자 곧 우상숭배자는 다 그리스도와 하나님 나라에서 기업을 얻지 못하리니(엡 5:5).
> 그러므로 땅에 있는 지체를 죽이라 곧 음란과 부정과 사욕과 악한 정욕과 탐심이니 탐심은 우상숭배니라(골 3:5).

탐욕이 인간의 모든 삶을 지배하고 있습니다. 사회에 범람하고 있는, 각종 기업체의 광고를 생각해 보십시오. 그 광고 내용이 무엇입니까? 회사 제품 선전입니다. 관심을 끌기 위하여 온갖 수단을 다 동원해서 소비자를 충동합니다. 광고를 하지 않으면 상품이 팔리지 않기 때문입니다. 그러므로 각 기업마다 막대한 예산을 광고비에 투자하고 있습니다. 결국 물건이 안 팔리면 회사는 망하고 회사가 망하면 사람들은 일자리를 잃게 됩니다. 그러니 회사들은 망하지 않으려고 어떻게 해서든지 소비자를 유혹합니다. 필요한 것 이상으로 자꾸 사도록 요구합니다. 자꾸 사고 싶고 더 갖고 싶은 것이 사람의 마음입니다. 이 탐하는 마음, 그것이 곧 우상숭배입니다. 현대 사회는 하나님을 섬기는 사회가 아니라 돈을 섬기는 사회가 되었습니다.

그런데 교회 안에도 이러한 세상풍조를 따르는 사람들이 많습니다. 그렇게 하면 예수의 제자가 될 수 없습니다. 예수의 제자는 우상숭배를 할 수 없기 때문입니다. 탐욕을 버리지 못하는 사람들의 생각은 이렇습니다.

'예수를 믿기만 하면 구원을 얻으니 나는 믿는 신자로서 족하다. 나는 예수님의 완전한 제자는 될 수 없다. 결국 내가 예수를 믿는 것은 지옥에 가지 않기 위해서다.'

지옥에 가지 않으려고 예수 믿는 사람, 무섭고 두렵기 때문에 마지못해 예수 믿는 사람들은 비겁한 사람입니다.

> 그러나 두려워하는 자들과 믿지 아니하는 자들과 흉악한 자들과 살인자들과 행음자들과 술객들과 우상숭배자들과 모든 거짓말하는 자들은 불과 유황으로 타는 못에 참예하리니 이것이 둘째 사망이라(계 21:8).

이들이 다 지옥 불에 들어갈 사람들입니다. 그 중 맨 처음 들어가는 사람이 누구입니까? 바로 '두려워하는 사람들'입니다. '비겁한 사람'입니다. 모든 것을 버리고 예수를 따라가면 헐벗고 굶주릴까 봐 불안해하던 사람들, 예수를 안 믿으면 지옥에 가니까 두려워서 믿는 사람들입니다. 성경은 두려움 때문에 믿으면 지옥에 간다고 경고하고 있습니다. 우리는 예수님의 사랑이 감사하기 때문에 그분을 믿어야 합니다.

그리고 '모든 거짓말하는 사람들'도 동일하게 불못에 떨어진다고 했습니다. 사실 거짓말하는 것, 이것은 보통 문제가 아닙니다. 교회 안에 거짓말하는 사람이 얼마나 많은지 모릅니다. 사람들은 다른 사람의 기분을 좋게 하기 위해 거짓말하는 것은 괜찮다고 생각합니다. 뿐만 아니라 경우에 따라서는 거짓말이 필요하다고까지 합니다. 그러나 성경의 가르침은 그렇지 않습니다. 옳은 경우에는 "예" 하고 그른 경우에는 "아니요" 해야지 다른 말을 하면 안 됩니다(마 5:37; 약 5:12).

현대 교회 안에는 탐심을 품은 사람도 많고 거짓말하는 사람도 많고 그 밖에 다른 문제가 있는 사람들도 많은데, 진리를 말하는 사람은 많지 않은 것 같습니다. 예수 믿지 않는 사람에게 "예수 믿는 사람들을 어떻게 보십니까?"라고 물어보면 일반적으로 "예수 믿는 사람들은 술 안 마시고 담배 안 피우고 제사 안 지내더군요!"라고 대답합니다. 그 이상은 모릅니다. 무엇인가 잘못되었습니다. "예수 믿는 사람은 절대로 거짓말을 안 하더군요"라는 대답이 나와야 합니다.

안 믿는 사람에게서, 예수 믿는 사람은 '이웃을 사랑합니다' '책임감이 강하고 겸손합니다' '착합니다' '마을 일을 열심히 합니다' '솔선수범합니다' 라는 소리를 들어본 적 있습니까? 오히려 예수 믿는 사람은 '건방집니다' '우리와 어울려 술 한 잔 안 하고 담배 한 대 안 피우지만 거만합니다' 라는 소리를 듣습니까? 저는 누가 술을 권하면 냉정하게 "안 마십니다"라고 할 수가 없어 "호의는 고맙지만 저는 술을 못 합니다. 죄송합니다"라고 이야기합니다. 그러면 사람들은 "아, 그래요? 몰랐습니다"라고 하면서 쉽게 이해해 줍니다. 혹시 누가 담배를 권할 때 "난 담배를 안 피워요" 하면서 목에 힘을 주는 사람은 없습니까? 목에 힘을 주는 대신 "담배가 맞지 않아서 안 피웁니다. 미안합니다!"라고 겸손한 태도로 말하면 별 문제가 없을 것입니다. 우리가 예수님의 제자라면 안 믿는 사람들에게 이런 평가를 받아야 합니다. '그 사람은 정말 다른 데가 있습니다' '모든 것이 특별합니다' '자기보다는 항상 남을 생각해 줍니다' '자기 집보다 마을 일을 우선 생각합니다'.

제자 된 사람은 가족, 재산, 명예 등 모든 것을 예수님보다 귀하게 여기지 않습니다. 그런데 이런 일에는 등한시하고 술 안 먹고 담배 안 피우는 데만 집중합니다. 오히려 요즘 신자들은 거짓말 잘하고 인색한 것으로 유명합니다. 그러므로 어느 집에 가서 "예수 믿으십시오" 하면 "천만에요. 옆집이 예수 잘 믿는 집인데 얼마나 지독한 깍쟁이들인지 모르겠어요"라고 합니다. 정말이지 그들은 예수를 왜 믿는지 모르는 것 같습니다. 예수 믿으면 복 받고 병 고침 받는다고 해서 교회에 다니는 것은 처음부터 잘못된 생각입니다. 그러니까 안 믿는 사람들이, 예수 믿는 사람이 그 모양이라면 나는 예수 안 믿겠다고 하는 것입니다. 예수의 제자는 예수와 같게 되어야 합니다. 선생과 같게 되는 것이 제자의 길입니다.

용서하는 사람

제자의 또 다른 조건 중에 용서하는 것이 포함됩니다.

> 너희가 각각 중심으로 형제를 용서하지 아니하면 내 천부
> 께서도 너희에게 이와 같이 하시리라(마 18:35).
> 비판치 말라 그리하면 너희가 비판을 받지 않을 것이요
> 정죄하지 말라 그리하면 너희가 정죄를 받지 않을 것이요
> 용서하라 그리하면 너희가 용서를 받을 것이요(눅 6:37).

우리 모두는 하나님 앞에 너무나 큰 죄인들이었습니다. 우리의 힘으로는 우리의 죄를 처리할 수 없었습니다. 그런데 하나님께서 친히 우리의 죄를 없애 주셨습니다. 우리 죄를 없애기 위해 예수 그리스도를 사용하셨습니다. 우리는 예수님을 통하여 구원받았고 성령도 받았습니다. 많은 허물들을 용서받았습니다. 그래서 많은 사람들이 하나님의 아들이신 예수 그리스도께서 자신의 죄를 대속하심을 믿고, 하나님께서 모든 잘못을 용서하셨음을 믿고 신자가 되었다고 합니다. 옳은 말씀입니다. 그들이 신자입니다. 그러나 만약 그가 다른 사람의 허물을 용서하지 않는다면 신자 된 것은 아무 유익이 없습니다. 그러한 신자는 하나님께서도 용서하지 않는다고

하셨기 때문입니다(마 6:14-15).

우리 신자는 십자가에서 흘린 예수의 피로 말미암아 죄 씻음을 받았습니다. 우리는 하나님의 긍휼과 자비하심으로 모든 과실을 용서받았습니다. 그래서 우리는 우리의 받은 것을 남에게 주지 않으면 안 됩니다. 하지만 너무나 당연한 이 일을 실천하기란 얼마나 어려운지요? 그러나 아무리 힘들고 어려워도 용서는 우리의 의무입니다. 용서는 곧 사랑의 표현입니다. 하나님은 이웃을 용서해 주라고 우리의 큰 과실을 용서해 주셨습니다. 많은 신자들이 예수 믿어 죄 사함을 얻었다고 자랑하지만 남이 자기에게 잘못하면 용서하지 않습니다.

우리가 남을 용서해 주지 않으면 우리에게 문제가 발생하는데, 그것은 바로 마음속에 미움이 쌓인다는 것입니다. 마음에 미움이 차면 마귀가 틈을 타게 됩니다. 어떻게 성령 받은 신자에게 귀신이 들어갈 수 있단 말입니까? 그런데 들어갈 수 있습니다. 미움이 귀신을 받아들이는 발판이 되기 때문입니다. 그러므로 우리는 우리 자신을 위해서라도 남을 용서해 주어야 합니다. 제자는 입으로만 "주여! 주여!" 하는 사람이 아니라 주의 뜻대로 행하며 살아가는 사람인 것입니다.

선생 안에 거하는 사람

그러므로 예수께서 자기를 믿은 유대인들에게 이르시되
너희가 내 말에 **거하면** 참 내 제자가 되고 진리를 알지니 진리가 너희를 자유케 하리라(요 8:31-32).

현대 사회에서 '자유'라는 단어는 그 어떠한 말보다도 빈번하게 쓰이는 것 같습니다. 지구상의 수많은 사람들이 자유를 갈구하고 있습니다. 그래서 '해방'이라는 말이 자주 대두되었고 급기야 해방신학이란 것도 나오게 되었습니다. 위의 말씀에 자유(해방)의 조건이 나옵니다. 곧 예수의 말씀에 '거하는' 것입니다. '거한다'는 말은 무슨 뜻입니까? '지킨다'는 말입니다. 말로만 혹은 생각으로만 예수의 말씀을 지키는 것입니까? 아닙니다. 행동으로 예수의 말씀을 지킨다는 것입니다. 성경에서 지킨다는 것은 실행한다는 말입니다. 예수의 말씀 안에 거하는 사람, 예수의 말씀을 지키는 사람만이 제자가 될 수 있고 참으로 자유하게 됩니다.

좀 철학적인 문제인데, 사람이 어떻게 자유를 얻을 수 있습니까? 만약 사람이 우연히 생겼거나 대자연 가운데 있는 한 동물에 불과하다면, 남의 말을 듣지 않고 자기 마음대로 하는 것을 자유라고 할 수 있을 것입니다. 하지만 사람은 그런 존재가 아닙니다. 사람이 자기 마음대로 살고 싶다면 아무도 없는 섬으로 가야 합니다. 그러나 사회에서 살려면 항상 상대방의 입장을 생각하지 않을 수 없습니다. 그렇게 하지 않으면 마찰이 생기게 됩니다. 이 사회는 자기가 하고 싶은 대로 무조건 행하도록 내버려 두지 않습니다. 사람에게는 각자가 가지고 있는 자유의 영역이 있습니다. 그러므로 나의 자유는 상대방의 자유의 한계선까지만 적용되는 것입니다. 그 이상은 인정되지 않습니다.

재밌게도 마귀도 자유라는 말을 잘합니다. 창세기 3장에서 마귀가 하와에게 한 말은 곧, 하나님으로부터 자유하자, 하나님께 매임당하지 말고 마음대로 행동하자는 것입니다. 물론 이와 똑같은 표현은 나오지 않지만 뜻은 분명히 그렇습니다. 또 요한계시록을 보면, 마지막 때에도 마귀는 만국을 미혹하여 군사를 모아 끝까지 하나님을 대적하여 자유를 얻으려 한다고 했습니다. 마귀의 생각과 행동은 처음부터 끝까지 변함이 없습니다. 왜 사탄은 에덴동산에서 반역을 꾀하고, 그리스도가 친히 다스리시는 천년왕국에서마저 주님을 대적할까요? 그가 무엇을 요구하는 것일까요? 바로 자유입니다. 하나님의 종이 되기 싫어 자유를 요구합니다. 하지만 끝까지 불평하며 반항하던 그는 결국 꺼지지 않는 불과 유황 못에 떨어져 세세토록 죽지 않고 밤낮 괴로움을 받는 형벌에 처하게 될 것입니다.

우리는 지음을 받은 피조물입니다. 하나님께서 우리를 만드셨습니다. 하나의 피조물인 우리가 하나님으로부터 자유를 얻고자 하는 것은 우리의 본질에 어긋나는 것입니다. 내가 피조물인 것을 인정하는 것은 나의 자유를 포기하는 것을 의미합니다. 나의 주인 되신 하나님 밑에 들어가 나의 자유를 맡기면 그때 비로소 참된 자유를 얻게 됩니다. 하나님 법대로 살면 안전합니다. 그 울타리가 우리를 보호하기 때문입니다. 그곳에서 우리는 영적으로나 육적으로 진정한 자유를 누릴 수 있습니다.

그러면 '거한다'는 말에 대해 좀더 생각해 보도록 합시다. 그 안에 중요한 의미가 있기 때문입니다. 거한다는 말은 어떤 곳에 머물러 사는 것을 뜻합니다. 이해를 돕기 위해 비유를 들어 설명해 보겠습니다. 저는 대한민국 정부에서 발행한 거주증명, 즉 거류신고증을 갖고 있습니다. 이 증서만 있으면 대한민국 그 어느 곳에 가든지 이 나라에 거주하는 사람이란 사실을 인정받습니다. 비록 외국인이라고 할지라도 한국에서 살고 있다는 사실을 말해 주는 것입니다. 제가 한국에 거하는 것과 같이 우리는 예수님의 말씀 안에 항상 거하는 사람이 되어야 합니다. 거주자, 즉 예수 말씀 안의 거주자가 되어야 합니다. 그것이 제자의 조건입니다.

섬기는 사람

> 이에 대야에 물을 담아 제자들의 발을 씻기시고 그 두르신 수건으로 씻기기를 시작하여(요 13:5).

예수님은 제자들의 발을 씻겨 주셨습니다. 유대 사람들은 구두를 신지 않고 양말도 없이 샌들만 신었습니다. 그래서 집 안에 들어갈 때는 흙먼지 묻은 발을 물로 씻고 수건으로 닦았습니다. 집이 넉넉한 사람들은 종을 부리고 있었으므로 발 씻는 일을 종에게 시켰습니다. 잔치 때는 주인집 종들이 그 잔치에 참석하는 손님들의 발을 씻어 주었습니다. 그것이 예의였습니다. 그런데 예수님은 종들이나 하는 일을 손수 행하셨습니다. 예수님은 제자들의 더러운 발을 다 씻어 주고는 다음과 같이 말씀하셨습니다.

> 너희가 나를 선생이라 또는 주라 하니 너희 말이 옳도다

내가 그러하다 내가 주와 또는 선생이 되어 너희 발을 씻
겼으니 너희도 서로 발을 씻기는 것이 옳으니라 내가 너
희에게 행한 것같이 너희도 행하게 하려 하여 본을 보였
노라(요 13:13-15).

그러므로 예수의 제자 된 사람은 사람의 발을 씻겨 주어야 합니
다. 종같이 남을 섬겨야 합니다. 그것이 주의 종의 역할이요 주의
제자 된 사명입니다.

새 계명을 너희에게 주노니 서로 사랑하라 내가 너희를
사랑한 것같이 너희도 서로 사랑하라 너희가 서로 사랑하
면 이로써 모든 사람이 너희가 내 제자인 줄 알리라(요
13:34-35).

앞에서도 잠깐 언급한 대로 세상 사람들에게 "예수 믿는 사람들
이란 어떠한 사람들입니까?" 하고 물어보았을 때, "술 담배 안 하
고 제사 안 지내는 사람입니다" 대신 "예, 기독교인들은 놀라운 사
람들입니다. 서로 얼마나 사랑하는지 모르겠습니다"라는 대답이
나와야 합니다. 초대 교회 때는 사람들에게서 그와 같이 인정받았
는데 지금은 그렇지 않습니다. 우리가 예수의 제자임을 세상이 아
는 것은 우리가 서로 사랑함을 보였기 때문입니다.

너희가 과실을 많이 맺으면 내 아버지께서 영광을 받으실

것이요 너희가 내 제자가 되리라(요 15:8).

예수의 제자가 되려면 과실을 많이 맺어야 한다고 했습니다. 어떻게 과실을 맺을 수 있습니까?

> 내 안에 거하라 나도 너희 안에 거하리라 가지가 포도나
> 무에 붙어 있지 아니하면 절로 과실을 맺을 수 없음같이
> 너희도 내 안에 있지 아니하면 그러하리라(요 15:4).

예수 안에 거해야만 과실을 맺을 수 있다고 합니다. 우리가 예수 안에 거하면 예수께서 우리 안에 거하십니다. 거한다는 것은 여러 모로 중요합니다. 요한복음 14장과 15장을 보면, 거한다는 말이 많이 나옵니다. 14장 2절에서는 "내 아버지 집에 거할 곳이 많도다 그렇지 않으면 너희에게 일렀으리라 내가 너희를 위하여 처소를 예비하러 가노니"라고 하면서 '처소'를 언급합니다. '처소'란 곧 '거하는 곳'입니다.

> 나는 아버지 안에 있고 아버지는 내 안에 계신 것을 네가
> 믿지 아니하느냐 내가 너희에게 이르는 말이 스스로 하는
> 것이 아니라 아버지께서 **내 안에 계셔** 그의 일을 하는 것
> 이라(요 14:10).

'안에 계신다'는 것도 '거한다'와 같은 말입니다.

저는 진리의 영이라 세상은 능히 저를 받지 못하나니 이
는 저를 보지도 못하고 알지도 못함이라 그러나 너희는
저를 아나니 **저는 너희와 함께 거하심이요** 또 너희 속에
계시겠음이라(요 14:17).

저는 너희와 함께 거한다고 하셨는데, 즉 성령께서 우리 안에 거
하신다는 말입니다.

……다른 보혜사를 너희에게 주사 영원토록 너희와 함께
있게 하시리니 저는 진리의 영이라…… 저는 너희와 함께
거하심이요 또 너희 속에 계시겠음이라(요 14:16-17).
……우리가 저에게 와서 거처를 함께하리라(요 14:23).
내가 아직 너희와 함께 있어서 이 말을 너희에게 하였거
니와(요 14:25).

또 요한복음 15장 4-5절 말씀에서도 '내 안에 거하라'고 하십니
다. 예수님은 "나는 포도나무요 너희는 가지니 저가 내 안에, 내가
저 안에 있으면 이 사람은 과실을 많이 맺는다"라고 하셨습니다.
이 포도나무 비유는 우리에게 중요한 가르침을 주고 있습니다.
포도나무는 복숭아나무와 많은 차이가 있습니다. 복숭아나무는
나무 원줄기에서 가지가 뻗어 나와 그 가지에서 열매를 맺습니다.
그런데 가지치기를 해 주지 않으면 열매를 너무 많이 맺어 결국 나
무가 못 쓰게 됩니다. 그래서 복숭아나무와 같은 과실나무는 때에

맞추어 가지치기를 잘해 주어야 해마다 좋은 열매가 주렁주렁 달리게 됩니다. 미국에 사는 제 외숙부는 집 뒤에 아주 좋은 복숭아나무 한 그루를 심으셨습니다. 언젠가 그분을 방문했는데, 복숭아나무에서 복숭아가 한창 열릴 때였습니다. 정말 복숭아가 엄청나게 많이 달려 있었습니다. 그토록 많은 열매를 낸 그 나무가 얼마나 대견하고 고마웠는지 모릅니다. 그런데 며칠 후 그 나무가 그만 부러지고 말았습니다. 과수에 대한 상식이 부족한 외숙부께서 나무의 가지들을 쳐 주지 않아 나무가 그 무게를 지탱하지 못했던 것입니다. 그래서 결국 그 나무는 못 쓰게 되어 버렸습니다.

포도나무는 복숭아나무와 달리 스스로 설 수 없습니다. 무엇엔가 꼭 의지해야 합니다. 덩굴이 뻗어 나면서 자라기 때문입니다. 새 줄기에서 나오는 덩굴손은 다른 것을 잡고 지탱합니다. 가늘고 연한 덩굴손은 다른 물체에 감겨 자기를 지탱합니다. 그래서 덩굴줄기를 계속 뻗게 하려면 철사나 끈 등을 매어 주어야 합니다. 그래야만 그것에 의지해 포도나무가 성장합니다. 만약 이러한 것이 없으면 포도나무는 주위에 잡을 만한 것은 무엇이든 마구 잡게 됩니다. 그러다가 이 가지 저 가지가 서로 엉켜 새순이 뻗어 나가질 못합니다. 그나마 첫해에는 괜찮지만 다음 해에는 이 가지들이 딱딱하게 굳어 죽어 버립니다. 그러면 그 가지들을 잘라 주어 그런 일이 없도록 해야 합니다. 교회에서도 어느 한 사람이 여러 일에 충성하느라 바빠서 다른 사람의 입장은 생각지도 않고 정신없이 이 사람 저 사람 붙들고 도움을 청해서 마침내는 서로 일을 못하는 경우가 종종 있습니다. 분수를 지키지 못하고 너무 열심을 냄으로써 본의 아니게 상대방에게 피해를 줄 때가 있는 것입니다. 포도나무처럼 말입니다.

하나님은 공동체 안에서 자르는 일을 많이 하십니다. 이 관계, 저 관계 하지 말라고 자르고 자르십니다. 요한복음 15장 2절의 '과실을 맺게 하려고 이를 깨끗케 하신다'는 말씀이 바로 그것입니다. 이렇게 정리하는 것은 공동체생활에서 필수 불가결한 것입니다. 포도나무의 경우, 처음 생긴 가지에서는 잎사귀만 나오고 1년이 지난 후에야 비로소 열매가 열립니다. 그러므로 금년에 나온 가지는 쳐 주어야 합니다. 그래야 튼튼하게 되어 내년에 충실한 열매를 많이 맺을 수 있습니다. 교회에서도 그러한 현상이 나타납니다. 오래된 신자는 열매가 많지만 새신자는 마치 첫해의 포도나무 가지처럼 열매가 없습니다. 그러므로 목회자들은 새신자에 대해 섭섭한 마음을 갖거나 조급해하지 말아야 합니다. 해가 지나고 연수가 차면 그 신자도 열매를 맺게 될 것입니다.

포도나무가 열매를 맺으려면 원줄기에 든든히 붙어 있어야 합니다. 나무에서 떨어져 나간 가지는 열매를 맺을 수 없을 뿐만 아니라 말라 죽습니다. 교회는 포도나무와 같습니다. 그러므로 가지 된 우리는 그리스도의 몸 된 교회를 떠나서는 살 수 없습니다. 저는 이런 경우를 많이 보았습니다. 교회에 열심히 다니며 예수 잘 믿는다는 소리를 듣던 사람인데, 어느 날 갑자기 교회 내에 좋지 않은 일이 생기는 바람에 교회에 대한 인식이 나빠져 교회를 떠나고 말았습니다. 그러고는 혼자서 생활하다가 그만 세상 속에서 타락해 버렸습니다. "나 혼자 믿고 살겠다" "나 혼자 기도하고 성경 읽으면서 의롭게 살겠다"고 얘기하는 사람들이 있는데 그러면 안 됩니다. 영적으로 죽어 버립니다. 교회가 아무리 부패하더라도 교회에 붙어 있어야 합니다.

제가 성공회에 들어온 것은 성공회가 다른 교회보다 더 좋아서가 아닙니다. 교리와 제도가 온전해서도 아닙니다. 다만 하나님께서 저를 부르셨기 때문입니다. 그래서 저는 지금까지 성공회에서 일합니다. 이 세상에 완전한 교회는 없다고 생각합니다. 교회는 그리스도의 몸입니다. 몸은 병들 수 있습니다. 우리 또한 나약하고 병든 지체들입니다. 그리스도의 몸이 분명히 온전치 못한 상태입니다. 건강한 부분이 그렇게 많지 않습니다. 그렇다고 해서 그 교회를 떠나면 어떻게 합니까? 다른 교회로 가면 된다고요? 그곳에는 문제가 없습니까? 건강합니까? 이 지구상에 완전한 교회는 없습니다. 그러므로 어떻게 해서든지 교회 안에 거해야 합니다. 교회 안에 거하면서 모두 합심하여 여러 질병과 싸워야 합니다. 항상 깨어 기도와 말씀으로 병든 곳을 치료해 가야 합니다. 이 사명을 위하여 우리 각자는 자신의 부르심이 무엇인지 깨달아야 합니다.

그리고 한 가지 사실을 명심하기 바랍니다. 교회 안에 문제가 있다고 해서 교회를 떠나면 그 자신만 죽게 됩니다. 그가 떠난다고 해도 교회는 죽지 않습니다. 교회는 부패하더라도 때가 되면 새롭게 되고 부흥합니다. 즉, 회개운동이 일어납니다. 2천 년의 교회 역사 가운데 교회가 부패하고 혼란에 빠져 형편없이 된 때가 많았습니다. 만약에 교회가 자연적인 기관이었다면 그냥 없어져 버렸을 것입니다. 그러나 교회는 그리스도께서 친히 돌보시기 때문에 어려움을 당할 때마다 성령의 도우심으로 회개하고 또 회개해서 마침내 깨끗함을 얻었습니다. 새롭게 출발했습니다. 전도도 잘하고, 구제도 잘하고, 교육도 잘합니다. 이러면서 사회에 좋은 영향을 많이 주어 다시 인정을 받고 높임을 받습니다. 그런데 그러다 보면 다시 교만해지고 부패하게 됩니다. 그러면 또 회개하고 다시 부흥하고 또 회개하고 다시 부흥합니다. 이러한 반복이 바로 교회의 역사입니다.

교회 역사가들은 적어도 100년마다 교회가 새롭게 부흥되고 성령운동이 일어난다고 합니다. 제가 이 문제를 놓고 자세히 연구해 보니, 교회 부흥의 역사가 대개 50년마다 일어났음을 볼 수 있었습니다. 한국에서도 지난 1907년에 교회 대부흥이 일어났었습니다. 그로부터 대략 50년이 지나 기성교회에 쇄신운동이 크게 일어났습니다. 그 성령운동은 얼마 안 가서 또 일어날 것입니다.

현대 교회는 쇄신운동을 원하지 않는 것 같습니다. 그렇지만 그 운동은 요원의 불길처럼 번질 것입니다. 혹 교회의 지도자는 싫어할지 모르지만 평신도 가운데서 그 운동이 퍼질 수 있습니다. 그것이 참된 성령운동이라면 회개와 사랑의 실천 운동이 될 것입니다. 부패했던 교회 지도자들도, 외식하던 신자들도 모두 다 하나같이 회개하게 될 것입니다. 그러므로 교회는 다시 한 번 정결케 구별될 것입니다. 그 거룩한 곳에 성령이 충만하게 임할 것입니다. 성령 충만한 곳에 사랑이 넘쳐날 것입니다.

열매 맺는 사람

성령의 열매는 사랑입니다. 그러므로 요한복음 15장에 나오는 '과실을 맺는다'는 말씀은 바로 사랑의 열매를 맺는 것을 말합니다.

> 아버지께서 나를 사랑하신 것같이 나도 너희를 사랑하였
> 으니 나의 사랑 안에 거하라. 내가 아버지의 계명을 지켜
> 그의 사랑 안에 거하는 것같이 너희도 내 계명을 지키면
> 내 사랑 안에 거하리라(요 15:9-10).

과실을 많이 맺으려면 속사람 안에 성령의 역사가 있어야 합니다. 성령의 충분함을 받아야 합니다. 한국어 성경에는 모두 '충만'이라는 말로만 번역되어 있지만 헬라어 성경을 보면 '충만'과 '충분'이 구분되어 사용됩니다. 충분하다는 것은 넉넉한 상태로서 모자람이 없는 경우를 말합니다.

나무를 한 번 생각해 봅시다. 나무에는 성장에 필요한 수액이 있는데 수액이 충분하면 나무가 잘 자라고 수액이 부족하면 자라지 못하거나 곧 죽어 버립니다. 큰 나무일수록 수액이 충분하며 어느 정도 여유도 있습니다. 예수원 주위에는 단풍나무과에 속한 고로쇠나무가 있습니다. 따뜻한 봄날, 그 나무에 구멍을 내어 작은 대롱을 끼워 놓으면 진액이 흘러나옵니다. 한 나무에서 하루에 1-2리터 정도 채취할 수 있습니다. 그런데도 그 나무에는 별로 지장이 없습니다. 그만큼 여유가 있기 때문입니다. 이렇듯 넉넉하여 나눠

줄 정도로 여유가 있는 상태를 '충분'이라고 합니다.

'충만'은 가득 찬 상태를 일컫습니다. 예를 들면, 물고기로 가득 찬 배, 아이를 밴 자궁, 터질 듯한 포도주 부대, 그리고 전력이 다 소모된 자동차 배터리를 충전기에 연결하여 재충전한 상태 등을 말합니다. 자동차는 배터리가 소모되면 시동이 걸리지 않습니다. 그러나 배터리를 충전하면 힘차게 시동이 걸려 움직일 수 있습니다. 바로 능력이 충만한 상태가 되는 것입니다. 이와 같이 충만이란 언제든지 소모되어 다시 채울 수 있고 여러 번 반복해서 채울 수 있는 경우를 말합니다. 그런데 충분은 그렇지 않습니다. 늘 지속적입니다. 즉, 장기간 가득 찼을 경우를 말합니다. 나무의 수액이 충분해야 잘 자라는 것처럼 우리가 성령 충분함을 받는 것은 주님 안에서 온전히 살기 위함입니다. 수액이 충분한 나무가 좋은 과실을 맺듯이 성령 충분한 사람이 사랑, 희락, 화평, 오래 참음, 자비, 양선, 충성, 온유, 절제라는 아홉 가지 열매를 맺을 수 있습니다(갈 5:22-23).

성령 충만함을 받은 사람은 자동차 배터리를 충전한 것과 같이 능력이 나옵니다. 불꽃과 강한 열이 나와 전도도 열심히 합니다. 어떤 사람은 기적도 행합니다. 귀신을 쫓아내고, 예언을 하고, 방언을 하기도 합니다. 아홉 가지 은사가 나타나기도 합니다(고전 12:7-11). 성령이 '충만'하면 '은사'가 나오고, 성령이 '충분'하면 '열매'가 나옵니다. 제가 성령 충만하여 성령의 은사를 받도록 권하기도 합니다만, 제자에 대한 이야기를 할 때만큼은 먼저 '성령 충분'함을 받으라고 말씀드리고 싶습니다.

방언하고, 예언하고, 병든 자를 고치고, 귀신 쫓아내는 능력을 행한다고 하여도, 핍박이나 고난 받기를 싫어하는 경우가 많습니다. 환난이나 역경을 이기지 못합니다. 입으로는 제자라고 하고 겉으로는 제자인 척하지만, 선생의 가르침대로 행하지 않습니다. 선생 안에 거하지 않습니다. 주를 위하여 모든 것을 버리지 않습니다. 오히려 하나님으로부터 받은 능력을 이용해서 부자가 되기를 원합니다. 유명하게 되기를 원합니다. 높임 받기를 원합니다. 남을 용서하지도 않습니다. 불쌍한 자를 돕지도 않습니다. 한마디로 사랑이 없습니다. 성령 충분함을 받지 않으면, 즉 성령의 내적 역사가 없으면 예수를 진정으로 사랑할 수 없으며 모든 것을 부인하고 예수를 따라갈 수 없습니다. 또 결코 진정한 예수의 제자가 될 수도 없습니다.

3
하나님이 가르쳐 주신 성경적 경제원리

이 장에서는 하나님께서 가르치신 성경적 경제 원리가 무엇인지, 오늘날 실제로 우리가 무엇을 할 수 있는지 알아보겠습니다. 먼저 신약과 구약의 가르침과 현재 생활 가운데서 그 가르침을 어떻게 실행할 수 있는지를 살펴본 다음, 정부가 허락하면 무엇을 할 수 있으며 정부가 허락하지 않으면 어떻게 해야 하는지를 알아보겠습니다.

경제에 대한 성경적 원리

신약의 가르침

세계적으로 매일 4만여 명이 굶어 죽고 있다고 합니다. 그 숫자가 어떤 근거에서 나온 것인지는 잘 모르겠지만, 실제로 지금 세계에는 굶어 죽는 사람이 너무 많습니다. 굶주려 죽는 사람을 생각하면, 원자폭탄이 터졌을 때보다 더 비참합니다. 히로시마에 원자폭탄이 떨어졌을 때는 약 12만 5천 명이 죽었습니다. 그런데 지금은 3일마다 그만한 숫자의 사람들이 굶어 죽고 있습니다. 1년에 120개의 원자폭탄이 터지는 것과 다름이 없습니다. 심각한 상황입니다. 제가 알기로 세계 역사상 이만큼 복잡한 때는 없었습니다. 그러나 예수를 믿는다고 시인하는 사람들이 성경이 가르치는 대로 실행하기만 하면 이 문제는 해결할 수 있습니다. 정부가 아무런 책임을 지지 않는다고 해도 예수 믿는 사람들이 이를 해결할 수 있습니다. 그런데 믿는다는 사람들이 성경의 가르침이 무엇인지 모르고, 전혀 관심도 없습니다.

성경에는 귀신 들린 사람이 고침 받을 때 돼지들이 떼죽음을 당한 이야기가 나옵니다. 이것을 보고 주위에 있던 사람들이 예수님께 빨리 떠나라고 간절히 부탁했습니다. 사람보다 돼지를 귀히 여긴 것입니다. 또 하나님보다 돼지를 귀히 여긴 것입니다. 지금 예수를 믿는 사람들 중 대부분이 바로 이런 정신을 소유하고 있다고 하면 지나친 말일까요? 그들은 사람이 죽든지 말든지 나의 돼지(소유)를 지키려고 했습니다. 그런데 예수께서 돼지에게 관심을 두지 않자 자기들에게서 떠나 주면 좋겠다고 생각한 것입니다. 믿지 않는 사람들은 물론 믿는 사람 중에도 그런 정신을 가진 사람이 많습니다.

엘리야가 이스라엘 백성에게 "여호와를 따르겠느냐, 바알을 따르겠느냐? 둘 다 섬길 수는 없다. 둘 중 하나를 택하라"고 했을 때, 백성들은 '여호와가 신'이라고 하면서도 행동으로 따르지 않았습니다. 그 결과 그 나라는 망하고 말았습니다. 예수님도 이와 똑같은 말씀을 하십니다.

> 한 사람이 두 주인을 섬기지 못할 것이니 혹 이를 미워하
> 며 저를 사랑하거나 혹 이를 중히 여기며 저를 경히 여김
> 이라 너희가 하나님과 재물을 겸하여 섬기지 못하느니라
> (마 6:24).

"예수님은 신이다" "성령님은 신이다" "하나님은 신이다"라고 외치고 있지만 우리가 참으로 섬기는 신은 재물입니다. 그렇기에 굶주려 죽는 사람들이 있는 것입니다. 이에 대한 성경의 가르침을 봅시다. 이 말씀은 예수께서 교인들에게 하신 말씀입니다.

> 너희를 위하여 보물을 땅에 쌓아 두지 말라 거기는 좀과
> 동록이 해하며 도적이 구멍을 뚫고 도적질하느니라 오직
> 너희를 위하여 보물을 하늘에 쌓아 두라 거기는 좀이나
> 동록이 해하지 못하며 도적이 구멍을 뚫지도 못하고 도적
> 질도 못하느니라 네 보물 있는 그곳에는 네 마음도 있느
> 니라(마 6:19-21).

이는 재물에 대한 성경의 기초적인 가르침입니다. 사람의 마음

이 어디에 가 있습니까? 그 사람의 물질이 어디에 있는지를 알면 그 마음이 어디에 있는지 알고, 그 사람의 마음이 어디에 있는지를 알면 영적인 문제를 알 수 있습니다. 오늘날 교회가 영적인 얘기를 얼마나 좋아하는지 모릅니다. 물질적인 이야기는 되도록 피합니다. 그러나 예수님은 "네 보물 있는 그곳에는 네 마음도 있다"라고 하면서 물질적인 이야기를 언급하십니다. 성경을 처음부터 끝까지 올바르게 해석하기 위해서는 이 원리를 알아야 합니다. 성경에는 물질문제를 취급하는 구절이 얼마나 많은지 모릅니다.

첫째 구절은 창세기 1장입니다. 하나님은 친히 물질을 창조하셨습니다. 그런데 불교는 이것을 믿지 않습니다. 물질이 악하다고 하면서 영적인 문제만 취급합니다. 그런 불교사상이 교회에 많이 스며들어 왔습니다. 성경은 물질을 하나님께서 창조하신 것이라고 해서 중히 여깁니다. 사람도 몸을 가지고 살아야 하기 때문에 물질적인 문제를 무시해 버리면 진리를 올바로 알 수 없게 됩니다. 그런데 성경을 해석하는 사람들이 대부분 모든 물질적인 문제를 비유적으로, 즉 영적인 문제로만 생각하고 실제적인 것을 무시해 버립니다. 그런데 예수님은 "네 보물 있는 그곳에는 네 마음도 있다"라고 하셨습니다.

그러므로 염려하여 이르기를 무엇을 먹을까 무엇을 마실까 무엇을 입을까 하지 말라 이것은 다 이방인들이 구하는 것이라 너희 천부께서 이 모든 것이 너희에게 있어야 할 줄을 아시느니라(마 6:31-32).

물질은 필요 없는 것이 아닙니다! 우리에게 물질이 필요함을 하나님은 아십니다. 하나님은 우리의 아버지이시기 때문입니다. "너희는 먼저 그의 나라와 그의 의를 구하라"(마 6:33)라고 하십니다. 하나님의 나라를 구하라는 말이 죽어서 천당 가라는 말입니까? 어떤 교회에서 하는 말을 들어 보면, 충분히 그런 인상을 받을 수 있습니다. 그것이 사실이라면 스스로 목숨을 끊기만 하면 곧 하나님의 나라로 가게 되는 셈입니다. 죽으면 천당 간다고 하고 천당이 하나님의 나라라고 한다면 문제는 간단합니다. 그렇지만 성경의 가르침은 그렇지 않습니다. '하나님의 나라'는 이 땅에 의를 이루는 것입니다. 33절을 풀어 보면, '그 의를 찾아라! 정의를 실현하라! 그리하면 이 모든 것을 너희에게 더하시겠다'는 말씀입니다. 너의 개인문제만 해결하지 말고 네 이웃의 문제도 해결하라는 말씀입니다. 주의 나라를 구하는 것은 '이웃을 돕는 것'입니다. 당신이 속한 사회에서 정의를 실현하기 위해 노력한다면 하나님께서 당신의 개인문제도 해결해 주실 것입니다.

며칠 전에 멕시코시티에서 큰 모임이 있었습니다. 천주교의 성직자들과 수사·수녀들의 모임이었는데 그곳에서 이런 말이 나왔습니다.

"내가 가난하고 나에게 먹을 것이 부족하다면 그것은 나의 개인문제이다. 그러나 나의 이웃이 가난하다면 그것은 바로 영적인 문제이다."

이것이 바로 성경의 가르침입니다. 남미 사람들의 방법론에 문제가 있기는 하지만 그들의 기초적인 가르침은 옳습니다. 내 이웃에게 경제문제가 있다면 나에게 그것은 영적인 문제입니다. 왜 그러한지 마태복음 6장 33-34절을 통해 보도록 하겠습니다.

너희는 먼저 그의 나라와 그의 의를 구하라 그리하면 이 모든 것을 너희에게 더하시리라 그러므로 내일 일을 위하여 염려하지 말라 내일 일은 내일 염려할 것이요 한 날 괴로움은 그날에 족하니라.

디모데후서 3장 1-5절에는 말세에 대한 말이 나옵니다.

네가 이것을 알라 말세에 고통 하는 때가 이르리니 사람들은 자기를 사랑하며 돈을 사랑하며 자긍하며 교만하며 훼방하며 부모를 거역하며 감사치 아니하며 거룩하지 아니하며 무정하며 원통함을 풀지 아니하며 참소하며 절제하지 못하며 사나우며 선한 것을 좋아 아니하며 배반하여 팔며 조급하며 자고하며 쾌락을 사랑하기를 하나님 사랑하는 것보다 더하며 경건의 모양은 있으나 경건의 능력은 부인하는 자니 이 같은 자들에게서 네가 돌아서라.

이 말씀은 불신자들에 대한 말이 아니라 교인들에 대한 말입니다. 교회 잘 나오고 성가 잘 부르고 예배 잘 드리고 미사에 잘 참여하고 영성체를 잘하는 등 모든 종교의 모양은 다 갖추고 있습니다. 그런데 경건의 능력은 부인합니다. 오늘날도 그런 교회를 많이 볼 수 있습니다. 예배는 아름다운데 능력이 없습니다.

  사도행전의 한 구절을 봅시다. 제가 부정적인 말부터 시작했지만 여기에는 긍정적인 말이 나옵니다.

  빌기를 다하매 모인 곳이 진동하더니 무리가 다 성령이
  충만하여 담대히 하나님의 말씀을 전하니라 믿는 무리가
  한마음과 한뜻이 되어 모든 물건을 서로 통용하고 제 재
  물을 조금이라도 제 것이라 하는 이가 하나도 없더라(행
  4:31-32).

  성령 충만에 대한 이야기를 한 뒤 물질문제가 나옵니다. 이 사람들이 물질에 대해 관심이 없었던 것은 아닙니다. 다만 물질이 자기만의 것이 아닌 모든 사람의 것이라는 생각을 했던 것입니다. 그들은 모든 것을 함께 나누어 썼습니다. 하지만 물질적인 문제만 함께하지 않았습니다. 그 결과가 33절에 나옵니다.

  사도들이 큰 권능으로 주 예수의 부활을 증거하니 무리가
  큰 은혜를 얻어.

  자신의 소유를 나눌 때, 경건의 모양뿐만 아니라 경건의 증거가 나와 능력이 나타났습니다. 하지만 현대 교인들은 자신의 소유를 나눠 주지 않고 서로에게 전혀 관심이 없습니다. 공동으로 사는 것은 공산주의 사상이라고 하면서 "나의 것은 나의 것이고 신자로서

십일조를 내면 그것으로 끝이다"라고 합니다. 사도들과는 달리 교회 지도자들에게는 전혀 능력이 없습니다. 경건의 모양은 있으되 그 능력은 부인하는 모습뿐입니다. 경건의 모양이나 기도뿐만 아니라 기도한 다음에 하나님의 뜻대로 재산을 나누어 주기 시작함으로써 능력이 나타났다는 사실을 현대 교회는 명심해야 합니다.

우리가 경제문제, 즉 실제적인 재물의 문제를 해결하지 못하면 성령께서 역사하시지 않을 것입니다. 디모데전서 6장 1~10절에서 사도 바울은 디모데를 통해 교인들에게 경제적인 가르침을 설명해 주고 있습니다.

······우리가 먹을 것과 입을 것이 있은즉 족한 줄로 알 것이니라 부하려 하는 자들은 시험과 올무와 여러 가지 어리석고 해로운 정욕에 떨어지나니 곧 사람으로 침륜과 멸망에 빠지게 하는 것이라 돈을 사랑함이 일만 악의 뿌리가 되나니 이것을 사모하는 자들이 미혹을 받아 믿음에서 떠나 많은 근심으로써 자기를 찔렀도다.

왜 3일마다 원자폭탄이 떨어지는 것과 다름없이 12만 5천 명의 사람이 죽어 가고 있습니까? 돈에 대한 사랑 때문입니다. 교인 중에 부자가 있다면 해 줄 말이 무엇입니까?

네가 이 세대에 부한 자들을 명하여 마음을 높이지 말고 정함이 없는 재물에 소망을 두지 말고 오직 우리에게 모

든 것을 후히 주사 누리게 하시는 하나님께 두며 선한 일
을 행하고 선한 사업에 부하고 나눠 주기를 좋아하며 동
정하는 자가 되게 하라(딤전 6:17-18).

다 주라는 말이 아닙니다. 그러나 항상 나눠 주기를 준비하는 마
음을 가져서 성령께서 인도하시는 대로 필요할 때 나눠 줄 수 있게
하라는 것입니다. 한꺼번에 다 버리는 것처럼 할 것이 아니라 책임
감 있게 해야겠습니다. 당신이 만약 부자라면, 재물을 운영할 줄도
알고 지혜도 많을 것입니다. 그 운영의 지혜와 기술을 사용해서 하
나님의 청지기로서 올바르게 사용해 보라는 말입니다. 그리하면
자신을 위해 필요한 튼튼한 기초를 닦을 수 있을 것입니다. 또 참
된 생활이 무엇인지 알고 행할 수 있도록 할 것입니다. 호화롭게
사는 것이 삶의 목적인 줄 알고 사는 사람들이 있습니다. 그런데
바울은 참된 생활이 무엇인지 알기 위해서는 세상의 안락한 생활
을 내어놓고 남을 도와주라, 그러면 참된 생활이 무엇인지 알게 될
것이라고 합니다.

데살로니가후서 3장 8-12절에도 경제에 대한 가르침이 나옵니
다. 바울은 "누구에게서든지 양식을 값없이 먹지 않고 오직 수고하
고 애써 주야로 일함은 너희 아무에게도 누를 끼치지 아니하려 함
이니…… 우리가 너희와 함께 있을 때에도 너희에게 명하기를 누
구든지 일하기 싫어하거든 먹지도 말게 하라"라고 했습니다. 우리
예수원에도 그런 규칙이 있습니다. 어떤 형제는 계속해서 일만 하
는가 하면, 어떤 형제는 몸이 튼튼한데도 불구하고 얼마나 일하기

를 싫어하는지 모릅니다. 그래서 "네가 반만 일하니 밥도 반 사발만 주겠다" 하고 놀렸습니다. 혹 아무 일도 하지 않으면서 남의 일에 간섭하기 좋아하는 사람이 있다면, 조용하게 일하고 자기 밥을 먹으라고 말씀드리고 싶습니다. 성경에는 실제적인 말이 얼마나 많은지 모릅니다. 그러나 교회는 실제적인 것을 싫어하는 듯합니다. 이 구절의 대부분은 개인에게 하는 말입니다. 너는 한 개인으로서 염려하지 말고 일하면서 하나님을 믿고 의지하라는 것입니다.

야고보서 2장 14-17절에는 또 다른 종류의 신자의 태도가 나옵니다.

> 내 형제들아 만일 사람이 믿음이 있노라 하고 행함이 없으면 무슨 이익이 있으리요 그 믿음이 능히 자기를 구원하겠느냐 만일 형제나 자매가 헐벗고 일용할 양식이 없는데 너희 중에 누구든지 그에게 이르되 평안히 가라, 더웁게 하라, 배부르게 하라 하며 그 몸에 쓸 것을 주지 아니하면 무슨 이익이 있으리요 이와 같이 행함이 없는 믿음은 그 자체가 죽은 것이라.

제가 젊었을 때, 이런 노래를 들은 적이 있습니다. 그 내용은 "밤마다 목사님이 예수 믿으라고 하는데 먹을 것에 대하여 물어보면 유창하고 아름다운 말씀으로 '나중에 먹게 될 것이다. 아름다운 하늘 저편 천당에서! 우선 이 땅에서는 건초만 먹어라. 죽으면 천당에서 파이를 먹게 될 것이니'라고 하시네"였습니다. 그 노래의 주제는 가난한 형제를 위하여 먹을 것을 주지 않으면 무슨 의미가 있느냐는 것이었습니다. 그런 믿음은 역사하지 않는 믿음입니다. 실제적이 아닌 죽은 믿음입니다.

마르틴 루터는 유명한 종교개혁자이자 신학자였지만 야고보서를 싫어했습니다. 야고보서를 '지푸라기 서신'이라고 했습니다. 바울만 옳다고 하면서 '오직 믿음'으로 구원받는다고 했습니다. 그러나 루터가 말하는 식의 '오직 믿음'은 성경에서 찾아볼 수 없습니다. 그것은 성경구절의 일부를 잘라낸 것에 불과합니다. 갈라디아서 5장 6절을 봅시다.

> 그리스도 예수 안에서는 할례나 무할례가 효력이 없되 **사랑으로써 역사하는 믿음**뿐이니라.

'오직 믿음'이 아니라 '사랑으로써 역사하는 믿음'입니다. 이것은 야고보서의 가르침과 같은 것으로 역사하지 않는 믿음은 죽은 믿음이라는 것입니다. 시체와 같다는 말입니다. 만일 믿음에 사랑이 없다면 그것은 믿음이 아닙니다. 죽은 믿음입니다. 바울도 야고보도 요한도 다 그렇게 가르쳤습니다.

> 그 형제를 미워하는 자마다 살인하는 자니 살인하는 자마다 영생이 그 속에 거하지 아니하는 것을 너희가 아는 바라 그가 우리를 위하여 목숨을 버리셨으니 우리가 이로써

사랑을 알고 우리도 형제들을 위하여 목숨을 버리는 것이
마땅하니라 누가 이 세상 재물을 가지고 형제의 궁핍함을
보고도 도와줄 마음을 막으면 하나님의 사랑이 어찌 그
속에 거할까 보냐 자녀들아 우리가 말과 혀로만 사랑하지
말고 오직 행함과 진실함으로 하자(요일 3:15-18).

이어서 4장 20-21절을 보십시오.

누구든지 하나님을 사랑하노라 하고 그 형제를 미워하면
이는 거짓말하는 자니 보는바 그 형제를 사랑치 아니하는
자가 보지 못하는바 하나님을 사랑할 수가 없느니라 우리
가 이 계명을 주께 받았나니 하나님을 사랑하는 자는 또
한 그 형제를 사랑할지니라.

이것은 성경의 실제적인 내용입니다. 물질에 관한 사상입니다.
모든 실제적인 것은 볼 수 있는 것에서부터 시작합니다. 영적인 문
제를 다루기 전에 먼저 실제적인 문제를 취급해야 하는 것입니다.
눈으로 볼 수 있는 형제를 사랑하지 않으면서 눈으로 보지 못하는
하나님을 사랑한다는 말은 거짓말입니다. 하나님을 사랑한다고 하
면 진실로 형제를 사랑해야 합니다.
　실제로 형제를 사랑하는 방법이 있습니다. 거지에게 100원을 주
는 것은 책임 있는 사랑이 아닙니다. 성경에는 고아원을 조직하라
는 말이 나오지 않습니다. 다만 집 없는 사람을 너희 집으로 들어

오게 하라고 했습니다. 그들을 위하여 집을 지으라는 말이 아니라 '당신과 같이 살도록 허락하라'는 것입니다. 그런데 선교사들은 한국에 와서 고아원과 양로원을 많이 설립했습니다. 성경대로라면 고아원으로 보내는 것은 원칙이 아닙니다. 우리 집에 들어오게 해야 합니다. 아내나 아버지, 아들이나 딸처럼 구별 없이 대해야 하는데, 문제는 내 혈통이 아니면 받아들이기 싫어하는 데 있습니다. 성경은 믿는 사람들은 서로 형제자매라고 했지만 우리는 혈통만 고집합니다. 신자로서의 책임이 어디서부터 시작됩니까? 그냥 어려운 사람들을 우리 집에 들어오게 하는 것으로 끝납니까? 우리는 성경 전체의 가르침이 무엇인지 알아야 하겠습니다.

구약의 가르침

성경의 가르침은 모세의 율법에서부터 시작됩니다. 모세 율법을 깊이 연구해 보면, 하나님의 뜻이 무엇인지 이해할 수 있습니다. 예수님도 하나님의 뜻을 이 땅에서 이루도록 노력하라고, 그의 의를 구하라고 말씀하셨습니다. 그런데 하나님의 의란 무엇을 의미합니까? 예수님은 율법이나 선지자를 폐하러 온 것이 아니라 이루러 왔다고 하셨습니다(마 5:17). 일점일획까지도 다 이루겠다고 하셨습니다.

오늘날 교회는 구약의 실제적인 가르침에 대해 너무나 무관심합니다. 신학자들은 영적인 것만 취급하고 경제학자들은 성경에 관심도 없습니다. 그러나 성경에 실제적인 가르침이 충분히 있음을 기억해야 합니다. 성경말씀을 실행하기만 하면 이 세상의 문제를 다 해결할 수 있습니다. 그런데 성경의 가르침이 무엇인지를 모르기 때문에 문제입니다.

우리는 먼저 우리나라를 위한 주님의 뜻을 구하는 것부터 시작합시다. 하나님께서 한 나라에 대해 무엇을 원하십니까? 그것은 레위기 25장에서부터 시작됩니다. 여기에 모든 경제 기초가 아주 자세히 나옵니다.

> ……칠 년이 일곱 번인즉 안식년 일곱 번 동안 곧 사십구 년이라 칠월 십일은 속죄일이니 너는 나팔 소리를 내되 전국에서 나팔을 크게 불지며 제 오십 년을 거룩하게 하여 전국 거민에게 자유를 공포하라 이 해는 너희에게 희년이니……(레 25:8-10).

13절을 보면, 일곱 번째 안식년, 즉 49년 다음인 50년이 희년(禧年)임을 알 수 있습니다.

> 이 희년에는 너희가 각기 기업(자기 땅)으로 돌아갈지라.

그래서 아무 땅도 50년 이상 팔 수 없었습니다. 빌려 주되, 그것도 희년까지만 빌려 주고 희년이 되면 되돌려 받았습니다. 이것은 성경의 기초적인 인권입니다. 각 가족 앞에 토지권이 분명히 있어야 했습니다. 삶의 근거가 될 토지가 없으면 어떻게 되겠습니까? 일자리를 주는 사람이 싫다고 하면 더 이상 생계를 유지할 수 없게 됩니다. 설사 일자리를 준다 해도 일자리를 준 사람이 허락하는 보수를 받고 일해야 합니다. 아무리 기술이 좋고 공부를 많이 했더라도 "너와 같은 사람은 필요 없어. 가!" 하면 그 직장에서 나와야 합니다. 그러면 어디에 가서 살겠습니까? 길에서 잠을 자야 합니다.

토지가 없으면 종과 별 다를 것이 없는 신세가 됩니다. 종은 주인이 허락해야만 입을 것과 묵을 곳을 제공받습니다. 어떤 면에서 소가 사람보다 더 대우를 받는 것을 볼 수 있습니다. 소는 언제든지 따뜻하게 몸을 보호받습니다. 언제든지 쉴 수 있는 집도 있습니다. 주인이 소를 위해 얼마나 노력하는지 모릅니다. 그러나 토지가 없는 사람은 자유가 없습니다. 토지를 가진 사람에게 가서 일자리를 달라고 할 수밖에 없습니다. 자본이 많아도 토지가 없으면 꼼짝 못 합니다. 공장을 짓기 위해서도 땅이 있어야 합니다. 배가 있어도 부두를 갖고 있지 못하면 배를 댈 수 없습니다. 무슨 일이든지 땅이 없으면 일을 못 하는 것입니다. 이것이 성경의 실제적인 가르침인데도 불구하고 왜 우리 경제학자들이 시행하지 않는 것일까요?

경제학의 기초는 영국의 아담 스미스로부터 시작되었습니다. 영국 국회에는 상원(上院)과 하원(下院)이 있는데 하원이 무엇을 결정하든지 상원이 무효로 만들 수 있습니다. 상원의 세력이 아주 강합니다. 상원의 성격은 '지주원'(The House of Lords)입니다. 상원이 되기 위해서는 땅이 있어야 합니다. 모든 상원은 땅이 있는 사람들입니다. 땅 없는 상원은 없습니다. 지주들이 완전히 상원의 세력을 잡고 있기 때문에 하원은 실제적인 영향력을 전혀 발휘하지 못합니다. 아담 스미스의 《국부론》(國富論)은 모든 경제학의 기초입니다. 그는 다른 학자들이 "문제는 지주다"라고 썼다가 감옥에 들어가는 것을 보고는 (머리가 좋은 사람이라) 지주문제를 무시하고 자본과 노동력만 있으면 모든 것을 생산할 수 있다고 주장했습니다. 그러나 그것은 거짓말입니다. 땅이 없으면 아무것도 할 수 없기 때문입니다. 자본이 많아도 땅이 없으면 공장을 가동할 수 없습니다. 회사를 유지할 수 없습니다. 아파트도 건축할 수 없습니다.

한국에서 제일 큰 기업들을 조사한 내용이 신문에 실렸는데, 처음 몇 년간 우리나라가 발전하고 있을 때의 평균 수익이 20퍼센트였다고 합니다. 그러나 다음 해에 18퍼센트, 그 다음 해에 15퍼센트, 또 다음 해에 10퍼센트, 8퍼센트, 그러면서 이제는 2퍼센트로 떨어졌다고 합니다. 그런데 어떻게 그 회사들이 유지될 수 있었겠습니까? 근본적인 이유는 땅값이 올라갔기 때문입니다. 지주들이 그 이득을 다 먹어 버렸기 때문에 기업의 수익은 떨어졌으나 지주들은 배부르게 되었습니다. 만약 지주들에 대한 보고가 나왔다면 문제는 달라졌을 것입니다. 해마다 수익이 올라가고, 올라가고, 계속 올라갔을 것입니다. 지주들은 아무 일도 하지 않고도 가만히 앉아서 돈을 법니다. 지주들이야말로 사회적 불의를 초래하는 근본 원인이지만 세력이 워낙 크기 때문에 경제학자들이 진리를 말하지 못하고 있습니다. 그러나 성경은 진리를 말합니다. 이스라엘이 하나님의 법 아래에서 700년을 살았어도 복잡한 경제문제는 발생하지 않았습니다. 다만 침범을 많이 당해 다소 문제가 있었지만, 흉년이 들어도 별 문제가 없었고 가난한 사람도 별로 없었습니다.

구약에는 희년의 법 외에 한 가지 법이 더 있는데, 그것은 과부나 고아가 자기 땅을 쓰지 못하면 그 땅을 빌려 주더라도 언제든지 되찾을 수 있도록 보장하는 것입니다. 영원히 땅을 소유하지 못하는 사람이 없도록 해야 한다는 것입니다.

네 이웃에게 팔든지 네 이웃의 손에서 사거든 너희는 서로 속이지 말라 희년 후의 연수를 따라서 너는 이웃에게 살 것이요 그도 그 열매를 얻을 연수를 따라서 네게 팔 것인즉 연수가 많으면 너는 그 값을 많게 하고 연수가 적으면 너는 그 값을 적게 할지니 곧 그가 그 열매의 다소를 따라서 네게 팔 것이라(레 25:14-16).

소득세를 내는 것이 아니고 '토지세'를 내는 것입니다. 미국 경제학자 헨리 조지는 어느 나라든지 발전하면 할수록 어째서 가난한 사람이 더 많아지는지에 대해 오랫동안 깊이 생각했습니다. 미국의 필라델피아나 뉴욕과 같은 도시는 모두 오래된 큰 도시입니다만, 가난한 사람이 너무도 많았습니다. 그에 반해 당시 캘리포니아는 새로 개척한 도시였는데 가난한 사람이 별로 없었습니다. 그러나 캘리포니아가 발전해 가면서 가난한 사람이 점점 더 많아졌습니다. 그는 발전할수록 가난한 사람이 많아지는 것을 보고 이상히 여겼습니다.

헨리 조지는 기도하는 사람이었습니다. 성공회 신자로서 성경을 읽는 가정에서 자라났습니다. 주일학교를 다니고, 성공회 중·고등학교를 다닌 뒤 학업을 그만두었습니다. 그 후 배를 타고 여행하면서 샌프란시스코로 가서 일하며 연구하다가 나중에 감리교에서 영적 체험을 했습니다. 어떤 체험인지 설명은 하지 않았지만 아주 놀라운 체험을 했다고 합니다. 그 다음에 계속해서 기도하고 연구하면서 마침내 깨달았습니다. 성경의 법대로 하면 이 문제를 해결할 수 있다고 말입니다.

어떻게 현대 사회에서 성경의 법을 실행할 수 있을까요? 원주인에게 돌려주기로 한다면 미국 땅 전부를 인디언에게 돌려주어야 합니다. 그러면 이민 온 사람에게는 한 평의 땅도 돌아갈 것이 없습니다. 그래서 현실적으로 적용 가능한 다른 방법을 찾았습니다. 결국 토지가치에 대한 세금을 받는 방법을 생각해 냈습니다. 토지를 빌려 주고 세를 받고 연수대로 계산하는 것입니다. 매년 땅의 가치대로 세금을 받으면 문제를 해결할 수 있겠구나 생각해서 이 주제를 가지고 《진보와 빈곤》을 썼는데, 이 책이 몇백만 권이나 팔렸다고 합니다. 그리고 미국, 영국, 러시아에까지 큰 영향을 미쳤습니다.

톨스토이는 러시아의 대지주 가운데 한 사람이었습니다. 헨리 조지의 말을 들은 톨스토이는 '됐다. 하나님의 법을 지키면 우리나라가 얼마나 아름답게 되겠는가?' 하고 생각해서 자기의 땅을 나눠 주기 시작했습니다. 그리고 다른 지주들에게도 이 법을 지킬 것을 권유했지만 모두 거절했습니다. 1917년 공산당이 세력을 잡았을 때, 결과적으로 그 지주들은 한 사람도 남지 않고 다 죽임을 당하거나 추방당했습니다.

그런데 톨스토이를 통하여 헨리 조지의 영향이 중국의 손문(孫文)에게까지 들어갔습니다. 그래서 손문은 '삼민주의'(三民主義)를 표방할 때 이 원리를 적용했습니다. 중국에서는 도무지 실행할 수 없었지만 대만에서는 실행할 수 있어서 지금 대만은 놀랍게 발전하고 있습니다. 또 홍콩도 우연히 실행하여 놀랍도록 발전하고 있습니다. 그러나 미국과 영국은 이를 거부했습니다. 그래서 갈수록 실업자가 더 많아지고 빈민굴이 더 흉해지고, 도적질과 간음과 모든 악한 것에 깊이 빠져 가고 있습니다. 얼마나 부패했는지 말할 수 없을 정도입니다. 하나님의 법을 알면서도 거절했기 때문입니다. 성경에 모든 경제 기초가 자세히 나오는데도 불구하고 아담 스미스는 그 말을 하지 않았습니다. 그러자 헨리 조지가 나와서 아담 스미스의 틀린 점을 설명했습니다.

헨리 조지 시대에 또 다른 학자가 있었는데, 그의 학설을 믿는 사람은 그리 많지 않았습니다. 바로 칼 마르크스입니다. 칼 마르크스도 아담 스미스와 똑같이 틀린 점이 있습니다. 생산을 위해서는 노동과 자본밖에 필요 없다고 주장한 것입니다. 중요한 지주의 역할을 무시하고 토지를 무시해 버렸습니다. 하지만 교인들이 하나님의 법을 실행하기를 거절하자 이에 화가 난 러시아 농민들은 칼 마르크스를 따라가기로 마음먹었습니다. 1917년 큰 혁명이 일어나자, 온 세상 사람들이 소련만 바라보며 성공할 수 있는지 지켜보고 그들에게 기회를 주자고 했습니다. 그러는 사이 헨리 조지를 완전히 잊어버리게 되었습니다. 그러자 세계의 지주들이 모두 기뻐했습니다. '자, 지금부터 아무도 헨리 조지를 기억하지 않았으면 좋겠다'라고 기대했습니다. 그런데 오늘날 소련은 실패했습니다. 경제적으로 성공한 공산주의 국가가 하나도 없기 때문입니다.

성경을 보면서, 크리스천들이 자기가 가진 것을 갖고 얼마든지 하나님의 법을 지킬 수 있는데도 불구하고 세상의 법에게 책임을 미룬다는 사실을 알았습니다. 그러나 그런 문제는 개개인의 책임으로만 끝나는 것이 아닙니다. 우리나라를 위한 하나님의 뜻이 무엇인지 알고, 그것을 설명할 수 있도록 항상 준비하고 있어야 합니다. 아울러 그것을 위하여 구체적으로 일할 수 있는 준비도 하고 있어야 합니다.

우리나라를 위한 하나님의 뜻

첫째 우리는 '희년'을 실행해야 합니다. 레위기 25장에는 땅을 50년마다 원래 주인에게 돌려주어야 한다는 법이 있습니다. 만약 주인이 사용하지 않는다고 하면 원주인에게 임대료를 내야 했습니다(레 25:14-17). 어느 나라든지 소작인 문제가 있는데 성경은 사람이 자신의 땅이 없어서 다른 사람의 땅을 사용할 때 먼저 언제까지 사용할지 결정하고 희년까지 남은 햇수가 몇 년인지 계산한 후 그 땅에서 수확할 수 있는 가능성을 계산하여 미리 돈을 내야 한다고 합니다. 그런데 소작농들에게는 대체적으로 그럴 능력이 없습니다. 소작인들은 해마다 주인에게 소작료를 내야 하는데, 현재 한국 사회에서의 소작료는 최소한 5할입니다. 모든 수확량의 절반을 주인에게 주어야 하는 것입니다. 그래도 이것은 양호한 편이고 이보다 더 많이 지불하기도 합니다.

그런데 성경은 이 문제에 대해서도 자세히 다루고 있습니다. 창세기 47장 20절을 보면, 요셉은 바로를 위하여 애굽 땅을 모두 사들였습니다. 온 나라가 바로의 땅이 된 것입니다. 그런데 24절을 보면, 추수할 때 바로에게 20퍼센트를 주라고 했습니다. 나머지 80퍼센트는 백성의 것으로, 다음 해를 위한 씨앗과 먹을 양식인 것입니다. 바로가 씨앗을 주지 않았기 때문에 그들 스스로 씨앗을 해결해야 했습니다. 그런데 현대의 지주들은 비료와 씨앗을 주면서 소작료를 50퍼센트 이상 내야 한다고 말합니다. 하지만 성경을 보면, 아무런 조건도 없이 20퍼센트만 낸 것으로 되어 있습니다. 만약 온 세상의 소작인들이 소작료를 20퍼센트 이상 내지 않게 된다면, 지주만 아니라 소작인도 충분히 살 수 있을 것입니다. 소작료를 50퍼센트나 받는 것은 아주 잔인한 행동입니다. 그럼에도 불구하고 많은 크리스천 지주들이 그렇게 하고 있습니다.

제가 신학교에 다닐 때 어떤 교수님이 계셨는데, 그는 자기 농장의 소작인에게서 50퍼센트의 소작료를 받고 있었습니다. 자신은 아무 한 일도 없으면서 죽기까지 노력하며 땀 흘린 소작인과 수입이 똑같았습니다. 양심에 가책을 받아야 한다고 생각했으나 전혀 그런 기색을 찾아볼 수 없었습니다. 사회적인 관습에 깊이 젖어 있었기 때문에 당사자로서는 전혀 이상하게 생각하지 않았던 것입니다. 또 우리 학생들이 구약 교수에게 '희년법'(禧年法)에 대해 묻자 교수님은 한마디로 간단하게 대답해 주셨습니다.

"이스라엘 사람들도 희년을 지키지 않았다."

그리고 더 이상 말하지도 설명해 주지도 않았습니다. 이것이 좋은 것인지 나쁜 것인지에 대해 아무런 말이 없었습니다. 다만 간접적으로 희년법은 쓸모없는, 실행할 수 없는 법이라는 뉘앙스를 풍겼습니다.

제가 1944년에 그 말을 들었는데, 20년 후인 1964년에 영국의 한 잡지사로부터 성경에 나오는 경제법에 대한 글을 써 보는 것이 어떻겠느냐는 부탁을 받았습니다. 사실 흥미는 있었지만 20년 동안 연구를 하지 않았기 때문에 일단 승낙하고 연구하기 시작했습니다. 연구를 시작하자마자 그 교수님의 말씀이 거짓인 줄 깨달았습니다. 이스라엘이 700년 동안 그 법을 지켰다고 성경이 말해 주는데도 그 교수님은 아무런 근거 없이 이스라엘 사람들도 지키지 않았다고 했던 것입니다.

희년이란 말 자체는 구약에 잘 나오지 않지만 간접 표현으로 자주 나오는데, 구약을 연구하는 학자들이 너무 무관심해서 그 말이 무슨 뜻인 줄 몰랐습니다. 제일 유명한 예가 이사야서에 나옵니다.

> ……금년에는 스스로 난 것을 먹을 것이요 제 이 년에는
> 또 거기서 난 것을 먹을 것이요 제 삼 년에는 심고 거두며
> 포도나무를 심고 그 열매를 먹을 것이니이다(사 37:30).

이것은 희년을 실행하라는 말씀입니다. 안식년이 두 번 계속해서 있는 것이 희년입니다. 누구든지 레위기 25장을 읽었다면 이 사실을 알았을 텐데, 아주 유명한 학자들도 이사야서에 나오는 이

말씀을 해석할 때 "이것이 무슨 뜻인지 도무지 알 수 없다. 어떻게 안식년이 두 번 계속 될 수 있는지 모르겠다"라고 했습니다. 이사야서를 전공한 사람이 레위기를 모르는 것입니다. 이런 학자가 어떻게 성경을 해석할 수 있겠습니까?

현대의 신학자들은 대개 연구가 부족합니다. 왜냐하면 실제 문제에 대한 관심이 부족하기 때문입니다. 영적인 문제만 취급하려고 합니다. 영적인 문제만 취급하면 핍박도 없고 아무런 위험도 없습니다. 받아들이면 좋지만 받아들이지 않아도 상관없기 때문입니다. 그냥 있어도 월급을 받을 수 있습니다. 그러나 물질적인 문제를 취급하면 많은 사람들에게서 도전을 받아 생명의 위협을 느끼게 됩니다. 이것은 지나가는 이야기가 아닙니다. 제가 처음으로 목회할 때 그 교회의 교인들이 저를 죽이려고 했던 일이 있습니다. 흑인의 인권문제 때문이었습니다.

제가 목회하던 곳은 새우를 잡는 어촌이었습니다. 흑인들에게도 배가 있었기 때문에 나가서 새우를 잡을 수 있었습니다. 상자에 새우와 함께 얼음을 넣어 뉴욕으로 보내면 보통 한 상자당 100달러씩 받을 수 있는데, 부두의 땅이 모두 백인들의 소유이다 보니 부두 주인들이 흑인들에게 새우 한 상자당 30달러를 주면서 자기들에게 팔라고 했습니다. 부두를 사용하지 않으면 새우를 뉴욕으로 보낼 수 없기 때문에 흑인들은 어쩔 수 없이 30달러만 받고 팔아야 했습니다. 그 백인 지주들은 아무 한 일도 없이 상자에 얼음을 조금 넣고 뉴욕으로 보내어 100달러를 받았습니다. 남의 노력에 기대어 70달러나 이윤을 취한 것입니다. 그러다 보니 흑인들이 한 번 빚을 지게 되면 영원히 그 빚에서 빠져나갈 수 없게 되었습니다. 돈이 너무 부족했기 때문입니다. 더군다나 그 30달러에서 자신의 배 유지비까지 지불해야 했습니다. 또 함께 일한 선원들에게 삯도 주어야 했습니다.

군대에서 만나 알게 된 제 친구가 뉴욕에서 살고 있었는데, 어디 조용한 곳에서 소설을 쓰고 싶다며 우리 마을을 찾아왔습니다. 그런데 그 친구가 우리 마을에 와서 흑인 친구를 사귄 뒤 백인들이 흑인들의 이윤을 취한다는 사실을 알게 되었습니다. 그래서 우리 교인 중 부두를 가진 사람에게 부탁하여 흑인 친구가 그 부두를 사용할 수 있도록 해 주었습니다. 제 친구 이름으로 새우를 부치고는 100달러짜리 수표를 받아 흑인에게 그대로 돌려주었습니다. 흑인 친구가 그에게 이윤을 취해야 되지 않느냐고 했지만 그는 거절했습니다. 3개월이 못 되어 그 흑인은 몇 년 동안 진 빚을 모두 갚고 자유롭게 되었습니다. 그러자 부두의 주인들이 우리 교회 교인에게 와서, 네가 그 흑인의 배를 다른 곳으로 보내지 않으면 죽여 버리겠다고 위협했습니다. 그래서 하는 수 없이 그 흑인을 다른 곳으로 보냈습니다. 여러 부두를 돌아다녔지만 어느 곳에서도 그를 받아 주지 않았습니다. 이것이 바로 미국 사회의 모습입니다.

여러분은 미국이 자유의 나라라고 들었을 것입니다. 고문도 없고, 부당하게 죽는 사람도 없다고 들었을 것입니다. 하지만 모두 거짓말입니다. 세상 나라들이 다 똑같습니다. 그들이 제 친구를 죽이려고 했지만 저 때문에 죽이지 못했습니다. 대신 저를 죽이려고 했습니다.

어떤 한 과부가 교회에 잘 나오지 않다가 어느 날 연락을 해 왔습니다. 꼭 와 달라고 하기에 할머니께서 죽어 가는 줄 알았습니다. 다른 이유는 생각지도 않았습니다. 그런데 할머니 댁에 가 보니 할머니는 아무 이상이 없었습니다. 간 김에 앉아서 차를 마시며 얘기를 나누었습니다.

"목사님, 약혼하신다면서요? 새 신부가 오자마자 과부가 되면 재미가 없겠지요?"

"……?"

저를 죽이려 한다는 말씀이었습니다. 할머니의 말씀이 무슨 뜻인지 머리로는 알았지만 그것이 마음으로 느껴지기까지는 시간이 많이 필요했습니다. 너무나 화가 나고 당황했기 때문입니다. 차를 타고 집으로 돌아오는 길에 사고가 났으나 하나님께서 제 생명을 지켜 주셨습니다. 다음 날 아침, 차 수리하는 곳에 가자 그곳에서 일하는 흑인 청년이 말하기를 "목사님, 교회 회장과 서기가 오늘 아침에 이 차 구경하러 왔었어요. 아직도 목사님이 죽지 않았다고 그 사람들이 섭섭해하더군요"라고 했습니다.

보물이 있는 곳에 마음도 있다고 했습니다. 돈을 위해 사람을 죽일 수도 있습니다. 50퍼센트의 소작료를 받는 법을 고치려고 하면 위험이 따릅니다. 정부 때문에 위험하게 되는 것이 아니라 지주들 때문에 위험하게 됩니다. 세상에서 제일 무서운 사람은 정부가 아니라 지주들입니다. 그런데 지주들은 배후에서 조종하는 법을 잘 알고 있기 때문에 정체가 잘 드러나지 않습니다.

마르크스주의란 지주제도를 가리기 위한 연막에 불과한 것입니다. 지주들은 마르크스를 매우 좋아합니다. 왜냐하면 마르크스주의는 자본주의 체제를 공격하면서, 지주들에 대해서는 아무런 말도 하지 않기 때문입니다. 그래서 지주들이 공산주의자들을 묵인하는 것입니다.

레위기 25장 23-28절을 보면, 땅을 무르는 법이 나옵니다. 땅을 팔게 되면(임대를 의미함) 원주인에게 언제든지 다시 무를 수 있는 권리가 보장되어 있습니다. 언제든지 무를 수 있어야 한다는 것이 계약 조건에 전제되어야 하는 것입니다. 그래서 희년까지의 남은 햇수를 계산하여 그 남아 있는 돈을 내기만 하면 땅을 무를 수 있었습니다. 성경에 '구속'(救贖, redemption)이라는 말이 자주 나오는데, 바로 '무른다'는 뜻입니다. '구속'은 한자입니다. 한국말로는 '무른다', 즉 '다시 찾는다'는 뜻입니다. 하나님께서 우리를 구속하셨다는 말은, 하나님의 소유였던 우리를 마귀에게 빼앗겼다가 다시 찾았다는 뜻입니다. 값을 내고 무르는데, 바로 예수의 피를 지불하고 우리를 돌려받은 것입니다.

구속은 원래 토지법에서 나온 말입니다. 토지법이 나오기 전에는 그 말이 성경에 나타나지 않습니다. 영어로는 'redemption'(되찾음) 혹은 'redeem'(되찾다)이라고 합니다. 이스라엘은 여호수아 시대부터 오므리 시대까지 이 법대로 살았습니다. 여호수아 시대가 B.C. 1400년경이고 오므리 시대가 B.C. 880년경이었으므로, 약 600년 동안 이 법이 지켜졌던 것입니다. 유다는 이를 더 오래 실행했습니다. 이스라엘이 망한 다음인 히스기야 왕 시대는 B.C. 700년경입니다.

그런데 선지자인 사무엘이나 나단 등이 희년에 대해 쓴 글은 전혀 없습니다. 성경에는 사무엘을 제외하고, 엘리야 이전의 선지자들에 대해 설명한 곳이 전혀 없습니다. 그런데 엘리야에 대한 이야기는 길게 나옵니다. 왜냐하면 엘리야가 처음으로 땅 문제를 놓고 불의와 맞서 싸운 사람이기 때문입니다.

엘리야 시대까지는 땅 문제가 전혀 언급되지 않았습니다. 그러나 오므리가 왕이 되면서부터 법을 고치기 시작했습니다. 하나님의 법을 버리고 바알의 법을 좇아간 것입니다. 이웃나라가 시돈(지금의 레바논)이었는데, 그 나라의 법이 바알법이었습니다. 그 나라 왕은 엣바알로서 바알의 제사장이었습니다. 그래서 오므리 왕은 바알의 제사장 엣바알과 동맹을 맺기 위하여 자기 아들 아합을 엣바알의 딸 이세벨과 결혼시켰습니다. 엣바알의 자손들은 북아프리카로 가서 세력을 잡아 그곳에 바알의 제도를 세웠습니다. 바로 대지주 제도입니다. 희년이 없기 때문에 땅을 계속해서 모을 수 있었습니다.

땅을 많이 모을수록 돈을 많이 벌게 됩니다. 내게 땅이 있어서 소작인에게 주어 농사를 짓게 하면 그 사람의 수고한 것의 절반이 내게 들어옵니다. 소작인은 열심히 일하고도 겨우 살아가지만 지주는 아무런 일도 한 것 없이 그 사람과 같은 돈을 벌게 됩니다. 그렇게 10년 정도 계속하면 땅값을 빼고도 남습니다. 그러면 그 돈으로 옆에 있는 땅을 사서 소작을 시키면 몇 년 안에 똑같은 돈이 들어오고 또 들어오고, 이런 식으로 몇 년을 반복하다 보면 큰 지주가 됩니다. 그러나 희년법이 있다면 모두 다 돌려주어야 하기 때문에 처음부터 다시 출발해야 합니다.

이 대지주 제도가 유다가 아닌 이스라엘에서부터 시작된 이유가 있습니다. 르호보암 시대에 이스라엘과 유다로 나뉘었는데, 유다는 강원도와 비슷한 지방으로 산이 많고 땅이 나빠서 살기 힘든 곳이었습니다. 돌이 많아서 감자밖에 키울 수 없었습니다. 우리 강원도에서는 1년에 두 번 수확을 하는데, 여름에는 감자를 거둬 들이고 봄에는 돌을 거둬 들입니다. 봄에 눈이 녹으면서 드러나는 돌 때문에 계속 농사를 짓기 어려워 그것들을 다 주워내는 것입니다. 그런데 갈릴리 지방, 즉 이스라엘 지방은 아주 넓고 기름진 곡창지대였습니다. 먹고도 남아서 수출을 할 정도였습니다. 그래서 욕심이 많은 사람들이 유다 땅을 원하지 않고 갈릴리 땅을 원했습니다. 그곳의 땅을 사서 대지주가 되면 얼마나 부자가 되겠습니까? 요즈음에는 자가용이 다섯 대 정도 있으면 부자라고 합니다. 그 시대에는 상아로 만든 집이 있으면 부자였습니다.

북아프리카에는 좋은 땅이 많은데 옛바알의 대지주 제도를 도입하는 바람에 현재의 리비아, 알제리 지방에 큰 나라가 생기고 카르타고라는 도시가 생기게 되었습니다. 그들이 로마와 싸우기로 결정했을 당시, 로마인들은 각기 조그마한 농장을 가지고 있었기 때문에 자기의 땅을 지키기 위하여 싸웠습니다. 로마가 카르타고를 이기고 카르타고의 많은 땅을 점령하자 그 땅을 처분하는 일이 문제가 되었습니다. 결국 그 땅을 제대한 군인들에게 주기로 했고 그들이 모두 대지주가 되었습니다. 이후 그들은 본토인들을 소작농으로 삼거나 그들을 종으로 부려 지금 얼마나 잘 살고 있는지 모릅니다.

그런데 아우구스투스 왕 시대에 대지주 제도가 북아프리카뿐만 아니라 로마에도 도입되면서부터, 원래 자기 땅이 있던 농민들이 한 명씩 한 명씩 빚에 빠져 땅을 팔게 되면서 소작농으로 전락하고 말았습니다. 자기 땅의 소작인이 되고 만 것입니다. 이로써 로마 시내에는 큰 부자가 대거 생겨났습니다. 그들은 모두 대리석으로 집을 지었습니다. 아우구스투스 왕이 로마에 왔을 때는 '벽돌 도시'였지만 떠날 때는 '대리석 도시'를 두고 죽었습니다. 그런데 그 원인이 자세히 설명되지 않고 있습니다. 땅을 뺏고 사람을 이용했기 때문에 그 대리석 집이 나온 것인데도 말입니다. 로마의 대리석과 북 이스라엘의 상아 집은 똑같은 문제입니다. 바알의 제도가 강하게 되면서 법으로 책정되고, 그 법이 내려와서 유럽의 법이 되고, 미국의 법이 되고, 이제는 한국에서도 여호와의 법이 아닌 바알법을 받아들이게 되었습니다.

그래도 중세 봉건주의 시대에는 교회가 이 문제를 해결하기 위해, 대지주 제도를 인정하면서도 책임이 크다고 판단하여 대지주 아래서 일하는 사람을 절대로 내보낼 수 없도록 규정했습니다. 남에게 땅을 팔아도 소작인은 계속 그곳에서 일하면서 살 권리가 있다고 했습니다. 그래서 실업자가 없었습니다. 지주가 책임을 져야 했던 것입니다. 그런데 시간이 지남에 따라 그 제도가 너무 딱딱하고 융통성이 없게 되면서 소작인들이 도시로 가서 노동자 생활을 하려고 해도 갈 수 없게 되었습니다. 지주들의 종이 되었기 때문입니다. 지주들은 소작인들이 도망가면 잡아서 처벌할 수 있었습니다. 원래 가난한 사람을 보호하기 위해 만든 법이 결과적으로 인권을 빼앗는 법이 되고 만 것입니다.

그 결과, 자본주의 사상이 생겼습니다. 자본주의와 신교가 손을 잡고 봉건주의와 구교가 손을 잡아 소위 종교개혁이 일어난 것입니다. 종교개혁은 종교문제보다 오히려 경제문제와 더 깊은 관계가 있습니다. 그런데 아무리 많은 자본을 마련해도 땅이 없으면 안 된다는 것을 발견하면서 자본가들이 조금씩 조금씩 지주가 되었습니다. 그러므로 지금 있는 자본주의는 사실 자본주의가 아닙니다. 겉모습만 자본주의의 형태를 취했을 뿐 여전히 지주들이 세력을 펼치고 있는 봉건주의의 변형일 뿐입니다.

이것은 중세의 봉건주의보다 더욱 나쁩니다. 중세 봉건주의 때는 실업자가 없었지만 지금은 실업자가 너무 많고 주려 죽는 사람도 많습니다. 그렇기 때문에 정부가 국민을 책임져야 한다는 주장을 하기도 합니다. 오늘날의 자본주의는 완전히 새로운 형태의 봉건주의일 뿐입니다. 사실 정부가 책임진다고 해서 문제가 해결되는 것은 아닙니다. 밥문제는 해결할 수 있을지 모르지만, 자유문제는 해결할 수 없습니다. 그러니까 현대 사회에서는 자유를 얻기 위하여 굶주려 죽을 수밖에 없습니다. 그러나 하나님의 법에서는 각 가족에게 땅이 있으니까 자신의 권리와 자유를 지킬 수 있습니다. 헨리 조지는 이 문제를 깊이 연구하면서 토지세를 내기만 하면 문제를 해결할 수 있다고 생각했습니다.

불의한 대지주 제도는 오므리 시대부터 시작되었습니다. 그것이 북아프리카와 로마로 흘러 들어간 이후 이스라엘에도 들어와서 이스라엘을 부패하게 만드는 근본 요인이 되었습니다. 그때부터 하나님께서는 엘리야를 일으키사 싸우기로 하셨습니다. 엘리야의 중심 이야기가 무엇인지 아십니까? '나봇의 포도원' 이야기입니다.

왕이 나봇에게 포도원을 팔라고 하자 나봇은 하나님의 법대로 그 포도원을 팔 수 없다고 했습니다. 하나님의 법대로 한다면 비록 왕의 부탁이라도 허락할 수 없기 때문입니다. 그 포도원은 자기 땅이 아닙니다. 자기 조상으로부터 받은, 자손에게 대대로 물려줄 기업인 것입니다. 나봇이 그 땅을 팔 수 없다고 하자 왕은 몹시 기분 나빠했습니다. 하지만 왕도 이스라엘 사람이었기 때문에 나봇의 말이 옳은 줄 알아 어찌할 도리가 없었습니다. 그런데 기분이 상해 누워 있는 왕에게 이세벨이 그 땅을 찾아주겠다고 했습니다. 이세벨은 땅은 왕의 마음대로 할 수 있다는 입장에 있었습니다. 왕이 바로 법이라는 생각에서 나온 태도입니다. 이세벨에게는 바알이 곧 하나님이었습니다. 바알은 왕에게 절대 권력을 주고 바알의 지주제도를 인정합니다. 그러므로 나봇이 지주 제도를 인정하지 않고 왕의 절대 권리를 인정하지 않는 것은 바알을 모독하는 것이 됩니다. 그래서 이세벨은 하나님(여호와 하나님이 아닌 바알 하나님)을 모독했다고 해서 나봇을 죽여 버렸습니다. 나봇만 죽여서는 문제를 해결하지 못하니까 나봇의 아들도 죽여야 했습니다.

하나님은 이에 엘리야 선지자를 보내어 "……네가 죽이고 또 빼앗았느냐…… 개들이 나봇의 피를 핥은 곳에서 개들이 네 피 곧 네 몸의 피도 핥으리라…… 이세벨에 대하여도 ……개들이 이스르엘 성 곁에서 이세벨을 먹을지라"(왕상 21:19, 23)라고 말씀하셨습니다. 그 말을 듣고 아합은 그 즉시 회개했지만 이세벨은 회개하지 않았습니다. 그러자 여호와께서는 아합의 아들 시대에 가서 그 약속이 이루어질 것이라고 하셨습니다. 말씀대로 아합의 아들은 예후에 의해 나봇의 포도원에서 죽임을 당했고, 이세벨은 2층에서 떨어져 왕궁 앞에서 죽었습니다. 하나님의 말씀이 그대로 이루어졌습니다. 우리는 하나님이 이와 같은 일을 얼마나 싫어하시는지 알아야 합니다.

경제문제를 해결한다고 해서 모든 땅을 빼앗아 국가에게 주어서는 안 됩니다. 국가가 하나밖에 없는 대지주가 되면 그 문제는 더욱 복잡해집니다. 그것이 마르크스주의입니다. 마르크스주의는 토지의 역할과 그 중요성을 충분히 깨닫지 못했고 근본적으로 그것의 경제이론이 틀렸기 때문에 모든 공산국가의 경제 상태가 실패했습니다. 모두들 적자의 늪에 빠졌습니다. 돈을 빌리지 못하면 아무것도 살 수 없는데 공산국가들이 그 돈을 어디서 빌리는지 살펴보면 재미있는 사실을 발견할 수 있습니다. 유럽의 은행가들에게 돈을 빌립니다. 그런데 유럽에 있는 은행가들의 돈이 어디서 나오는지 아십니까? 지주에게서 나옵니다. 사실 유럽 은행가들은 거의 다 대지주입니다.

북한의 경우, 이들이 돈을 빌려 주기 싫어해서 두 번이나 완전히 파산할 지경이었습니다. 너무 깊은 적자에 빠져 돈을 갚지 못했을 뿐만 아니라 이자도 내지 못했습니다. 그래서 유럽 은행가들이 일본 은행가들에게 북한에 돈을 빌려 주라고 명령했습니다. 그래서 지금 북한은 일본 돈으로 살고 있습니다. 그런데 갚지 못하고 있습니다. 왜 은행가들이(실상은 그들이 지주들입니다) 그렇게 하는지 아십니까? 그 사람들은 자본주의나 공산주의 등 이데올로기에는 관심이 없습니다. 그들은 돈을 가지고 세력을 잡을 수만 있다면 온 세상의 세력을 잡으려는 사람들입니다. 그들이 한국을 싫어하는 이유는 한국이 너무 발전해서 손에 넣지 못하게 되었기 때문입니다. 반면에 북한을 좋아하는 이유는 벌써 완전히 장악했기 때문입니다.

성경을 보면, 본격적인 선지자 시대가 열리면서 엘리야를 시작으로 여러 선지자가 나오게 됩니다. 하나님은 그 선지자들을 하나님을 믿는다는 왕들에게 보냈습니다. 그러나 히스기야 왕이 죽은 다음 바알파가 세력을 잡자, 하나님은 므낫세 왕에게 한 명의 선지자도 보내지 않으셨습니다. 이사야에게도 지하운동이나 회개에 대한 말만 하고 많은 백성을 위로하라고 했습니다. 갑자기 이사야의 어투가 변하게 된 것은 이 때문입니다.

어떤 학자들은, 이 대목은 이사야가 쓴 것이 아니고 다른 사람이 쓴 것이라고, 심지어 이사야서를 두 사람이 썼다고 하거나 네 사람이 썼다고도 합니다. 왜냐하면 스타일이 변했기 때문입니다. 하지만 얼마나 어리석은 말인지 모릅니다. 학자들의 스타일은 하나밖에 없지만, 시인이나 소설가나 문인은 두서너 가지 스타일을 갖고 있습니다. 이유만 있다면 문장의 스타일이 완전히 변할 수 있습니다. 저는 때에 따라 관리자 스타일로 글을 쓸 수도 있고, 시인 스타일로 글을 쓸 수도 있습니다. 또 아이들에게 편지를 쓸 때는 스타일이 완전히 다릅니다.

그런데 학자들은 대개 자기들의 스타일이 하나밖에 없으니까 다른 모든 사람들도 그런 줄 알고 문체는 변할 수 없다고 생각하는 것입니다. 스타일이란 '쓰는 방법' '쓰는 형식'인데, 왜 이사야의 말투나 내용이 그렇게 갑자기 변했을까요? 그것은 히스기야 왕이 죽었기 때문입니다. 그 이후로 여호와를 믿는 사람들은 모두 다 지하로 숨었습니다. 그 전까지는 왕 앞에서 언제든지 솔직하게 말할 수 있었는데 갑자기 새 왕이 나타나 바알을 믿는다고 하니 이사야는 더는 할 말이 없었습니다. 다만 핍박을 받는 신자에게 위로의 말을 전할 뿐이었습니다. 그래서 이사야서 분위기가 완전히 변할 수밖에 없었던 것입니다.

이사야 10장 1-2절을 봅시다. 이사야가 이 말을 할 때는 아직까지 유다에서 사회적 불의를 해결하지도 못했습니다.

> 불의한 법령을 발포하며 불의한 말을 기록하며 빈핍한 자를 불공평하게 판결하여 내 백성의 가련한 자의 권리를 박탈하며 과부에게 토색하고 고아의 것을 약탈하는 자는 화 있을진저.

이것은 하나님의 법을 지키지 않는 자에 대한 예언 말씀입니다. 조금 내려가서 36-37장을 보면 토지문제가 나오는데 앗수르 왕은 "히스기야를 청종치 말라…… 너희는 내게 항복하고 내게로 나아오라 그리하면 너희가 각각 자기의 포도와 자기의 무화과를 먹을 것이며 각각 자기의 우물물을 마실 것이요"(사 36:16)라고 했습니다. 이 말은 토지권을 주겠다는 것입니다. 지주문제가 복잡하게 되어서 앗수르 왕이 해방운동을 하겠다는 것입니다.

> 내가 와서 너희를 너희 본토와 같이 곡식과 포도주와 떡
> 과 포도원이 있는 땅에 옮기기까지 하리라(사 36:17).

이것은 토지개혁에 대한 이야기입니다. 그런데 백성들이 대답하지 않고 히스기야 왕에게 알렸습니다. 히스기야 왕은 힘없이 성전에 들어가서 베옷을 입고 울면서 하나님께 기도만 했습니다. 그때 하나님께서 이사야 선지자에게 명령하셨습니다.

> 왕이여 이것이 왕에게 징조가 되리니 금년에는 스스로 난
> 것을 먹을 것이요 제 이 년에는 또 거기서 난 것을 먹을
> 것이요……(사 37:30).

앞에서도 말씀드렸듯이 학자들은 도대체 이 말이 무슨 뜻인지 알 수 없었습니다. 이것은 희년에 대한 말입니다. 희년이라는 말은 정확히 안 나오지만, 안식년이 두 번 나온다는 말은 바로 희년을 지키라는 뜻입니다. 그래서 히스기야 왕이 희년을 선포했습니다. 그러자 하나님은 희년이 되기까지 기다리지 않으시고 그날 밤에 앗수르 왕을 자기 집으로 돌아가게 하시고 유다에게 자유를 얻게 하셨습니다. B.C. 702년의 일입니다. 그 다음 687년에 히스기야 왕이 죽고 므낫세가 왕이 되었습니다. 그런데 므낫세는 바알을 믿

는 사람이었습니다. 그래서 희년이 지켜지지 않고 지주들이 강해졌습니다. 므낫세의 아들 아몬 밑에서 바알파들이 계속 세력을 잡으면서 므낫세 왕 시대인 B.C. 664년부터 662년까지는 바알당밖에 없었습니다. 요시야 왕도 바알 밑에 있었습니다. 마침내 야훼파가 다시 한 번 요시야 왕 밑에서 세력을 잡았으나, 다음 희년이 B.C. 604년인데 요시야 왕은 B.C. 609년에 죽었습니다. B.C. 604년에는 아주 악한 여호야김이 왕으로 있었습니다. 그래서 희년을 지키지 않았습니다. 완전히 바알파에게 넘어가서 여호와를 믿는다고 하면서도 바알법으로 살았습니다. 그 말이 미가서에 나옵니다.

침상에서 악을 꾀하며 간사를 경영하고 날이 밝으면 그 손에 힘이 있으므로 그것을 행하는 자는 화 있을진저 밭들을 탐하여 빼앗고 집들을 탐하여 취하니 그들이 사람과 그 집 사람과 그 산업을 학대하도다 그러므로 여호와의 말씀에 내가 이 족속에게 재앙 내리기를 계획하나니 너희의 목이 이에서 벗어나지 못할 것이요 또한 교만히 다니지 못할 것이라 이는 재앙의 때임이니라 하셨느니라…… 그가 내 백성의 산업을 옮겨 내게서 떠나게 하시며 우리 밭을 나누어 패역자에게 주시는도다 하리니 그러므로 여호와의 회중에서 제비를 뽑고 줄을 띨 자가 너희 중에 하나도 없으리라(미 2:1-5).

땅을 다시 나눠 줄 때는 줄을 띄워 제비를 뽑는 법이 있었습니다. 그런데 그럴 사람이 없겠다고 성경에 나와 있습니다. 또 미가서 6장 1-3절을 보면, 하나님께서 자기의 백성을 책망하시는 내용이 나옵니다. 왜냐하면 백성들이 모두 다 욕심이 많아서 바알법을 따라가면 상아집에서 살 수 있으리라 생각했기 때문입니다. 그런데 하나님은 무엇을 원한다고 하셨습니까?

> 사람아 주께서 선한 것이 무엇임을 네게 보이셨나니 여호와께서 네게 구하시는 것이 오직 공의를 행하며 인자를 사랑하며 겸손히 네 하나님과 함께 행하는 것이 아니냐(미 6:8).

의와 자비(공의와 인자), 여기 두 가지 하나님의 법이 계속해서 나옵니다. 하나님의 경제법을 이해하기 위해서는 이 두 법을 충분히 이해해야 합니다. 의(義)의 법으로 해결할 수 없는 문제가 있으면 자비로 해결해야 합니다. 자비가 무엇입니까? 자원하는 마음으로 이 사람 저 사람을 도와주는 것입니다. 하나님은 모든 문제를 법으로만 해결하지 말라고 하십니다. 몇 가지 기본적인 문제는 하나님의 법, 즉 '정의'대로 해야겠지만, 그 외에 복잡한 개인문제는 '자비의 법'으로 해결해야 합니다. 자비의 법은 측량할 수 없습니다. 예를 들면, 밭에 떨어진 곡식은 다시 돌아가서 줍지 말라는 것이 자비의 법입니다. 조금 떨어지든지 많이 떨어지든지 자비로운 마음으로 그냥 두어야 합니다.

롯기에도 있지 않습니까? 보아스는 추수꾼들에게 일부러 이삭을 많이 떨어뜨리라고 했습니다. 그 덕에 롯은 많은 곡식을 집으로 가지고 올 수 있었습니다. 그러자 시어머니가 어디서 그렇게 많이 주웠느냐고 물었습니다. 롯이 보아스의 밭에서 주웠다고 말하자 나오미는 금방 롯이 자비로운 사람의 밭에서 일한다는 사실을 알게 되었습니다. 보아스가 꼭 그렇게 해야 한다는 법은 없었습니다. 그러나 누구나 자비의 마음으로 많이 혹은 적게 이삭을 떨어뜨릴 수 있었습니다.

구약에서는 항상 일정한 정도의 법이 있으면 더 이상 법을 복잡하게 만들지 말고 자비로 문제를 해결하자고 합니다. 그러나 지금 미국의 경우, 모든 문제를 법으로 해결하자고 합니다. 자비를 인정하지 않습니다. 의에 대해서만 이야기합니다. 의가 무엇입니까? 바로 '법'입니다. 그러나 법은 너무 복잡해서 변호사가 없으면 실행할 수 없습니다. 그런데 누가 변호사비를 지불할 수 있습니까? 바로 부자들입니다. 즉, 부자들만 그 법의 혜택을 받을 수 있습니다. 가난한 사람은 법의 혜택을 받지 못합니다. 법이 너무나 복잡해서 실행할 도리가 없습니다. 그러므로 자비를 실행하는 일은 매우 중요합니다. 그래서 성경은 항상 '법과 자비', 즉 '의와 자비'를 실행해야 한다고 하는 것입니다. 예수님도 그와 같은 말씀을 하셨습니다(마 23:23).

미가 6장 16절에 "너희가 오므리의 율례와 아합 집의 모든 행위를 지키고 그들의 꾀를 좇으니 이는 나로 너희를 황무케 하며 그 거민으로 사람의 치솟거리를 만들게 하려 함이라 너희가 내 백성의 수욕을 담당하리라"라는 말씀이 있습니다. 정말 이 말씀대로 그렇게 되었습니다. 예루살렘이 북이스라엘에 있던 오므리와 아합의 법을 따르기로 결정하고 나서 결국 멸망하고 말았던 것입니다.

우리가 할 수 있는 일은 무엇인가?

지금까지는 성경적 경제에 대한 배경을 이야기한 셈입니다. 이 것보다 더욱 중요한 것은 오늘날 어떻게 하나님의 의를 실행할 수 있는가 하는 문제입니다. 다른 방법이 있습니까? 희년제도 없이도 이 일이 가능할까요? 헨리 조지는 이를 연구한 결과, (희년이 될 때까지 땅을 빌려 쓰기 위하여 한꺼번에 돈을 다 낼 필요 없이) 토지세만 내면 땅을 빌릴 수 있는 권리를 얻을 수 있고 희년의 법을 지키는 것과 똑같은 효과가 나타난다는 사실을 발견했습니다. 헨리 조지는 희년법을 오늘날 그런 식으로 지킬 수 있음을 연구한 후, 경제의 기초가 바로 토지임을 알아내고 이를 모든 사람에게 공포했습니다.

그런데 모든 나라의 세력이 지주들에게 있으므로 지주들이 토지개혁이나 토지세를 허락하지 않았습니다. 필리핀의 경우가 대표적입니다. 민주주의를 요구하는 소리는 거세지만 근본적인 경제문제를 해결하는 데는 역부족인 것 같습니다. 왜 그런지는 모르지만, 신문이나 잡지를 통해 보고 제가 가서 직접 물어본 결과, 필리핀 국회의원들은 대부분 지주입니다. 국회의원들 대다수가 지주라면 무슨 민주주의가 되겠습니까? 최근에 토지개혁에 관한 소리가 나오고는 있지만 앞으로 이 문제가 어떻게 전개될지 분명치 않습니다. 토지개혁은 필리핀의 미래를 좌우할 가장 중대한 문제입니다.

가만 보면, 정치 지도자나 종교 지도자들은 민주화를 요구하며 자유를 크게 외치면서도 가장 기본적인 경제문제를 해결하지 않습니다. 그렇다면 그들이 부르짖는 자유는 누구를 위한 자유입니까? 강한 사람을 위한 자유입니까, 땅을 잃어 가는 사람들을 위한 자유입니까? 아니면 지주들을 위한 자유입니까? 조그마한 땅을 갖고 농사를 짓는 사람들을 보호하려다 보면 그렇게 되면 대지주만 자유(특권)를 상실하게 됩니다. 그래서 대지주들이 자유를 크게 외치고 있습니다. 왜냐하면 더 큰 지주가 되어 마음대로 남의 땅을 계속 더 사기 위해서입니다.

현재 법으로, 하사미(예수원 아랫마을)에서 농사짓는 사람들 중 하사미에 살지 않는 사람에게는 땅을 팔 수 없고, 한 사람당 농지를 몇 평 이상 소유할 수 없다고 규정하고 있는 것으로 알고 있습니다. 대재벌들이 땅을 몽땅 사고 싶지만 그럴 수 없는 것입니다. 그래서 지주들은 오므리의 법을 원합니다. 오므리의 법을 따르면 지주들에게 자유가 있습니다. 무슨 자유일까요? 약한 사람을 이용하기 위한 자유입니다. 그것도 자유라면 자유지만 하나님께서 허락하신 자유는 아닙니다.

왜 정부가 필요합니까? 강한 사람들에게만 지나치게 많은 자유를 허용하지 않기 위해서입니다. 약한 사람의 자유를 보호하기 위해서는 강한 사람의 자유를 억제해야 합니다. 만약 정부가 그 역할을 잃어버리면, 미국과 똑같은 혹은 방글라데시와 똑같은 문제가 생길 것입니다.

지금 미국에서는 95퍼센트의 땅을 5퍼센트의 사람들이 나누어 갖고 있습니다. 그런데 대부분의 땅 없는 사람들은 도시에 가서 좋은 일자리를 구할 수 있기 때문에 이에 무관심합니다. 땅을 원치 않습니다. 그러나 때가 되면 땅이 없는 것이 얼마나 큰 문제인지 깨닫게 될 것입니다. 땅이 없다는 것은 자유가 없음을 의미합니다. 모두 땅 있는 사람의 종이 된 것이나 마찬가지입니다. 또 실업자가 많으면 많을수록 결국 정부의 종이 되고 맙니다. 유엔에서 30가지 인권에 대한 조건들을 발표했습니다. 그런데 토지소유권은 나오지 않았습니다. 이상한 일입니다. 제일 중요한 인권이 빠졌습니다. 토지소유권이 없는 인권은 인권이 아닙니다.

제 외할아버지 집에는 흑인 노예가 100명 있었습니다. 100개라고 말하려고 했지만 차마 그렇게 말할 수 없어서 100명이라고 했습니다. 그 시대에는 그 말이 옳았습니다. 흑인 노예 100개입니다. 그들은 사람이 아니었습니다. 지금까지 미국에서는 흑인들이 사람 대우를 받지 못하고 있습니다. 그런데 노예들에게 자유를 줄 때 외할아버지가 말씀하시기를 "해방을 얻은 사람은 바로 나다!"라고 했습니다. 왜냐하면 더 이상 그 사람들을 먹이고 입히고 잠잘 곳을 주어야 할 의무가 없었기 때문입니다. 복잡했던 일들이 다 끝나고 주인으로서의 책임이 없어졌습니다. 그래서 링컨 대통령과 미국의 국회가 법을 만들었습니다. 흑인에게 자유를 주었다면 그와 함께 땅을 주어야 한다고 말입니다. 땅이 없으면 자유가 아무런 소용이 없음을 링컨 대통령은 잘 알고 있었습니다.

KKK단(Ku Klux Klan; 미국의 비밀 테러 조직)에 대해 들어본 적이 있는지 모르겠습니다. 이 조직은 흑인들을 위협하여 땅을 빼앗기 위해 백인들이 만든 것입니다. 정부가 흑인들에게 땅을 주었지만 백인들이 다시 다 빼앗았습니다. "넌 노예였다. 네가 땅을 사용하면 우리가 너를 죽이겠다"라고 협박했습니다. 갈 곳도 거처할 곳도 없는 흑인들은 방황하다가 결국 백인들을 찾아가 다시 소작인이 되었습니다. 얼마나 가난하게 되었는지 모릅니다. 다른 곳으로 이사 갈 수도 없게 되어 봉건 시대의 노예보다 훨씬 더 나빠졌습니다. 또 지금까지도 실제적으로 인권이 별로 없습니다. 경찰이 흑인을 죽여도 아무런 문제가 되지 않습니다. 그런데 이런 인종차별에 대한 폐단은 흑인에게만 해당되는 것이 아니라 다른 힘없는 사람들에게도 똑같이 적용되고 있습니다.

가난한 백인에게도 똑같은 문제가 발생합니다. 땅도 없고 일자리도 없어서 정부가 주는 수당으로 살고 있는 백인들에게는 실제로 인권이 없습니다. 경찰이 그를 고문하여 죽여도 아무런 항의도 못 합니다. 사람이 없어져도 어디로 갔는지 모르고 다들 무관심합니다. 미국 경찰들은 현명해서 대학생 같은 인텔리에게는 손도 안 댑니다. 건드리지 않습니다. 그런데 흑인과 가난한 백인에게는 그렇지 않습니다. '친구 있는 사람은 고문하지 마라. 그러나 친구가 다 가난하면 고문해도 괜찮다!' 라고 생각하는 것입니다.

미안하지만 한국에 찾아왔던 젊은 선교사들은 미국의 현실을 잘 몰랐습니다. 신학교 졸업하자마자 한국으로 왔기 때문에 자기 나라 실정에 어두운 편이었습니다. 저는 여러 해 동안 노동자 생활도

했고, 일반 사회에서 정치도 해 보고, 여기저기서 목회도 해 봐서 미국의 상황을 어느 정도 잘 알고 있습니다. 미국도 한국과 별 다른 점이 없습니다. 한국에만 불의가 있다고 생각하지 마십시오. 미국에도 불의가 넘칩니다. 예수 시대에도 불의가 많았지만 예수님은 데모를 하신 적이 없습니다. 그런데도 큰 세력을 가진 사람들이 예수를 두려워했습니다.

그러면 우리가 무엇을 할 수 있겠습니까? 첫째, 정치문제를 통해서는 아무것도 해결할 수 없음을 알아야 합니다. 정치문제는 연막입니다. 경제문제를 보지 못하게 하기 위해서 자꾸 정치문제를 거론하는 것뿐입니다. 정치문제 뒤에 숨겨진 경제문제에 대하여 의문을 가지십시오. 자유를 외치는 소리가 과연 누구를 위한 것인지 물어보십시오. 현재 한국 정부가 토지문제를 해결하기 위하여 노력하는데, 자유를 외치는 사람들이 "아, 그거 바쁘지 않아요. 88년 이후에 검토합시다"라고 하면서 실행하지 못하게 했습니다. 그들이 주장하는 자유는 누구를 위한 자유입니까? 제가 신문을 읽으며 받은 인상대로라면 지주를 위한 자유가 아닌가 싶습니다.

국회의원들은 법을 만들 때 이 사람도 기쁘게 하고 저 사람도 기분 좋게 해야 하기 때문에 실제적인 문제에는 무관심합니다. 다시 뽑히기 위해서만 법을 만들기 때문에 결론적으로 인플레이션을 초래하는 법을 만들게 됩니다. 만일 토지세를 올바르게 받으면 인플레이션도 실업자도 막을 수 있고, 부(富)의 공정한 분배도 실현할 수 있습니다. 그런데 국회가 그런 법을 만들면 지주들이 기분 나빠서 표를 주지 않기 때문에 다시 당선되기가 어렵습니다.

그래서 미국에서는 세금법이 조금 복잡해졌습니다. 왜냐하면 자기 친구를 위하여 '예외규정'을 만들어야 했기 때문입니다. 그런데 국회의원들이 얼마나 많은지 생각해 보십시오. 각 국회의원들이 자기 친구들을 위해 '예외규정'을 만들려다 보니 미국 세법 책이 여러 권이 되었습니다. 무려 4만 페이지에 달하는 분량입니다. 결론적으로 아무런 뜻도 방법도 없고 토지세도 없는 셈이 되는 것입니다. 토지세가 있기는 하지만 너무 적습니다. 너무 가벼워서 효과가 없습니다.

우리가 경제문제를 정치문제로 풀면, "빈곤의 책임은 정부에 있다"라는 주장을 하게 됩니다. 그런데 정부가 가난한 사람들을 구제해야 한다는 법이 어디에 있습니까? 성경에 그러한 구절은 한 군데도 없습니다. 정부가 하나님의 법을 지키는 사람을 보호하고, 하나님의 법을 지키지 않는 사람에게는 벌을 주어야 한다는 법밖에는 없습니다. 하나님의 법에서는 가난한 사람을 위한 책임이 교인들에게 있다고 했습니다. 개인에게 있습니다. 각 마을에서 십일조를 3년마다 모아서 그 마을에 있는 가난한 사람들을 도와주어야 한다고 나와 있습니다. 마을 사람들이 마을금고를 마련하여 가난한 사람들에게 나누어 주는 일은 운영비 없이 누구나 할 수 있는 일 아닙니까? 몇 분 안에 해결할 수 있습니다. 교회에서 집행한다면 집사들이 거저 나가서 다 할 수 있습니다.

그러나 정부가 한다고 하면, 먼저 조사하는 사회복지전문가에게 많은 월급을 주어야 합니다. 대학 졸업한 사람도 안 됩니다. 대학원 나온 사람이라야 그 일을 합니다. 보호대상자가 참으로 도움이 필요한지 필요 없는지 연구하고, 연구한 다음에는 긴 보고서를 써야 합니다. 이 보고서가 계장에게 올라가고, 계장은 과장에게, 과장은 부장에게, 그리하여 마침내 장관에게까지 올라갑니다. 이들 각 사람들은 모두 월급을 받아야 할 사람들입니다. 확실히 계산할 수는 없지만, 추측컨대 가난한 사람에게 돈 천 원을 주기 위하여 이들이 받는 돈은 만 원은 되지 않을까 생각합니다. 세금을 걷기 위하여 또 이만큼 많은 관리자가 필요합니다. 그러다 보니 세금을 거두어 이 사람 월급 주고 저 사람 월급 주고 나면, 우리가 낸 세금 중에 가난한 사람에게 돌아가는 돈은 10원 정도밖에 안 됩니다. 그러나 교회가 이 일을 행한다면 가난한 사람의 몫이 가난한 사람에게 모두 돌아가게 됩니다.

이 일은 정부가 해야 할 일이 아니라 교회가 해야 할 일이며, 우리 모두가 해야 할 일입니다. 그것이 성경의 법입니다. 그런데 왜 우리가 이런 일을 하지 않고 자꾸 정부를 탓합니까? 실제적으로 정부는 자비를 베풀 수 없습니다. 자비는 정부의 몫이 아니라 교회의 몫입니다. 바로 교인들의 책임입니다. 복지사회가 얼마나 복잡한 사회인지, 얼마나 자유가 없는 사회인지 아십니까? 소위 복지국가라고 하는 것은 모든 시민이 국가의 종노릇을 하게 되는 것을 말합니다. 완전히 봉건주의로 되돌아가는 것입니다. 자유주의가 아닙니다. 자유주의와 복지사회는 공존할 수 없습니다. 복지사회를 이루기 위해서는 자유를 버려야 합니다. 자유를 원한다면 복지사회가 되기를 그만두고 자비로운 사회, 각 개인이 가난한 사람을 책임지는 사회가 되어야 합니다. 그것이 성경이 원하는 사회입니다. 교인들이 그런 문제를 다 해결해야 합니다. 정부가 해결하는 법이 없습니다. 공산주의 국가는 '노동자의 낙원'이란 슬로건을 내걸지만, 사실 그들 사회는 봉건주의 시대보다 더욱 흉한, 자유가 없는 사회입니다.

그러면 우리는 무엇을 위하여 노력해야겠습니까? 먼저 토지세를 올리고 건물세, 소득세 등 다른 모든 세금을 내려야 합니다. 모든 세금은 사람이 땀 흘려 일해 얻은 수입에서 걷는 것입니다. 그런데 토지세는 아무런 땀도 흘리지 않고 아무런 노력도 하지 않은 수입에서 거둬들이는 것입니다. 토지세와 다른 모든 세금은 완전히 상반된 것입니다. 토지에서 나오는 수입은 다른 사람들이 일한 대가로 지주가 가로채서 얻은 것입니다. 그래서 토지세를 올리기만 하면 실업문제도 해결할 수 있고 인플레이션도 해결할 수 있고, 사회의 모든 문제를 다 해결할 수 있습니다. 저절로 해결됩니다. 복잡한 법을 만들 필요가 없습니다. 오히려 법이 훨씬 단순해집니다. 4만 페이지에 달하는 세법을 수십 페이지로 다 해결할 수 있습니다.

또 경제문제를 해결하기 위하여 월급을 주고 고용했던 관리자들은 모두 직장에 나가서 일하게 되므로 생산에 참여할 수 있게 됩니다. 남의 노력에 기생하는 생활을 할 필요가 없게 되는 것입니다. 우리 국민의 상당수가 기생충과 같은 생활을 하는 것은 우리가 원했기 때문이며 우리가 시켰기 때문입니다. 토지세만 받고 다른 세금을 전혀 받지 않으면 지주들은 건설적인 일을 할 수 있고 우리도 풍요롭게 살 수 있습니다. 우리 각자는 시인이 될 수도 있고, 미술가가 될 수도 있고, 배 타고 세상 구경을 할 수도 있고, 여러 가지 좋은 일을 할 수도 있습니다. 사무실에서 연필만 붙잡고 소비하는 생활을 그만둘 수 있습니다. 뜻있는 생활을 할 수 있습니다. 사람들이 원해서 그런 일을 해 왔습니까? 살 수 있는 방법이 그것밖에 없기 때문에 그런 일을 해 온 것입니다. 원해서 해 온 것이 아닙니다.

토지세를 강조하기 위한 많은 방법 가운데 정치적인 접근 방법도 있습니다. 그런데 정치적인 방법으로는 별 효과를 거둘 수 없습니다. 정치인들이 지주들에게 너무 강하게 눌려서 원하는 마음이 있어도 실행하지 못하는 상태입니다.

약 2년 전에 국토개발연구원 신우회로부터 초청받은 적이 있습니다. 가서 보니 구성원의 약 3분의 1이 기독교인이었습니다. 제가 그 모임에서 성경의 법을 알려 주었더니 그들이 얼마나 기뻐했는지 모릅니다. '아하! 지금 우리가 하고 있는 일이 바로 하나님의 일이구나!' 하고 깨달은 것입니다. 그들은 성경법을 전혀 모르고 있었습니다. 이어서 연구소 회원들 앞에서 강의해 줄 수 있느냐고 요청하기에 할 수 있다고 했습니다. 그래서 다음 날 오후, 모든 일과가 끝난 뒤 원하는 사람은 누구나 강의를 들을 수 있도록 했습니다. 이런 문제에 관심이 많아서인지 혹은 호기심 때문인지 거의 다 참석했습니다. 안 믿는 사람들도 거의 다 참석했습니다. 부원장부터 그 아래 직원까지 와서 성경의 원리에 대한 강의를 들었습니다. 그러고 보니 국토개발연구원 도서실에는 토지문제에 관한 참고서적과 잡지가 제법 많이 있었습니다. 영국에서 발간되는 〈토지와 자유〉라는 잡지가 계속해서 나오고 있었기 때문에, 이들에게 이러한 사실을 참고로 알려 주었지만 별로 효과가 없었습니다.

국회조찬기도회에서도 강의한 적이 있습니다. 이 모임은 국회에 있는 기독교인들이 한 달에 한 번씩 모여 아침식사와 예배를 같이 하며 좌담하는 모임이었습니다. 한국 국회의사당은 세계에서 유일하게 기도실을 가진 건물일 것입니다. 아주 아름답고 비교적 큰 기도실이 있습니다. 그런데 국회의원 가운데 기독교인들이 꽤 많은데도 불구하고 아주 적은 수만 모입니다. 저는 월정 예배시간에 모인 사람들 앞에서 토지 문제를 설교했습니다. 모두들 관심이 많았습니다. 또 설교 후에 같이 식사를 하는 중에 그분들이 "예, 우리가 지금 그러한 법을 만드는 중입니다"라고 말했는데, 보니까 그 해에 토지에 관한 법만 86가지나 나왔습니다.

그런데 제일 간단하고 기초적인 토지세에 대한 법은 없었습니다. 토지세와 건물세가 모든 대도시에서 다 똑같다고 했습니다. 그것은 하나님의 법에 어긋나는 것입니다. 원칙적으로 토지세는 올리고 건물세는 내려야 합니다. 왜냐하면 토지는 하나님께서 우리에게 빌려 주신 것이기 때문입니다. 우리에게는 토지를 차지할 권리(소유권)가 없습니다. 다만 나에게 빌려 주면 5,000평 정도는 내 가족을 위하여 세금 없이 쓸 수 있지만, 그 외에 더 많은 토지를 쓰게 되면 세금을 내야 합니다. 건물을 소유했다고 해서 세금을 많이 내는 것은 좋지 않습니다. 건물세를 자꾸 내게 되면 사람이 낙심하여 건물을 좋게 짓지도 않을뿐더러 땅을 빈 채로 두기 때문에 일자리가 생기지도 않고 나라가 발전하지도 않습니다.

한 정치인이 제주도에서 부동산 투기로 큰 부자가 되었다는 기사를 읽은 적이 있습니다. 그런데 자꾸 부동산, 부동산만 하지, 그것이 토지인지 건물인지에 대해서는 일언반구도 없었습니다. 지난 20년 동안 건물값은 3배 올랐지만, 노는 땅값은 70배나 올라갔습니다. 자기가 노력해서 부자가 된 것이 아닙니다. 놀면서 부자가 되었습니다. 땅을 쓰지 못하게 해서 부자가 된 것입니다. 올바르게 토지세를 부과했더라면 이런 일은 불가능했을 것입니다. 그 사람이 땅을 독차지하지 않고 건물을 짓게 되면 일자리도 생기고, 나라도 발전할 수 있는 것입니다. 그런데 현재는 건물을 지으면 세금이 더 많아지고 건물을 짓지 않으면 세금이 별로 없으므로 건물을 짓지 않습니다.

그래서 미국의 어떤 도시에서는 시민들이 법을 고쳤습니다. 매년 토지세는 올리고 건물세는 내리도록 한 것입니다. 그러나 땅값이 올랐다고 해서 토지의 가치가 올라간 것은 아닙니다. 그러면 왜 값이 올라갔습니까? 투자하는 사람들이 내가 더 주겠다고 해서 올라간 것입니다. 결론적으로, 올라간 것은 없고 돈의 가치가 떨어진 것뿐입니다. 토지의 가치는 변함이 없고 돈의 가치만 떨어졌기 때문에 모든 사람이 피해를 입은 것입니다. 그런데 은행들은 돈을 벌어 물가상승률 이상의 이득을 내야 하므로 하는 수 없이 토지투자를 자꾸 하게 됩니다. 그래서 갈수록 문제가 더욱 복잡해집니다. 그렇지만 그들의 세력이 너무 강하기 때문에 정치인들을 통하여 법을 개정하기란 너무 힘이 듭니다.

그러면 성경의 가르침은 무엇입니까? 정부가 반대한다면 우리는 그냥 손들고 포기해야 할까요? 예수 시대는 그보다 더 악독한 정치가 없을 정도로 부패해 있었습니다. 그 당시 이스라엘 백성은 자유 없이 로마 사람들 밑에서 억압을 받고 있었습니다. 한국의 왜정 시대보다 더 악한 상태였습니다. 이스라엘 사람들에게는 아무런 인권이 없었습니다. 그때 예수께서 오셔서 자신의 목표와 할 일을 모든 사람 앞에서 선포하셨습니다. 단순히 죄를 위하여 죽겠다고 말하지 않았습니다. 무슨 말을 하셨는지 봅시다.

누가복음 4장 18-19절을 보면, '성령' '기름 부은 자'라는 말이 나옵니다. 성령이 무엇입니까? 이 구절에 우리 기독교의 중심이 나오는데, 기독교가 이 구절을 무시해 버리거나 혹 다르게 해석하고 있습니다. "주의 성령이 내게 임하셨으니"(18절)라는 말은 성령의 능력에 대한 말입니다. 즉, 이것은 '성령의 능력을 받았다'는 것입니다. 왜 성령의 능력이 있어야 할까요? 가난한 자에게 복음을 전하게 하고 기름을 부으시기 위해, 즉 가난한 사람들에게 기쁜 소식을 전하기 위해서입니다. 그러나 현대 교회는 가난한 사람들에게 관심이 없습니다. 오히려 부자들에게 좋은 소식 전하기를 더 원합니다. 성경에는 부자들을 위한 좋은 소식은 나오지 않습니다. 다만 부자들에게는, 네가 가진 것을 남에게 나누어 준다면 혹시 네가 구원을 얻을지도 모르겠다는 태도를 취하고 있습니다. 구약성경은 불의한 재물로 부자가 된 자들은 망할 것이라고 거듭 강조했습니다. 또 누가복음의 다른 구절을 보면, 부자 된 사람들에게 화가 있을 것이라는 말이 나옵니다(눅 6:24, 25).

하지만 가난한 사람들에게는 이렇게 말합니다.

······가난한 자는 복이 있나니 하나님의 나라가 너희 것임
이요(눅 6:20).

이것은 예수께서 제자들에게 하신 말씀입니다. 제자들 중에는
부자는 없고 모두 가난한 사람뿐이었습니다. 그런데 교회를 보십
시오. 지금 교회는 어떤 상태입니까? 가난한 사람이 교회에 나오
면 "교회 건축을 위해 돈을 낼 수 없으면 덕이 되지 않으니 나오지
마!"라고 하지 않습니까? "주린 자는 복이 있나니 너희가 배부름을
얻을 것임이요"(눅 6:21), "화 있을진저 너희 부요한 자여 너희는
너희의 위로를 이미 받았도다"(눅 6:24)라는 말을 현대 교회에서
들을 수 있습니까? 예수님은 진심으로 이 말씀을 하셨습니다. 그
러나 현대 교회가 예수의 제자라고는 하지만 이 말을 하지 않습니
다. 오히려 부자가 부자인 것은 하나님의 복을 받았기 때문이라고
말합니다. 돈이 많으면 많을수록 복 받았다고 합니다. 누가 거짓말
쟁이입니까? 예수님입니까, 현대의 목자들입니까?

예수님은 "네가 돈을 많이 가지고 있으면 네게 화가 있을 것이
다"라고 하시고, 현대 교회는 "네가 돈을 많이 갖고 있는 것은 하
나님께 복을 받았기 때문이다"라고 합니다. 둘 다 옳을 수는 없습
니다. 이 둘 중 우리는 하나를 택해야 합니다. 예수님은 하나님께
서 자기를 세상에 보내신 이유를, 가난한 사람들에게 좋은 소식을
주기 위해서(눅 4:18)라고 말씀하셨습니다. '기름 부음을 받았다'
는 것은 '그리스도가 되었다'는 뜻입니다. 그리스도란 '기름 부음
을 받은 자'라는 뜻입니다. 그리스도의 역할이 무엇입니까? 가난

한 사람들에게 좋은 소식을 전하는 것입니다. 부자에게 좋은 소식을 전하면서 가난한 사람들을 무시하는 사람은 진정한 그리스도의 제자가 아닙니다.

세계 도처에서 주려 죽는 사람들이 매일 약 4만 명이지만, 예수를 믿는다고 시인하는 신자들만으로도 이 문제를 해결할 수 있습니다. 그러나 모두 '하기 싫다'고 하기 때문에 해결이 나지 않고 있습니다. 하나님께서 최후심판 때에 누구에게 물어보시겠습니까? 믿지 않는 사람들에게 물어보시겠습니까, 믿는 사람들에게 물어보시겠습니까? 하나님은 믿는 자들에게 "왜 내가 가르친 대로 실행하지 않았느냐? 왜 내 말을 듣지 않았느냐? 왜 내 계명을 지키지 않았느냐?"라고 물으실 것입니다.

해방신학을 믿는 신부들과 목사들이 이 구절을 가지고 "우리는 해방하라는 명령을 받았다. 해방을 위하여 성령을 받았다. 그것을 위하여 하나님께서 예수님을 세상에 보내 주셨다"라고 하면, 우리는 어떻게 반박할 수 있겠습니까? 반박할 말이 없습니다. 사실이 그렇기 때문입니다. 그런데 다른 구절을 무시해 버리면 안 됩니다. 예수님의 말씀은 "우리가 군대를 조직하여 쿠데타를 일으키겠다. 우리의 목적을 위해서는 폭력도 불사하겠다. 싸워야 한다. 부자를 죽여도 된다"라는 뜻이 아닙니다. 해방에 대한 성경적 방법론은 다음 구절에서 나옵니다.

주의 **은혜의 해**를 전파하게 하려 하심이라(눅 4:19).

여기서 '은혜의 해'라는 말은 틀린 번역입니다. '은혜'로 번역된 헬라어 '덱토스'(δεκτός)는 신약성경에 네 번밖에 안 나오는 아주 보기 드문 단어입니다. 그 뜻은 '자원하는', 즉 '스스로 원하는'이 라는 뜻입니다. 억지로 하는 것이 아닙니다. '공포'하여 하는 것이 아닙니다. 사람들이 원하면 해도 좋지만, 원치 않으면 나중에 심판은 받겠으나 우리가 그것을 위해 투쟁하지는 않겠다는 것입니다. 여기에 해방신학과 정통 기독교 사이에 갈림길이 있습니다. 해방신학자들은 싸워도 되고 폭력을 행해도 되고 공산주의와 손잡아도 되고 혁명을 일으켜도 된다고 주장하는데, 예수님은 그러한 말씀을 하지 않으셨습니다. 그런 구절은 성경에서 한 군데도 찾아볼 수 없습니다.

더 자세히 들어가면, 해방신학자들은 누가복음 4장 18절은 믿지만 19절은 믿지 않습니다. 성경 전체를 온전히 믿는 것이 아닙니다. 누가복음 4장 18절은 자신들의 이론을 정당화하는 구실에 불과합니다. 그들이 믿기 때문이 아닙니다. 물론 화를 내는 이유는 있습니다. 이웃이 눌리는 것을 보면, 이웃이 밟히는 것을 보면, 이웃이 주려 죽는 것을 보면, 화를 낼 수밖에 없습니다. 그런데 우리의 싸움은 혈과 육의 싸움이 아니라 마귀와의 싸움입니다. 화는 나지만, 사람에게 화를 내지 말고 마귀에게 화를 내고 마귀와 싸우라고 했습니다. 그러면 그의 말씀을 들은 사람들이 어떻게 해야 할지 생각해 봅시다.

하나님의 해, 주의 해를 선포하러 온다고 하신 말씀은 바로 희년 선포를 뜻합니다. 분명히 그렇습니다. 그런데 희년을 선포하기 위해서는 세력이 있어야 합니다. 왕이 되어야 합니다. 그래서 예수님이 왕으로 오셨습니다. 메시아로 오신 것입니다. 다윗은 하나님의 기름 부음을 받고 왕이 되었습니다. 모든 왕들은 대제사장에게 기름 부음을 받아야 했습니다. 예수님도 기름 부음을 받았습니다.

'그리스도'란 '왕이 된다'는 뜻입니다. 그래서 모든 사람들이 그렇게 해석하고 이해하여, 예수님의 처음 설교를 잊지 않고 2년 동안이나 기다렸습니다. 언제 혁명을 일으켜 왕이 되실지 언제 하나님이 천군천사를 보내어 로마인들과 싸워 예수님을 세상의 왕이 되게 하실지 기다렸습니다. 아니, 세상의 왕은 되지 않더라도 이스라엘의 왕만 되어도 좋겠다고 생각했습니다. 항상 그때가 언제냐고 물었습니다. 2년 이상 큰 기대를 갖고 기다렸습니다. 마침내 예수께서 나귀를 타고 예루살렘에 입성하실 때 모두들 종려나무 가지를 흔들면서 "호산나, 호산나, 우리 왕이 오셨다!"라고 외쳤습니다. 예수께서 왕이 되셔서 희년을 선포하실 것이라고 생각했습니다. 그날 후에 약 53일이 지나서 희년을 선포하게 되었지만, 그것은 '자발적인 희년'이었습니다. 바로 예수께서 누가복음 4장 19절에서 말씀하신 '자원적인 희년'이었습니다. 언제 생겼습니까? 오순절에 생겼습니다.

희년은 원래 오순절에 선포하는 법이 아닙니다. 희년을 선포하는 날은 초막절입니다. 초막절 이전 5일 동안 나팔을 불며 온 땅에서 희년을 선포하면, 초막절까지 각 사람이 자기 고향으로 돌아가서 절기를 지킬 수 있도록 했습니다. 자신의 기업을 다시 회복하게 되는 것입니다. 그런데 하나님은 초막절까지 기다리지 않으셨습니다. 오순절에 행하셨습니다. 왜냐하면 '자원의 희년'이었기 때문입니다. 장차 법으로 희년을 선포할 때가 올 것입니다. 예수께서 세상에 다시 오실 때 만왕의 왕이 되셔서 공의로 온 세상을 다스리실 것입니다. 자원적인 희년은 없어지고 법적인 희년이 실행되는 시대가 올 것입니다.

그런데 첫 번째 오실 때는 그렇게 하지 않으시고, 대신 성령을 보내셔서 하나님의 율법을 마음속에 기록하셨습니다. 오순절은 십계명을 받은 날입니다. 성령이 오순절에 임하신 것은 우리에게 힘을 주셔서 율법을 지킬 수 있도록 하고 자발적으로 율법을 지키는 사람이 되기를 원하셨기 때문입니다.

사도행전을 보면, 자원적인 희년이 어떻게 실행되었는지 볼 수 있습니다. 성령이 임하자 방언이 터지고 모든 사람에게 여러 나라 말로 좋은 소식을 전하면서 하나님께 영광을 돌리고, 결론적으로 회개하라고 외쳤습니다. 무슨 죄를 어떻게 회개하란 말입니까? "하나님의 토지법을 지키지 않은 것을 회개하라. 너는 불의를 행하고 자비하지 않았다. 의와 자비를 베풀지 않았으므로 회개하라. 교만하였으므로 회개하라. 네 이웃을 사랑하고, 네 원수를 사랑하라. 회개의 표징을 보여 주기 위하여 물로 씻김을 받고 세례를 받되, 예수 그리스도의 이름으로 하면 죄 사함을 받을 수 있다"는 것입니다.

예수님이 십자가에서 돌아가신 이유가 바로 이것입니다. 문을 열기 위해서입니다. 우리가 하나님의 자유의 해, 자원의 해에 들어갈 수 있도록 문을 열기 위해서입니다. 마음의 문입니다. 죄로 물든 마음 대신 자원하는 마음, 주의 뜻대로 살고 싶은 마음, 실행하고 싶은 마음을 얻기 위하여 예수의 이름으로 세례를 받으면, 성령을 선물로 받게 될 것입니다. 그 말씀을 듣고 삼천 명이 그날로 세례를 받고 성령을 받았습니다.

그런데 성령세례를 받은 후의 결과가 어떻게 나왔습니까? 사도행전 2장 44절을 보면, 믿는 사람이 다 함께 있어 모든 물건을 서로 통용했다고 했습니다. 신자들이 더불어 모든 것을 공용(共用)했습니다. 이것이 '코이노니아'입니다. 모든 것을 같이하는 것입니다. 45절을 보면 "재산과 소유를 팔아 각 사람의 필요를 따라 나눠주고"라고 했습니다. 자신의 물건과 땅을 팔아서 필요한 사람에게 나누어 주기 시작했습니다. 예수의 제자들은 대부분 다 가난한 사람들이었습니다. 그런데 예수께서 제자들을 보시고 "가난한 너희들이 복이 있다"라고 말씀하셨습니다. 이 가난한 제자들이 서로 나누어 주기 시작했을 때 문제가 해결되었습니다.

4장 32절은 교회 안에 몇 천 명이 더 들어온 후의 일입니다. 며칠 후에 남자만 5천 명 정도 믿었습니다. 그러므로 이 말이 나올 때는 교인이 만 명은 되었을 것입니다.

> 믿는 무리가 한마음과 한뜻이 되어 모든 물건을 서로 통용하고 제 재물을 조금이라도 제 것이라 하는 이가 하나도 없더라.

모든 것을 코이노니아했습니다. 34절을 보면, 그 중에 "핍절한 사람이 없으니"라고 했습니다. 경제문제를 다 해결한 것입니다. 한 사람도 죽이지 않고, 혁명 없이, 공포 없이, 어떤 정치적인 세력이나 총·대포 등의 무기도 없이 문제를 해결한 것입니다.

오늘날 이 세상에 예수를 믿는 신자들이 얼마나 많은지 모릅니다. 아울러 그들이 소유한 토지와 돈이 얼마나 많은지 알 수 없습니다. 그들끼리 자원적인 희년을 선포하고 초대 교회와 같이 모든 것을 통용하기로 결정한다면, 세상의 궁핍한 사람들의 문제를 다 해결할 수 있습니다. 매일 4만 명이 주려 죽는 일도 없어지고, 다 함께 살 수 있게 될 것입니다. 그 힘이 우리 손에 있습니다. 그런데 우리는 하나님이 바보인 줄 알고 자꾸만 안 된다고, 할 수 없다고만 합니다. 투쟁하지 않으면 안 된다고 합니다. 누가 바보입니까? 하나님입니까, 우리입니까?

물론 해방신학자들은 성경이 하나님의 말씀이 아니라고 주장하기 때문에 하나님이 바보라는 말은 하지 않습니다. 다만, 성경이 하나님의 말씀이 아니라고 합니다. 하나님께서 성경에 나오는 말씀을 하신 것이 아니라고 합니다. 그러면 하나님께서 누구를 통하여 말씀하셨습니까? 저들은 칼 마르크스를 통하여 대답하셨다고 주장합니다. 그렇게 대답한다면 할 말이 없습니다. 우리는 바보입니다. 왜냐하면 우리는 성경이 하나님의 말씀이라고 믿기 때문입니다. 유감스럽게도 전 바보가 되기로 결정했습니다. 성경이 하나님의 말씀인 것을 믿고, 역사적인 사실인 것을 믿습니다.

제가 알기로 약 300년 동안—예수 시대, 즉 오순절 성령강림 이후부터 A.D. 313년 콘스탄틴 황제 시대까지—교회가 서로 교제하며 살았습니다. 물론 시험에 빠진 교회들도 있었습니다. 예루살렘 교회에서도 부자들에게 아부하고 가난한 사람들을 무시해 버린 일이 있었습니다. 야고보서를 보면 분명히 그러한 문제가 있었음을 알 수 있습니다. 그러한 일이 없었더라면 요한일서는 쓰이지 않았을 것입니다.

요한일서를 보면 교회에 거짓말쟁이들, 즉 하나님을 사랑한다고 하면서도 이웃을 사랑하지 않는 사람들이 있었음을 알 수 있습니다. 형제를 무시해 버리는 사람이 있었음을 알 수 있습니다. 그렇지만 전반적으로 볼 때 주려 죽는 교인들은 없었습니다. 핍박을 받아 순교했을 뿐입니다. 십자가에 못박히거나 칼로 목 베임을 당해 죽었습니다. 경제문제로 죽은 사람은 없었습니다. 그러나 나라가 기독교화되면서부터 하나님의 법을 지키기를 거절하고 국법을 고치지 않았습니다. 희년을 그만두고 교회 안에서 지주들을 인정하도록 했습니다. 가난한 사람에게는 복음을 전하지 말고 부자들에게만 좋은 소식을 전하도록 했습니다. 남을 이용해도 된다고, 하나님의 법에 어긋나도 괜찮다고, 하나님의 법이 백지화되었다고 전하기 시작해서 그때부터 지금까지 문제가 더욱 복잡하게 되어 버렸습니다.

자원의 희년을 지키는 법

오늘날 우리가 자원의 희년을 지키려면 어떻게 해야겠습니까? 대략 일곱 가지 방법이 있습니다.

도시 떠나기

첫째 방법은 도시를 떠나는 것입니다. 도시의 땅이 워낙 비싸서 교회가 땅을 취급하기가 아주 어렵기 때문입니다. 물론 도시 주변에 소유한 땅이 있다면 함께 경작하며 도시 안에서 공동체생활을 할 수 있습니다. 아직 도시를 아주 떠날 때가 된 것은 아니기 때문입니다. 우리가 다 도시를 떠나면 누가 도시의 사람들에게 복음을 전하겠습니까? 노동자들에게 복음을 전할 책임도 우리에게 있기 때문에 도시를 아주 떠나면 안 됩니다. 도시에 땅이 있는 사람들이 공동체생활을 하면서 도시 노동자들에게 그리스도의 사랑과 능력을 증거해야 하는데, 현대 교회에는 노동자들을 위한 기쁜 소식이 없습니다. 해방신학자들이 노동자들에게 데모하면 문제를 해결할 수 있다고 하는 바람에 문제가 더 복잡하게 되었을 뿐입니다. 일반 신자들이 합심하면 노동자 문제를 해결할 수 있음에도 불구하고 노동자에 대한 관심이 별로 없습니다.

30년 전, 제가 선교사로 한국에 처음 왔을 때는 인구의 85퍼센트가 농촌에서 살고 15퍼센트만 도시에서 살았습니다(도시 인구 중에 월남한 피난민들이 상당수 있었습니다). 그런데 지금은 반대로 전체 인구의 85퍼센트가 도시에서 살고, 15퍼센트만이 농촌에 남아 있는 실정입니다. 이곳 하장면도 해마다 인구가 줄고 있어서 한때 만 2천 명이던 주민이 지금은 6,7천 명 정도밖에 안 되는 것으로 알고 있습니다. 우리가 이곳에 온 이후, 절반 정도 줄어든 셈입니다. 많은 사람들이 도시로 떠나는 바람에 이 나라에는 버려진 땅이 많이 있습니다. 우리가 처음 예수원을 만들기 위하여 장소를 물색

할 때는 땅이 많았습니다. 정부에서 저에게 어떤 땅을 계약하면 좋겠다고 제안했지만 땅이 너무 넓어 제가 감당할 수 없을 정도였습니다.

도시에 있는 기독교인들이 그런 땅을 개간하기 원했다면 충분히 개간할 수 있었겠지만 대부분 관심이 없었습니다. 지금도 이 나라에 개간지가 많은데 많은 사람들이 그것을 외면한 채 인구문제가 심각하다고만 주장합니다. 사람이 너무 많아서 못 산다고 하지만 사실은 그렇지 않습니다. 전 세계 인구가 미국으로 이민을 간다고 가정할 때 산이나 광야나 사막 지역을 제외하고 농지에만 들어가서 살아도 인구밀도가 남한의 4분의 1밖에 안 된다는 통계가 있습니다. 지금 전 세계 인구의 네 배가 모두 미국으로 간다고 해도 현재 남한의 인구밀도밖에 안 된다는 결론입니다.

하나님께서 우리에게 주신 지구는 아주 풍성한 곳입니다. 현재의 지구 인구의 열 배가 되더라도 충분히 살 수 있습니다. 하나님의 법을 지키며 토지를 올바르게 사용하기만 하면 얼마든지 살 수 있습니다. 인구문제는 거짓말입니다. 지주들이 문제의 초점을 흐리기 위해 만든 연막일 뿐입니다. 토지를 공의롭게 분배하고 효과적으로 활용하면 복잡한 사회문제는 다 해결할 수 있습니다.

다시 한 번 농촌으로 돌아가는 운동을 전개하고, 버려진 땅을 개간하고 하나님의 법을 연구해서 토지를 효과 있게 활용하도록 합시다.

토지권 무르기

자원적인 희년의 법을 지키는 둘째 방법은 크리스천들이 가난한 친척을 위하여 토지권을 '무르는 것'입니다. 성경에는 만일 어떤 사람이 가난하여 자기 땅을 팔게 될 경우, 그의 가장 가까운 친척이 그 땅을 무르라고 명했습니다(레 25:24-28). 이것은 땅을 되찾도록 도와주라는 것입니다. 우리 교인들은 그런 경우를 당해도 성경적인 해결책이 무엇인지 아무것도 모릅니다. 그 말을 들어 보지도 못했습니다. 그런데 성경은 분명히 말합니다. 가난한 친척을 도와주지 않는 사람은 믿음을 배반한 자라고 말입니다(딤전 5:8). 우리 예수원의 형제자매 중에도 그런 배반을 경험한 사람들이 있습니다. 가난한 친척들이 지금까지 예수를 안 믿는 이유는 부자 친척들로부터 배반을 당했기 때문입니다. 심지어 크리스천이라고 하는 사람들까지도 어려움에 빠진 친척을 외면했습니다. 성경적으로는 내 친척의 문제를 해결해 준 다음에 가난한 사람들을 도와주는 것이 원칙입니다.

은행을 통한 방법

셋째 방법은 은행을 통해 하나님의 법을 실행하는 것입니다. 제가 알고 있는 은행 중에 가난한 사람들에게 돈을 빌려 주는 은행이 있는데, 주로 흑인들에게 많은 도움을 주고 있습니다. 1986년에만 흑인 스무 가족, 백인 여덟 가족을 비롯하여 교회와 다른 비영리 단체에 돈을 빌려 주었습니다. 이자는 연 7-11퍼센트밖에 안 됩니다. 한국에서는 현재 월 10퍼센트 정도 이자를 내는 것으로 알고 있습니다. 그 은행의 경우, 만일 돈을 빌려 간 사람이 한번에 돈을 갚지 못할 때는 매월 조금씩 갚도록 하는데 일자리를 잃고 낙심하고 있으면 은행장이 직접 그를 찾아가 형편을 알아봅니다. 그런 다음 일자리를 구할 수 있도록 함께 노력하고 돈은 나중에 갚을 수 있도록 배려해 줍니다.

피츠버그는 비교적 안정된 도시에 속하지만 실업자가 40퍼센트에 달한다고 합니다. 또 흑인 중 3분의 1은 실직 상태라고 합니다. 이것이 미국의 실정입니다. 세상에서 제일 큰 부자 나라가 그 모양입니다. 일자리가 없으면 수입이 없고, 집을 구할 수도 없습니다. 그래도 앞에서 말한 은행에서는 각 사람에게 직업이나 일을 갖도록 해 주기 위하여 얼마나 노력하는지 모릅니다. 이것이 실제주의입니다. 은행이 돈을 모아 예수님의 이름으로 빌려 줍니다.

저희 친척 중에 우리 가족을 위해, 특별히 우리 아이들을 대학에 보내라고 돈을 보내 주신 분이 있습니다. 예수원을 위해서 쓰지 말고 자녀들 학비를 위해 저축하라고 했습니다. 만일 이 돈을 일반 은행에 저금하면 10-14퍼센트까지 이자를 받을 수 있는데, 제가 말한 은행에 저금하면 8퍼센트밖에 받지 못합니다. 그 대신 저축한 돈을 100퍼센트 가난한 사람들을 위해 사용합니다. 그러므로 이 은행에 저금하는 것은 곧 가난한 사람들에게 돈을 빌려 주는 것과 같습니다.

성경은, 어려운 사람이 필요로 할 때 등을 돌리지 말고 빌려 주라고 했습니다. 그런데 우리 신자들은 대부분(한국이든 미국이든) 돈이 있으면 먼저 어디에서 제일 많은 이자를 주는지 물어보고 거기에 투자합니다. 어떻게 자신이 맡긴 돈을 가지고 가난한 사람들을 도와줄 수 있는지에 대해서는 도무지 관심이 없습니다. 그렇지만 아무리 이자가 많은 은행에 돈을 투자해도 인플레이션 때문에 돈의 가치는 계속 떨어집니다. 가난한 이웃을 돕는 은행에서 8퍼센트의 이자를 받는다 해도 사실 돈의 가치가 떨어졌기 때문에 어찌 보면 손해를 보는 셈입니다. 그렇지만 이 은행의 경우, 그동안 그 돈으로 많은 가난한 사람들에게 실제적인 도움을 주었기 때문에 나 또한 하나님의 일을 했다고 할 수 있습니다.

성경은 가난한 사람들에 대한 책임이 믿는 우리에게 있다고 합니다. 그들을 위하여 우리의 재물을 효과적으로 사용하는 데는 여러 방법이 있겠지만, 이런 은행을 활용하는 것도 한 방법이 될 수 있습니다. 한국에서도 이와 같은 일들이 많이 일어나도록 기도합시다.

지방토지신탁 사단법인 운영

넷째 방법은 '지방토지신탁 사단법인'을 운영하는 것입니다. 미국에서 약 20년 전부터 시행한 방법입니다. 여러 사람이 큰 필지를 구입해서 재단법인이나 사단법인을 만들 수 있습니다. 또 땅이 있는 사람 중에 스스로 개발할 형편은 못 되지만 그렇다고 땅을 놀릴 수 없을 때, 땅을 유익하게 사용하기 위해 그런 법인체를 만들기도 합니다. 누구든지 토지가 있으면 신탁할 수 있는 것입니다. 은행에서 돈을 대출해 주는 것과 유사한 방법입니다.

국토토지은행이란 것도 있지만 이것과는 성격이 다릅니다. 먼저 개인이 스스로 모여 땅을 올바르게 사용하도록 결정하고 사단법인을 조직한 후 광고를 냅니다. 신청자가 있으면 어떤 용도로 그 땅을 사용할 것인지 조사해 보고 그 중 제일 효과 있게 사용할 사람에게 땅을 빌려 줍니다. 일단 한 번 임대해 주면 최소한의 운영비 외에 다른 비용을 요구하지 않는데 그것도 연 5퍼센트 내지 2퍼센트 정도밖에 안 됩니다. 약간의 운영비만 부담하면 죽을 때까지 그 땅을 쓸 수 있고, 본인이 원할 경우에는 자손에게 물려줄 수도 있습니다. 다만 그 자손이 원하지 않거나 자신이 그만두기로 결정하면 다시 한 번 광고를 내어 새로운 신청자를 물색합니다. 그런데 계속 일하기를 원할 경우에는 자기 땅과 다름없이 일하고 싶은 동안 사용할 수 있습니다. 만약 그 사람이 땅을 잘못 사용해서 땅의 가치가 떨어지면 그만두게 할 권리가 있습니다. 사실 미국에서는 땅을 잘못 사용하는 문제가 심각합니다.

몇 년 전까지만 해도 한국에는 이런 문제가 없었습니다. 중국, 일본, 한국의 농민들은 약 4천 년 동안 땅을 잘 보존하며 올바르게 농사를 지었기 때문에 지금까지 땅이 기름진 편입니다. 그런데 미국에서는 200년이 채 못 되어 땅이 못 쓰게 되었습니다. 미국의 농사는 농사라고는 하지만 사실 광업(?)이나 다를 바 없습니다. 탄광에서 탄을 채굴하고 나면 그 탄광은 못 쓰게 되지 않습니까? 미국 사람들의 농사짓는 방법이 그런 사상에서 기인했습니다. 그 땅에 있는 좋은 것은 다 캐내어 팔아 버리고, 그러고 나서 다른 곳으로 이주합니다. 그러면 남아 있는 땅은 아주 못 쓰게 됩니다. 우리 한국에서 4천 년 동안 땅을 경작해 오면서 아직까지 그 땅이 비교적 기름진 것과는 좋은 대조를 이룹니다.

소위 현대화 농사란 광산업과 같은 것입니다. 그래서 토지신탁 사단법인에서는 땅을 올바르게 사용하도록 감독하되, 사용하는 동안은 자기 소유나 다를 바 없이 하는 것입니다. 또 원하기만 하면 자손에게 기업으로 물려줄 수도 있게 합니다. 이와 같이 성경적이면서도 실제적인 방법을 한국에서도 실행할 수 있으면 좋겠습니다.

공동체생활

다섯째 방법은 공동체를 통해 자원의 희년을 실행하는 것인데, 이는 두 가지로 나누어 볼 수 있습니다.

●단일세* 마을(single tax village): 이 일을 하기로 결정한 사람들이 협력하여 한 면(面)의 토지를 다 사서 원하는 사람들에게 빌려주되 빌린 사람은 임대한 땅에 대한 토지세만 부담하도록 하고 그 단체에서 소득세 등 일체의 세금을 대신 내 주는 방법입니다. 현재 미국 앨라배마에서 시행하고 있는데, 만일 제가 그 마을에서 살기로 결정했다면 사무실로 가서 정부에 내야 할 세금에 대하여 보고

---

*토지의 가치에만 조세를 부과하는 세제(稅制). 헨리 조지에 따르면, 토지를 균일한 크기로 분할하지 않고서도 만인의 평등한 권리를 확보할 방도가 있는데 그것은―토지에 대한 각 개인의 노동의 결과로써가 아니라―인구증가 및 사회의 성장과 발전의 결과(즉 도로 건설, 급수, 전력 공급 등)로서 토지에 부가되는 가치를 사회 전체를 위해 쓰일 세금으로 거두어 들이는 방법이다. '토지가치세'(land value taxation) 혹은 '대지가치세'(site value taxation)라고도 한다.

만 하면 사무실 직원은 일절 저를 속이는 일 없이 계산해 줍니다. 그러면 저는 정해진 토지세만 사무실에 내고, 사무실에서는 제가 부담해야 할 모든 과세를 계산해서 대신 납부해 줍니다.

그런데 결과적으로는 오히려 재정이 남는다고 합니다. 토지세만 받으면 모든 것이 충분하다는 사실을 입증해 주는 좋은 예입니다. 하지만 지주들은 이 제도를 얼마나 싫어하는지 모릅니다. 그러면 서 단일세만 내면 재원이 부족해질 것이라고 주장합니다. 하지만 이 마을에 와서 직접 보고 나면 그 말이 허구임을 확인할 수 있습니다. 다른 모든 과세를 부담할 수 있을 뿐만 아니라 남아서 마을 길을 닦거나 상하수도, 전기, 전화 시설도 설치할 수 있고 학교도 설립할 수 있습니다. 토지 가치의 증가분에 대한 세금만으로 충분한 재원이 마련될 수 있지만 지주들이 모든 수단을 다 동원해서 이를 막으려고 합니다. 단일세 마을을 법적으로 파괴하려고 여러 번 시도했지만 법원에서는 문제점을 발견하지 못했습니다. 그런데 이 운동이 확산되지는 않고 있습니다. 지주들이 싫어하기 때문입니다. 또 다른 실제적인 이유는 한 마을 전체나 면 전체를 구입할 수 있을 만큼 재력 있는 사람이 별로 많지 않기 때문입니다.

●**키부츠·모샤브식 공동체:** 두 단어 모두 히브리말로 '모임'이란 의미를 갖고 있습니다. '모샤브'가 보통의 모임이라면 '키부츠'는 좀더 강하게 밀착된 모임입니다. 이 단어들은 바벨론의 포로생활 에서 해방되어 귀환할 당시, 수만 명의 사람들이 함께 길을 따라 물결처럼 몰려오는 모습에서 유래했습니다. 그런데 현대적 의미는 둘 다 공동농장을 말합니다. 여러 가족 구성원이 힘을 모아 큰 농

장을 마련하는 것입니다. 다만 모샤브의 경우, 각 가족이 자기 집이나 자기 땅을 따로 소유한 채 협력하고 도와줍니다. 개인 살림을 인정해 주지만 함께 모여 공동으로 운영하기 때문에 협력하는 일이 많습니다. 완전히 개인 생활을 하는 것보다는 훨씬 낫다고 볼 수 있습니다.

예수원 목장이 모샤브 방향으로 나아가는 것이라면 예수원 본원의 생활은 키부츠와 비슷하다고 할 수 있습니다. 예수원은 한 집에 살면서 모든 것을 공용(公用)합니다. 땅도 공동 소유이고 다른 모든 것도 공동으로 관리하는데, 이 때문에 주인정신이 부족해지기 쉽다고 하는 사람들도 있습니다. 일반적으로 모샤브에서 주인정신이 더 강하게 나타나기 쉽지만 키부츠도 잘만 하면 주인정신이 강해질 뿐 아니라 모두 열심히 일하고 협력해서 효과적인 생활을 영위할 수 있습니다. 하루에 약 6시간 정도만 노동하면 남은 시간은 연구를 하거나 미술·음악 등 취미활동이나 교제 시간으로 쓸 수 있습니다. 실제로 키부츠에서는 문화인 생활을 충분히 영위하면서 농사도 짓고 생활문제도 해결했습니다.

다만 키부츠를 처음 시작할 때는 시온을 설립하기 위해 한 가지 목표 아래 뭉쳤습니다. 잃어버린 고토(故土)를 회복하는 것이 그들의 유일한 목표였습니다. "이스라엘 나라를 회복하기 위하여 희생자가 되어도 상관없다"라는 강한 정신이 있었기 때문에 키부츠는 아주 잘 되었습니다. 1948년, 마침내 이스라엘이 독립국가로 선포됨으로써 원래의 목표를 달성했지만 정부가 들어서면서 한편 복잡한 문제가 생겼습니다. 독립된 정부가 있으면 관리할 사람이 필요한 법입니다. 정부에서 일할 관리가 필요하자 각 키부츠에서 제일 똑똑한 사람들을 대부분 관리로 채용했습니다. 결과적으로 제일 똑똑한 사람들이 키부츠에서 없어지게 된 셈입니다.

이스라엘 건국으로 키부츠의 원래 목표가 성취되자 '왜, 우리가 이렇게 희생적인 일만 해야 하는가?'란 의심과 함께 종교적으로도 나뉘게 되었습니다. 보수 유대인, 진보 유대인, 크리스천들이 각각 다른 키부츠에서 살게 되었습니다. 그래도 지금까지 키부츠 운동은 계속되고 있으며, 한 개인으로서 해결하지 못하는 일들을 키부츠식으로 해결해 나가고 있습니다.

한 가지 재밌는 이야기가 있습니다. 프란체스코라는 유대인 가족이 이스라엘로 이민 와서 땅을 구입하고 농사를 짓기 시작했답니다. 얼마나 열심히 일했는지, 세 가족이 부지런히 농사를 지어 돈도 많이 모았습니다. 그들은 "이 키부츠 사람들은 너무 게을러서 하루 6시간 이상 일하지 않아요! 그러니 생산이 적을 수밖에 없지요. 우리 가족은 적은 인원으로 그들보다 배 이상 수확합니다"라고 말했습니다. 그러자 키부츠 사람이 이렇게 말해 주었습니다.

"우리는 돈을 위해 사는 것도, 단순히 생산을 위해 사는 것도 아닙니다. 당신 가족은 땀 흘리는 것밖에 몰라요. 돈 벌어서 어디에 쓰려고 그러죠? 우리 키부츠에서는 6시간 농사지으면 충분해요! 우리는 의식주 문제를 해결할 만큼 일하고 나서 남은 시간은 문화인 생활을 하겠어요. 음악이나 연극도 하고, 책도 쓰고, 연구도 하고, 서로 교제도 나누는 등 재미있게 살려고 합니다."

사실 키부츠 생활은 그만큼 효과 있고 여유 있는 생활입니다. 그런데 아직까지 우리 예수원에서 그러한 효과를 보지 못하는 이유는 아직 개간 중이기 때문입니다. 개척 시기라 분위기가 안정되지 못했고, 왔다 가는 유동인구가 너무 많습니다. 그리고 우리 대부분이 아직 일에 익숙하지 못합니다. 최근 들어 비로소 수련자보다 정회원이 더 많아지기는 했지만 그 전에는 항상 수련자들이 정회원보다 서너 배 많은 실정이었습니다. 그래서 예수원 운영에 상당한 어려움이 있었습니다. 지금 조금씩 나아지고 있으니 때가 되면 키부츠와 같이 효과적인 공동생활을 할 수 있으리라 믿습니다. 이스라엘 키부츠의 경우, 우리처럼 20년 정도밖에 안 되는 곳도 있지만 40-50년 된 키부츠가 대부분입니다.

키부츠 운동은 이스라엘이 독립되기 오래 전부터 시작되었습니다. 1920년대부터 시작한 것으로 알고 있습니다. 현재 2대, 3대 대를 이어 키부츠 생활을 하고 있기 때문에 아주 익숙해 있습니다. 예수원도 인내심을 가지고 꾸준히 해 나가노라면 머지않아 한국적 토양에서 성숙한 현대적 크리스천 공동체가 되리라 기대합니다. 우리 모두 이를 믿고 개척자적인 희생정신으로 나아가기를 소망합니다.

말세 준비하기

성경을 보면, 말세가 되면 화폐를 사용하지 못하게 될 것이라는 말씀이 있습니다. 때가 오면 모든 사람이 고유번호만 가지고서도 매매(賣買)할 것입니다. 미국에서나 한국에서도 그 제도가 이미 어느 정도 시작되었음을 볼 수 있습니다. 신용카드마다 번호가 있는데 시장에 가든 주유소에 가든 카드만 보여 주면 돈을 내지 않고 물건을 구입할 수 있습니다. 카드를 기계에 넣으면 은행과 연락이 되어서 신용이 있는지 없는지 금방 확인됩니다.

그런데 이 카드가 상당히 편하기는 하지만 현금이 얼마나 있는지 생각하지 않고 무분별하게 소비함으로써 빚에 깊이 빠지게도 합니다. 또 카드를 분실할 경우, 다른 사람이 내 신용을 도적질할 수 있습니다. 그래서 점차 카드 대신 이마나 손에 번호를 새기게 될 날이 올 것입니다. 눈에 보이게 표시하면 보기 흉하니까 사람들은 자외선을 이용하는 방법을 고안해 냈습니다. 외형상으로는 이마나 손에 아무런 표시도 없지만 자외선을 비추어 보면 금방 번호가 나타나 그 사람의 신용 여부를 확인할 수 있습니다.

성경은 몸에 짐승의 숫자를 받으면 심판을 면치 못하리라고 경고하고 있습니다. 그런데 스웨덴에는 실험적으로 몸에 그 숫자를 받은 사람이 있습니다. 성경말씀을 정면으로 무시하는 행위입니다. 현재 스웨덴에는 기독교 신자가 8퍼센트에 불과합니다. 과거에는 기독교 국가였지만 지금은 인본주의 국가가 되어 버린 나라가 있는데 스웨덴·노르웨이·덴마크·아이슬란드 등입니다. 기독교가 국교가 되자 교회는 일종의 기관처럼 되어 버렸고, 사람들은 신앙에 무관심해하면서 차츰 교회에 등을 돌렸습니다. 영국의 경우 기독교 국가이지만 14퍼센트밖에 교회에 안 나갑니다. 모든 교파를 합해도 기독교 신자가 영국 인구의 14퍼센트밖에 안 되는 것입니다. 한국은 영국에 비해 신자의 비율이 24퍼센트로 거의 두 배에 가깝습니다.

아무튼 말세가 오면, 돈을 못 쓰고 카드나 몸에 숫자를 받지 않을 경우 신용이 없어서 거래를 전혀 못 하게 될 것입니다. 여행도 못 하고 시장에서 물건도 구입할 수 없고 도무지 생활할 수 없는 상황이 현실이 될 날이 멀지 않았습니다. 그렇게 되면 도시에서 살기가 너무나 힘들게 될 것입니다. 농촌으로 가서 스스로 채소농사를 짓지 않으면 못 삽니다. 그때가 가까이 왔다고 합니다. 그래서 우리 신자들은 그때를 대비한 준비를 해야 합니다.

무엇보다 먼저 빚을 갚아야 합니다. 미국 사람들은 대부분 빚에 깊이 빠져 있기 때문에 일자리를 잃으면 집이나 자동차, 집 안에 있는 가구나 카펫 등을 순식간에 날려 버립니다. 겉은 화려해 보이지만 자기 것이 아니라 은행에서 빌린 것뿐입니다. 일자리가 없어지면 돈도 갚지 못하고 아무것도 남지 않습니다. 완전히 은행의 종이 되어야 합니다. 그래서 신자들은 가능한 한 빨리 모든 빚을 갚고 자유자로 살 수 있어야 합니다.

그 다음에야 도시를 떠나는 문제가 거론됩니다. 농촌에 가서 스스로 의식주 문제를 해결하고 돈 없이 살 수 있는 능력을 키워야 합니다. 농촌생활을 깊이 연구해야 하는데 효과적인 영농기술뿐만 아니라 농촌 경제의 성격을 잘 파악해야 합니다. 지금 우리가 살고 있는 이곳 사람들이 왜 실패하고 있습니까? 왜 자기 땅을 팔고 빚에 빠지고 있습니까? 은행으로부터 돈을 빌려서 비료값, 씨앗값, 농기계값, 품삯을 지불해 왔기 때문입니다. 이것을 메우느라 허리가 휠 정도입니다. 자기 씨앗으로 종자를 받으면 씨앗값이 안 나갑니다. 거름을 준비했더라면 비료값을 따로 지출하지 않아도 됩니다. 소를 길렀다면 경운기가 필요 없습니다. 그런데 이것저것 다 돈으로 해결하다 보니 지금 도무지 갚지 못하게 된 것입니다.

이곳 농민들이 경제적으로 큰 타격을 입은 것은 흉년이 들어서가 아닙니다. 오히려 수확이 지나치게 많아 배춧값이 폭락했기 때문에 망했습니다. 도대체 이것이 어떤 경제제도입니까? 흉년이나 재난으로 인해 작물 가격이 오르면 살고 풍년이 되면 망한다! 미친 경제입니다. 우리 현대 학자들은 미친 사람들입니다. 기계화, 현대화의 바람은 누가 불어넣었습니까?

제가 몇 년 전에 일본의 농촌 지역을 방문한 적이 있습니다. 미국의 성 안드레 형제회에서 모금운동을 해서 일본의 한 지역의 산 꼭대기 땅을 모두 샀습니다. 그전까지는 그 땅에서 숯을 구우며 살았다고 합니다. "풍년이 들면 숯을 팔아 살고 흉년이 들면 딸내미 팔아 산다네~"란 말이 유행할 정도로 가난한 지역이었습니다. 그래서 선교사 한 분이 미국의 성 안드레 형제회와 연락을 해서 그 땅을 구입하고 소 기르는 방법을 가르쳐 주어 지금은 잘살고 있습니다. 위원회도 조직하고 서로 협력하여 살기 좋은 마을이 되었습니다. 제가 그 지역 성공회의 회장님 집을 방문했을 때 그분이 새로 구입한 경운기를 자랑스럽게 보여 주었습니다. 그래서 제가 물어보았습니다.

"이 경운기가 소만큼 힘이 있습니까?"(그 가족이 모두 일곱 명인데 소도 일곱 마리 있었습니다.)

"아니요. 소만큼은 힘이 없어요. 그렇지만 일을 하지 않을 때는 먹지도 않습니다."

제가 그때는 할 말이 없었는데, 나중에 할 말이 생각났습니다. 경운기는 새끼를 낳을 줄 모릅니다. 쓰다가 못 쓰게 되면 같은 돈을 내고 또 사야 합니다. 먼저 경운기 사느라고 융자받은 빚을 채 갚기도 전에 또 새 경운기를 사야 합니다.

미국에서 실패한 농민들은 대부분 기계화 때문에 실패했습니다. 소가 있으면 먹여야 하지만 못 쓰게 될 때까지 새끼를 몇 번 낳아주기 때문에 별문제가 없습니다. 나가서 밭을 갈지 못하면 고기로 내다 팔 수도 있기 때문입니다. 그렇지만 소를 길러 이윤을 남기기 위해 소를 사들인 사람의 경우에는 비싸게 팔지 못하면 문제가 많이 생깁니다. 다만 일하기 위해 소를 사면 문제가 없습니다.

우리도 경운기 문제를 해결하지 못했습니다. 자동차 문제도 있습니다. 매월 그 차 때문에 은행에 돈을 내야 합니다. 빚을 지는 것입니다. 그런데 소가 달구지를 끌면 자동차보다 빠르지는 못하여도 은행에 빚질 이유가 없습니다. 휘발유 값도 안 듭니다. 아마 건초값이 휘발유값에 비하면 훨씬 싸게 먹힐 것입니다. 건초는 사우디에서 수입해 오지 않아도 됩니다.

미국의 메노나이트파 중 제일 보수적인 사람들이 에머시란 마을에 살고 있습니다. 그들에게 기계화는 곧 죄로 취급됩니다. 여러 해 전부터(죄를 짓지 않기 위해) 기계화하지 말자고 해서 마차를 끌고 밭을 갈기 위하여 소나 말을 사용했습니다. 모든 일을 기계 없이 하는 것입니다. 덕분에 은행으로부터 돈을 빌려 쓸 필요가 없고 빚이란 것을 모르고 살고 있습니다. 농장이 넓고 수확도 많습니다. 충분히 잘 살고 있습니다. 주일이면 모두 교회에 나오는데 주차장에 가 보면 자동차는 한 대도 없고 모두 마차뿐입니다. 다른 신자들이 "에머시 마을 사람들은 이상한 사람들이야! 지나치게 보수주의를 고집한다니까"라고 비판도 하지만 경제적인 문제 없이 잘 살고 있습니다. 그들이 현대화를 주장하는 도시 사람들에게 잘하는 말은 "우리 마을에는 큰 부자도 없지만 빈민가도 없지요"입니다.

현대화를 추진한 농촌의 경우에는 사람들이 한 명씩 한 명씩 파괴되고 빈털터리 신세가 되어 도시로 나가 보지만 일자리를 구하지 못해 결국 슬럼가를 방황하는 결론만 낳았습니다. 그들에게 있는 기술이라고는 농사짓는 기술밖에 없는데 도시에서 농사기술이 무슨 소용이 있겠습니까? 더러는 대학에서 농학을 공부한 사람도 있지만 농학 전공한 사람들이 회사에서 할 일이 그다지 많지도 않고, 일자리를 구하기는 더더욱 힘든 실정입니다.

성경에 농사에 대한 말이 많이 나오지는 않지만 그래도 있기는 있습니다. 성경이 뭐라고 말하는지 연구해서 하나님의 법대로 땅을 경작해 보는 것도 좋습니다. 상업적인 투자심리로 농사를 짓기보다는 스스로 자급자족하기 위해 충분히 연구하고 실험해서 수익을 올리는 것입니다. 앞서 말한 대로 신자로서 다가올 말세를 대비하고, 자기만 살 뿐 아니라 서로 지키며 공존할 수 있는 기초를 닦아 두어야 할 것입니다.

하나님의 법 연구하기

마지막으로 일곱째 방법은 성경에 나타난 하나님의 법을 연구하는 것입니다. 오늘날 신자들이 연구해야 할 주제는 어떤 것이 있을까요? 먼저 '안식년'에 대해서 살펴봅시다.

제칠일안식일교회에서 발행하는 잡지를 읽어 보니 주로 안식년을 영적인 문제로서만 다루고 있었습니다. 자세히 보지는 않았지만 주로 안식년에 대해 다루고 있는 내용은 "1987년이 안식년이다, 1987년 가을부터 희년이 시작되며 예수께서 재림하신다"라는 내용이었습니다. 농사를 어떻게 지어야 하는지에 대해서는 전혀 다루지 않았습니다. 집사람이 미국에서 가져온 팸플릿에도 안식년 문제를 언급하고 있었지만 모두 영적인 비유로 해석한 내용뿐이었습니다.

우리 신학자들은 농사짓는 일에 관심이 없기 때문에 성경을 읽어도 모두 다 비유로 해석해 버리는 경향이 있습니다. 이에 비해 메노나이트 교도들은 도시화를 싫어하여 주로 시골에서 농사를 짓고 살기 때문에 그곳 출판사에서 나오는 책들 중에는 유익한 것이 많습니다. 지금 우리에게는 실제적인 문제에 대해서 성경이 무엇을 말해 주고 있는지에 관한 연구가 절실히 요구되고 있습니다. 성경에 자연농법이나 유기농법이 직접 나오지는 않을지라도 하나님이 창조하신 대자연을 연구하여 하나님의 법이 무엇인지 살펴보는 데는 지나칠 수 없는 분야라고 생각합니다.

예로부터 동양에는 세 가지 주요 사상이 있었습니다. 유교, 불교, 도교 사상이 그것입니다. 미국의 어느 철학자는 이 세 가지 사상을 다음과 같이 설명했습니다.

"강이 있다면, 유교는 노를 저어 애써 강을 거슬러 올라갑니다. 대자연을 이용하고 대자연과 싸우는 방법을 연구하는 것으로서,

현재 대학에 널리 퍼져 있는 사상이 이것입니다. 불교는 배를 타고 가만히 앉아 강이 없다고 하면서 그냥 떠내려가다가 바위에 부딪쳐 죽습니다. 현실을 무시하기 쉬운 사상입니다. 도교는 강의 흐름을 타고 배를 조종함으로써 효과 있게 강을 올라갑니다. 대자연과 합력하는 것입니다."

이 비유가 적절한지는 모르겠습니다만 그런 점이 분명히 있기는 있습니다. 현재 한국의 기독교는 불교의 영향을 강하게 받아서 현실 및 자연 법칙을 무시하는 경향이 큽니다. 이에 반해 자연과 싸워야 한다는 유교정신이 오늘날 대학 안에 가득 차 있습니다. 과학적 사고로 자연을 이용하고 투쟁하는 법을 연구하는 것입니다. 대자연과 합력하려는 정신이 별로 없습니다. 우리가 창조주이신 하나님을 경외한다면 자연의 법칙을 연구해서(대자연을 이용하려는 정신보다는) 대자연과 합력하는 법을 연구해야 할 것입니다. 자연농법이나 유기농법이 바로 그런 분야입니다.

일본 규슈에 살고 있는 후쿠오카라는 분을 예수원의 한 형제가 찾아갔습니다. 후쿠오카 씨는 유기농법도 거부하고 자연농법만 고집하는 분입니다. 그런데 그분이 하도 이상한 방법으로 농사를 짓기 때문에 주위 사람들 모두 그를 미친 사람으로 알고 사귀기를 꺼려했습니다. 그와 함께 어울리다가 미친 사람 취급을 당할까 봐 두려운 나머지 따르는 제자도 없다고 합니다. 그런데 후쿠오카 씨는 자연농법으로 농사를 지으면 시간을 반만 투자해도 이웃집과 똑같은 양을 수확하고 충분한 이익을 얻을 수 있다는 사실을 자신의 경험을 통하여 입증했습니다. 그렇게 해서 절약한 시간에 많은 손님을 만나 차를 마시며 대화도 나누고, 시도 쓰고 책도 저술한다고 합니다. 그 사람은 농부이면서도 유익한 책을 저술하여 유명하게 되었습니다. 세상에 농부로서 유명한 사람이 흔하지 않습니다. 자연법을 깊이 연구하고 꾸준히 실행한 덕분에 유익한 영향력을 끼치면서도 개인생활을 충분히 영위하고 있습니다.

성경에 나오는 하나님의 법 가운데 씨앗에 관한 말씀도 있습니다. 예를 들면, 지금 우리 마을에서는 옥수수를 많이 심는데 해마다 파종할 때면 씨앗을 사서 해야 합니다. 하지만 이 마을에서 난 토종씨앗이 아니기 때문에 심어도 좋은 열매가 안 나옵니다. 작년 가을, 아주 노랗고 큰 옥수수가 달린 것을 보았습니다. 그런데 그 옥수수가 다 잡종입니다. 잡종이기 때문에 씨앗을 받을 수도 없고, 혹 그것을 심어도 작고 형편없는 열매가 열릴 뿐입니다. 그러다 보니 알이 많고 큰 옥수수를 수확하기 위해서는 해마다 농협에 가서 종자를 사와야 합니다. 그러나 토종씨앗을 심으면 매년 제일 좋은 종자를 받을 수 있으므로 씨앗을 사 올 필요가 없게 됩니다. 잡종에 비해서 수확이 다소 적을 수 있지만 돈 주고 살 필요가 없기 때문에 나의 자유를 지킬 수 있게 됩니다.

성경에서는 잡종을 쓰지 말고 한 밭에 다른 두 종자를 섞어 뿌리지 말라고 했습니다(레 19:19). 보통 옥수수, 사료용 옥수수, 식용 옥수수를 같은 밭에 심을 경우, 이상한 종자가 나온다고 합니다. 꽃가루가 섞여 문제가 아주 복잡해지고 이것도 저것도 아닌 결과를 초래한다는 것입니다. 그래서 미국에서는 옥수수를 심을 때 종자별로 따로 심도록 합니다. 몇 년 전까지는 아프리카 사람들이 옥수수를 많이 재배했는데 아프리카 토종씨앗을 심은 것이 아닙니다. 아프리카 이외에 호주나 아시아, 유럽에도 재래종 옥수수가 없습니다. 원래 옥수수는 미국에서 건너간 것입니다. 콜럼버스가 아메리카를 발견한 이래 옥수수와 담배가 전 세계로 퍼졌으며 미국 학자들이 우수한 잡종 옥수수를 개발해서 아프리카에도 이식했습니다. 그런데 첫해와 둘째 해에는 잡종을 심어도 잘 자랐지만 셋째 해에는 가뭄이 들어 완전히 망했습니다. 재래종 씨앗을 심었다면 웬만한 가뭄에도 견딜 수 있었겠지만 잡종은 저항력이 약해서 잘 적응하지 못한 것입니다. 결과적으로 외국에서 보내오는 구호품에 의존할 수밖에 없게 되었습니다. 그래서 성경에서 잡종을 금하는 것입니다.

성경에 규정된 법을 조금만 더 깊이 연구해 보면, 실제적인 이유를 발견하게 됩니다. 100퍼센트 그렇다고 단정할 수는 없지만 대개 그렇습니다. 연구하면 할수록 성경은 실제적인 뜻과 영적인 뜻을 함께 내포하고 있음을 깨닫게 됩니다. 그런데 성경학자들 대부분이 실제 문제에 관심이 없으므로 그런 방향으로 깊이 연구하지도 않고 제대로 이해하지도 못합니다. 반면에 실제주의자들은 성경이 영적인 책인 줄 알아서 읽지 않기 때문에 성경의 법을 전혀 모릅니다. 성경말씀이 영적일 뿐만 아니라 실제적이란 사실을 알고 깊이 연구했더라면 오래 전부터 실행으로 옮겼을 수도 있었을 텐데, 하나님께서 주신 지식을 버리고 점차 인본주의 방향으로 나아가서 더욱 문제를 복잡하게 만들었습니다.

신자로서 우리는 가난한 이웃에 대해 책임을 져야 합니다. 그저 이웃에게 약간의 자선을 베풀고, 거지생활을 하지 말라고 말만 해서는 안 됩니다. 신자들이 있는 대로 힘을 모아 코이노니아를 실행함으로써 문제를 해결해야 합니다. 자원의 희년이 무엇입니까? 코이노니아를 실행하는 것입니다. 코이노니아란 무엇입니까? 영적인 힘, 육체적인 힘, 경제적인 힘을 모아 서로 합력함으로써 주님께 영광 돌리는 것입니다. 복음은 무엇보다도 가난한 사람의 문제를 해결하기 위한 것입니다. 가난한 사람에게 좋은 소식을 전하고, 마음이 상한 사람이나 갇힌 사람, 눈먼 사람, 짓눌린 사람의 문제를 해결해야 하는 것입니다.

병원에서 눈먼 사람을 많이 도와주고 있기는 하지만 그것으로 충분하지 않습니다. 문맹자도 눈먼 사람에 포함되는 것 아닐까요? 글자를 모르면 하나님의 말씀을 읽지도 못하고 배울 수도 없습니다. 다행히 한국에는 문맹자가 별로 없습니다. 방글라데시에 가 보면 80퍼센트가 문맹자입니다. 주로 이슬람의 영향 때문입니다. 이슬람 국가는 문맹자가 너무 많아서 발전을 못 하고 있습니다. 재미있게도 이슬람교를 시작할 때 "토지는 하나님의 것이다!"라고 크게 외쳤는데, 지금은 지주제도가 팽배해 있습니다. 세계에서 제일 가난한 사람들이 대부분 이슬람 사람들입니다. 원래 이슬람교는 기독교에 반발하려고 만든 종교입니다. 토지문제를 가지고 들고 일어났지만, 그들 역시 하나님의 법대로 실행하지 않았기 때문에 결국 실패했습니다.

그 다음 가난한 나라가 공산국가인데, 그들도 유사한 문제를 안고 있습니다. 교회의 말과 행동이 너무도 다른 데에 실망한 나머지 하나님이 필요 없다고 선언하고 토지를 국가 소유로 해 보았지만, 그들 역시 실패한 채 가난을 면치 못하고 있습니다. 이슬람이나 공산국가가 이렇게 된 데에는 우리 신자들의 책임도 있습니다. 불의와 빈곤에 대해 교회가 외면할 때 이러한 반발이 계속 나옵니다. 가난한 이웃을 위해, 그리고 하나님의 나라와 의를 이루기 위해 우리 신자들이 힘을 다해 책임을 져야 합니다.

> 우리의 씨름은 혈과 육에 대한 것이 아니요 정사와 권세와 이 어두움의 세상 주관자들과 하늘에 있는 악의 영들에게 대함이라(엡 6:12).

우리 눈에 보이는 악한 정부와 권세 뒤에는 보이지 않는 악한 영의 권세가 있습니다. 우리가 싸워야 할 대상은 바로 그것입니다. 악한 영과 총으로 주먹으로 대포로 싸울 수 있겠습니까? 오직 기도의 능력으로만 싸워 이길 수 있습니다. 신자들이 기도하지 않으면 아무리 애를 써 보아도 실패할 뿐입니다. 사도행전을 보면, 코이노니아란 구절이 나올 때마다 항상 기도하기를 힘썼다는 말도 함께 나옵니다. 그렇다고 기도만 해야 한다는 말은 아닙니다. 기도와 행동을 항상 병행해야 합니다. 기도와 행동을 병행하기만 하면 능히 문제를 해결할 수 있습니다.

> 모든 기도와 간구로 하되 **무시로 성령 안에서** 기도하고
> 이를 위하여 깨어 구하기를 항상 힘쓰며 여러 성도를 위

하여 구하고(엡 6:18).

'성령 안에서' 기도하는 것은 방언기도를 의미합니다. 우리가
올바르게 기도하지 못함으로 성령께서 우리 대신 말할 수 없는 탄
식으로 기도하십니다(롬 8:26). 사회문제와 성령운동은 무관한 것
이 아닙니다. 사회문제를 해결하기 위해서는 기도해야 하고, 계속
기도하기 위해서는 방언기도가 필요합니다. 마귀와 싸우기 위해서
는 방언기도가 중요합니다. '무시로'란 무슨 말입니까? 밤낮을 가
리지 않고 계속해서 기도하라는 것입니다. 또 '깨어 구하기를 항
상 힘쓰라'고 하면서 지속적으로 늘 기도에 힘쓸 것을 강조합니다.

사실 우리 예수원에서는 철야기도회를 많이 하지 못하고 있습니
다. 일주일에 한 번 늦게까지 예배를 진행할 뿐입니다. 그런데 서
울에 가 보면 금요일마다 철야기도를 하는 교회가 많습니다. 그것
은 좋은 현상입니다. 그런데 기도하는 내용을 들어 보면, 기도라기
보다는 설교입니다. 기도와 설교는 성격이 아주 다릅니다. 설교는
사람에게 하는 것이고, 기도는 하나님께 하는 것이기 때문입니다.
흔히 철야 '기도회'라고 하지만 그 시간에 주로 설교를 듣게 됩니
다. 새벽기도 시간에도 주로 40분간 설교하고 막상 기도할 시간에
는 불을 끄고 대부분 나가 버립니다. 한국 교회는 기도하는 교회로
유명하지만 알고 보면 주로 설교를 듣는 교회입니다. 또 밤을 새워
기도하는 내용은 무엇입니까? 우리나라의 경제문제를 위해 기도
합니까, 아프리카의 기아와 빈곤 해결을 위해 기도합니까?

아프리카의 심각한 문제 중의 하나는 물 부족 현상입니다. 현재

물 수급이 20퍼센트에 불과해서 몸도 제대로 씻지 못하고 옷도 제대로 빨지 못해 전염병이 계속 퍼지고 있다고 합니다. 아이들은 물 긷는 일을 도와주어야 하기 때문에 학교도 못 가는 실정입니다. 문맹자가 많은 이유는 심각한 물 사정 때문이기도 합니다. 여자들이 물을 긷기 위해 하루에 4시간 정도를 소비합니다. 물 사정만 좋아진다면 여러 가지 다른 일도 할 수 있고 건강 상태도 호전될 것입니다.

그런데 지금 제가 살고 있는 태백의 경우에는 물을 너무 많이 소비해서 물 사정이 아주 나쁩니다. 화장실 때문에 많은 물을 낭비하게 되었습니다. 태백에서 사용하는 물의 절반 가량은 화장실에서 쓰는 것입니다. 구식 변소라면 한두 바가지로 깨끗이 씻겨 내려갈 것을 수세식 화장실이기 때문에 많은 양의 물이 필요합니다.

한국은 수자원이 아주 풍부한 나라지만, 이렇게 낭비하면 하나님께서 화내실 것입니다. 지금 사용하고 있는 수세식 변기는 보기에는 그럴듯하고 편리해 보이지만 물소비량에 많은 문제를 안고 있습니다. 서울을 생각해 볼 때, 이것은 간단한 문제가 아닙니다. 무엇보다도 많은 양의 물을 낭비하는 변기를 개조해야 합니다. 우리 예수원은 애당초 바가지로 물을 붓도록 만들었습니다. 만약 시장님이 이곳을 방문하신다면 먼저 화장실을 보여 드리겠습니다. "우리는 문화인이기 때문에 그렇게 못 해요"라고 하실 분이 있겠지만, 문화인이기 때문에 하나님이 주신 자원을 쓸데없이 낭비해도 좋은 이유는 없지 않을까요?

기도하지 않으면 실제문제를 해결하지 못하고 실패할 수밖에 없습니다. 우리의 씨름은 정부나 정치인들과 하는 것이 아닙니다. 우리가 싸워야 할 궁극적인 대상은 마귀의 세력입니다. 신자들이 지속적으로 열심히 기도하면 국회에서 세금법을 고치게 되리라 생각합니다. 한국의 기독교인들이 합심해서 토지세를 하나님의 법대로 실행하도록 기도하고 그 결과 토지세 정책을 바꾸기로 결정한다면, 이 나라의 사회문제가 해결되리라 믿습니다. 그런데 그렇게 되도록 기도하는 신자가 과연 몇 명이나 있을까요? 하나님의 법대로, 성경의 법대로 세금받자고 주장하는 사람도, 그렇게 기도하는 사람도 없습니다. 그렇기 때문에 다른 사람들도 관심이 없습니다. 지금 서울에 헨리조지협회가 있어서 한 달에 한 번씩 모여 대화를 나누고 있지만 아직 여러모로 부족한 점이 많습니다. 사회문제의 실체가 무엇인지, 그리고 그에 대한 하나님의 요구가 무엇인지 교회에 널리 알리고 함께 열심히 기도해야 합니다.

다음으로 살펴볼 문제는 인구문제입니다. 인구폭발, 인구과잉 문제가 심각하다는 말을 흔히 들을 수 있는데, 사실 그것은 거짓말입니다. 하나님이 주신 이 땅을 올바르게 분배해서 사용한다면 인구문제는 있을 수 없습니다. 토지를 집중 소유함으로써 인구밀집 현상이 일어나는 것이지 인구증가 자체는 문제가 되지 않습니다. 다시 한 번 말씀드리지만, 세계 인구 전체를 미국으로 옮긴다고 해도 한국 인구밀도의 4분의 1밖에 안 됩니다. 다시 말해, 세계 인구가 지금보다 네 배로 증가한다고 해도 미국 한 나라에서 다 수용할 수 있습니다. 하나님이 창조하신 이 지구는 풍요롭고 넉넉한 땅을 보유하고 있습니다. 인간의 탐욕이 빚어내는 불의와 착취에 문제가 있는 것이지 인구 때문이 아니라는 사실을 잊지 맙시다. 하나님의 법대로 살기만 하면 다 함께 충분히 살 수 있습니다.

그 다음 문제는 '매스 미디어'(mass-media)입니다. 신문, 잡지, 텔레비전, 라디오를 '미디어'라고 하는데, 이것들이 존재하는 목적이 무엇일까요? 진리를 전파하기 위한 것입니까? 아닙니다. 신문이 왜 그렇게 쌉니까? 신문 한 부를 만드는 데는 우리가 구입하는 가격보다 훨씬 많은 제작비가 들어갑니다. 그런데 왜 우리는 제작비도 안 되는 돈을 주고 신문을 살 수 있을까요? 광고가 많기 때문에 싸게 팔 수 있는 것입니다. 그렇다면 광고의 목적이 무엇입니까? 욕심을 일으키기 위한 것입니다. 필요로 하든지 안 하든지 구매욕을 충동하기 위해 엄청난 돈을 투자해서 광고를 냅니다. 성경은 탐심이 곧 우상숭배라고 하는데 미디어는 탐심을 일으키기 위해 존재합니다.

많은 기독교인들이 예수상이 걸린 십자가나 성모 마리아상을 거부하고 제사 드리는 것을 우상숭배라고 주장하면서도, 하루에 서너 시간씩 텔레비전 보는 것은 아무렇지 않게 생각하고 있습니다. 그것이 바로 우상숭배란 생각을 전혀 하지 않습니다. 그 시간에 하나님의 말씀을 연구하면 얼마나 좋겠습니까? 하나님의 말씀은 텔레비전에 비해 재미가 없습니다. 이 세상에서 우상숭배하는 것치고 재미없는 것이 어디 있습니까? 재미가 없다면 누가 유혹에 빠지겠습니까? 우리가 그것을 알아야 합니다. 참으로 진리를 알고 싶다면 함께 모여 성경을 연구하고 실제생활을 통해 하나님의 뜻이 무엇인지 확인해야 합니다. 관심 있는 사람들이 모여 각 문제에 대한 성경의 법을 연구하고 기도하며 실행방법을 모색해야 합니다.

누가 우리를 모든 진리 가운데로 인도해 줄까요? 교사입니까? 대학교입니까? 신학교입니까? 주님은 진리의 성령이 오시면 그가 우리를 모든 진리 가운데로 인도하신다(요 16:13)고 약속하셨습니다. 그러므로 보혜사 성령의 인도하심을 받아 하나님의 법을 연구하고 기도의 능력으로 실행에 옮기도록 합시다. 그렇게 할 때 우리의 개인문제뿐만 아니라 세상의 어떤 문제도 해결할 수 있습니다. 정부의 도움이나 정치적인 배려가 없더라도 신자들이 합력함으로써 가난한 이웃의 문제를 다 해결할 수 있게 되는 것입니다.

4
신자의 생활태도

도적질하지 말라

출애굽기 20장 15절에 나오는 제8계명 '도적질하지 말지니라'
는 아주 짧은 계명으로, 신명기 5장 19절에도 똑같은 말씀이 있습
니다.

도적질과 관련하여 레위기 19장 9-13절 말씀을 살펴보면, "너
희 땅의 곡물을 벨 때에 너는 밭모퉁이까지 다 거두지 말고 너의
떨어진 이삭도 줍지 말며 너의 포도원의 열매를 다 따지 말며 너의
포도원에 떨어진 열매도 줍지 말고 가난한 사람과 타국인을 위하
여 버려 두라 나는 너희 하나님 여호와니라 너희는 도적질하지 말
며 속이지 말며 서로 거짓말하지 말며 너희는 내 이름으로 거짓 맹
세함으로 네 하나님의 이름을 욕되게 하지 말라 나는 여호와니라

너는 네 이웃을 압제하지 말며 **늑탈**하지 말며 품꾼의 삯을 아침까지 밤새도록 네게 두지 말며"라고 했습니다. 그날 일한 품꾼의 삯을 아침까지 가지고 있는 것은 '늑탈'이라고 했습니다. 그날 지불하지 않은 품삯은 주인의 돈이 아니라 주인을 위해 일한 품꾼의 돈이기 때문에, 그날 필요한 삯을 다음으로 미루는 것은 그 사람에게서 도적질하는 것이 됩니다. 일한 사람은 주인을 위하여 시간을 내주었기 때문에 그 대가를 받을 자격이 있습니다. 그런데 그 대가를 지불하지 않는다면 그는 도적질하는 셈입니다. 물론 일하는 사람과 일주일에 한 번씩 돈을 지불하기로 약속한 후 이를 제대로 실행한다면 별 문제가 없겠지만, 이러한 경우에도 주인이 약속을 지키지 않는다면 똑같이 도적질하는 셈입니다. 그 돈은 주인을 위해 자신의 시간을 바친 품꾼의 돈이기 때문입니다.

우리 사회에서 일어나는 복잡한 문제 가운데 하나는 어느 정도가 주인의 몫이며 어느 정도가 일하는 사람의 몫인지 결정하기 어렵다는 것입니다. 노동자들은 품삯이 부족하다고 해서 "더 올려달라"라고 요구하는 반면, 주인은 "내가 다른 회사와 경쟁해야 하는데 더 많이 지불하면 물건 값이 올라 물건을 팔지 못하고 적자를 보게 되니 올려줄 수 없다"라고 합니다. 그러면 노동자들은 그것은 거짓말이라고 생각하며 노동조합을 조직해 대항한 후 파업을 하게 되는데, 그로 인해 회사가 파산하는 경우도 있습니다.

미국의 뉴잉글랜드 지방의 많은 회사들이 망해서 남부 지방으로 옮긴 적이 있습니다. 남부로 가면 연료비도 덜 들고, 적은 비용으로 할 수 있는 것들이 몇 가지 있어서 돈 벌기가 훨씬 수월하기 때문입니다. 북부 지방의 경우, 노동조합이 너무 강한데다가 땅값이 비싸서 토지세도 많이 나오고 연료비도 비싸서 회사들이 이를 감당하지 못하고 파산하게 되었습니다. 회사들이 망해 버리자 노동자들은 자연히 오랫동안 일자리를 구할 수 없게 되었습니다. 노동자들은 주인만 도적질한 줄로 알았는데, 자신들의 일자리가 없어져 자녀들 입에 넣어 주어야 할 음식을 넣어 주지 못함으로써 아이들의 음식을 도적질하게 된 셈이 되었습니다. 우리는 "도적질하지 말라"라고 쉽게 말할 수 있지만 실제로 누가, 어떻게, 무엇을 도적질하는지를 생각한다면 이것은 결코 간단한 문제가 아닙니다.

레위기를 보면, 밭에서 거둔 모든 열매는 대부분 주인의 것이지만, 구석에 떨어져 있는 것은 주인의 것이 아니라고 했습니다. 왜냐하면 그것은 하나님의 소유로서 그 마을의 가난한 사람들의 것이기도 했기 때문입니다. 하나님께서 그렇게 결정하신 것입니다. 물론 주인은 "내가 토지세를 내고 일꾼들에게 품삯도 지불했기 때문에 이것은 다 내 소유다"라고 말할 수 있겠지만, 하나님은 "아니다. 너보다 더 불쌍한 사람들, 그들도 먹고 살아야 할 권리가 있기 때문에 네가 그들을 위하여 한 부분을 내주어야 한다"라고 말씀하십니다. 하나님께서 정하신 원래의 법은, 토지는 모든 세상 사람들에게 올바르게 분배되어야 한다는 것입니다. 그러므로 자기의 분깃보다 더 많이 소유한 사람은 자칫 다른 사람의 땅을 도적질하는 자가 될 수 있습니다. 한 사람은 땅이 많고 한 사람은 땅이 없는 것은 '도적질하지 말라'는 계명에 위배되는 것입니다.

땅은 하나님께서 주신 것이기 때문에, 올바른 값을 내고 그 땅을 소유로 삼았을지라도 50년 후에 기업(基業)의 전 주인에게 되돌려 주지 않으면 도적질하는 것이라고 했습니다. 땅은 하나님의 것이지 각 개인의 소유가 아니기 때문입니다. 누군가가 수고하고 일해서 책을 한 권 만들었는데, 내가 그 책을 돈을 주고 샀다면 그것은 내 소유가 될 수 있습니다. 하지만 땅은 사람이 아닌 하나님께서 만드신 것입니다. 그러므로 하나님의 소유이며, 하나님은 조건적으로 사람들에게 빌려 주셨습니다.

하나님은 땅을 올바르게 분배해야 한다고 하셨습니다. 올바르게 분배된 다음에는 자기 땅을 남에게 빌려 줄 수 있지만, 이것도 50년째인 희년에는 원주인에게 다시 돌려주어야 합니다. 만약 희년 내에 그 땅을 찾기 원한다면, 남아 있는 연수대로 계산해서 다시 찾을 수 있습니다(연수가 많으면 그 값을 많게 하고, 연수가 적으면 그 값을 적게 해서 찾습니다. 레 25:16). 이것은 한 분밖에 없는 지주이신 하나님이 정하신 하나님의 법입니다.

'도적질하지 말라'는 말씀은 여기서 끝나지 않습니다.

> 피차 사랑의 빚 외에는 아무에게든지 아무 빚도 지지 말라 남을 사랑하는 자는 율법을 다 이루었느니라 간음하지 말라, 살인하지 말라, 도적질하지 말라, 탐내지 말라 한 것과 그 외에 다른 계명이 있을지라도 네 이웃을 네 자신과 같이 사랑하라 하신 그 말씀 가운데 다 들었느니라 사랑은 이웃에게 악을 행치 아니하나니 그러므로 사랑은 율법의 완성이니라(롬 13:8-10).

'사랑을 도적질하지 말라'고 하셨습니다. 각 사람들은 모두 사랑받을 자격이 있습니다. 하나님께서 모든 사람을 사랑하시고 우리에게 이웃을 사랑하라고 명령하셨기 때문에, 내 이웃을 사랑하지 않는다면 나는 사랑을 도적질하는 자가 됩니다.

> 어떤 사람이 주께 와서 가로되 선생님이여 내가 무슨 선한 일을 하여야 영생을 얻으리이까 예수께서 가라사대 어찌하여 선한 일을 내게 묻느냐 선한 이는 오직 한 분이시니라 네가 생명에 들어가려면 계명들을 지키라 가로되 어느 계명이오니이까 예수께서 가라사대 살인하지 말라, 간음하지 말라, 도적질하지 말라, 거짓 증거하지 말라, 네 부모를 공경하라, 네 이웃을 네 몸과 같이 사랑하라 하신 것이니라 그 청년이 가로되 이 모든 것을 내가 지키었사오니 아직도 무엇이 부족하니이까 예수께서 가라사대 네가 온전하고자 할진대 가서 네 소유를 팔아 가난한 자들을 주라 그리하면 하늘에서 보화가 네게 있으리라 그리고 와서 나를 좇으라 하시니 그 청년이 재물이 많으므로 이 말씀을 듣고 근심하며 가니라 예수께서 제자들에게 이르시되 내가 진실로 너희에게 이르노니 부자는 천국에 들어가기가 어려우니라(마 19:16-23).

돈 많은 청년은 자기가 알고 있는 십계명을 다 준수했기 때문에 도적질한 적이 없다고 생각했습니다. 하지만 예수님은 법적으로는 도적질한 것이 없을지 몰라도 주위에 있는 가난한 자들에게 소유를 나누어 주지 않으면 그것이 곧 도적질이나 다름없는 것이라고 하셨습니다. 그 청년은 재산이 많았지만 나누어 줄 마음이 없었으므로 슬픈 마음으로 그냥 돌아갔습니다.

많은 사람들이 주를 믿으면 복 받는다고 하면서도 복 받으면 나누어 주어야 한다는 말은 강조하지 않는 듯합니다. 주를 믿으면 복을 받고, 복을 받으면 나누어 주어야 한다는 것은 반드시 연결되어야 하는 말입니다. 복을 받으면 그 받은 복을 나누어 주어야 합니다. 영적인 복도 마찬가지입니다. 영적인 복이든 물질적인 복이든, 복을 받고 나누어 주지 않으면 도적질하는 것입니다.

이러한 문제들 외에도 시간문제에 대해 말씀드리고 싶습니다. 시간은 세상에서 가장 귀한 것이라고 할 수 있습니다. 각 사람에게는 하루에 24시간이 주어지는데, 이 시간을 낭비해 버리면 다시 찾을 수가 없습니다. 시간은 한 번 흘러가면 다시 돌이킬 수 없는 것이기 때문입니다. 그러므로 1시간 내에 충분히 할 수 있는 일을 2시간 걸려서 한다면 그것은 남은 1시간을 도적질하는 것입니다. 하나님께서 주신 시간을 빼앗는, 즉 도적질하는 것이 됩니다. 물론 일을 지나치게 빨리 끝내면 확실하게 처리하지 못하고 틀리기 쉽겠지만, 그렇다고 너무 더디 하면 시간을 많이 낭비해서 다른 일을 하지 못하게 됩니다. 그러다 보면 자기의 일을 다른 사람이 대신해야 합니다.

하나님은 사람을 창조하실 때, 각 사람에게 힘이나 재능 등을 적당히 주셨습니다. 그러므로 우리가 우리의 시간을 바르게만 사용한다면 우리는 우리의 재능을 다 발휘할 수 있을 것입니다. 시간을 낭비하는 것은 하나님의 순리에 어긋나는 일이며, 불복종하는 것입니다. 성령께서는 우리에게 지혜를 주시겠다고 약속하셨습니다. 또 성령께서는 우리에게 주어진 시간을 어떻게 활용해야 하는지 깨닫게 해 주기를 원하십니다.

때때로 일하기가 싫어서 한 가지 일이 빨리 끝나면 또 다른 일을 시킬 것으로 생각하여 일부러 그 일을 오래 걸리도록 하는 경우가 있습니다. 제가 배를 탔을 때 그런 적이 있습니다. 많은 선원들이 일하기를 싫어해 질질 끌며 태만하게 일을 했습니다. 그래서 감독이 일을 너무 더디 한다고 책망하고 나서 자신이 지켜보는 가운데 일을 하게 했는데, 평소에는 오후 5시까지 하던 일을 그날은 오전 11시 30분에 끝낼 수 있었습니다. 우리는 일을 빨리 하건 늦게 하건 회사에서 똑같은 돈을 받았지만, 사실 놀면서 일했기 때문에 그 회사의 시간을 도적질하는 자들이었던 것입니다.

우리에게 주어진 시간이 누구의 시간입니까? 우리는 시간을 잘 활용하는 자입니까? 또한 일하는 중에 옆 사람에게 자꾸 말을 걸어서 자기의 일도 못 하고, 그 사람의 일도 못 하게 하지는 않습니까? 5분 정도면 충분히 할 수 있는 이야기를 30분이 걸려서 했다면, 그리고 그 사람이 말을 듣느라고 자기 일을 못 하게 되었다면 누구의 시간을 빼앗은 것입니까? 자기의 시간을 낭비한 것뿐만 아니라 상대방의 시간까지 낭비해 버린 것입니다. 5분에 할 수 있는 이야기를 30분을 끌면서 하면 말은 재미있어서 좋겠지만, 자기와 상대방의 시간을 도적질하는 셈입니다.

보통 예수원을 '기도하는 집'이라고 합니다. 우리에게 중요한 일은 대도(代禱)하는 것입니다. 그런데 많은 사람들이 일을 마치고 나서 곧바로 기도하러 가지 않습니다. 옆 사람과 이야기하는 것을 더 좋아해서 말이 길어지고, 마침내 진짜 기도 시간에는 피곤해서 기도하기 어렵게 됩니다. 또 자신은 기도하고 싶은데 다른 사람이 말을 걸어와 기도 시간을 빼앗기는 경우도 있습니다. 흔히 너무 피곤해서 기도하기 힘들다고 하는데, 실제로 살펴보면 일을 많이 해서 피곤한 경우보다는 말을 많이 해서 피곤한 경우가 더 많습니다.

예수원에서 밤 9시에 종을 치는 이유는 하나님께 기도하라고 알려 주기 위해서입니다. 예수원은 기도의 집이기 때문에 기도해야 합니다. 그런데 많은 사람들이 기도하는 것보다 수군거리기를 더 좋아합니다. 밤중에 일어나서 약을 먹고 화장실을 가는 경우가 있는데, 흔히 기도소리가 아닌 대화소리를 들을 수 있습니다. 만약 그 대화를 통하여 하나님과 더욱 친밀해지고 병 고침을 받는 일이 생긴다면 매우 기쁜 일이겠습니다만, 다음 날 아침에 보면 병 고침을 받았다는 소식은 없습니다. 많은 사람들이 별로 깊은 뜻도 없이 사소한 이야기만 하고, 하나님의 시간과 이웃의 시간에 기도도 하지 않고 일도 하지 않으면서 시간을 도적질하고 있었던 것입니다. 안수기도를 받고, 병 고침을 받고, 성령세례를 받고 충만함을 얻었다는 이야기는 모두 9시 이전에 이루어진 것들이었습니다. 9시 이후에 성령세례를 받은 사람이 많지 않고, 병 나은 사람도 별로 없는 것을 보면 우리는 모두 하나님의 시간을 훔친 것입니다.

그렇다면 어떻게 하면 하나님께서 주신 시간을 잘 활용할 수 있는 '시간의 청지기'가 될 수 있을까요? 우리에게 땅이 있다면 '땅의 청지기'가 되어야 하고, 돈이 있다면 '돈의 청지기'가 되어야 하고, 여러 소유가 있다면 '소유의 청지기'가 되어야 하듯이, 우리에게 시간이 있기 때문에 '시간의 청지기' 또한 되어야 합니다. 시간은 하나님께서 우리에게 빌려 주신 것으로서 하나님의 것입니다. 시간을 도적질하면 다시는 갚을 기회가 없습니다.

하나님의 시간을 세 가지로 분류해서 설명하겠습니다. 즉, '듣는 것' '사귀는 것' '대도하는 것'입니다.

먼저 우리에게는 하나님의 목소리를 '듣는 시간'이 있어야 합니다. 그런데 어떻게 하면 하나님의 목소리를 들을 수 있을까요? 만약 옆에 있는 형제나 자매의 목소리를 자주 듣는다면 우리는 하나님의 목소리를 듣기 힘들게 됩니다. 특히 여러 명이 한방에서 생활할 경우, 한 사람이 자꾸 말하고 싶어 하면 같이 있는 모든 사람이 하나님의 말씀을 듣지 못하게 됩니다. 물론 그의 말이 하나님의 말씀이라고 한다면 하나님께서 원하시는 것일 수도 있겠지만, 저의 생각으로는 그러한 경우는 많지 않은 것 같습니다. 그렇기 때문에 각 사람이 하나님의 말씀을 듣기 위해서는 '조용한 시간'이 꼭 필요합니다.

예수원은 밤 10시부터 다음 날 아침 6시까지 취침시간인데, 그 시간에 모두 잠만 자면 조용한 시간을 어디에서 찾을 수 있을까요? 오후 1시부터 2시까지는 침묵시간인데, 이외에는 하나님의 목소리를 듣는 시간을 마련하기가 매우 어렵습니다. 그런데 우리는 그것도 귀하게 여기지 않고 이야기하기만 더 좋아합니다. 어떤 사람들은 하나님의 목소리를 듣기 위하여 산으로 가는데 그것도 좋은 방법입니다. 그런데 겨울에는 너무 추워서 산에 가는 것이 힘들기 때문에 방에서 기도해야 할 것입니다. 그때마다 옆 사람이 자꾸 말을 건다면 곤란할 것입니다. 하나님의 목소리를 듣기 위하여 말하지 않고 듣기만 하는 '조용한 시간'을 잘 사용할 줄 아는 청지기가 되어야겠습니다.

둘째로 하나님과 '사귀는 시간'은 성경말씀을 읽고 기도하며, 하나님과 대화하는 시간입니다. 성경을 통하여 하나님의 말씀을 듣고, 입으로 고백하며, 하나님께서 응답하시는 느낌을 받기 위한 교제의 시간이 있어야 합니다. 부부 사이에 교제 시간이 없다면 어떻겠습니까? 남편이 아침 일찍 출근해 퇴근하자마자 아무 말도 하지 않고 있다가 자 버린다면 부인이 어디에서 기쁨을 얻겠습니까? 결혼한 부부에게는 서로를 위한 교제 시간이 있어야 합니다. 마찬가지로 하나님과 우리 사이에도 교제 시간이 있어야 합니다. 우리는 하나님의 신부입니다. 그리스도께서는 대화 시간, 교제 시간을 원하십니다.

셋째로 '대도 시간'은 다른 사람을 위하여 기도하는 시간입니다.

이에 제자들에게 이르시되 추수할 것은 많되 일꾼은 적으니 그러므로 추수하는 주인에게 청하여 추수할 일꾼들을 보내어 주소서 하라 하시니라(마 9:37-38).
이르시되 추수할 것은 많되 일꾼이 적으니 그러므로 추수

하는 주인에게 청하여 추수할 일꾼들을 보내어 주소서 하
라(눅 10:2).

이 두 말씀의 배경은 약간 다릅니다. 마태복음에서는 예수께서
목자 없는 양같이 고생하는 무리를 보시고 민망히 여기셔서 추수
할 일꾼들을 보내 달라고 기도하라고 하셨지만, 누가복음에서는
70인을 둘씩 먼저 보내시면서 "열심히 일하라"고 하는 대신에
"기도하라, 그리고 가라"라고 하셨습니다. 이를 보면, 가기 전에
더 많은 일꾼이 세워지도록 먼저 기도해야 할 책임이 있음을 알 수
있습니다.

현대 교회에서는 흔히 선교 사업이나 전도 사업에 대한 말을 많
이 합니다. "나가서 전도하자" "전도하고 싶다" "선교사가 되고 싶
다"라는 말은 많이 하는데, 그만큼 대도시간을 많이 갖는지는 모르
겠습니다. 주님은 먼저 '기도하라'고 하셨습니다. 일꾼은 주께서
친히 보내 주실 것입니다. 우리는 일꾼을 보내는 데만 너무 치중해
서 기도하지 못하는 사람이 되기 쉽습니다. 하나님은 적당한 일꾼
이 어디에 있는지, 그 일꾼이 누구인지, 그가 언제 어디로 어떻게
가야 하는지 우리보다 더 잘 알고 계십니다.

세상의 모든 돈과 금, 은, 산에 있는 수많은 양들이 다 하나님의
것이기에 부족함이 없으시지만, 사람의 마음만은 하나님의 것이
아닙니다. 사람의 마음은 하나님의 것이 아니기에 하나님께는 그
것만이 부족합니다. 그렇다면 완전하신 하나님의 부족한 부분을
어떻게 채워 드릴 수 있을까요? 우리가 기도하는 것입니다. 일꾼

들을 모아서 어떤 일을 추진하기 전에, 먼저 주님의 뜻을 구하고 기도하라는 말씀에 순종하는 것이 더 중요합니다. 예수원의 목적이 무엇입니까? 왜 하나님께서 예수원을 만들게 하셨습니까? 우리에게는 부수적으로 해야 할 일이 많이 있지만, 무엇보다도 남을 위하여 먼저 대도해야 할 책임이 있습니다.

제가 신학교에서 일하고 있을 때입니다. 그때 하나님은 제게 "학교를 그만두고 기도의 집을 세워라"라고 말씀하셨습니다. 그래서 물었습니다.

"어떤 기도의 집을 말씀하시는 것입니까?"

"남을 위하여, 교회를 위하여 기도하는 집을 세워라."

예수원은 내 문제를 해결하기 위하여 기도하는 집이 아닙니다. 교회를 위해, 세계를 위해 기도하는 집이 예수원입니다. 저는 신학교에 있으면서 조용하게 일꾼을 준비해 나갔습니다. 그런데 하나님께서 "그만두라. 내가 일꾼을 보낼 테니, 너는 일꾼을 위하여 기도하라"라고 하셨습니다. 학교에 있을 때는 일하느라 바빠서 기도를 많이 할 수 없었습니다. 예수원에는 일꾼을 위해 기도해야 할 사명이 있습니다.

마을에 교회 없이 살고 있는 인구가 약 28억입니다. 성경이 세상의 방언으로 90-95퍼센트 정도 번역되었지만, 그들 중 50퍼센트는 글자를 모르기 때문에 성경이 아무 쓸모가 없습니다. 누가 그곳에 가서 그들에게 글자를 가르치겠습니까? 글자를 가르치는 일이 얼마나 훌륭한 선교 사업인지 말할 수 없는데도 불구하고, 글자를 모르는 사람 대부분이 가장 가난한 사람들이기 때문에 그들과 사귀고 싶어 하는 선교사들이 많지 않습니다. 게다가 성경 번역이 안 된 방언이 약 2천여 가지입니다. 큰 나라가 아닌 작은 나라들, 여기에 천 명, 저기에 천 명 정도 모여 사는 나라들은 자기 나라 말로 된 성경을 갖고 있지 않습니다. 복음도 없으며, 자기 말로 복음을 들을 기회조차 없는 것입니다.

우리가 해야 할 일이 많이 있지만, 막상 우리가 나가서 일한다고 해서 얼마나 더 잘할 수 있을까요? 그러나 우리가 기도한다면 하나님께서 친히 놀라운 역사를 일으키실 것입니다. 하나님께서 어떤 방법으로 어떻게 해결하실지는 알 수 없습니다. 그것은 하나님의 문제입니다. 우리는 하나님께서 친히 역사하시도록 기도하면 됩니다. 우리의 기도 없이는 하나님께서 아무 일도 하시지 않기 때문입니다.

이것은 하나님의 많은 법 중에서 아주 놀라운 법이며, 제일 믿기 어려운 법입니다. 하나님께서는 준비해 놓으신 일이 많은데, 우리가 기도하지 않으면 그 문은 열리지 않습니다. 창고에 쌀이 아무리 많이 있어도 그 창고의 문을 열지 못한다면 무슨 쓸모가 있겠습니까? 열쇠를 가진 사람이 와야 그 문을 열 수 있습니다. 하나님은 세상 사람들을 위하여 이미 그의 창고에 충분한 은혜를 예비하고 계십니다. 그런데 그 창고의 열쇠를 소유한 자는 누구입니까? 바로 우리입니다. 우리는 기도의 열쇠를 가진 사람들입니다. 우리가 그 열쇠를 사용하지 않는다면 하나님은 그의 창고에다 은혜를 보관만 하시고 나눠 주지 못하십니다. 하나님은 우리 그리스도인들에게 열쇠를 주셨으며, 그 열쇠를 사용하도록 부탁하셨습니다.

열등감이 너무 강한 우리는 '나 없이도 하나님은 문을 열 수 있으시지!' 라고 생각할 수 있지만 그렇지 않습니다. 우리 각 사람은 기도할 시간을 갖고 있습니다. 그 기도 시간을 사용하지 않는다면 하나님으로부터 시간을 훔친 것일 뿐만 아니라, 복음을 전해 듣지 못하고 낙심하여 죽어 가는 사람들에게서 은혜를 빼앗는 도적질하는 사람이 되고 말 것입니다.

빈곤의 공부

우리는 대화를 할 때 '공부'라는 말을 많이 사용합니다. 중국 사람들도 공부라는 말을 흔히 사용하고 있습니다.

저는 중국에서 태어났고 유년기를 그곳에서 보냈습니다. 그 당시 중국 사람들에게 "이 일 좀 해 주시겠습니까?"라고 물으면 "매이 꽁푸"라고 대답하는 것을 자주 들었습니다. 산둥 말로는 '무유 꽁푸'라고 발음하는데 '시간이 없다'는 뜻으로 생각해 왔습니다. 여러 해 동안 아무 의심 없이 '꽁푸'라는 말이 '시간'인 줄 알았던 것입니다. 그 후 미국에 가서 중국 학생들과 대화를 나눌 때 제가 '꽁푸'라는 말을 자주 사용했는데, 그들이 전혀 이해하지 못했습니다. 왜 그런지 이상했지만 그 문제를 해결하지 못했습니다. 시간도 없었지만 찾아볼 만한 한문자전도 갖고 있지 않았기 때문입니다.

그 후 한국에 와서 '공부'라는 말을 자주 듣게 되었습니다. 별로 깊게 생각하지 않는데 문득 옛날 생각이 났습니다. 혹시 공부와 꽁푸가 같은 말이 아닐까 해서 찾아보았더니 한국말 '공부'가 중국

말 '꽁푸'와 같은 뜻이었습니다. '무유 꽁푸' 하면 '공부가 없다'
는 말로 '시간이 없다'는 뜻입니다. 그것은 '나 대신 일할 사람이
없다', 다시 말해 '나는 양반이 아니다'라는 의무입니다. 양반이
라면 하인에게 시킬 수 있으므로 시간이 있습니다.

그 사상이 한국에 와서, 공부한다고 하면 흔히 책을 본다는 뜻으
로 받아들이게 되었습니다. 그것이 무슨 뜻입니까? 이 세상에는
두 종류의 사람이 있습니다. 즉 '공부하는 사람'과 '공부되는 사
람'입니다. 공부하는 사람이 경제적인 여유가 있어서 일하지 않고
책 보는 사람이라면, 공부되는 사람은 가난하기 때문에 남을 위하
여 일꾼 된 사람입니다. '꽁푸'(공부)의 원뜻은 '일꾼'으로 지금의
의미와 차이가 많습니다.

대체로 세상 사람들을 그렇게 두 종류로 나누어 볼 수 있는데,
대개가 공부되는 사람들입니다. 특별히 아시아에서는 90퍼센트
이상이 노동자나 농민으로, 가난하기 때문에 공부할 여유가 거의
없습니다. 굶지 않기 위해 남의 밑에 들어가 일을 해야 합니다. 열
심히 일하지 않으면 굶주려 죽을 수밖에 없습니다. 90퍼센트 이상
이 그렇습니다. 생활의 여유가 있어서 공부하는 사람은(한국의 경
우 50-60퍼센트 정도 될지 모르지만) 10퍼센트도 채 안 됩니다. 이것
이 현실입니다.

그러면 이 문제가 신자와는 어떤 관계가 있을까요? 하나님은 이
땅에 오실 때 어떠한 사람으로 오셨습니까? 공부하는 사람입니까,
공부되는 사람입니까? 예수님은 가난한 집에서 태어났고, 그런 환
경에서 자랐습니다. 공부도 많이 못 하셨습니다. 그 당시 공부했던

사람들이 예수님을 보고 "이 사람은 배우지 아니하였거늘 어떻게 글을 아느냐?"(요 7:14-15)라며 놀라지 않았습니까? 예수님이 어릴 때 회당장이나 랍비들에게 성경을 읽을 정도는 배웠으리라 생각하지만 공부한 흔적은 전혀 없습니다. 서른 살이 될 때까지 목수로서 노동자 생활을 하지 않으면 굶어 죽을 수밖에 없는 환경에서 자라신 것입니다. 하나님은 아들을 세상에 보내실 때 일부러 그런 자리로 보내셔서 빈곤한 생활이 어떤 것인지 여러 해 동안 친히 경험하도록 하셨습니다.

> 너희 안에 이 마음을 품으라 곧 그리스도 예수의 마음이
> 니 그는 근본 하나님의 본체시나 하나님과 동등 됨을 취
> 할 것으로 여기지 아니하시고 오히려 자기를 비어 **종**의
> 형체를 가져 사람들과 같이 되었고(빌 2:5-7).

'종'이란 '품을 파는 일꾼' 정도가 아닌, 한 주인 밑에 그의 생명까지도 속해 있는 비자유인(非自由人)을 말합니다. 주님은 그러한 사람과 별 차이가 없으셨습니다.

성경에서 확실하게 말하고 있지는 않지만, 나사렛 마을의 대다수 사람들이 가난했고 유대 지도자들만이 부자들이 아니었나 싶습니다. 그 당시 로마의 속국들은 모두 다 억압을 받았는데 큰 부자가 되기 원하면 로마 제국과 타협할 수밖에 없었습니다. 세리들은 로마 정부와 타협해서 자기의 이익을 취했기 때문에 동족에게 많은 미움을 받기는 했지만 부자가 될 수 있었습니다. 또 어떤 사람

들은 정부에 아부해서 지주나 큰 부자가 되었을지도 모릅니다. 어느 사회든지 대개 부자들이 양반의 위치에 들어가고 그들에게 더 많은 권리와 특혜가 주어지는데, 예수님 당시도 현재의 우리 사회와 다를 바 없었을 것입니다.

어느 사회에서든 사생자 출신은 보통 멸시를 당했으며, 영영 양반이 될 수 없었습니다. 양반 가문에서 태어나도 서자들은 출세할 수 없지 않았습니까? 하지만 누가 참으로 양반입니까? 사실 예수님의 가족은 원래 양반 중의 양반이었습니다. 다윗의 자손으로서 유대인의 정통성을 갖고 있었지만 그 사실을 드러내지 못했습니다. 다윗의 자손이라고 자랑할 경우, 헤롯 왕이나 빌라도, 그리고 비정상적인 방법으로 양반 된 권세 있는 자들이 그를 금방이라도 죽이려 할 것이 뻔했기 때문입니다. 그래서 다윗의 자손이란 소리를 일절 하지 못했습니다.

예수님은 사생자 취급을 받고 사셨습니다. 어떤 사람들은 예수님을 말할 때 '마리아의 아들'이라고 했습니다. 당시 유대 풍습으로는 결혼하지 않은 남자를 부를 때 항상 그의 아버지 이름을 앞에 붙입니다. '요셉의 아들 예수'라고 해야 하는데 '마리아의 아들'(막 6:3)이라고 한 것은 예수를 사생자로 생각하는 사람들이 욕하기 위해서 쓴 말입니다. 사람들은 요셉의 행동이 무척 궁금했을 것입니다. 왜 그런 여자를 데리고 사는지, 자기 아들이 아닌 줄 알면서도 아들로 인정하고 사는지, 사람들은 요셉을 도무지 이해하지 못했을 것입니다. 예수님은 그러한 이유 때문에 낮은 위치에 있는 사람들 중 제일 천한 취급을 받으셨습니다.

예수님은 가족의 생계를 위해 목수로서 일했지만 그에게 일을 주는 사람이 별로 없었을 것입니다. 일을 하더라도 정당한 보수를 받지 못했을 것입니다. 가난하게 살 수밖에 없었습니다. 그래서 예수님은 '공부되는 생활', 즉 빈곤한 생활을 통하여 공부하셨습니다. 책을 보는 공부는 하지 못했습니다. 성경 이외에 책으로 배운 것은 아무것도 없었습니다. 또 예수님의 제자들도 대부분 그러한 사람들이었습니다. 마태는 세리이고 가룟 유다는 경리사(회계)였으므로 적어도 수학은 하는, 조금은 공부한 사람이었겠지만, 대개의 제자들은 어부였습니다. 대부분 예수님과 똑같이 가난하고, 일생 동안 땀 흘리며 일하지 않으면 죽을 수밖에 없는 그런 사람들이었던 것입니다.

성경은 우리에게 "이 마음을 품으라 곧 그리스도 예수의 마음이니"(빌 2:5)라고 말씀합니다. 즉, 모든 신자들에게 노동자의 마음을 품으라고 하십니다. 노동을 천히 여기고 책상에 앉아 공부하는 것을 귀히 여기는 마음이 아니라, 당장 일하지 않으면 주려 죽을 수밖에 없는 (공부하고 싶어도 가난해서 일하지 않으면 안 되는) 노동자의 마음을 가지라는 말씀입니다.

예수원 근처의 마을 사람들을 보십시오. 빚이 없는 집이 없습니다. 그들이 게을러서 부채를 지고 있습니까? 아닙니다. 그들은 날마다 밭에서 일합니다. 새벽부터 밤늦게까지 늘 일합니다. 문곡에 가 보면, 8시간 동안 굴 속에서 탄을 캐는 광부들이 있습니다. 그런데 그들의 경우, 매일 아침 출근해서 매일 저녁 퇴근하는 것이 아닙니다. 매주 3교대로 일합니다. 익숙해질 만하면 일하는 시간이 바뀌어서 생활 리듬이 없습니다. 그래서 항상 피곤해합니다. 교회에 나올 마음이 있어도 작업 시간 때문에 예배에 나올 수가 없습니다. 어부들도 마찬가지입니다. 오징어잡이 하는 사람들을 보면 밤에 일합니다. 달도 없는 캄캄한 밤이 제일 일하기에 좋은 시간이기 때문입니다. 배에 큰 불을 켜서 빛을 내면 오징어들이 불빛을 보고 몰려듭니다. 그러면 낚시 바늘이 4-50개 달린 줄을 내리워서 오징어를 잡습니다. 동틀 때까지 일합니다. 모두 피곤한 생활을 합니다.

이것이 보통 평범하게 사는 사람들의 생활입니다. 90퍼센트 정도가 이렇게 살고 있습니다. 쉬지 않고 일하지 않으면 살 방도가 없는 가난한 사람들입니다. 성경은 "이 마음을 품으라"고 합니다. 우리는 그러한 사람들과 하나가 되어야 합니다. 그 정신에 참여해야 합니다. 하나님께서 친히 그러한 생활을 택하셨기 때문입니다. 하나님은 학자의 생활을 택하지 않으셨습니다.

교회사를 보면, 성 프란체스코란 분이 있는데 그는 부잣집에서 태어났으나 공부하는 것을 싫어해 놀기만 했습니다. 술 잘 먹고 방탕한 친구들과 함께 책임감 없이 쾌락을 위하며 살았습니다. 아버지는 옷감 파는 가게를 운영하며 열심히 사는데 프란체스코는 아버지가 수고해서 번 돈을 낭비만 하고 살았습니다. 그런데 하루는 성당에 갔다가 십자가에 그려진 예수님이 "나를 따르라!"라고 말씀하시는 것을 들었습니다. 프란체스코는 예수님의 말씀을 듣고 울며 회개하면서 자기가 얼마나 나쁜 사람이었는지 깨달았습니다. 그때부터 자기 재산을 다 팔아 가난한 사람에게 나눠 주고 집집마다 다니며 할 일을 구했습니다. 그날 그날 밭에 들어가서 일하고, 밤에는 창고에서 잠자고, 다음 날은 다른 농장에서 일하면서 돈 만지기를 거절했습니다. 그렇게 살자, 기쁨이 넘쳤습니다. 늘 기뻐하고 친절하고 뜻있게 살자 많은 사람들이 그를 따르기 시작했습니다. 제자가 너무 많아져 같이 다닐 수 없어 마침내 프란체스코 수도회가 생겼습니다. 그는 결혼하기도 거절했습니다. 사랑하는 친구 클라라도 그러한 생활을 하겠다고 단호한 결정을 내려 결혼도 하지 않고 기도생활만 하며 살았습니다.

프란체스코가 생활하던 아시시에는 큰 성당이 있었고, 조금 떨어진 곳에 또 한 채의 작은 성당이 있었습니다. 프란체스코가 손수 그 성당을 보수하자 제자들도 같이 참여하여 성당을 새로 짓고 그곳에서 예배를 드렸습니다. 나중에 그의 제자들이 여러 군데를 돌아다니며 부흥운동을 시작했는데, 어디를 가든지 단순하지만 능력있는 말씀을 전했습니다. 그러나 성당에서는 설교하지 못했습니다. 대부분의 신부들이 그들의 설교를 싫어했기 때문입니다. 부자들에게 아부하기 좋아하는 부패한 신부들이 설교를 못 하게 해서 미사만 드리고 나가서는 시장이나 시청 앞 광장에서 설교했습니다. 그들은 나무 십자가를 만들어 못박히신 주님의 모습을 그려 넣고 다녔는데, 이유는 그 당시 교회는 그리스도의 왕 되심만 나타냈기 때문입니다. 그렇게 해서라도 예수님의 고난을 다시 한 번 생각할 수 있게 하기 위해서였습니다. 길거리에서 행해진 그들의 설교는 예배당에서 나오는 성도들의 마음을 뒤흔들었습니다. 그 설교를 듣는 사람마다 통회하는 역사가 일어났고, 그 후로 회개운동이

온 유럽에 퍼졌습니다.

저는 중국 선교사 부모 밑에서 자랐습니다. 부모님이 선교회에서 충분한 월급을 받았기 때문에 어릴 때는 별 걱정 없이 살았습니다. 중국 농촌에 있는 평범한 중국 집에서 살았지만 큰 고통이나 불평할 정도의 어려움은 겪어 보지 못했습니다. 생활하면서 주린 적이 거의 없는데, 있었다면 1926년 미국으로 갈 때였습니다. 부모님은 저희들이 여러 가지를 경험하도록 하기 위하여 태평양을 거쳐 미국으로 바로 가지 않고 유럽 쪽으로 가도록 계획하셨습니다. 선교회에서 받은 여비가 조금밖에 되지 않아 부모님이 모아둔 돈을 우리의 여비에 보탰습니다. 성지를 방문할 돈이 없었지만 필리핀을 방문하고는 홍콩·싱가포르·스위스 등을 거쳐 영국에서 일주일 동안 여러 곳을 구경한 후 뉴욕으로 들어갔습니다. 마지막 코스는 뉴욕을 출발하여 노스캐롤라이나에 계신 할아버지·할머니 댁에 도착하는 것이었는데, 차비만 겨우 남아서 할아버지 댁에 도착할 때까지 아무것도 먹지 못했습니다. 부모님이 절대로 굶었다는 이야기는 하지 말라고 하셨기 때문에 저희는 아무 소리도 못했습니다. 아마 우리 할아버지께서는 돌아가실 때까지 그날 우리가 못 먹어 고생한 것을 모르셨을 것입니다. 하지만 그러한 일은 극히 드물었습니다.

또 한 번은 대학에 다닐 때인데 선교부에서 돈을 받았기 때문에 학교 공부만 하기에는 돈이 조금 부족해서 일을 했습니다. 파트타임이었기 때문에 그다지 힘들지 않았습니다. 대학을 졸업하고 신학원에 갔는데도 그 선교부에서 계속 돈이 들어와서 선교부로 편지를 보냈더니 "행정착오입니다. 몇 개월 전 송금을 끊어야 했는데 4개월분이 더 갔습니다. 되돌려 주셔야 되겠습니다"라고 연락이 왔습니다. 그래서 저금해 둔 돈으로 갚고 나니 한 푼도 남지 않았습니다. 학비 낼 돈도 없어서 "주여! 학교 그만두고 일자리를 구할까요, 계속 공부할까요?"라고 기도하자, 주님이 "내가 돈을 줄 테니 계속 공부하라"라고 하셨습니다. 하나님께서 장학금을 받도록 하신 것입니다. 이곳저곳에서 조금씩 들어온 돈과 식당에서 일해서 번 돈으로 채워 가며 계속 공부할 수 있었습니다.

기숙사 생활을 9년 정도 하고 나니 기숙사 생활을 하며 공부하는 것은 개인중심적인 생활이란 생각이 들었습니다. 높은 학점을 따기 위하여 남을 무시하게 되고, 학점이 떨어지면 부모님으로부터 성적이 떨어진 것을 책망받을까 봐 두려워 도와주고 싶은 마음이 식어 갔습니다. 그때 학교 분위기는 대개 누가 첫째가 될지 경쟁하는, 사람을 교만하게 만드는 분위기였습니다. 그러한 분위기와 제 신앙이 갈수록 갈등을 일으켜 미칠 정도로 괴로웠습니다. 방학이 되면 육체노동을 함으로써 정신을 차릴 수 있었지만 학기가 시작되면 견딜 수 없어 사람들이 이해할 수 없는 말과 행동을 자주하게 되었습니다. 그 당시 제 모습은 객관적으로 봐도 미친 사람이었습니다. 제가 종교 이야기와 신앙 이야기를 많이 하니까 사람들은 저를 광신자 정도로 이해했지만, 제가 종교인이 아니었다면 정신병자 취급을 해 병원에 입원시켰을 것입니다. 사실 저는 종교인이었다기보다는 거의 미친 사람이었습니다.

저는 노동자 생활을 하지 않으면 완전히 미칠 것 같았습니다. 사회에 나가 일반 사람과 같이 노동하며 살아야 고칠 수 있다고 결단하고 학교를 그만두었습니다. 친척과 친구들이 "네가 잘못 판단한 것이니 학교로 돌아가라"라고 권면했습니다. 한 선교사는 제가 돈이 없어서 그만둔 줄로 알고 부자 친구에게 연락해서 졸업할 때까지 학비를 다 대주겠다면서 계속 공부하라고 하셨습니다. 저는 그에게 화를 냈습니다. "돈을 위해 하나님의 뜻에 어긋나게 행하는 법이 어디 있습니까? 아무리 많은 돈을 주어도 돌아갈 수 없습니다"라고 강하게 말했지만, 경제적으로 궁핍한 저에게 큰 도움을 주겠다는 말은 떨치기 힘든 유혹이었습니다. 거절하기가 쉽지 않았습니다. 하지만 결과적으로 학교를 포기하고 몇 군데 교회를 방문하면서 설교를 하고 선물로 받은 감자·양파·무 등으로 근근이 생활했습니다.

그 당시 미국에는 엄청난 경제공황이 있었기 때문에 굶는 사람이 많았습니다. 아는 사람이 사탕 판매 회사를 소유하고 있었는데, 좋은 것은 다 빼가고 팔 수 없는 재고품들만 남아 있는 사탕 창고를 청소하는 작업을 제가 하게 되었습니다. 너무나 더럽고 벼룩도 많은 곳이었습니다. 호스를 가져다 물로 씻었지만 그때뿐이었습니다. 사탕에도 벌레가 많아 도저히 먹을 수 없을 정도였지만 벌레를 털어내고 먹었습니다. 너무도 굶주렸기 때문입니다. 그렇게 일해서 번 돈으로도 새로 나온 빵은 살 수 없었습니다. 값싸게 팔지 않으면 버릴 빵들, 제일 값싼 채소만 사서 먹었습니다.

쉽지 않은 생활이었지만, 그로 인해 그 시대의 어려움을 맛보면서 일반 사람들이 어떻게 사는지 깨달을 수 있었습니다. 그때 친구

두 명과 같이 생활했는데 외출복이 한 벌밖에 없었기 때문에 함께 외출할 수가 없었습니다. 한 친구는 키가 너무 작아서 그나마 한 벌 옷도 같이 입을 수가 없어 매우 곤란한 입장에 있었습니다.

여러 번 시청에 가서 일자리를 구했는데, 타자 칠 수 있는 사람이 필요하다고 했습니다. 저는 타자 일은 원치 않았습니다. 노동을 원했습니다. 그런데 그 지방에서 노동은 주로 흑인이 했습니다. "공부한 사람이니 타자 일 좀 해 보라"고 권해서 할 수 없이 시험을 치렀고 결과도 좋았지만 그 일도 기회가 주어지지 않았습니다. 그 다음 날 또 가 보았지만 일을 할 수 없었습니다. 주머니에 1달러 50센트밖에 남지 않은 상태에서 점심때가 되었는데 길에서 구걸하는 사람을 만났습니다. 있는 돈을 다 털어 제일 값싼 점심을 먹으며 그와 이야기를 나누던 중 비행장 일거리를 알아냈습니다. 그는 자기 친구가 건설담당 책임자라면서 시청에 가 보라고 했습니다. 그 사람 말을 시험해 보고도 싶고, 할 일도 전혀 없는 상태였으므로 시청에 가서 친구라는 사람을 찾았습니다. 그리고 어떻게 해서 그곳에서 일할 수 있게 되었습니다.

처음에는 그다지 어려운 일이 아니었는데 얼마 후 제가 지나치게 책임성이 강해서인지 해고를 당했습니다. 여러 가지 묵인해야 할 일이 있었는데 그런 일을 덮어 놓고 지나칠 수가 없었기 때문입니다. 그래서 또 일자리를 찾으러 다녔습니다. 일하던 곳 옆의 비행장 격납고 안에 작업이 진행 중이었는데, 밑에서 철근을 메고 위로 올라가서 연결하는 일이었습니다. 굉장히 위험한 일이었지만 재미있을 것같아 해고 직후 그곳을 찾아가서 물어보았습니다. 그리고 곧 그곳에 일자리를 얻었습니다. 힘들고 어려웠지만 잘 해 나 갔습니다.

그때부터 저는 생존하기 위하여 땀을 흘리지 않으면 안 된다는 사실을 배웠습니다. 시간 낭비하면 안 된다, 재료 낭비하면 안 된 다, 음식 낭비하면 안 된다고 생각했습니다. 벌레가 반쯤 먹던 과 자를 먹었던 것을 기억하면서 아무것도 버리지 않았습니다. 그러 다 보니 일주일을 모아도 쓰레기통이 차지 않았습니다. 버릴 것 없 이 다 먹었습니다. 지금도 집에서 부엌일을 하면 쓰레기 없이 일합 니다. 처음 목회할 때는 남동생과 같이 살았는데, 그때도 그렇게 하면서 스스로 음식을 준비했습니다. 한 번은 어머니와 외삼촌과 이모가 너무 낭비하고 버리는 것이 많다며 동생이 화를 낸 적도 있 습니다. 그때 우리 형제는 쓰레기통도 없이 살았습니다. 언젠가는 어머니께서 우리가 사는 곳에 오시자마자 쓰레기통 하나를 사오셨 는데, 제 동생은 그것도 낭비라며 얼마나 기분 나빠했는지 모릅니 다. 우리는 가난을 체험하면서 낭비 없이 사는 법을 배운 것입니 다.

그 후로 지금까지 별로 놀 줄 모릅니다. 예수원에 와서 휴가라곤 2일이나 3일밖에 가 보지 못했습니다. 작년에는 온 가족이 지금껏 가장 긴 가족 휴가를 다녀왔습니다. 황지에 가서 사흘간 있다가 버 스 타고 포항에 갔습니다. 그리고 강릉으로 왔다가 태백으로 돌아 왔는데 그 기간이 일주일이 채 안 됐을 것입니다. 휴가 기간 동안 정말 놀기만 했습니다. 20년 동안 우리 온 가족이 놀기만 한 것은 처음 있는 일이었습니다. 안식년을 맞이하여 미국에 갈 때도 책 한

권 써야겠다고 마음먹고 출발했지만 시작도 못 했습니다. 이 교회 저 교회 방문하여 설교하고 여행하고 편지 쓰고 연구하고, 집수리에 밭일, 땔감 준비 등 여러 일을 하느라고 쉴 틈이 없었습니다. 하지만 재미있었습니다. 그래서 제가 놀 줄 모르게 된 것입니다. 공부된 사람, 즉 남을 위하여 열심히 일하는 일꾼이 된 것입니다.

격납고 일을 끝낸 다음에는 배를 탔습니다. 배를 탈 때는 비교적 쉬웠습니다. 배는 태풍이 불면 선원이 많이 필요하지만 태풍이 안 불 때는 선원이 많이 필요 없습니다. 그렇지만 바다 한가운데서 갑자기 태풍이 불면 어떻게 하겠습니까? 그때는 일꾼을 구할 방도가 도무지 없습니다. 그러다 보니 긴급할 때를 대비해서 처음부터 필요 이상으로 인원을 많이 태우고 가서는 일부러 없는 일을 만들어 시키기도 했습니다. 한 사람은 운전만 하고, 한 사람은 앞에 다른 배가 있는지 없는지 살폈습니다. 등대가 있는지, 무슨 바위가 있는지 보고하는 사람은 늘 대기 중이었습니다. 비상벨 소리가 날 때만 올라가서 확인하기 때문에 소리가 없으면 두 시간 동안 놀게 되지만, 저는 대기 중일 때도 거의 놀지 않았습니다. 그 시간 동안 공부할 수 있었습니다. 여러 가지 책을 많이 보았습니다. 많이 깨닫고 배울 수 있었습니다.

그런 노동자 생활을 한 후, 마침내 돈을 모아 다시 학교로 돌아가서 학업을 마쳤습니다. 목회할 때도 노는 습관이 없었기 때문에 새벽부터 밤까지 일만 했습니다. 상당히 피곤했지만 싫은 줄 몰랐습니다. 물론 한 부분에는 심리적인 문제가 있었습니다. 마음속에 이런 두려움이 있었습니다. '쉬면 하나님께 책망당하지 않을까?'

그래서 일절 쉬지 않고 밤늦도록 일했던 것입니다. 하나님은 사랑이 많으셔서 그렇게 쉽게 책망하지 않으심을 한참 후에야 알게 되었습니다. 그러나 공부된 생활을 버리지 못했습니다. 사람들의 생활을 보면, 주님을 무서워하든지 안 하든지 상관없이 노동하는 것을 피하려고 하는 것을 볼 수 있습니다. 하나님은 말씀하십니다.

"이 마음을 품으라 곧 그리스도 예수의 마음이니."

그러면 공부하는 사람은 쓸데없는 사람일까요? 문화인은 아주 쓸데없는 사람입니까? 그렇지 않습니다. 공부하는 것은 이유가 있습니다. 좋은 점이 있습니다. 명심할 것은, 공부하는 사람은 절대로 자기 생활을 위하여 일하는 사람을 멸시하지 말아야 합니다. 오히려 성 프란체스코와 같이 자기를 비워 그 사람만큼 강한 사람이 되기로 결정해야 합니다. 그것이 우리 예수원의 사상입니다. 그리고 우리 노동자들은 공부할 기회가 없었지만 열등감을 가질 필요는 없습니다. 우리는 우리의 생활을 통하여 실제적인 공부를 한 것입니다. 생활하면서 많이 배웠습니다. 절약정신, 열심, 여러 가지 기술 등을 배웠기 때문에 열등감을 가질 필요가 없습니다. 서로 사랑하기만 하고 서로 이해하기만 하면 뜻있게 살 수 있습니다.

하나님은 일부러 서로 다른 배경의 사람들을 예수원에서 같이 살도록 하셨습니다. 어떤 사람들은 예수원에서 열심히 일하고 피곤할 때까지 노력해서 절약의 법을 배웠습니다. 기술도 배웠습니다. 지금도 쓰러지기까지 일하는 습관을 벗어 놓을 수 없는 사람들이 있습니다. 그러나 어떤 형제·자매들은 지금까지도 공부밖에 모릅니다. 놀기 좋아하는 습관을 버리고 학교생활에서 배운 책 보기 좋아하는 습관이 있다면 하나님께 물어보아야 합니다.

"주님! 어느 책을 보면 좋겠습니까? 주께서 원하시는 책이 어떤 책입니까?"

성경부터 시작해서 깨달음을 주시는 대로 이 책 저 책 연구해서 좋은 영향을 받고 깨달은 다음에는 책 보기 어려운 사람들과 나누어야 합니다. 나눌 때도 아주 겸손한 마음으로 해야 합니다. 편히 공부할 수 있는 특권을 얻었음을 알고 미안한 마음으로 겸손하게 나누어 준다면 이 집이 얼마나 훌륭하고 아름답게 될까요? 이것이 예수원의 특별한 사명입니다. 가지각색의 사람들이 모여 있어서 여러 지방 사투리도 들을 수 있고, 젊은 사람과 나이 많은 사람이 골고루 섞여 있어 서로의 삶을 나눌 수도 있습니다. 여기 모인 사람 가운데 나눠 줄 것이 없는 사람은 없습니다. 영적인 것이나 실제적인 것이나 나눠 줄 것이 다 있습니다. 그러므로 서로 존경하고 인정하며 서로의 입장을 존중하도록 노력해야 합니다.

성령의 열매 중에 '자비'가 있습니다. '자비'라는 말이 애매한 것 같아 연구해 본 결과, 그 뜻이 '상대방의 입장을 이해하고 싶은 마음'임을 알았습니다. 성경에서의 자비는 그러한 뜻을 담고 있습니다. 그러므로 각 사람은 같이 지내는 사람의 입장부터 깨닫도록 노력하고, 말하는 것보다 듣는 것이 더 중요함을 명심해야 합니다. 그 다음에 다른 형제자매의 입장을 이해하도록 노력해야 합니다. 미국 인디언들의 속담에 이런 이야기가 있습니다.

"다른 사람의 신발을 신고 1마일을 걸어가기까지 그 사람을 판단하지 마라."

왜냐하면 저 사람의 신발이 어떤 신발인지, 알맞은 신발인지, 발을 아프게 하는 신발인지 밑바닥이 없는 신발인지 알 수 없기 때문입니다. 그냥 보면 아름답고 좋은 신발이지만 밑바닥이 없어서 땅에 있는 돌이나 자갈을 밟고 고통을 느낄 수도 있기 때문입니다. 그러므로 그 사람을 알기 전에 상대를 판단해서는 안 됩니다. 서로의 입장을 깨달아 서로 존경하며 성 프란체스코의 정신으로 나눔을 실행합시다.

그렇다고 무조건 모든 사람에게 가진 것을 나눠 주라는 의미는 아닙니다. 성 프란체스코는 그렇게 했으나 바나바는 그렇게 하지 않았습니다. 바나바는 조금씩 조금씩 자신의 소유를 나누다가 마침내 아무것도 남지 않게 되었을 때 노동자 생활을 시작했습니다. 성경을 보면, 초기 전도 사역에서 바울과 같이 사역할 때에 둘이 노동했다는 말은 나오지 않습니다. 바울은 바나바의 비용으로 돌아다니면서 전도했음이 분명합니다. 그리고 1-2년이 지나서 바울은 데살로니가를 거쳐 빌립보·아테네·고린도·에베소에서 몇 년을 지내면서 고린도전서를 썼습니다. 고린도전서를 쓸 무렵 바나바도 노동자 생활을 시작했음을 볼 수 있습니다.

예수원의 형제자매 중에는 저축한 사람이 별로 없습니다. 사회에서 번 돈이 있었지만 예수원을 위해 전부 기부하기도 했습니다. 나중 문제는 하나님께서 해결하실 줄 믿고 예수원의 급한 문제를 위해 기부한 것입니다. 그렇게 큰 기부금이 두 번이나 들어왔습니다. 그런 정신을 존경해야 할 것입니다.

우리는 바울의 정신이든 바나바의 정신이든 프란체스코의 정신이든 상대방의 입장에 들어가서(특별히 가난한 사람의 입장에 들어가서), 공부된 사람은 공부하는 사람의 입장을 깨닫고 공부하는 사람은 공부된 사람의 입장을 깨달아 서로 이해해야 할 것입니다. 그렇게 할 때, 우리 모두 그리스도의 몸을 이루고 하나님께서 영광 받으실 줄로 믿습니다.

엮고
나서

작년부터 대 신부님의 책을 예수원에서 직접 출판해 보라는 권유가 많이 있었지만 예수원의 형편상 도저히 그 일을 시작할 때가 아니라고 생각했습니다. 그러나 생각보다 출판사 등록이 쉽게 이루어지고, 하산을 앞둔 한 자매님이 도서실에 보관 중이던 수백 개나 되는 테이프를 혼자 정리하여 색인(index)을 만들어 주셨습니다. 그리고 대 신부님의 강론 테이프를 책으로 만들어 보자는 제안에 따라 테이프 목록을 참고로 교우들과 나눌 만한 주제를 선별한 후 주로 예수원에서 수련했던 자매들을 중심으로 테이프를 풀어 갔습니다. 이에 많은 분들이 이 힘든 작업을 모두 기꺼이 자원해 주셨습니다. 이렇게 전개되는 상황 가운데서 마치 우리가 이 일을 할 수 있도록 누군가 밀어붙이는 것 같은 인상이 들었습니다.

그렇지만 막상 신부님의 강의 테이프를 글로 옮겨 놓고 보니 그분의 강의를 직접 들을 때와는 달리 책을 만들기에는 여러모로 문제가 있음을 발견했습니다. 영어와 우리말이 뒤섞인 이상한 표현이 많고 어순(語順)도 뒤바뀐 부분이 많아 읽고 이해하기에는 상당히 곤란한 내용이었습니다. 그래도 이런 표현 속에 담긴 메시지의 보화는 이 험난한 작업을 도무지 중단할 수 없게 만드는 힘이 되었고, 우리 모두에게 다시 재정리(rewriting) 작업을 하도록 이끌어 주었습니다.

성경말씀에 "우리가 이 보배를 질그릇으로 가졌으니 이는 능력의 심히 큰 것이 하나님께 있고 우리에게 있지 아니함을 알게 하려 함이라"(고후 4:7)라고 한 것과 같이 대 신부님의 부족한 우리말 표현을 하나님께서 사용하셨습니다. 때로는 이해하기 어려운 부분도 없지 않지만 신부님은 비교적 단순하고 쉽게 복음의 비밀을 전하셨습니다. 가능하면 그분의 독특한 구어체 표현을 살리도록 노력했는데 재정리하는 과정에서 저희로 인해 메시지의 생명력이 손상되지 않았을까 두려움이 앞섭니다.

대 신부님의 메시지는 이론적인 강해라기보다는 '해 보라' 하는 식의 일종의 강한 도전입니다. 성경에 비추어 확인하고 하나님께서 약속하신 성령의 도우심을 힘입어 그대로 '시도해 보는' 실험의 과정을 통해 우리의 믿음을 굳건하게 건축하도록 이끌어 가십니다. 또한 그것은 그분 자신의 개인적인 체험과 예수원의 공동생활을 통하여 검증해 본 성경적인 원리들을 제시한 것이라고 볼 수 있습니다. 그러므로 이 글을 읽고 그저 머리로 이해하거나 단지 설교하는 데 참고하는 정도로 그친다면 이 책을 세상에 내놓은 의미가 퇴색될 것입니다. 베뢰아 사람들이 간절한 마음으로 말씀을 받아들이며 그것을 확인하려고 날마다 성경을 연구하였듯이(행 17:11) 선입관이나 사소한 표현의 문제에 얽매이지 말고 다만 성경을 기준으로 주님의 뜻을 분별하고 그것이 나에게 적용되는 것인지의 여부를 확인해서 곧 삶에 적용해 볼 수 있기를 바랍니다.

뒤돌아보면 거의 1년 동안을, 테이프를 풀고 재정리하고 교정하는 작업에 매달린 것 같습니다. 사람이 계속 바뀌고, 복잡한 공동생활 속에서 이 일을 하기란 그리 쉽지 않았습니다. 그러나 자원해서 참여해 주신 형제·자매들 덕분에 적지 않은 분량의 원고를 무사히 정리할 수 있게 된 것에 감사를 드립니다. 특별히 꾸준히 외부에서 우리를 도와주신 이완숙 자매님과 표지 디자인을 해 주신 이가솜씨에게 진심으로 감사를 드립니다. 여기저기 흩어져 있는 형제·자매들에 의해 마치 모자이크 식으로 만들어진 이 책이 우리 모두에게 하나님의 진리와 능력을 나누는 작은 불꽃이 되기를 소망하고, 다음 해에는 이번의 경험들을 밑거름삼아 밀어붙이는 식이 아닌 온유하신 주님과 더불어 한 걸음 한 걸음씩 나아가는 예수원 출판부가 되기를 기도드립니다.

1988년 11월
예수원 편집부

우리와 하나님

We and God

지은이 대천덕
엮은이 예수원
펴낸곳 주식회사 홍성사
펴낸이 정애주
국효숙 김의연 박혜란 손상범
송민규 오민택 임영주 차길환

2005. 1. 14. 초판 발행
2012. 5. 14. 2판 발행 2015. 1. 9. 2판 2쇄 발행
2023. 12. 15. 무선 1쇄 인쇄 2023. 12. 29. 무선 1쇄 발행

등록번호 제1-499호 1977. 8. 1.
주소 (04084) 서울시 마포구 양화진4길 3 전화 02) 333-5161 팩스 02) 333-5165
홈페이지 hongsungsa.com 이메일 hsbooks@hongsungsa.com
페이스북 facebook.com/hongsungsa
양화진책방 02) 333-5161

ISBN 978-89-365-1577-5 (03230)